中国科学院可持续发展研究中心
中国 21 世纪议程管理中心　主办

中国科学院中国区域发展问题研究组　承办

中国科学院可持续发展研究中心
中国 21 世纪议程管理中心
中国科学院地理科学与资源研究所　联合资助
中国科学院自然科学与社会科学交叉研究中心

2000 中国区域发展报告

——西部开发的基础、政策与态势分析

陆大道　刘　毅　樊　杰
金凤君　刘卫东　等著

商务印书馆
2001 年·北京

图书在版编目(CIP)数据

2000 中国区域发展报告:西部开发的基础、政策与态势分析/陆大道等著.—北京:商务印书馆,2001("中国区域发展"系列报告)

ISBN 7-100-03264-4

I.2... II.陆... III.西部大开发(中国)-研究报告-中国-2000 IV.F127

中国版本图书馆 CIP 数据核字(2000)第 88722 号

所有权利保留。
未经许可,不得以任何方式使用。

2000 中国区域发展报告

陆大道 刘毅 樊杰 金凤君 刘卫东 等著

商务印书馆出版
(北京王府井大街36号 邮政编码100710)
商务印书馆发行
三河市艺苑印刷厂印刷
ISBN 7-100-03264-4 / K·692

2001年3月第1版 开本 787×1092 1/16
2001年3月北京第1次印刷 印张 19 1/2

定价: 60.00 元

REGIONAL DEVELOPMENT OF CHINA, 2000

—— A Development Report
of the West

Edited by Lu Dadao, Liu Yi, Fan Jie,
Jin Fengjun, and Liu Weidong

The Commercial Press

《2000 中国区域发展报告
——西部开发的基础、政策与态势分析》

顾　问：孙鸿烈　冯之浚　陈宜瑜　孙　枢　吴传钧　陈述彭　叶大年
　　　　安芷生　章　申　刘昌明　石玉林　郭培章　刘燕华　秦大河
　　　　刘纪远　王伟中　甘师俊　李泊溪　徐国弟　胡序威　陈栋生

课题组　组　　长：陆大道
　　　　副组长：刘　毅　樊　杰　金凤君

　　　　成　　员：谷树忠　刘卫东　庞效民　刘　慧　于秀波　李雅芹

　　　　特聘人员：杨朝光(国家发展计划委员会)　陈　田　吴绍洪
　　　　　　　　牛亚菲　毛汉英　李宝田

目　录

图索引 ··· i

表索引 ·· iv

前言 ·· ix

第一章　绪论 ··· 1
第一节　建国后西部地区发展的巨大成就 ·· 1
第二节　西部地区开发的巨大意义 ··· 5
第三节　需要科学地认识我国西部地区 ··· 8
第四节　正确处理西部开发中的几个重要关系 ···································· 11

第二章　历史上的西部开发 ·· 19
第一节　古代西部地区的开发 ·· 20
第二节　建国以来的西部地区开发 ·· 24
第三节　国际上区域开发大尺度推移的实践 ······································· 27

第三章　自然环境基础与综合区域格局 ··· 29
第一节　环境特征与地域差异 ·· 29
第二节　西部地区综合生态地理区域系统与单元特征概述 ····················· 33
第三节　西部地区经济发展的区域格局 ·· 45
第四节　西部地区综合区域格局 ··· 48

第四章　能源及矿产资源的比较优势和开发利用 ····································· 51
第一节　西部地区资源丰富,战略地位重要 ··· 52
第二节　多数资源开发利用条件差,开发利用应建立在比较优势的分析基础上 ···· 55
第三节　大规模开发水能、天然气等优势资源,调整受能地区的能源消费政策 ···· 57

i

第四节　科学规划，重点攻关，高起点地开发利用资源 …………………… 62

第五章　产业结构调整与区域经济发展 ………………………………………… 65
　　第一节　产业结构演进的总体特征 …………………………………………… 66
　　第二节　产业结构的活力 ……………………………………………………… 70
　　第三节　区域发展与产业分工 ………………………………………………… 85
　　第四节　区域发展水平的差异 ………………………………………………… 88
　　第五节　区域特色经济 ………………………………………………………… 93
　　第六节　政策建议 ……………………………………………………………… 98

第六章　特色农业发展的背景、基础与方向 …………………………………… 103
　　第一节　发展特色农业的背景 ………………………………………………… 103
　　第二节　发展特色农业的优势与问题 ………………………………………… 104
　　第三节　农业发展及其结构调整 ……………………………………………… 107
　　第四节　目前西部特色农业发展的误区与问题 ……………………………… 112
　　第五节　特色农业发展的基本定位、原则与格局 …………………………… 116
　　第六节　主要政策建议 ………………………………………………………… 120

第七章　旅游资源开发与旅游业发展 …………………………………………… 123
　　第一节　旅游资源基础与旅游资源开发 ……………………………………… 124
　　第二节　旅游资源开发的产业政策和发展战略 ……………………………… 131
　　第三节　旅游业发展规模与特点 ……………………………………………… 136
　　第四节　旅游业发展的问题与对策 …………………………………………… 142

第八章　交通通信基础设施建设 ………………………………………………… 146
　　第一节　西部地区交通通信建设的历史回顾 ………………………………… 146
　　第二节　现实基础与差距 ……………………………………………………… 149
　　第三节　启动交通通信基础设施快速发展的动力与前景 …………………… 154
　　第四节　建议 …………………………………………………………………… 160

第九章　城市化与城市发展 ……………………………………………………… 163
　　第一节　城市化与城市发展状态 ……………………………………………… 163

  第二节 推进城市化的制约因素与主要问题 ································ 170
  第三节 城市发展思路与政策建议 ·· 172

第十章 社会发展与消除贫困 ·· 175
  第一节 西部地区社会发展态势 ·· 175
  第二节 西部大开发中的社会发展问题 ···································· 179
  第三节 西部地区扶贫攻坚的新阶段与新问题 ························· 186
  第四节 政策建议 ·· 192

第十一章 东西合作与区域发展 ·· 195
  第一节 加强"东西合作"的重要意义和战略目标 ·················· 195
  第二节 开展"东西合作"的主要形式 ···································· 197
  第三节 东西合作的进展及其对西部地区社会经济发展的作用 ···· 199
  第四节 扩大对外开放与西部地区发展面临的挑战 ·················· 203
  第五节 有关政策建议 ·· 204

第十二章 生态退化与生态环境建设 ···································· 206
  第一节 西部地区主要的生态环境问题 ···································· 207
  第二节 生态环境问题产生的原因分析 ···································· 215
  第三节 生态环境建设的行动与措施 ······································· 221
  第四节 结论与建议 ··· 234

附件一 近年来全国区域发展状态分析评价与类型划分 ········· 238
  一、90年代以来我国区域发展与区域差异的过程 ······················ 239
  二、近年区域发展状态评价 ··· 244
  三、区域发展类型区划分 ··· 253

附件二 美国西部开发中的政府行为 ···································· 258

附件三 前苏联大规模垦荒及其效果 ···································· 262
  一、前苏联大规模垦荒的背景 ·· 262
  二、大规模垦荒的经济效果 ··· 264

iii

三、大规模垦荒引发的生态环境问题 …………………………………… 266
　　四、防治土壤风蚀的对策与措施 ………………………………………… 267
后　记 …………………………………………………………………………… 269

图 索 引

图 1-1 西部地区工业总产值及主要工业产品产量占全国的比重(1952和1999年)……… 2
图 1-2 西部地区主要工业产品产量占全国的比重(1952和1999年)……………………… 2
图 1-3 西部地区农业总产值和主要农产品产量占全国的比重(1952和1999年)………… 3
图 1-4 1998年西部地区基本建设及更新改造投资来源结构及其与全国的比较 …………………………………………………………………………………………… 4
图 1-5 1998年西部地区部分投资来源占全国的比重及其与人口和储蓄余额比重的比较 …………………………………………………………………………………………… 4
图 1-6 90年代我国三大地带人均GDP变化比较 ……………………………………………… 7
图 1-7 中国的三大自然区 ……………………………………………………………………… 9
图 3-1 我国西部地区省、市、自治区图 ……………………………………………………… 30
图 3-2 我国西部地区年降雨量(mm) ………………………………………………………… 32
图 3-3 西部地区年平均≥10℃积温(℃) ……………………………………………………… 35
图 3-4 西部地区最冷月平均气温(℃) ………………………………………………………… 36
图 3-5 西部地区年平均干燥度 ………………………………………………………………… 37
图 3-6 中国西部综合生态地理区域系统图 …………………………………………………… 38
图 3-7 经济指标的逻辑关系 …………………………………………………………………… 46
图 3-8 西部地区人均GDP分布图 ……………………………………………………………… 48
图 3-9 西部地区综合区域格局 ………………………………………………………………… 49
图 5-1 西部地区产业结构变化情况 …………………………………………………………… 67
图 5-2 全国产业结构变化情况 ………………………………………………………………… 67
图 5-3 西部地区同全国工业化进程的比较 …………………………………………………… 68
图 5-4 乡镇企业增加值与第一产业增加值的比率 …………………………………………… 70
图 5-5 西部地区外向型经济发展与全国的比较 ……………………………………………… 71
图 5-6 西部主要能源原材料工业产品产量占全国的比重 …………………………………… 72
图 5-7 新疆棉花产量增长情况 ………………………………………………………………… 74
图 5-8 西部地区与全国工业设备年限比较 …………………………………………………… 79
图 5-9 西部耐用消费品产量占全国比重的变化 ……………………………………………… 80
图 5-10 西部地区(左)与全国(右)企业规模结构比较(按照企业产值计算) ……………… 82
图 5-11 全国及西部地区国有经济比重 ………………………………………………………… 82
图 5-12 东、西部地区GDP增长速度的对比 …………………………………………………… 86

i

图5-13	甘肃省与区外物资交流量的变化情况	87
图5-14	三峡库区人均GDP的分布(以县为单元)	90
图5-15	西部地区主要经济指标与全国平均水平的比值	91
图5-16	西部乡镇企业部门构成与全国的比较	92
图6-1	1998年西部农业总产值占全国比重	107
图6-2	1998年西部种植业产值占全国比重	107
图6-3	1998年西部牧业产值占全国比重	107
图6-4	1998年西部林业产值占全国比重	107
图6-5	1998年农业产值结构	109
图7-1	1999年东中西三大地带入境旅游人数比例	136
图7-2	1999年东中西三大地带旅游创汇比例	136
图7-3	西部各省区市接待入境旅游者增长情况	137
图7-4	西部各省区市国际旅游外汇收入增长情况	138
图7-5	1999年西部各省区市接待入境旅游者数量	139
图8-1	西部地区铁路里程增长	148
图8-2	西部地区公路里程增长	148
图8-3	1998年西部地区交通通信基本建设投资规模	153
图8-4	1980年以来西部地区交通通信基本建设投资规模(1990年价)	154
图8-5	交通运输发展与地区经济发展的时间关系	161
图9-1	80年代以来全国三大地带城市数量增长	164
图9-2	西部城市化水平与速度的省区差异	166
图10-1	西部地区及全国人类发展指数变化	176
图10-2	1978~1998年西部地区主要社会发展指标变化	177
图10-3	1986~1999年西部地区人口自然增长率、人均GDP变化与全国对比	182
图10-4	健康综合指数排序	183
图10-5	1994~1999年西部主要省区农村贫困人口变化	189
图12-1	新疆绿洲面积结构图	212
图12-2	黄河下游断流天数(以利津站为代表)	220
图12-3	1998年我国生态环境建设重点县分布	223
图12-4	退耕还林还草示范县工程分布图	226
图12-5	2000年退耕还林还草试点示范工程投资	227
图12-6	重点防沙治沙工程区分布	228
图12-7	"八七"扶贫计划中的贫困县分布(1994)	232
附件一图1	省际人均NI(1952~1977)/GDP(1978~1998)绝对差异变化过程	242
附件一图2	省际人均NI(1952~1977)/GDP(1978~1998)相对差异变化过程	242

附件一图 3　省际人均 NI(1952~1977)/GDP(1978~1998)极差变化过程 ………… 243
附件一图 4　1998 年各省区市经济发展水平 …………………………………… 245
附件一图 5　1998 年各省区市经济增长活力 …………………………………… 247
附件一图 6　1998 年各省区市社会发展水平 …………………………………… 249
附件一图 7　1998 年各省区市生活水平 ………………………………………… 251
附件一图 8　1998 年各省区市基础设施水平 …………………………………… 252
附件一图 9　1998 年各省区市区域发展状态 …………………………………… 254
附件三图 1　前苏联 50 年代垦荒地区分布 ……………………………………… 263

表 索 引

表1-1	1998年西部地区主要经济中心城市	5
表1-2	1999年西部地区主要人均经济指标相当于全国的平均水平(%)	6
表1-3	1978~1998年我国西部地区人口增长和人均GDP增长的比较	10
表1-4	我国西部地区的对外开放度(1999年)	10
表1-5	西北内陆干旱区最小生态用水量分析	17
表2-1	1952~1975年全国基本建设投资在大区域间的分配(%)	25
表2-2	50~60年代我国156项重点项目在西部地区的分布	25
表3-1	年平均气温(℃)	31
表3-2	最冷月平均气温(℃)	31
表3-3	最热月平均气温(℃)	31
表3-4	年平均≥10℃积温	31
表3-5	西部地区年降雨量(mm)	32
表3-6	西部地区年平均干燥度	32
表3-7	西部地区温度带主要指标	34
表3-8	干湿状况划分指标	35
表3-9	我国西部综合生态地理区域系统	36
表4-1	西部地区主要自然资源分布(%)	52
表4-2	西部地区人均自然资源拥有量比较	52
表4-3	西部地区60种矿产储量占全国比重	53
表4-4	西部地区15种主要矿产储量及估算最终获取资源量	53
表4-5	西南地区水能资源	54
表4-6	西北地区原油产量汇总表(万吨)	59
表4-7	已建、在建大型水电站(装机1000 MW以上)	61
表5-1	工业在工农业总产值中的比重(%)	69
表5-2	经济增长与投资、进出口额增长的关系	70
表5-3	西部地区轻重工业比例与全国的比较	72
表5-4	新疆收入指标在全国的位次变化	73
表5-5	西部"156项"重点工程中民用项目建设情况	78

表 5-6	70 年代我国两次成套引进项目建设情况	78
表 5-7	1999 年西部工业企业综合经济效益情况	81
表 5-8	宁夏国有大中型工业企业亏损调查	83
表 5-9	西部地区基本建设投资占全国的比重	85
表 5-10	东西部人均 GDP 比较	86
表 5-11	甘肃省净流入基本情况	88
表 5-12	西部部分省区经济发展集中程度	89
表 5-13	西部部分省区经济发展水平(人均 GDP)的差异程度	90
表 5-14	东西部地区农业构成	92
表 5-15	西部省区发展水平位次变化情况	94
表 6-1	西部地区农业资源情况	105
表 6-2	1998 年西部地区农业占全国的比重	107
表 6-3	1998 年西部及其各地区作物单产相对于全国平均水平的比例及位次	108
表 6-4	西部地区农业结构情况分析	110
表 7-1	1998 年西部各省区市旅游业规模	138
表 7-2	1997 年西部各省区市海外旅游市场情况	140
表 7-3	1997 年西部各省区市海外旅游市场客源结构	141
表 8-1	全国各时期运输邮电基本建设投资及其构成	147
表 8-2	1999 年西部交通基本情况	149
表 8-3	1998 年西部主要邮电通信行业占全国的比例	150
表 8-4	"八五"期间三大地带交通通信增长情况	151
表 8-5	西部地区交通通信基础设施基本建设投资占全国比重	152
表 8-6	2000 年西部各省区市公路建设投资	156
表 8-7	西部地区交通通信基础设施的基础、政策与发展目标	157
表 9-1	1998 年工业化与城市化的区域差异	164
表 9-2	1999 年西部地区小城镇发展状况	164
表 9-3	市镇非农业人口比重的地区差异	165
表 9-4	1990~1999 年西部各省区市城市化水平及增长速度	165
表 9-5	西部地区部分大城市人口规模增长	166
表 9-6	城市规模分布的区域差异(1999)	167
表 9-7	西部地区城市规模分布的区域差异(1999)	167
表 9-8	城市平均人口规模地区差异(1999)	167
表 9-9	成都市人口与城市建设用地情况	168
表 9-10	成都市城市建设维护资金来源结构分析(1998)	169
表 10-1	西部十省区市人类发展指数	176

表10-2	西部地区与全国主要社会发展指标相对差异系数	177
表10-3	1999年西部十省区市社会发展与经济发展对比	178
表10-4	西部十省区市经济和社会发展水平在全国的位次	178
表10-5	西部十省区市教育发展指标	180
表10-6	西部地区R&D资源与创新能力指标	180
表10-7	西部地区人口指标	181
表10-8	人口指标与人均GDP的关系	182
表10-9	西部地区医疗卫生指标	183
表10-10	西部地区现代信息交流能力指标	184
表10-11	西部十省区市城乡居民收入及消费水平比较	185
表10-12	1998年西部地区城镇失业状况	186
表10-13	1993年西部地区贫困县、贫困人口及贫困发生率	187
表10-14	西部地区贫困人口及生活水平变化	188
表10-15	我国扶贫阶段及主要特点	189
表10-16	温饱标准的横向比较	192
表12-1	《全国生态环境建设规划》所列的西部重点地区	207
表12-2	西南地区水土流失情况	207
表12-3	西北干旱区部分生态指标	209
表12-4	西部地区草地资源与草地退化情况	210
表12-5	西部各省区沙化土地基本情况	211
表12-6	1998年西部地区环境污染指标	215
表12-7	云南省森林减少情况	216
表12-8	黄土高原坡耕地的利用方式与侵蚀强度	218
表12-9	1996年西部省区耕地的坡度构成	218
表12-10	西部部分省区牲畜数量变化	219
表12-11	国家正在西部实施的生态保护与建设计划(不完全统计)	222
表12-12	2000年6月以前云南省生态环境建设重点县情况	223
表12-13	2000年退耕还林还草试点示范项目概况	225
表12-14	2000年退耕还林还草实施方案的退耕平均成本	227
表12-15	西部地区人均粮食生产情况	231
附件一表1	我国主要出口商品群	238
附件一表2	各省区市不同时期经济增长速度排序	240
附件一表3	我国东中西三大地带经济发展水平比较	243
附件一表4	我国南北地带间经济发展水平比较	244
附件一表5	1998年各省区市区域发展状态综合评价	253

附件三表1　1954～1960年前苏联开垦荒地的地区及开垦的面积……………………… 264
附件三表2　1949～1978年垦荒区粮食的年平均产量及在全苏所占的比重……………… 265

前　言

　　研究中国区域发展问题,编制《中国区域发展报告》,是我们的愿望。我们为此进行了长期的努力。

　　编制《中国区域发展报告》旨在连续跟踪全国及各地区经济和社会发展决策和态势,作出相应的评价和提出建议,期望能够满足国家和地区政府决策部门的需要,并向社会提供有用的分析资料。在我们长期与政府决策部门的交往中,共同感觉到:90年代以来,政府关于区域发展战略和政策的决策的重要性和难度是愈来愈大了。决策机构和决策者必须充分了解国家、地区自身所处的发展环境。《中国区域发展报告》希望在这方面起到自己的作用。

　　《2000中国区域发展报告——西部开发的基础、政策与态势分析》是我们编制出版的第三本中国区域发展系列报告。在《1997中国区域发展报告》和《1999中国区域发展报告》正式发行之前,中国科学院路甬祥院长签发将题为"我国区域政策实施效果与区域发展态势分析报告"、"我国区域持续发展的态势、问题与建议"的简要报告报送到国务院。简要报告得到了国务院和中央许多部门的好评,同时提出了许多意见。我们在此表示衷心的感谢。这是对我们的很大鼓舞。

　　1. 本报告所指的"西部地区"的范围,是按照第七个五年计划划分的三个地带的范围确定的,即陕西省、甘肃省、青海省、宁夏回族自治区、新疆维吾尔自治区、重庆市、四川省、贵州省、云南省、西藏自治区等十个省区市。国土面积546.3万平方公里,占全国的56.9%;1999年末人口28771万人,占全国的22.85%;国内生产总值12133亿元,占全国的14.8%。

　　2. 1999年,中央根据邓小平同志80年代提出的"两个大局"的思想和我国区域发展宏观态势的变化,作出了加快中西部地区发展、实施"西部大开发"的战略决策。同时,明确西部开发的战略重点是基础设施建设、生态建设、产业结构调整、科教发展和对外开放等几个方面。为了实施"西部大开发"战略,中央还一再强调西部地区开发是"一项规模宏大的系统工程",也是"一项艰巨的历史任务"。这些方针完全符合我国国情和西部地区的区情,是在总结我国国土开发、区域经济发展经验和国际上关于欠发达地区开发经验的基础上提出的,因而是指导我国西部开发沿着正确方向逐步取得进展的科学方针。

　　西部开发是新世纪国家经济建设的大事,对西部和全国的可持续发展具有重要的战略意义,得到了全国人民的衷心拥护和支持。近一年来,中央各部门和西部地区的各级政府,都在紧锣密鼓地制定生态建设、基础设施、产业结构调整等方面的规划,一系列基础设施和生态建设工程总体上进展良好。但目前一些部门和地区的规划目标定得很高、项目盘子很大,已显现争上大项目之风;若干重大工程即将开工建设,但许多具体安排还没有落实;有些开工和即将开工的基础设施工程,如公路、民航机场的新建扩建规模很大,超乎实际需要;各地区对生态建设非常重视,全党全民大动员。有的地区已经实施了大规模的退耕还林草,但退耕还林草中不按科学办事的情况也比较多,有可能出现新一轮的生态破坏。在大规模生态建设和基础设施建设的同时,各地区仍然将经济增长速度定得很高(9%,甚至两位数)。我们感到,目前西部地区的部分干部和群众都不同程度地存在急于求成的心态,希望通过多上大项目来迅速改变西部地区的欠发达面貌,这种情况需要加以引导。否则,将不利于西部大开发战略的顺利实施。

在这种情况下,无论是政府和社会都愈来愈感到:正确理解和实施中央关于西部开发的方针和目标实在非常重要。而要做到这样,就需要科学地认识我国西部地区,理性地评估如此大范围欠发达地区开发的长期性,将西部各地区的发展目标定在可能达到的位置上。

本报告将根据中央关于西部开发方针和目标,阐述我们在长期调查研究基础上对西部地区发展的认识。

3. 本报告的主题是科学地认识我国西部地区。根据这个主题,具体的目标是:

阐述开发我国西部地区对于增强国家整体实力的重要意义;

认识西部地区特殊的地理环境和经济基础;

阐述近年来国家、各地区在促进西部地区发展方面实施的政策及其效果;

就西部地区的发展目标、基础设施建设、生态建设、产业结构调整和社会发展等提出我们的建议。

4. 西部大开发已经成为全社会关注的"热点"。相当多的学者和一些在西部地区工作的同志发表文章和谈话。有些认为中央提出西部大开发是表明21世纪我国经济建设战略的转移,或表明我国区域发展的战略转移。还认为,西部地区与东部地区在经济发展上的差距将很快缩小,等等。

我们对全国和各地区的发展问题作了几十年的研究和跟踪,也研究了国际上的经验和教训。我们认识到,大规模开发西部地区是加强我国综合国力、实现可持续发展的重大战略性措施。同时,我们也强烈地感到:

在充分认识西部地区优势的同时,要清醒地看到西部大部分地区的恶劣条件和开发中遇到的困难。确立开发我国西部地区是长期的艰巨任务的观念。

我国东西部地区之间在经济发展上(总量和人均指标方面)的差距还将继续扩大。促进沿海地区的现代化并使其更大规模地参与经济全球化和实施"西部大开发",都是符合中华民族的战略利益的。西部大开发,并不是意味着21世纪初我国经济建设和经济发展战略重点的转移。

如何理解"西部大开发"?我们的认识是:认识加快西部地区发展的极端重要性,全党全民重视西部地区的发展,是"高度重视"之意;开发西部不仅是发展经济,而且要加快西部地区的社会发展和生态建设,是"全面"之意,巨大的系统工程之意;西部开发是需要几代人奋斗才能完成的艰巨事业,是"长期"之意。

西部地区发展较其他地区滞后,是自然因素作用和长期历史发展造成的。而且,主要是由于一系列非人的力量所能改变的因素造成的。在衡量发展成就时,要看发展的稳定性和质量,要看广大人民群众生活是不是逐步提高,要看在自己以往的基础上是不是有了逐步发展。从这个角度看,西部地区在建国以来获得了巨大的发展和进步。制订地区发展目标,要尊重科学和事实,要强调在原有基础上的发展。大家都要在增长速度和人均经济总量方面达到发达地区水平,是不现实的。因此在整体上,不宜将赶上东部发达地区经济发展水平作为西部地区发展的目标。而应将今后10年西部地区开发的目标定位在缓解与东部地区经济发展差距扩大的趋势上。同时,在中央政府和各级地方政府的支持下,尽快使西部地区享有与全国同样水平的教育、卫生、医疗、交通通信条件,缩小社会发展的差距。

90年代初以来,中央政府实施地区协调发展战略。实际上,促进西部地区发展的政策和措施已经在逐步制定和实施,向西部地区的政策倾斜已经启动。

这些认识的主要根据,是中央制订的一系列发展政策和对我国各地区发展态势与潜力的分析。具体的阐述反映在我们编制的《1997中国区域发展报告》和《1999中国区域发展报告》及这本报告之中。在这样认识的基础上,研究西部地区开发中的具体问题和制订西部开发的具体规划,就可以达到预期的结果。

5. 本报告具体阐述了以下重要的观点和建议:

今后10年作为西部大开发的打基础阶段,以基础设施、生态建设和社会发展为主要目标,不搞GDP的高增长;

将传统产业的技术改造和有重点地发展高新技术产业置于重要地位,不搞新一轮建立在一般技术工艺之上的"量"的扩张;

以国家主要交通通道和基层交通设施建设为主,通信设施建设可适当高起点,中远程的高速公路建设要严格论证;

生态环境建设要充分考虑到水分等自然基础条件,根据自然地带性规律科学地理解"山川秀美"工程的目标;

西部资源开发要建立在对比较优势分析评价的基础上。将资源开发的重点置于水能和天然气方面,实施"西电东送"和"西气东输"工程。由于自然条件恶劣及外部条件、国内外市场的变化,西部一系列资源已不具备比较优势。今后一段时期重点搞好选矿和冶炼的技术攻关,不宜大规模全面启动资源开发。

报告还对社会发展、城市化与城市发展、特色农业、旅游业、重点发展的地区和城市等作出了分析和政策建议。

6. 编制《中国区域发展报告》得到中国科学院路甬祥院长和陈宜瑜副院长的重视和支持。中国科学院资源环境科学与技术局给予了多方面的支持和鼓励。编制《中国区域发展报告》是中国科学院可持续发展研究中心的连续支持项目。中心的主任孙鸿烈院士非常关心和支持此项工作。他重视地学的研究要与国家和地区发展和重大的开发与整治任务相结合,在国家和地区的政府决策中发挥作用。我们非常荣幸的是,著名的人文地理学家吴传钧院士、著名的区域经济学家李泊溪、李善同及中国科学院院士陈宜瑜、孙枢、陈述彭、叶大年、章申,中国工程院院士石玉林等应允作我们这项工作的顾问。他们对我们工作做了许多的指导和咨询。

编制《中国区域发展报告》得到了国家发展计划委员会地区经济司郭培章司长和宏观经济研究院地区经济研究所杜平所长的支持，他们除了在指导思想和编写要求等方面给我们指导以外，还有几位同志直接参与我们的工作。对于保证我们报告的质量、符合政府决策和社会的需要方面起到了重要的作用。

我们在这里特别要提到，编制《中国区域发展报告》是在1996年春天得到当时国家科委社会发展司甘师俊司长的批准资助而启动的。近年来，国家科技部社会发展与农村经济司司长刘燕华和21世纪议程管理中心主任王伟中都对这项工作十分重视，给予很多的指导和资金的支持，并指导了组织协调工作。《2000中国区域发展报告——西部开发的基础、政策与态势分析》继续由中国科学院可持续发展研究中心和中国21世纪议程管理中心联合主办，同时得到中国科学院自然科学与社会科学交叉研究中心的资金支持。

在这里，我们课题组全体研究人员向支持帮助我们开展区域发展理论和实践问题研究、编制《中国区域发展报告》工作的机构、领导同志和科学家再次表示衷心的感谢。

陆　大　道
2000年9月29日

Contents

List of Figures ·· i

List of Tables ··· v

Preface ··· xi

Chapter 1 Introduction ·· 1
1. Great Achievements of Economic Development of the West since 1949 ······ 1
2. Significance and Necessity of Developing the West ································· 5
3. Towards a Scientific Understanding of the West ····································· 8
4. Several Important Issues on Developing the West ································· 11

Chapter 2 Development of the West in the Past ······································ 19
1. A Brief Development History of the West before the 20th Century ·········· 20
2. Efforts on Developing the West since 1949 ·· 24
3. International Experiences on Developing Peripheral Regions ················· 27

Chapter 3 Features of Natural Environment and Integrated Regional Patterns
 ·· 29
1. Environmental Features and Regional Diversity of the West ·················· 29
2. Integrated Eco-geographical Regional Systems of the West ··················· 33
3. Regionalization of Contemporary Economic Development in the West ······ 45
4. Towards an Integrated Regional Natural-Economic Pattern of the West ······ 48

Chapter 4 Comparative Advantages and Exploitation of Energy & Mineral Resources ·· 51

1. An Introduction to Energy & Mineral Resources in the West 52
2. Comparative Advantages of Energy & Mineral Resources in the West 55
3. Major Approaches to Exploiting Energy & Mineral Resources in the West 57
4. Issues on Energy & Mineral Resources Exploitation in the West 62

Chapter 5　Industrial Restructuring and Regional Economic Development 65
1. Changes in Industrial Structure 66
2. Vitality of Industrial Structure 70
3. Industrial Specialization and Regional Development 85
4. Regional Disparity of Economic Development Level 88
5. Regional Economy with Local Characteristics 93
6. Policy Suggestions 98

Chapter 6　Development of Agriculture with Local Characteristics 103
1. A Background for Developing Agriculture with Local Characteristics 103
2. Advantages and Obstacles of Developing Agriculture with Local Characteristics in the West 104
3. Agricultural Development and Restructuring in the West 107
4. Irrational Actions in Contemporary Development of Agriculture with Local Characteristics in the West 112
5. Directions, Principles and Patterns of Developing Agriculture with Local Characteristics in the West 116
6. Policy Suggestions 120

Chapter 7　Tourism Resources and Development 123
1. An Introduction to Tourism Resources in the West 124
2. Local Strategy and Policy of Developing Tourism Resources 131
3. Features of Contemporary Tourism Development 136
4. Problems and Countermeasures in Tourism Development 142

Chapter 8 Construction of Transport and Communication Infrastructure ··· 146
1. A Review of Transport & Communication Construction in the West ········ 146
2. Contemporary Transport & Communication Development in the West ······ 149
3. Forces and Prospects of Accelerating Transport & Communication Development in the West ················ 154
4. Policy Suggestions ················ 160

Chapter 9 Urbanization and Urban Development ················ 163
1. Contemporary Urbanization and Urban Development in the West ············ 163
2. Restraints and Problems in Accelerating Urbanization in the West ············ 170
3. Directions of Urban Development and Policy Suggestions ················ 172

Chapter 10 Social Development and Poverty Relief ················ 175
1. Contemporary Social Development in the West ················ 175
2. Social Development Problems Encountered in Developing the West ············ 179
3. A New Stage and New Problems in Poverty-Relief ················ 186
4. Policy Suggestions ················ 192

Chapter 11 East-West Cooperation and Regional Development ················ 195
1. Significance of Strengthening East-West Cooperation ················ 195
2. Major Forms of Contemporary East West Cooperation ················ 197
3. Progresses in East-West Cooperation and Its Implications for the West ······ 199
4. Challenges to the West under Increasing Opening ················ 203
5. Policy Suggestions ················ 204

Chapter 12 Ecological Degradation and Eco-environmental Construction ······ 206
1. Major Ecological and Environmental Problems of the West ················ 207
2. An Analysis of Reasons behind Ecological and Environmental Problems
················ 215

iii

3. Efforts and Measures of Ecological and Environmental Construction ········ 221
4. Conclusion and Suggestions ·· 234

Appendix 1　Recent Regional Development and Regionalization of Development in China ·· 238
1. Changes in Regional Development and Regional Disparity since the 1990s
   ·· 239
2. An Assessment on Recent Regional Development Status ······················· 244
3. Regionalization of Recent Socio-economic Development ························ 253

Appendix 2　Government Actions in Developing the West in USA ············· 258

Appendix 3　Reclamation of Wasteland in the Former USSR and Its Effects
   ·· 262
1. Background of Reclamation of Wasteland ·· 262
2. Economic Results of Reclamation of Wasteland ······································ 264
3. Ecological and Environmental Problems Resulted from Reclamation of
   Wasteland ·· 266
4. Countermeasures ·· 267

Figures

Figure 1-1	Share of Selected Industrial Outputs of the West in National Total (1)	2
Figure 1-2	Share of Selected Industrial Outputs of the West in National Total (2)	2
Figure 1-3	Share of Selected Agricultural Outputs of the West in National Total	3
Figure 1-4	Sources of Investments on Capital Construction and Renewals of the West in 1998 and Comparisons to National Average	4
Figure 1-5	Shares of Selected Types of Investments of the West in National Total in 1998 and Comparisons to Its Population and Savings Shares in National Total	4
Figure 1-6	Changes in GDP Per Capita of the East, Middle and West in the 1990s	7
Figure 1-7	Three Natural Regions in China	9
Figure 3-1	Administrative Map of the West	30
Figure 3-2	Annual Rainfall of the West (mm)	32
Figure 3-3	Spatial Distribution of Annual Accumulated Temperature in the West (⩾10℃)	35
Figure 3-4	Spatial Distribution of Average Temperature in the Coldest Month in the West	36
Figure 3-5	Spatial Distribution of Annual Arid Level in the West	37
Figure 3-6	Map of Eco-geographical System of the West	38
Figure 3-7	Logical Relations of Economic Indicators	46
Figure 3-8	Spatial Distribution of GDP Per Capita in the West	48
Figure 3-9	An Integrated Regional Pattern of the West	49
Figure 5-1	Evolution of Industrial Structure of the West	67
Figure 5-2	Evolution of Industrial Structure in China	67
Figure 5-3	A Comparison of Industrialization Degree between the West and National Average	68
Figure 5-4	Ratio of Value-added of Township and Village Enterprises to that of the Primary Industry in the Rural Area of the West	70
Figure 5-5	A Comparison of the Development of Foreign-oriented Economy between the West and National Average	71
Figure 5-6	Share of Energy and Raw Materials Output of the West in National Total	72
Figure 5-7	Growth of Cotton Yield in Xinjiang	74

Figure 5-8	A Comparison of Technological Standard of Industrial Equipment between the West and National Average	79
Figure 5-9	Changes in Shares of the Output of Durable Consumer Goods of the West in National Total	80
Figure 5-10	A Comparison of Scale of Enterprises Measured by Output Value between the West(left) and National Average (right)	82
Figure 5-11	A Comparison of Shares of State-Owned Enterprises in Total Employment and Output Value between the West and National Average	82
Figure 5-12	A Comparison of Growth Rate of GDP between the East and West	86
Figure 5-13	Changes of Commodities Interflow of Gansu	87
Figure 5-14	Spatial Distribution of GDP Per Capita in the Three-Gorge Reservoir Region	90
Figure 5-15	Ratio of Selected Economic Indicators of the West in National Total	91
Figure 5-16	A Comparison of Sectoral Structure of Township and Village Enterprises between the West and National Average	92
Figure 6-1	Percentage of West Agricultural Produce in China (1998)	107
Figure 6-2	Percentage of West Farming Output Value in China (1998)	107
Figure 6-3	Percentage of West Animal Husbandry Output Value in China (1998)	107
Figure 6-4	Percentage of West Forestry Output Value in China (1998)	107
Figure 6-5	A Comparison of the Structure of Agricultural Output Value between the East, Middle, West and National Average	109
Figure 7-1	Percentage of Visitor Arrivals by Regions in 1999	136
Figure 7-2	Percentage of International Tourism Receipts by Regions in 1999	136
Figure 7-3	Growth of Visitor Arrivals in Western Provinces	137
Figure 7-4	Growth of International Tourism Receipts in Western Provinces	138
Figure 7-5	Visitor Arrivals in Western Provinces in 1999	139
Figure 8-1	Increase of Railway Length in the West	148
Figure 8-2	Increase of Highway Length in the West	148
Figure 8-3	Scales of Capital Construction on Transport and Telecommunication in the West in 1998	153
Figure 8-4	Scales of Capital Construction on Transport and Telecommunication in the West since 1980	154
Figure 8-5	Relationships between Transportation and Regional Economic Development	161
Figure 9-1	Urban Population Growth in Different Regions from the 1980s	164

Figure 9 – 2	Regional Patterns of Urbanization Levels and Increase Rate in the West	166
Figure 10 – 1	Changes of Human Development Indices of the West and National Average	176
Figure 10 – 2	Trends of Major Social Development Indices in the West	177
Figure 10 – 3	A Comparison of Growth Rate of Population and GDP Per Capita between the West and National Average in 1986—1999	182
Figure 10 – 4	Ranking of Provinces by an Integrated Index of Human Health in China	183
Figure 10 – 5	Number of Poverty-stricken Population in Selected Western Provinces in 1994—1999	189
Figure 12 – 1	Shares of Oases in Xinjiang	212
Figure 12 – 2	Drying-out Days of the Lower Reaches of the Yellow River (recorded by the Lijin Hydrological Station in Shandong)	220
Figure 12 – 3	Spatial Distribution of Major Counties under Eco-environmental Construction in China in 1998	223
Figure 12 – 4	Distribution of Demonstration Counties of Forest and Grassland Restoration from Slope Croplands	226
Figure 12 – 5	The Investment of the Central Government in Demonstration Project of Forest and Grassland Restoration in China in 2000	227
Figure 12 – 6	Spatial Distribution of Key Sanded Land Combating Projects	228
Figure 12 – 7	Spatial Distribution of Counties Referred by National Poverty Relief Plan in 1994	232
Appendix 1 Figure 1	Disparity of NI(1952—1977)/GDP(1978—1998) Per Capita Among Provinces	242
Appendix 1 Figure 2	Relative Disparity of NI(1952—1977)/GDP(1978—1998) Per Capita Among Provinces	242
Appendix 1 Figure 3	Extreme Gap of NI(1952—1977)/GDP(1978—1998) Per Capita Among Provinces	243
Appendix 1 Figure 4	Spatial Distribution of Economic Development Level by Provinces in 1998	245
Appendix 1 Figure 5	Spatial Distribution of Economic Vitality by Provinces in 1998	247
Appendix 1 Figure 6	Spatial Distribution of Social Development Level by Provinces in 1998	249
Appendix 1 Figure 7	Spatial Distribution of Living Standard by Provinces in 1998	

	 251	
Appendix 1 Figure 8	Spatial Distribution of Infrastructure Standard by Provinces in 1998	
	 252	
Appendix 1 Figure 9	Spatial Distribution of Regional Development Status by Provinces in 1998 254	
Appendix 3 Figure 1	Spatial Distribution of Reclaimed Wasteland in the Soviet Union in the 1950s 263	

Tables

Table 1-1	Major Economic Centers in the West in 1998	5
Table 1-2	A Comparison of Selected Economic Indicators between the West and National Average in 1999 (% of national average)	6
Table 1-3	A Comparison between Population Growth and GDP Growth in the West in 1978—1998	10
Table 1-4	Degree of Internationalization of the West in 1999	10
Table 1-5	Least Ecological Demand for Water Resources in Northwestern China	17
Table 2-1	Regional Distribution of Investments on Capital Construction in China in 1952—1975	25
Table 2-2	Regional Distribution of 156 Prior Industrial Projects in the First Five-year-plan in the West	25
Table 3-1	Annual Average Temperature in the West	31
Table 3-2	Average Temperature in the Coldest Month in the West	31
Table 3-3	Average Temperature in the Hottest Month in the West	31
Table 3-4	Annual Cumulated Temperature in the West ($\geqslant 10°C$)	31
Table 3-5	Annual Rainfall of the West (mm)	32
Table 3-6	Annual Arid Index of the West	32
Table 3-7	Indices for Temperature Zones of the West	34
Table 3-8	Indices for Arid Levels of the West	35
Table 3-9	Integrated Eco-geographical System of the West	36
Table 4-1	Distribution of Major Natural Resources in the West	52
Table 4-2	A Comparison of Natural Resources Per Capita between the West, East and Middle Regions in China and the World	52
Table 4-3	Shares of Reserves of Sixty Kinds of Minerals of the West in National Total	53
Table 4-4	The Reserves and Final Acquisition Estimation of Fifteen Kinds of Major Mineral Resources in the West	53
Table 4-5	Waterpower Resources in South-western China	54
Table 4-6	The Output of Crude Oil in North-western China (10 000 tons)	59
Table 4-7	Large Hydro-electric Station Constructed or Under Construction in China (with	

	capacity not lower than 1000 mw)	61
Table 5-1	Share of Industry in Total Gross Output Value of Industry and Agriculture (%)	69
Table 5-2	Relations between Growth of GDP, Investment and Imports & Exports in the West	70
Table 5-3	A Comparison of the Percentages of Light and Heavy Industries in Total Industrial Output Value between the West and National Average	72
Table 5-4	Changes in the Ranking of Income Per Capita of Xinjiang among Provinces	73
Table 5-5	Spatial Distribution of the 156 Prior Industrial Projects in the West	78
Table 5-6	Sectoral and Spatial Distribution of Package Equipment Imports in the 1970s	78
Table 5-7	Economic Efficiency of Industrial Enterprises in the West and Its Comparison to National Average	81
Table 5-8	An Investigation Result of the Status of Large and Medium-Sized Industrial Enterprises in Ningxia	83
Table 5-9	Capital Investment in Infrastructure in the West and Its Share in National Total	85
Table 5-10	A Comparison of GDP Per Capita between the East and West	86
Table 5-11	Net Inflow of Goods in Gansu Province	88
Table 5-12	Degree of Spatial Concentration of Economic Development in Selected Western Provinces	89
Table 5-13	Regional Disparity of Economic Development Level in Selected Western Provinces in Terms of GDP Per Capita	90
Table 5-14	A Comparison of Sectoral Structure of Agriculture between the East, West and National Average	92
Table 5-15	Changes in Ranking of Economic Development Level in Western Provinces	94
Table 6-1	Agricultural Resources in the West	105
Table 6-2	Percentage of Agricultural Output of the West in National Total (1998)	107
Table 6-3	A Comparison of Crop Yields between the West and National Average	108
Table 6-4	Agricultural Structure in Western Provinces	110
Table 7-1	Scales of Tourism by Province in the West in 1998	138
Table 7-2	Statistics of Overseas Tourists by Provinces in the West in 1997	140
Table 7-3	Country Origins of International Tourists by Provinces in the West in 1997	141

Table 8-1	Capital Construction on Transport and Post and Telecommunication in China	147
Table 8-2	The Length of Transportation Routes in the West (1999)	149
Table 8-3	A Comparison of Post and Telecommunication Development between the East, Middle and West	150
Table 8-4	Regional Contributions to National Growth of Transport and Telecommunication During the Eighth Five-year-plan	151
Table 8-5	Percentage of Capital Construction on Transport and Telecommunication of the West in National Total	152
Table 8-6	Investment in the Construction of Highways by Provinces in the West in 2000	156
Table 8-7	Policies and Targets of Transport and Telecommunication Development of Western Provinces	157
Table 9-1	Regional Differences in Industrialization and Urbanization Levels in 1998	164
Table 9-2	Development of Small Towns in the West in the 1990s	164
Table 9-3	Regional Differences in the Proportion of Urban Non-Agricultural Population	165
Table 9-4	Urbanization Level and Its Increase Rates in the West from 1990 to 1999	165
Table 9-5	Population Growth in Selected Large Cities in the West	166
Table 9-6	Regional Differences in Size Distribution of Cities in China	167
Table 9-7	Regional Differences in Size Distribution of Cities in the West	167
Table 9-8	Regional Differences of Average Urban Population of Different Size Group of Cities in the West	167
Table 9-9	Population and Land Use in Chengdu City	168
Table 9-10	Sources of Urban Construction and Maintenance Investment of Chengdu City in 1998	169
Table 10-1	Human Development Index in the West	176
Table 10-2	Relative Differences of Social Development Index between the West and National Average	177
Table 10-3	A Comparison between Social Development and Economic Development in the West in 1999	178
Table 10-4	Ranking of Social Development Index and GDP Per Capita by Provinces in the West in China	178
Table 10-5	Education Development Indices in the West	180
Table 10-6	Indices of R&D Resources and Innovation Ability in the West	180

Table 10 – 7	Demographic Indices in the West	181
Table 10 – 8	Relationship between Demographic Index and GDP Per Capita	182
Table 10 – 9	Indices of Medical Treatment and Hygiene in the West	183
Table 10 – 10	Index of Information Exchange Ability in the West	184
Table 10 – 11	A Comparison of Income and Consume Level between Urban and Rural Areas in the West	185
Table 10 – 12	Unemployment in Cities and Towns in the West in 1998	186
Table 10 – 13	Number of Poverty-stricken Counties and Poor Population in the West in 1993	187
Table 10 – 14	Changes in Poverty-stricken Population and Their Living Standard in the West	188
Table 10 – 15	Main Stages and Characteristics of Overcoming Poverty in China	189
Table 10 – 16	Comparison of the Standards for Overcoming Poverty	192
Table 12 – 1	Key Areas in the West Referred by the *National Eco-environmental Construction Plan*	207
Table 12 – 2	Soil Erosion in Southwestern China	207
Table 12 – 3	Selected Ecological Indicators in Northwestem China	209
Table 12 – 4	Grassland Resources and Its Degradation in the West	210
Table 12 – 5	Selected Indicators of Sanded Land in the West	211
Table 12 – 6	Selected Environmental Pollution Indicators in the West in 1998	215
Table 12 – 7	Forest Decrease in Yunnan Province	216
Table 12 – 8	Soil Erosion of Slope Land under Different Land Use Pattern in the Loess Plateau	218
Table 12 – 9	Composition of Slope Land in the West in 1996	218
Table 12 – 10	Changes in the Amount of Livestock in Selected Western Provinces	219
Table 12 – 11	Selected National Ecological Conservation and Construction Plans Implemented in the West	222
Table 12 – 12	Key Counties under Eco-environmental Construction in Yunnan before June 2000	223
Table 12 – 13	An Overview of Demonstration Projects of Forest and Grassland Restoration from Cropland in 2000	225
Table 12 – 14	The Average Cost of Forest and Grassland Restoration from Cropland in 2000	227
Table 12 – 15	Grain Production Per Capita in the West in Selected Years	231
Appendix 1 Table 1	Structure of Export in China	238

Appendix 1 Table 2	Economic Growth Rate by Provinces in Different Periods in China 240
Appendix 1 Table 3	A Comparison of Economic Development between the East, Middle and West Regions 243
Appendix 1 Table 4	A Comparison of Economic Development between the North and South Regions 244
Appendix 1 Table 5	A Comprehensive Evaluation of Provincial Socio-economic Development in 1998 253
Appendix 3 Table 1	Areas of Reclaimed Wasteland by Regions in 1954—1960 264
Appendix 3 Table 2	Average Annual Grain Production in the Wasteland Reclamation Regions and Its Share in Total Grain Production of the Soviet Union in 1949—1978 265

Preface

It is our long-term commitment to conduct the study on regional development of China and publish a series of collections on the subject, which are entitled *Regional Development of China*.

We attempt in the series to achieve continuous and objective analysis of contemporary Chinese policies on social and economic development and the status of development so resulted at both national and regional levels, and thereafter to provide reasonable policy evaluations and suggestions. Our research aims to satisfy the demand of national and regional policy-makers and the society as well for rational understanding of contemporary policies and development. Based on intensive interactions with different government departments in doing our researches in the past, we have observed increasing significance and also difficulties of the government's policy-making on regional development. A full understanding of the social, economic and physical environment for development at both national and regional levels has become a premise for policy-makers to hold well their responsibility. Our series of *Regional Development of China* are specifically designed for such a purpose.

Regional Development of China, 2000 — A Development Report of the West is the third collection of the series. The previous two collections, *Regional Development of China, 1997* and *Regional Development of China, 1999*, have witnessed strong and active responses from both the government and academic circle in China. A concise report based on *Regional Development of China, 1997* was delivered to the State Council as a key research report of the Chinese Academy of Sciences, and has received well recognition from the State Council and related government departments. Such recognition is an encouragement to this research project and highly appreciated by all colleagues involved.

This collection aims to provide our investigation, analysis and understanding of the popularly concerned issue, developing the west, which is the linchpin of the contemporary regional policy of the Chinese government. The term of "the west" refers to the provincial units of the western region, which was first officially employed in the Seventh Five-year Plan of China (1986—90). They are Shaanxi Province, Gansu Province, Qinghai Province, Ningxia Autonomous Region, Xinjiang Autonomous Region, Chongqing Municipality, Sichuan Province, Guizhou Province, Yun'nan Province and Xizang Autonomous Region. The territory of the west (5.37 million km^2) accounts for 56.4% of the national total, while the share of its population and GDP in 1998 was only 22.84% and 13.96% respectively.

In recognition of recent dynamics and status of regional development in China and following the development strategy set forth by Deng Xiaoping in the 1980s[①], the Chinese government made a strategic decision in 1999 upon developing the west and promoting the development of the middle and west regions. Priorities proposed in developing the west are infrastructure development, ecological construction, industrial restructuring, science and technology development, and further opening-up. To make the strategy fully understood and to avoid another "Great Leap Forward", the central government has emphasized constantly that developing the west is, rather than an easy job, a huge systematic project and a long-term arduous task that demands the endeavours of several generations. Such a perspective displays the rationality of the Chinese central government in practicing the strategy of developing the west. It also indicates that the government has taken careful considerations of the past experiences of territorial development and regional development in China and the international experiences of developing the under-developed peripheral regions.

Developing the west is a big policy thrust of national economic development in the new century, and bears great importance for the sustainable development of the west and the country as a whole. In the last year, different departments of the central government and local governments of the west were busy with making plans for ecological construction, infrastructure development and industrial restructuring. The proposed projects in ecological construction and infrastructure development have been carried out by and large as planned rationally so far. There have also appeared, however, irrational development plans and expectations. Such irrationality can be partly displayed by the obviously unrealistic objectives of development issued by local governments and the resulted long lists of construction projects proposed as well as over competition for approvals of large-scale construction projects. Some big projects are being initiated without necessary detailed plans and arrangements, while the scales of some infrastructure projects under construction or in preparation, e.g., new construction and expansion of highways and airports, are too large compared to the demand potential of local market. Although much attention has been paid to ecological construction in developing the west and actions to restore grassland and forest by stopping plantation have already started in some regions, a handful cases in practices have been found to violate the natural law of local ecological evolution, which may lead to new ecological damages. Be-

---

[①] In the 1980s, Mr. Deng Xiaoping proposed a national development strategy, the central point of which is to give priority to the development of the coastal region before 2000 so as to increase national economic efficiency and power quickly and, from 2000 onwards, to pursue balanced development. The strategy was based upon an estimation that, by 2000, the coastal region would have accumulated sufficient capital to sustain its economic development and to support the development of the middle and west regions as well. Mr. Deng's ideas have been basically followed by the Chinese government.

sides, many local governments in the west have planned a very high economic growth rate (9% or even higher) while the large-scale ecological constructions are also on their planning agenda. It reflects to a certain degree that local authorities in the west hold extensively high expectations on achieving rapid economic growth simply through the construction of large-scale projects. Therefore, it is clear that enhancing macro monitoring and management is becoming critical to implementing the strategy of developing the west successfully.

It is under these circumstances that the necessity of having a rational comprehension of the target and agenda of developing the west has been aware of by both the central and local governments. This collection attempts to serve as a reference to the central and local officials and all the others interested in developing the west, which provides a scientific understanding of the west, including its development history, natural and social environment, industrial structure and urbanization, and offers evaluations of the contemporary policies adopted by local governments. We hope that it would help to figure out practical objectives and rational approaches in developing the west.

To achieve such a target, we focus our efforts on the following four orientations:

(1) To clarify the implications of the new strategy for the development of the west and for the enhancement of national strength as well;

(2) To identify the specific geographical environment and economic foundation of the west;

(3) To summarize the policies of promoting the development of the west issued by the central and local governments; and

(4) To put forward our suggestions on the objectives of developing the west and alternative approaches in terms of infrastructure development, ecological construction, industrial restructuring and social development.

Developing the west has become a focal concern of the society in China and has raised a lot of arguments among scholars and local officials. Some consider that the strategy indicates a fundamental shift of the spatial focus of national economic development, which will lead to a fast narrowing of the gap of economic development between the west and coastal regions. Although recognizing the significance of developing the west in the sustainable development of the entire country and the desire of local officials in the west to have a somewhat "jumped" development, we are also aware of the necessity of a rational understanding of the strategy before any rash efforts to be made. We should keep in mind the unfavorable physical conditions of the west and other difficulties bound to be met on the way of developing the west, i.e., developing the west is a hard task demanding for long-term efforts. In fact, and reasonably, the absolute disparity of economic development between the coastal and west regions in terms of GDP per capita will still keep on enlarging in the near future. The further modernization and internationalization of the coastal region will serve the national interest and support the development of the west. Thus developing the west doesn't necessarily mean a fundamental shift of the regional focus of economic construction and development in China. Instead, the strategy as manifested by the central government spells out a comprehensive development consisting of not only economic development but also ecological construction and social development, in which economic development is not the only task.

The backwardness of the west is due to a lot of physical limitations, many of which can be hardly altered by the efforts of human beings in a short time. Under such a circumstance, the criteria of stability and quality of development should be employed when the achievements of development in the west are to be assessed. Besides, a historical perspective is also meaningful and helpful. As displayed by the great improvement of living standard of the mass, the west has made remarkable achievements in the past decades, which have paved the way for further development. It is an unrealistic expectation, however, that each individual local area in the west will catch up with the coastal regions in terms of GDP growth rate and GDP per capita if economic efficiency is considered. In general, it is also an irrational objective for the west as a whole to take "catching up with the coastal region in economic development in terms of GDP per capita" as its main target in making development planning for the near future, while such a goal as to alleviate the enlarging disparity of economic development is quite reasonable, at least in the next decade. The pursuit of fast social development is critical and practical to the west, as social development in fact represents more equity morally than economic development. In that sense, both the central and coastal local governments should be obligated to help the west develop education, sanitation, healthcare, and transportation and communication facilities so as to ensure the mass in the west to enjoy infrastructure at a national average level.

The above discussions are based on our comprehensive study of the conditions, reality and potentials of development in both the coastal and the middle and west regions as well as related national development policies. Our major arguments have been elaborated in this collection as well as the two previously published collections as mentioned above. We hope that our findings would be well in services to the study of concrete development issues with respect to developing the west and could support the rationality of detailed plans for developing the west that are to be drafted.

Our major arguments put forward in this collection can be summarized as:

(1) The next decade should be and will be a start-up stage of developing the west, i.e. to build a well foundation for faster growth in the following decades. Instead of targeting at a very high GDP growth rate, the focus should be on infrastructure development, ecological construction and social development;

(2) Priority in industrial development should be given to the upgrading of traditional industries and the development of selected high-tech industries;

(3) Priorities for infrastructure construction are the national transportation corridors and transportation facilities at the most local level. A strict assessment should be done before building any expressway of middle and long distance;

(4) Ecological construction must take into consideration the actual local physical conditions and objectives to improve local ecological environment must follow the zoning rules of physical geography;

(5) Exploitation of natural resources should consider the comparative advantages of these resources in the entire country and in the world as well. Productions of hydropower and natural gas are two sectors with strong comparative advantages, which should receive enhanced investments. The transfer of natural gas and electricity to the coastal region is among the most important projects to be implemented. The comparative advantages of many other natural resources in the west, however, have become weak because of the poor physical conditions to develop them and the changes of both international and domestic market. To that extent, it is unwise to initiate further large-scale exploitation of these natural resources. Major attention should be paid to the upgrading of technologies of mineral separation and mineral smelting.

The collection has also discussed such issues as social development, urbanization and urban development, agricultural development, tourism development, and east-west economic cooperation in relation to developing the west.

We are grateful to the encouragement and support form the president and vice-president of the Chinese Academy of Sciences (CAS), Professor Lu Yongxiang and Professor Chen Yiyu. Such supports and encouragement also come from the Bureau of Natural Resources and Environment and Technology, CAS. We acknowledge the continued financial support from the Sustainable Development Research Center, CAS. Without its generous support, the project can not be done. The director of the center, Academician Sun Honglie has paid deep concern and given a lot of supportive help to this project. We are honored to have a handful of distinguished scholars as advisors of our project. They are the noted human geographer and Academician of CAS Professor Wu Chuanjun, regional economist Professor Li Boxi and Li Shantong, Academicians of CAS Professors Chen Yiyu, Sun Shu, Chen Shupeng, Ye Danian and Zhang Shen, and Academician of the Chinese Engineering Academy Professor Shi Yulin. They have provided a lot of valuable supervisions and advice.

Mr. Guo Peizhang, Director of the Bureau of Regional Economics of State Planning and Development Commission (SPDC) and Professor Du Ping, Director of the Institute of Regional Economics of the Academy of Macro Economic Studies of SPDC have also offered their generous support to our project. Their involvement has helped greatly to ensure reasonable policy implications in our researches.

We also acknowledge that the project initiated with the financial support from the Bureau of Social Development of State Science Commission in 1996, which was approved by the then director, Professor Gan Shijun. In recent years, Professor Liu Yanhua, Director of the Bureau of Social Development and Rural Economy of the Ministry of Science and Technology and Mr. Wang Weizhong, Director of the Management Center of China's 21st Century Agenda have attached importance to this project and have provided continuous financial support and helpful guidance too. *Regional Development of China, 2000—A Development Report of the West* has been jointly sponsored by the Sustainable Development Research Center, CAS and the Management Center of China's 21st Century Agenda. The Center for Interdisciplinary Researches, CAS has also provided financial support to the project.

Hereby, the project group would like to express its gratitude to all the agencies, officials and scientists, who are mentioned above or not mentioned because of limitation of space, for their supports and helps that enable our commitment to the studies on the theories and practice of regional development of China and continuous efforts on compiling *Regional Development of China*.

Lu Dadao
September, 2000

第一章 绪 论

提 要

- 西部开发对于促进西部地区和全国的可持续发展、保障国家生态安全与地缘政治安全具有巨大的意义。
- 建国后国家在西部进行了大规模的工业建设和基础设施建设,使西部形成了有较强实力的能源原材料工业和机械工业(以军工为主导)体系。
- 要科学地认识西部地区的优势和劣势。除少数地区外,西部大部分地区自然环境相当恶劣;资源优势必须考虑市场机制和全球化趋势,资源开发要建立在对比较优势评价的基础之上。
- 正确处理西部开发中的几个重要关系,即近期与长远、传统产业与高新技术产业、新建与改造利用现有基础、重点地区和一般地区、经济发展与环境保护、经济发展与社会发展等之间的关系。
- 近期为打基础阶段。以缓解与全国经济增长差距扩大的趋势为目标,以生态建设、基础设施建设和人力资源开发为主;产业发展以传统产业的调整改造为主,有重点地发展高新技术产业;首先发挥已建项目的作用与效益,根据需要高起点建设新项目;有选择地率先建设区位和基础较好的重点地区,带动一般地区的发展;生态建设要与提高农牧民收入水平相结合;优先提高西部地区的社会发展水平。

第一节 建国后西部地区发展的巨大成就

【国家一直很重视西部地区的开发】 建国后国家在西部地区进行了大规模的工业和基础设施建设。特别是在建国后的前30多年中,多数西部省份一直是国家重点建设的地区,经济发展速度居全国前列。例如,按1952~1978年的国民收入年平均增长速度计算,青海、陕西、宁夏、云南和新疆位居全国前10位,甘肃列第11位。这种格局是与国家在西部地区的大规模投资密不可分的。

建国初期,西部地区现代经济十分薄弱。1952年,当时人口占全国1/4强的西部地区工业总产值只有32.6亿元,占全国的9.3%;主要工业产品产量在全国的比重均低于8%(图

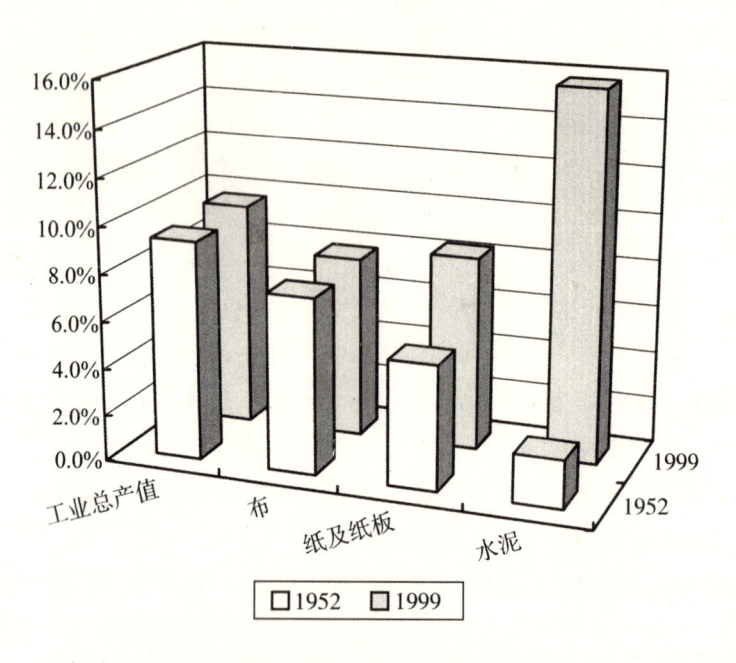

图 1—1　西部地区工业总产值及主要工业产品产量占全国的比重(1952 和 1999 年)
Figure 1－1　Share of Selected Industrial Outputs of the West in National Total (1)

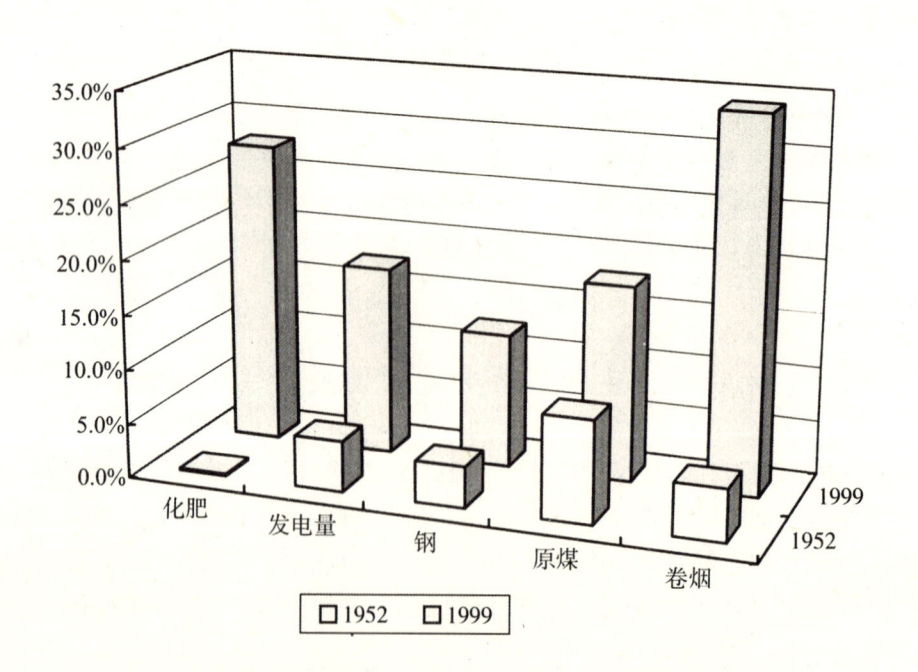

图 1—2　西部地区主要工业产品产量占全国的比重(1952 和 1999 年)
Figure 1－2　Share of Selected Industrial Outputs of the West in National Total (2)

1—1、图 1—2）。粮食、油料和棉花产量在全国的份额也不高,分别只有 17.5%、13.9% 和 10.5%（图 1—3）。第二产业在国内生产总值（GDP）中的比重不到 16%,为典型的传统农业社会。自"一五"始,出于国防和改变工业生产过分集中在沿海的考虑,国家利用计划经济手段加强在西部地区的投资。1952~1980 年合计,西部地区全民所有制单位固定资产投资占全国的 26.6%,人均投资额高于全国平均水平 10% 以上。在总投资额中,60% 为中央投资,40% 为地方投资。也就是说,在这期间中央投资的 34% 投入到了西部地区。

【西部地区已形成具有较强实力的工业基础】 中央的大规模投资使西部地区形成了比较完整的能源原材料工业体系和以军工为主导的机械工业体系,带动了一批经济中心城市的形成（特别是各省会城市以及重庆、绵阳、宝鸡、咸阳、六盘水等）,同时也促进了本区产业结构的演进。到 1978 年,西部地区第二产业已占 GDP 的 44%,成为以工业为主导的地区。也正是这些重大项目及其巨额投资使西部不少省份在改革开放前一直处于全国国民收入增长速度最快的行列。1978 年,西部地区 GDP 占全国的份额上升到 16%;工业总产值占全国的 13.2%,主要工业品产量在全国的比重亦超过 13%。

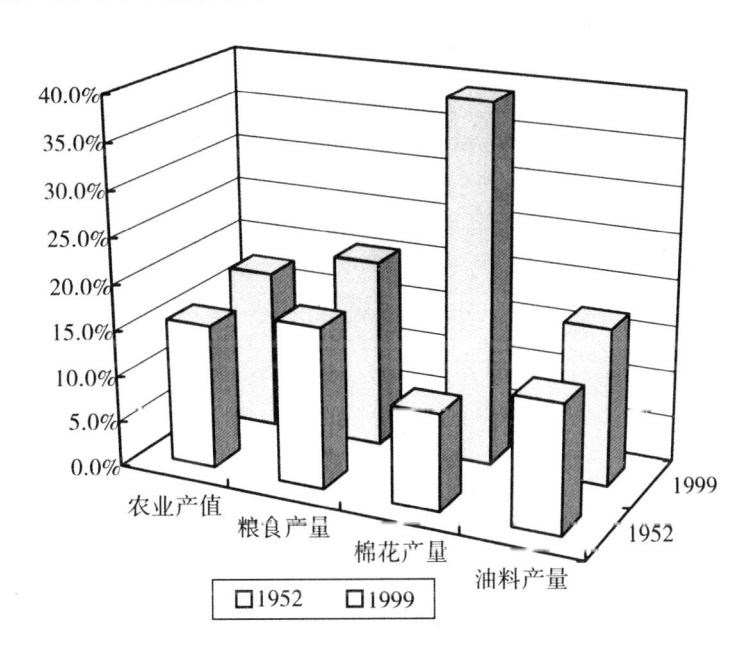

图 1—3 西部地区农业总产值和主要农产品产量占全国的比重（1952 和 1999 年）
Figure 1－3　Share of Selected Agricultural Outputs of the West in National Total

【近二十年来西部地区取得了巨大的发展成就】 改革开放后,计划经济时期巨额投资的努力被市场经济机制和全球化趋势有所冲淡,但是它们为西部地区奠定了比较完善的能源原材料工业基础,培育了"生长极"。一些军工企业成功的"军转民"也使西部地区在新的行业上取得了长足发展。如绵阳的"长虹"集团（家电）、重庆的"长安"集团（汽车和摩托车）等。此外,近年来中央政府再次加大了对西部地区的投资力度。以 1998 年为例,西部地区人均国家预算

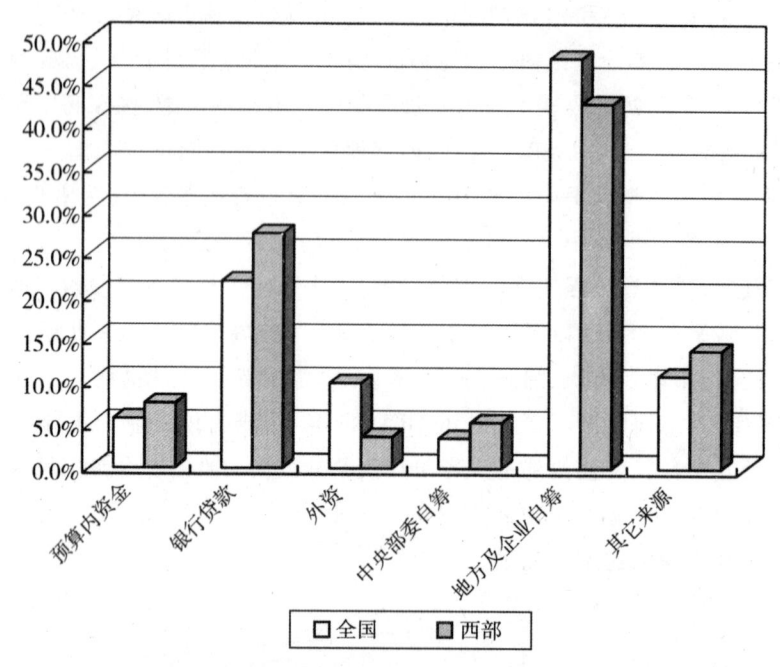

图 1—4 1998 年西部地区基本建设及更新改造投资来源结构及其与全国的比较
Figure 1－4 Sources of Investments on Capital Construction and Renewals of the West in 1998 and Comparisons to National Average

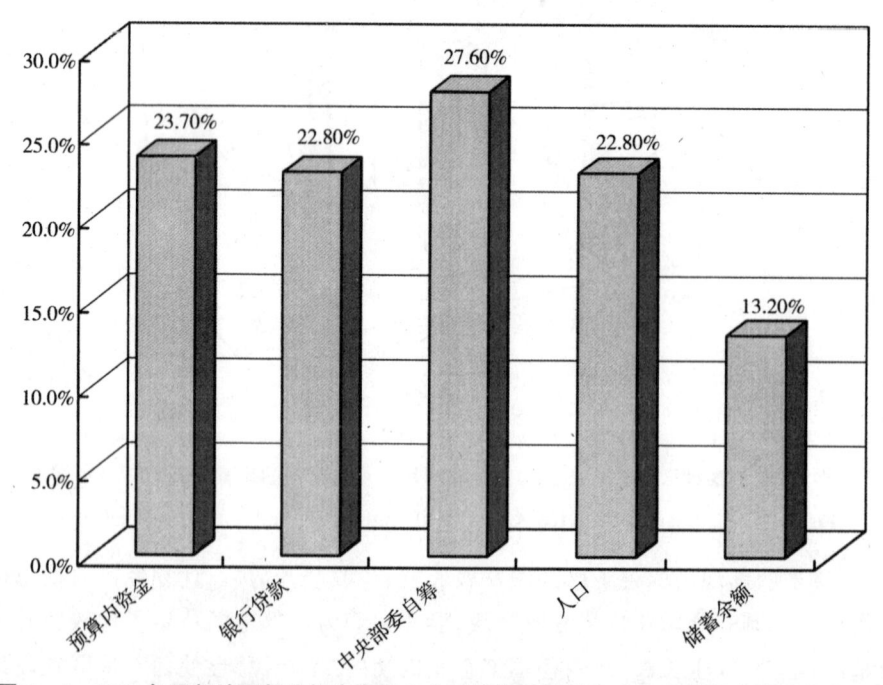

图 1—5 1998 年西部地区部分投资来源占全国的比重及其与人口和储蓄余额比重的比较
Figure 1－5 Shares of Selected Types of Investments of the West in National Total in 1998 and Comparisons to Its Population and Savings Shares in National Total

内投资高于全国平均水平5%;中央部委自筹资金也向西部倾斜,人均值高于全国平均水平20%(图1—4、图1—5)。因此,虽然近20年来经济增长一定程度上落后于全国平均水平,但与前30年相比,西部地区仍取得了巨大发展成就。部分产品产量占全国的比重大幅度上升(图1—3)。1998年,西部地区粮食、棉花、钢、原油、原煤、水泥、化肥产量和发电量分别占全国的20.7%、35.3%、12.1%、15.3%、21.9%、15.5%、26.9%和17.6%,绝对量分别比1952年增长了1.7倍、11.6倍、274倍、126倍、44倍、1405倍、27023倍和605倍。表1—1列出了1998年西部地区GDP超过50亿元的经济中心城市,它们基本上都是改革开放前国家在西部重点建设的地区。这24个城市的工业总产值(不含市辖县)占西部地区的2/5左右,是今后西部大开发的基石和主要"生长极"。

表1—1 1998年西部地区主要经济中心城市

Table 1-1 Major Economic Centers in the West in 1998

城 市	GDP(亿元)	工业产值(亿元)	城 市	GDP(亿元)	工业产值(亿元)
重 庆	706	588	宝 鸡	82	99
成 都	578	308	曲 靖	82	51
西 安	465	728	自 贡	78	66
昆 明	424	263	泸 州	75	67
兰 州	211	295	银 川	63	67
玉 溪	257	247	六盘水	62	61
乌鲁木齐	216	191	乐 山	59	52
贵 阳	174	218	宜 宾	57	64
绵 阳	149	261	南 充	56	20
咸 阳	95	190	遵 义	52	44
攀枝花	91	117	西 宁	51	52
克拉玛依	91	161	德 阳	50	41

资料来源:国家统计局:《新中国城市五十年》,新猾出版社,2000年。
注:GDP和工业产值均为不含市辖县的数字;玉溪和泸州工业产值为1997年数字。

第二节 西部地区开发的巨大意义

【必须缓解东西部地区之间经济发展差距扩大的趋势】 邓小平同志的"两个大局"的思想是一个很有预见性的发展战略思想。改革开放20年来,中央政府实施的沿海地区发展战略和三个地带发展战略奠定了全国现代化的基础,使我国的综合国力大幅度增强。他预见第一个"大局"的实施将不可避免地导致东西部地区差距的扩大,提出在2000年前后将西部开发问题作为全国的大局,要求成为中央和各地区、各部门的共同认识和行动。

在80年代,沿海各地区几乎都是高速增长(如海南省20.7%,福建和广东为19.7%,浙江和江苏分别为19.0%和18.1%),而西部地区大部分省份都明显慢于全国增长速度(青海7.3%、宁夏7.6%、贵州8.5%、甘肃9.2%、陕西9.2%)。到90年代初(1992~1994年)东中西三个地带经济发展差距迅速扩大。到了90年代末,在经济总量、人均GDP、经济增长活力、社会发展水平、基础设施装备水平等方面,西部地区与全国水平全面拉开。在90年代中期以前,西部地区的国有企业改造包括三线企业的调整转改等进展缓慢,交通基础设施建设基本上处于停顿状态。经济增长速度和经济总量地带性差距扩大的结果,使三个地带人均经济指标的差距发生了相应的巨大变化(表1—2,图1—6)。这种巨大变化,使得必须着手缓解地区经济发展差距扩大的趋势。

表1—2 1999年西部地区主要人均经济指标相当于全国的平均水平(%)
Table 1-2 A Comparison of Selected Economic Indicators between the West and National Average in 1999（% of national average）

地 区	人均GDP	人 均投资额	人均消费水平	人均地方支出	城镇居民人均可支配收入	农民人均纯收入	收入组类型
重 庆	74.0%	74.2%	74.3%	68.4%	100.7%	78.6%	低
四 川	66.7%	62.2%	69.7%	59.5%	93.6%	83.4%	低
贵 州	37.8%	36.5%	49.1%	64.4%	84.3%	61.7%	极低
云 南	68.0%	68.8%	74.5%	126.3%	105.6%	65.0%	低
西 藏	63.4%	91.0%	54.3%	291.6%	118.0%	59.2%	低
陕 西	63.2%	70.6%	59.9%	79.9%	79.5%	65.9%	低
甘 肃	56.3%	60.8%	52.5%	81.2%	76.4%	61.4%	低
青 海	71.9%	99.9%	68.4%	152.9%	80.3%	66.4%	低
宁 夏	68.4%	102.5%	64.1%	127.7%	76.4%	79.4%	低
新 疆	101.3%	129.0%	93.4%	131.3%	90.9%	66.7%	上中
全 国	100.0%	100.0%	100.0%	100.0%	100.0%	100.0%	

注:收入分组标准:低于全国人均GDP水平50%的为极低收入组,全国水平50~75%的为低收入组,75~100%的为下中等收入组,100~150%的为上中等收入组,150~300%的为高收入组,大于300%的为极高收入组。西藏人均GDP为1997年数据。

【缩小社会发展的地区差距是国家面临的紧迫任务之一】 社会发展水平是一个国家和地区经济发展水平的累计表现。90年代以来,我国东西部地区在城市化水平、文化教育水平和医疗卫生及健康水平等方面也出现了明显的差距,而且这种差距也是愈来愈大。综合反映社会发展和经济发展水平的指标是人类发展指数。按照世界统一标准计算的1997年度我国的人类发展指数为0.701,西部地区的10省区市全部低于这个水平。其中在0.6~0.5之间的是陕西、青海、云南、贵州,西藏在0.5以下。除新疆外,全部都在第20位之后。

【必须阻止生态环境的恶化,保障全国的生态安全】 西部地区是我国生态环境极端脆弱

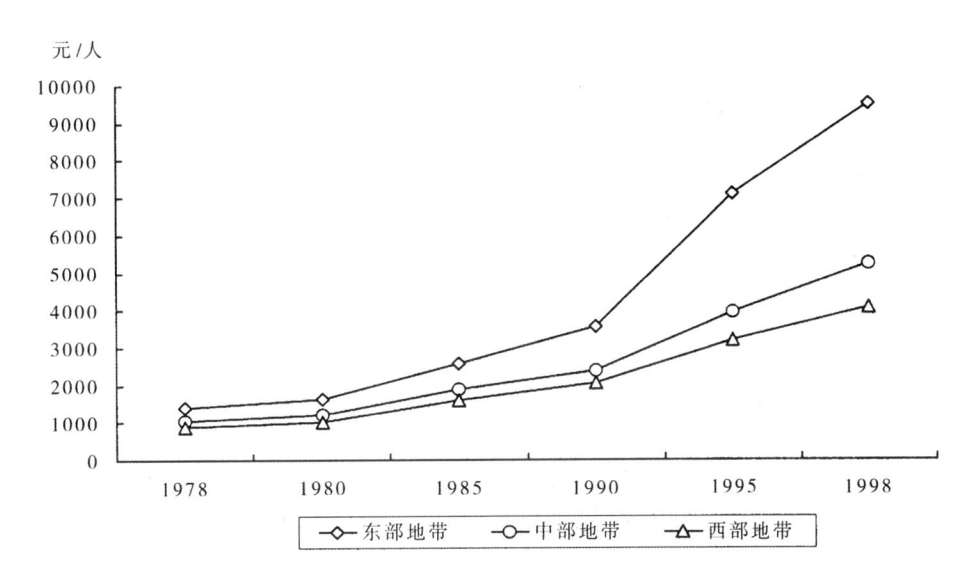

图 1—6　90 年代我国三大地带人均 GDP 变化比较

Figure 1-6　Changes in GDP Per Capita of the East, Middle and West in the 1990s

的地区。目前,西部地区生态环境的总体状况是:普遍脆弱、局部改善、总体恶化;面临的主要问题是:水土流失、荒漠化、土壤盐渍化、森林草原退化、生物多样性减少、水资源短缺以及沙尘暴频繁发生等一系列严重的生态破坏及退化问题。

我国潜在的荒漠化比率是世界上最高的。98%的问题(风蚀造成的沙质荒漠化土地)主要集中在五省区——新疆、内蒙古、甘肃、西藏和青海。两个主要问题地区是中国北方农牧交错带和甘肃与新疆围绕农业绿洲的地区。由于干旱化和不合理的土地利用引起的荒漠化的发展,导致西北地区一直是全球四大沙尘暴高发地区之一。2000 年入春至四月中旬,北方连续出现七次大范围沙尘暴天气。次数之多、强度之大、范围之广,历史罕见。专家认为,沙尘暴频发趋势,除气候变化因素,也与植被破坏、沙化土地不断扩展有关。

干旱化和黄河上中游用水的大幅度增加,导致黄河断流。长江黄河源头地区植被的破坏,水土流失的增加,已经成为这两大河流及流域生态安全的严重隐患,并进一步影响到这两大河流中下游地区的生态安全和经济安全。

为解决好西部地区的生态环境问题,1997 年江泽民总书记批示:"再造一个山川秀美的西北地区"。新世纪西部开发更进一步将生态环境建设作为一项重要的战略任务。这一重要举措无疑对改善西部地区的生态环境,具有极为重要的推动作用。

【西部地区在我国的国际地缘政治中的地位极为重要】　我国西部地区毗邻中亚、南亚和东南亚各国,在长期的历史发展过程中,我国与这些国家建立了密切的交往和友谊。但同时,包括我国西部部分省区在内的这些地区,也是国际霸权主义势力和分离主义势力力图侵入的地区。无论是 150 多年前的"海权时代"或是 19 世纪末至 20 世纪初以"大陆心脏说"为标志的陆权时代,还是二次世界大战以来,有关国家和各有关强力集团的地缘政治战略都非常关注中亚、南亚和东南亚地区[1]。

第三节 需要科学地认识我国西部地区

如何科学地认识我国西部地区是正确贯彻中央关于西部大开发方针的重要前提。不仅要看到优势,同时也要看到劣势。我国西部地区土地面积广阔,总土地面积为546.3万平方公里,占全国的56.9%;1999年人口为28771万人,占全国的22.85%;人口密度为53.5人/平方公里,只是全国平均(132.1人/平方公里)的40%。

【西部地区部分资源和经济基础具有比较优势】 能源和矿产资源丰富。已探明的石油和天然气资源,大约分别占全国的20%和30%。特别是水能资源,西部占全国的80%以上(其中西南地区占全国的70%)。一部分黑色金属、有色金属、稀有金属,如铜、铅、锌、铁、汞、钒、钛、铝土、镍、铂、钴、钾、锂、铌等及非金属矿磷、硼、盐等的储量也占有全国的很大份额。农牧业资源也具有较大的潜在优势。草地面积2.4亿公顷,占全国的62%。西南地区的生物资源非常丰富,具有很大的开发利用前景。

在经济方面,西部地区曾经是我国50年代至70年代初期经济建设和国防建设的重点地区之一,近年来加大了能源资源的勘探和开发规模。在石油、水电、天然气、钢铁、有色金属等能源原材料及国防军工制造和电子工业方面有较强的基础。

但是,这些优势大部分是潜在的,充分发挥还需要国家经济和科学技术实力的进一步增强。同时,面临的不利自然条件和严重困难也限制了这些优势的发挥。

【除少数地区外西部地区自然条件普遍恶劣】 全国的三大自然区(图1—7)中有两个,即西北干旱区和青藏高寒区占据西部地区的主体部分[2]。西北地区大部分在干旱、半干旱区内。面积220万平方公里的青藏高原平均海拔4000米以上,气候高寒。云贵高原地区地形崎岖。黄土高原和云贵高原水土流失严重,土层薄。全国的荒漠化面积主要集中在西北地区,仅西北五省区和内蒙古的荒漠化土地面积就达212.8万平方公里。

我国西部尤其是西北地区当前的自然环境是长期历史演变的结果。约距今8~9百万年前,随着青藏高原的隆起,我国西北干旱化和东部季风气候开始出现;约距今3.6~2.6百万年时,青藏高原加速隆起,奠定了我国西部干旱区和东部现代季风气候的基本格局。地质和生物记录的研究表明,我国西北干旱化虽有加剧的趋势,但在千年、百年乃至十年尺度上,存在着频繁的干湿气候波动。工业革命以来,大气中的CO_2和其他稀有气体浓度的增加,又引发了全球变暖趋势。这很可能是我国西北干旱区蒸发加大、湿度减小、沙尘暴频繁发生的主要原因。

【水资源严重不足】 西北大部分地区年降水量在400mm以下,而蒸发量在2000mm和3000mm以上。相应的干燥度在1.5以上和4.0以上。加上现阶段经济发展水平低,管理不善,水资源利用有较大浪费。在中等干旱年,总缺水59亿方。水资源不足,已经是并将是今后长期经济发展和生态系统恢复的最大限制性因素。在今后半个世纪内,我国的综合国力尚不足以实施西线南水北调工程。到2010年,西北地区总需水778亿方,总供水约713亿方,总缺

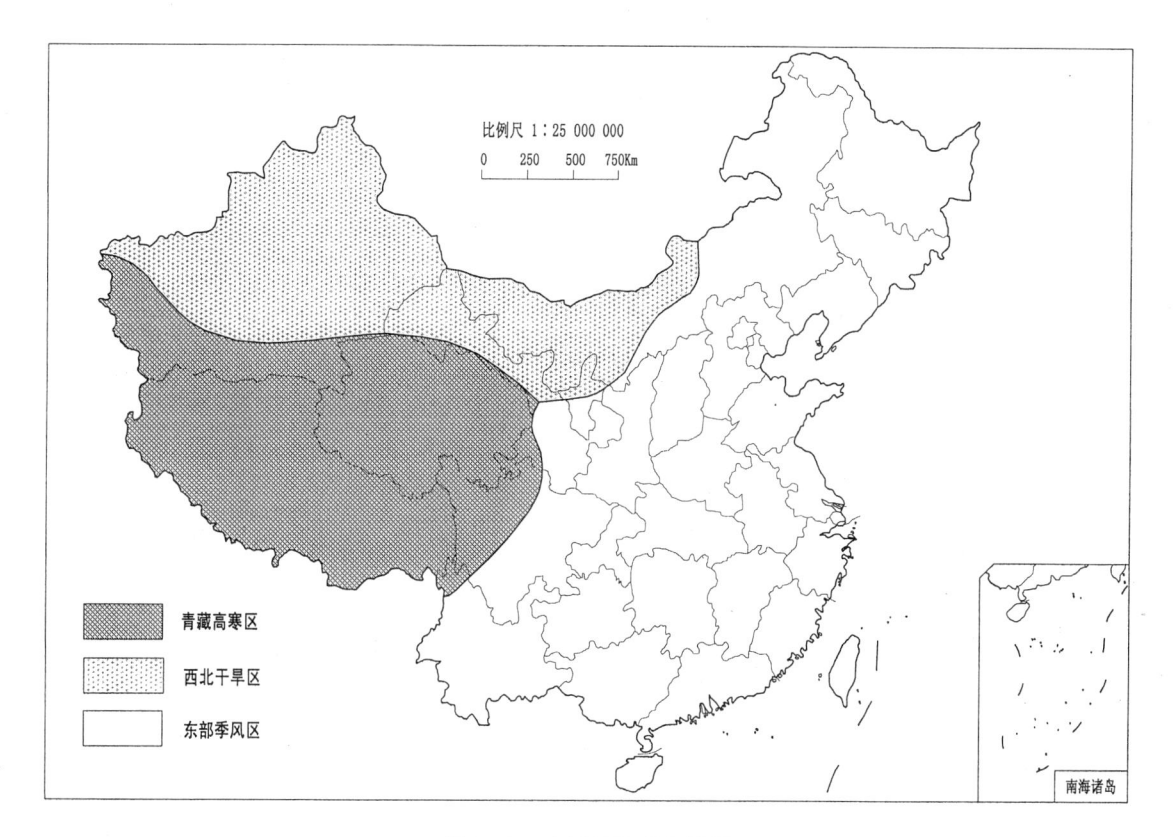

图1—7 中国的三大自然区

Figure 1-7 Three Natural Regions in China

水65亿方。① 西南地区的山地占其土地面积的94%,平地仅占6%左右,特别是山地中又以石灰岩山地占有很高比例,"缺地"问题和交通不便问题非常突出。

【大多数地区经济和社会发展基础较薄弱】 除少数行业外,大部分行业在全国缺乏比较优势。特别是近年来国内能源原材料供求关系的变化,使西部地区的工业发展面临相当艰难的局面。其中,国有大中型企业结构调整中的困难比东中部地区的困难更大。1998年工业增长速度西部比东中部分别少4.9和2.9个百分点。50年来,西部地区已经建立起3000个大中型工业企业(其中大型企业近1000家),这样大的经济规模,如何改造和利用,是一个很大的课题。其中的相当部分,目前已成为社会和政府的负担。

【一些资源已经丧失比较优势】 由于在地理上远离国内主要消费区达2000~4000公里,很长的运输距离使部分资源和资源型产品丧失了区外市场,如部分地区的煤炭、石油、盐等资源。一些重要资源的开发条件恶劣,勘探、开发、冶炼的代价巨大。在愈来愈多利用国内外两种资源的形势下,全国特别是沿海地区对西部地区资源的依赖程度明显变弱了;有些资源,由

---

① 根据国家科委"九五"攻关项目96—912课题资料。

于国内的消费量不大,现有的开发和加工规模已经基本适应市场需求。这里包括一些稀土类和钒钛等金属矿产资源。因此,西部地区在矿产资源及其开发基础上形成的产业竞争力不同程度地下降了,以资源开发带动资源加工及其他产业的发展优势和潜力并不如想像的那么大。

【知识贫困问题和人口增长过快问题突出】 平均受教育年限远低于全国 6.09 年的平均水平,而小学辍学率高于全国平均水平。人力资源相当缺乏,限制了经济发展。社会发展水平低,增加了经济发展的压力,而经济发展基本上是建立在基础产业"量"的扩展方面,又导致生态环境的破坏和资源的不合理利用。改革开放 20 年间,无论是西部地区还是东中部地区人口增长愈快,GDP 增长和人均 GDP 的增长愈低(表 1—3)。也就是说,人口的压力大,是引起牺牲生态效益的经济快速增长的原因之一。说明在西部地区实现严格的计划生育政策是多么重要。如果能够实行各民族一样的人口政策就可能缓解人口快速增长带来的巨大压力。

表1—3 1978~1998 年我国西部地区人口增长和人均 GDP 增长的比较

Table 1-3　A Comparison between Population Growth and GDP Growth in the West in 1978—1998

地　区	人口增长	GDP 增长	人均 GDP 增长
四　川	0.66	0.89	0.93
贵　州	1.19	0.85	0.80
云　南	1.12	0.92	0.89
西　藏	1.31	0.82	0.75
陕　西	0.99	0.79	0.76
甘　肃	1.15	0.83	0.78
青　海	1.24	0.67	0.59
宁　夏	1.60	0.87	0.76
新　疆	1.34	1.01	0.95
全　国	1	1	1

资料来源:《中国统计年鉴》(1999),中国统计出版社,2000 年。

表1—4 我国西部地区的对外开放度(1999 年)

Table 1-4　Degree of Internationalization of the West in 1999

地　区	进出口额占 GDP 比重(%)	进出口额占全国进出口额比重(%)	人均进出口额(元/人)	FDI 占 GDP 的比重(%)	FDI 占全国 FDI 总数的比重(%)	人均 FDI(元/人)
重　庆	7.41	0.37	356.5	1.34	0.60	64.4
四　川	6.09	0.76	264.6	0.76	0.85	33.0
贵　州	5.99	0.18	147.3	0.37	0.10	9.1
云　南	7.68	0.48	340.1	0.69	0.39	30.4
西　藏	12.94	0.05	533.6	0.00	0.00	0.0
陕　西	11.56	0.58	475.3	1.35	0.61	55.4
甘　肃	5.00	0.16	183.3	0.36	0.10	13.3
青　海	6.56	0.05	306.8	0.17	0.01	8.1
宁　夏	13.82	0.11	614.5	1.75	0.13	77.8
新　疆	14.12	0.55	930.2	0.17	0.06	11.2
全　国	36.45	100.00	2371.5	4.04	100.00	262.6

资料来源:《中国统计年鉴》(1999),中国统计出版社,2000 年。

【加入WTO以后面临巨大竞争压力】 粮食、油料、糖料、棉花等四大作物,将在国内外市场上受到激烈的竞争,比较优势可能下降。一般以外资占GDP的比重衡量一个国家和地区的对外开放度。西部地区1998年除了陕西和重庆以外,其他省区开放度在0.5以下,对外开放度极低。全国90%的外商直接投资(FDI)在沿海地区。1998年西部地区的进出口贸易额只占全国的3.06%。以FDI占GDP的比重来衡量的西部地区的开放度如表1—4。

第四节 正确处理西部开发中的几个重要关系

1999年以来,中央各部门和西部地区的各级政府,都在紧锣密鼓地制定西部大开发的规划,有些工程已经启动。然而,最值得我们重视的是各部门各地区的规划盘子都很大,有的部门或地区规划项目的资金规模在千亿元以上。这在一定程度上反映了对西部开发的长期性和艰巨性缺乏充分的认识和思想准备,是一种急于求成心态的反映。

本报告在长期调查研究的基础上,综合评价西部地区的优势和劣势,审视我国的国情国力,分析国内外欠发达地区开发的经验教训,认为在确定西部开发的目标、生态建设、基础设施建设、产业结构调整的规模和进度时,需要实事求是,循序渐进,处理好需要与可能、近期与长远以及经济发展与生态恢复等方面的关系。我们针对当前西部开发中出现的倾向和问题,就以下六个关系问题作出初步的阐述。

【近期与长远】 由于存在上述不利的自然条件和困难,西部开发将是长期的艰巨任务。因此,处理好近期和长远的关系是编制和实施西部开发规划的非常实际的问题。90年代以来,西部地区经济发展与东部地区的差距愈来愈大。尽管近年来中央政府加大了对西部地区的支持力度,东西部地区经济差距扩大趋势变缓,但经济总量和人均GDP仍在扩大。1996～1998年,西部地区的GDP平均增长率比东部地区少2个百分点;1998年西部地区的人均GDP只有东部地区的43%。在今后10年,西部地区与东部地区的经济总量差距还将继续扩大。因此,在这个阶段实际上只能遏制东西部经济发展差距扩大的趋势。

今后10年内西部开发的主要目标应当以打基础为主。即要以较多的人力、物力来奠定生态环境基础、基础设施基础和人力资源开发基础。同时,调整好产业结构,扎实进行扶贫,为第二阶段经济发展准备良好的生态基础及基础设施条件。近年来,西部地区GDP的增长速度是较高的,但主要是依靠投资和消费拉动的,出口贡献很小,有的省区几乎为零。而今后10年投资主要在生态和基础设施方面。因此,经济增长速度不可能很高。

在这个阶段,应重点加强劳动密集型项目,尤其是那些能够直接改善当地人民生活、促进贫困人口、少数民族、社会弱势人群发展项目的建设,其中农村的发展和农民致富是近期发展的重要目标。1998年,西北五省区城市居民收入水平相当于全国平均水平的74～93%,而农村人均收入仅相当于全国的64～79%。因此,西部地区"富民"目标实现的关键是农业与农村经济的发展问题,使广大城乡贫困人口脱贫,缩小西部地区内部城乡之间、社会组群之间的贫富差距。

"八五"以来,国家在西部地区投入了大量资金,已建成和正在建设一批重点项目,有的投资高达数百亿元。但有一部分不是未发挥应有效益,就是建成后严重亏损(如二滩电站)[3]。因此,在西部大开发中要实施一条重要的原则,即应优先发挥已建成的各类投资项目、特别是特大型水利和水电设施项目的效益,同时加快或至少按时完成在建项目,使其尽快投产并发挥效益。这是西部开发的一个重要任务。

在大约2010年之后,西部开发可以进入较快经济增长的发展阶段,使经济达到较高的发展速度。逐步缩小与东中部地区的发展差距。在2030~2050年期间达到全国的平均水平和世界中等收入国家的水平。

我国西部地区发展取得了巨大的发展成就。在非常不利的条件下,建立了很大规模的工业、城市、农业和交通通信等基础设施系统。尽管美国西部地区的自然条件比我国西部地区要好,但美国西部开发的进展速度比我国西部地区开发却慢得多。《1997中国区域发展报告》曾经以图形表示了从18世纪中叶至20世纪中叶美国人口重心从美国东北部向西移动的轨迹,说明了今天美国国土开发和区域发展的基本格局的形成大约经历了200年的时间[4]。说明了任何一个幅员大国内大范围欠发达地区的开发,要基本赶上发达地区的水平是长期的艰巨任务,是需要很多代人为之努力的历史任务。

【传统产业与高新技术产业】 西部地区目前以传统的基础产业为主体,处在工业化发展的初级阶段。第一产业在西部地区的比重高于全国的相应比重,但基础不强;第二产业的比重西南和西北地区分别低于全国6个和8个百分点。由于产业主体是资源开发型而又没有形成较长的产业链,大量的初级能源原材料产品进入市场。因此,主导功能不明显,关联效应较差,对地区经济发展的带动力弱;第三产业在近年来发展较快,但以一般的商业、饮食业、旅游业等为主,金融、信息等新兴的第三产业发展规模小。工业在整体上以资金密集型产业为主,劳动密集型和科技含量高的产业比重小。

在国际化迅速发展的背景下,我国西部实施资源开发的传统工业化战略将面临着挑战。可以肯定的是,西部地区的能源原材料产品在国际市场上缺乏竞争力,也不具备出口的比较优势。我国进口石油、铁矿石、液化气、金属和非金属矿石等资源型产品不可避免地将继续增加,其结果将导致化工、钢铁、石油、有色金属等工业进一步向沿海地区集中。因此,西部开发中要对资源开发和工业结构作战略性调整。

在这种情况下,调整产业结构要使改造传统产业和发展高新技术产业相结合。传统产业是西部地区经济发展的主体部分,今后必须有计划地对其进行技术改造,包括国有企业的技术创新和体制上的重组。同时要放弃那些不具有比较优势的产业和产品,加强优势部门和行业,迅速扩大具有竞争优势的产品在全国市场的份额。要大力开发能源(天然气和水能),适度开发矿产资源,积极发展在资源开发和农牧业基础上的优势产业和产品。对那些确无存在价值的企业,应迅速进入破产程序,避免打长期消耗战,以免最后变成"烂泥潭"和"无底洞"。但是,这只是经济发展思路的一方面。即如果只依靠传统产业的改造,或者过分强调将资源优势转变为经济优势,必然导致将能源原材料作为发展的重点,依靠规模的扩张使经济增长。建国以来,国家在西部地区投入大量的资金发展了一大批基础产业的企业,但是相当部分企业的经济效益很差,非但没有促进经济快速增长,还成了中央政府和地方政府的负担。近年来西部地区工业劳动生产率和资金利税率只相当于全国的60%左右。当我国加入WTO后,西部地区的自然资源优势将面临着更大的挑战,资源密集型产业竞争力、产品比较优势都将大幅度下降,资源开发成本将会越来越高。现在还完全依靠基础产业"量"的扩张来缩小与全国水平的差距,显然不是明智之举。

在对传统产业进行技术改造的同时,要有重点地逐步发展高新技术产业,即在重点地区和重点行业大力发展高科技产业,有选择地振兴原"三线"地区的国防工业企业,并相应地建设若干大型高科技研究开发中心。这是实现西部地区经济较快增长和社会经济持续发展的关键之一。在这方面必须实行一定程度的跨越。可以在关中地区利用以往的基础及科研机构和高校多的优势,发展电子和信息、航空航天、电器制造、生物技术和基因工程等产业。在甘肃和四川的适当地点建立新的航天器研究和制造基地,以配合酒泉、西昌两个卫星发射中心的需要。在四川、贵州进一步振兴国防工业和以现代技术改造一批老的"三线"工业企业,主要是重型机械、发电设备制造及冶金、化工、汽车、武器制造。在云南可以重点发展生物制药和基因工程产业等。在部分地区和少数行业集中大力发展高科技产业,可以成为带动西部地区产业结构升级换代的"龙头"。西部地区也可以通过建设自己的各种类型的"硅谷"来提升自身的产业层次和素质。

这样做的一个重要理由是西部地区的部分地区和城市,如西安、成都、重庆等,科技力量是相当强的。西部曾经是我国50年代至70年代初期经济建设和国防建设的一些重点地区,近年来加大了能源资源的勘探和开发的规模。在石油、水电、天然气、钢铁、有色金属等能源原材料及国防军工制造和电子工业方面有较强的基础和较大的潜力。

美国、德国对欠发达地区的跨越式发展是有成功先例的。美国在两次世界大战期间,发展了一批高技术水平的军工企业,大部分在美国的西部地区。战后,大量军工企业转为民用,利用西部地区丰富的资源以及廉价的土地和劳动力,成为美国宇航、原子能、电子、生物等高科技产业迅速发展的主体地区,西部的产业结构也得到升级换代[5]。90年代德国对东部地区基础设施特别是通信系统的改造是按照90年代最高水平一步到位的。我国西部地区早在"三线"建设时期,就发展了相当一批出于国防考虑的重化工业和军工企业,奠定了西部地区相对雄厚的工业基础,但改革开放以来并没有很好利用军转民的时机使产业结构升级。这些企业仍然具有较大的潜力是肯定的。

【新建与改造利用现有基础】 西部开发是几代人的宏大事业,不能急于求成,也不能延续以往的"开发就是上项目"的模式。现在,许多省区上报的规划项目数目惊人,投资额高达数千亿元,明显出现了"争大项目"、"上大项目",即通过大规模地新建项目以谋求经济的高速增长的现象。但前些年已投资几十亿元乃至数百亿元的正在建设或已建成项目,不是未发挥应有效益,就是建成后严重亏损,生产能力浪费严重。西部约3000个国有大中型企业中,一部分严重亏损而几乎处于停产或半停产状态[6]。西部省区国有企业的比重大,改革任务很重,一定要按十五大和十五届四中全会精神,按现代企业制度的要求,合理调整企业的布局和结构[7]。

在这种情况下,西部开发过程中经济项目的规划和建设,重要的原则应是优先发挥已建成的各类投资项目的效益,特别是要发挥特大型水利和水电设施项目的效益。对于那些凡未达到预期效益的项目要限期达到预期目标。要加快或至少按时完成在建项目,使其尽快投产并发挥效益。党中央强调以新的思路和模式进行西部开发,其中也就要求避免立项的盲目性,同时,要努力克服体制上的障碍。这在项目的规划和建设方面是特别重要的。

通信建设应该适当高起点,以新建为主。根据西部地区的实际情况,可以适当高起点地新建通信系统。按照业务宽带化、传输数字化、网络智能化和国际化的要求,新建的接入网以光纤为主。结合产业发展和城乡规划,因地制宜地建设信息网络。公路新建的任务很大。但是,由于大部分西部省区市的人口密度和经济密度很低,西部中远程的高速公路建设要慎重,一定要严格论证。近年来西部地区建成的中短程高速公路,多数没有达到最低运量(昼夜车流量8800辆以上)。90年代以来,西部机场经过了大规模的新建、扩建和技术改造,现已有41个机场。在总体布局和能力方面,已经基本能够适应今后相当长时间的需要。在规划和建设上,要对新建数量和扩建规模加以控制;根据需要适度配套。

【重点地区和一般地区】 西部地区有10个省区市,国土辽阔,地势、水分、资源、交通、民族、文化及经济和社会发展水平等方面差别很大。因此,在规划和实施西部开发的过程中,处理好西部地区内部重点和一般区域之间的关系很重要。总的原则是发挥比较优势,实行合理分工,充分利用现有基础,适当集中。分阶段有重点地推进,使重点和一般相结合。在近期内,重点经济发展项目包括基础设施建设项目,可以部署在经济技术基础较强的中心城市所在的区域和交通干线沿线地带,逐步建成能带动广大区域发展的轴线(经济带)。特别是高新技术产业的发展,无论如何不能分散布局。生态恢复建设应严格按照国家的部署,由重点到一般积极而稳妥地逐步推进。在远期,随着经济实力的增强,经济布局可以在较大的面上展开。

首先,以贺兰山、乌鞘岭和四川盆地西缘一线可以分成两部分。此线以西,包括青海、新疆、西藏和内蒙古西部、甘肃河西地区、四川西部,在自然地理上属干旱区和青藏高原区两大自然区。干旱区内人口和经济都集中在面积不大的绿洲里;青藏高原区气候高寒,条件严酷,少量的人口和经济主要集中在河谷里。这部分地区的面积大约占全国的近40%,关系到我国的社会安全和生态安全。发展方向是在加强具有比较优势的资源勘探开发的同时,将基础设施、生态建设和社会发展放在极为重要的位置,积极发展农牧业及其加工生产,而对大型的资源开发和加工项目要特别慎重。通过富民以稳定边疆。此线以东地区包括陕西、宁夏(大部)、甘肃东部和中部、四川(大部)、重庆、云南、贵州等,自然和经济社会发展条件方面与我国中部地带比较接近,西部大开发中用于产业发展特别是加工工业发展的投入应主要在这部分地区。

其次,在上述两个大的地域分异基础上,还需要分成5个差别很大的亚区域。在这5个区域中进一步确定西部大开发第一阶段(至2010年)和第二阶段(2011~2030年)的重点建设发展和重点整治的区域。确定第一阶段重点发展地区的基本原则是经济技术基础和交通地理位置较好以及对西部大范围的带动作用大的地区,即先开发条件较好且具有重要意义的地区,先易后难,逐步推进。在整治方面,总的原则是先整治生态环境问题严重且人口和经济比较密集的地区。

Ⅰ.黄土高原地区。地跨陕甘宁,面积60多万平方公里。基本的特点是水土流失严重,但能源资源丰富。长期的治理和开发已取得了成功经验,即走生态经济的路子,有计划地退耕还林还草,发展林果和牧业等特色经济,搞好天然气资源的勘探开发。治理煤炭开发区的环境污染。其中,尤其要注意以下两个地区的发展。

• 关中地区,是西部大开发中第一阶段高新技术发展及城市建设的重点区。关中是我国第一个五年计划建设的重点,电子和机械制造工业有相当的基础,科技力量很强,交通区位优越,文化、历史和旅游资源均构成经济和社会发展的有利因素。

• 以陕北为中心的水土流失治理和生态建设重点区,是第一阶段也是以后很长时期内的重点治理区域。治理的主要措施是退耕还林(还草),提高粮食的生产水平,发展林果业和牧业,以及采取其他措施治理水土流失。

Ⅱ.四川盆地。是我国西部地区人口和经济很集中的区域,自然资源和人力资源及工业发展(其中包括国防工业发展)有巨大的潜力。主要的问题是"三线"建设时期的老工业基地和国有企业活力差,金融和信息产业滞后,盆地内部和对外交通不发达,部分地区水土流失问题相当严重,农业生产力在削弱。

• 成渝(铁路和高速公路)沿线和宝成铁路沿线地带,是西部大开发第一阶段和城市发展的重点地带。这个范围内冶金、化工、电子和航空航天工业基础雄厚,国防军工仍有较强实力。进一步发展的目标是发挥优势,发展以航空航天工业和电子、汽车为主体,以优质钢材、化工原料为支撑,建成为我国西部实力最强大的工业基地。

• 金沙江及长江上游主要支流的水能开发地带,可以作为第二阶段西部大开发的重点资源开发区。该地带可开发的水能在1亿千瓦以上,开发的淹没损失小。长江三峡工程建成后,应该着手进行向家坝、溪落渡等水电站的建设,到2030年水电装机达到2500万千瓦以上,使大部分电力输往长江中下游地区。这将是解决长江三角洲地区的能源结构及由此引起的大气污染问题的根本措施之一。

• 川西地区是第一阶段的重点治理地区。主要范围包括长江上游的金沙区、雅砻江、岷江、大渡河、嘉陵江及其支流流经的66个县,是重要的水源涵养林区与长江中下游地区和三峡库区的绿色屏障。由于以往对原始森林实行大面积集中砍伐,使森林植被遭受破坏,水土流失严重,对长江中下游特别是三峡电站已经带来极为不利的影响。近期整治的关键是变砍树为植树,并做好接替产业的发展。

Ⅲ.云贵地区。地处高原,地形崎岖,能源和生物资源丰富,但经济实力较弱,贫困人口多。贵州省是全国人均经济指标最低的省份。发展方向是加强通往区外的铁路、航空干线和区内的交通设施建设,重点发展建立在丰富生物资源和农业资源基础上的轻工、食品和制药工业,发展利用水能的铝、磷及其他有色金属冶炼等耗电工业,有重点地改造贵阳等地的国防工业,进一步发展旅游业,搞好贫困山区的扶贫开发。

• 滇西水能资源的开发可作为第二阶段的重点开发地区。范围在澜沧江、怒江等国际河流的中上游地区。
　　• 西南石灰岩地区的综合治理可作为第二阶段的重点治理地区。
　　Ⅳ. 新疆与河西地区。是年降水量小于200毫米的干旱区,水资源是制约近期开发方向和开发规模的重要因素。荒漠化面积在扩大,部分地区出现严重的生态问题,农业发展决不能继续依靠开荒。能源和贵金属资源具有比较优势。长期以来,中央政府投入了大量的资金用于石油、天然气、铁、黄金的勘探、开发和加工,地区经济实力增长较快。但石油、铁资源的勘探开发成本很高,产品进入市场的距离又很远,因此,从整体衡量,经济效益是不高的。今后在发展经济的同时,要更加重视社会事业的发展。
　　• 天山北麓的乌鲁木齐至克拉玛依一带,是第一阶段的重点发展地带。建成北水南调工程和绿洲农业节水工程,发展优质高效的农牧业及相应的加工(瓜果、蔬菜和毛、皮加工)和贸易系统,重点调整改造石油化学工业。加强乌鲁木齐作为西部重要的对中亚的贸易中心和交通枢纽的功能。
　　• 塔里木盆地的天然气和石油资源的勘探开发是第一阶段资源勘探开发的重点地区。目标分别是为"西气东输"工程提供充足的气源和增加我国石油资源的战略储备。
　　• 塔里木河流域,可作为西部大开发第二阶段的重点整治地区。基本的方针是控制上游用水,整治中游河道,保护下游绿色走廊,维护全流域的生态效益。
　　Ⅴ. 青藏地区。今后的开发要将交通通信等基础设施放在极为重要的地位。首先是建成规划中的对外铁路和公路干线,加快建设和改造地(州)、县、乡公路系统;其次是实施西藏"两江一河"的开发规划。发展社会事业,改善牧民的生存和发展条件。由于地势高寒和运输距离长,对于铜和非金属矿产资源的大规模开发应慎重。
　　• 长江和黄河源头地区的生态建设,是第二阶段及更为长远的任务。
　　综上所述,在西部大开发的第一阶段,产业和城市发展的重点区是:关中地区,成渝(铁路和高速公路)沿线和宝成铁路沿线地带,天山北麓的乌鲁木齐至克拉玛依一带;资源开发的重点地区是:塔里木盆地的天然气和石油资源的勘探开发;生态环境重点整治区是:以陕北为中心的水土流失治理和生态建设重点区,川西水土流失区。在西部大开发的第二阶段,产业和城市发展的重点区是:天山南麓,河西走廊,以及宁夏、云南、贵州等省区的核心区;资源开发的重点地区是:金沙江及长江上游主要支流的水能开发地带,滇西水能资源开发带;重点治理的地区是:塔里木河流域的综合整治,西南石灰岩地区的综合治理和长江、黄河源头区的生态建设。

　　【经济发展与生态环境保护】 我国西部地区地处西北干旱区和青藏高原区,自然条件普遍比较恶劣,生态环境脆弱。在大开发中处理好经济发展与生态环境保护的关系非常重要。
　　近年来西部地区经济快速发展,取得了略低于全国平均水平的经济增长速度。但这在一定程度上是由牺牲生态效益而得到的农牧业发展(大量增加牲畜头数和扩大种植面积)支撑的。如1998年与1995年比较,新疆、宁夏、内蒙古、陕西的作物播种面积增加了1430万亩[8];

又如内蒙古自治区20多年来,畜牧头数增加了1300多万头,总数达到7387万多头,其中,严重破坏草地的山羊头数自1983年以来增加了2.3倍。由于近年来的快速经济增长,西部地区的酸雨、部分大城市的大气污染已经相当严重。

现在,各地区在启动大规模的生态恢复和建设的同时,还是安排了很高的经济增长速度(9%,甚至两位数)。如果达到如此高的增长速度,在目前产业结构不可能大幅度升级的情况下,只能是依靠基础产业规模的"量"的扩张。而这种扩张的结果,一是带来市场问题,二是引起生态环境的又一轮破坏。这是非常矛盾的。

处理好经济发展和生态环境建设之间的关系,合理利用和分配水资源是一个重要环节。水资源的严重不足是西北地区生态恢复建设和经济发展矛盾的焦点。近年来,新疆、宁夏、甘肃、内蒙古大规模的开垦、扩种,使经济用水挤占乃至剥夺了生态环境用水。近年来西北内陆干旱区实际生态耗水只有284亿立方米,而实际需要的最小生态耗水量为388亿立方米。导致原本就十分脆弱的生态环境变得更加恶劣,植被大面积枯死、沙漠化东进南侵。塔里木河、黑河等一些重要的内陆河流,在上中游大规模发展灌溉,牺牲了中下游的生态环境,造成大面积土地荒漠化。生态环境已经成为用水大户。根据多年来的研究,在西北地区一般应有30%的水资源量为生态用水。这部分水量要给予保证(表1—5)。

表1—5 西北内陆干旱区最小生态用水量分析

Table 1 – 5 Least Ecological Demand for Water Resources in Northwestern China

地 区	最小生态需水量(亿立方米) 人工绿洲	最小生态需水量(亿立方米) 天然绿洲	最小生态需水量(亿立方米) 耗水总量	生态耗水量(%)	天然绿洲生态用水占全部耗水(%)	盐碱地耗水(亿立方米)
南 疆	44.06	167.57	211.63	42.4	33.6	15.8
北 疆	23.47	64.80	88.27	41.4	30.4	11.2
东 疆	1.68	3.56	5.24	30.8	20.9	3.2
全 疆	69.21	235.93	305.14	35.6	27.5	
疏勒河	3.73	8.18	11.91	52.3	35.9	
黑 河	6.08	10.29	16.37	43.9	27.6	
石洋河	1.06	3.54	4.60	26.3	20.3	
河西走廊	10.87	22.01	32.88	42.4	28.4	
柴达木盆地	1.16	36.80	37.96	73.1	70.8	9.3
宁夏自治区	7.70	4.00	11.70	29.6	10.1	
合 计	88.94	298.74	387.68			39.53

资料来源:国家科委"九五"攻关项目96—912课题研究成果资料。

在生态恢复和建设中,处理好经济发展和生态环境保护之间的关系,关键是要使二者的效益相结合。西部地区农牧业资源开发与生态环境建设的关系,不能以牺牲生态环境为代价发展农牧业,如在土地利用安排方面要使生态环境建设和扶贫富民之间相结合。在去年以来的"山川秀美"工程实施过程中,存在另一种倾向,就是普遍存在着认为生态建设就是单纯的"退耕还草还林",部分地区有一哄而上的现象,甚至由此引发一些不按科学规律办事的结果。其中一个重要原因,就是忽视生态建设与其他产业发展之间和生态建设与扶贫富民之间、植被重建与土地合理利用之间的关系。处理这种关系,要求生态环境建设与富民增收并举。把恢复植被和建设生态农业作为主攻方向,调整土地利用结构,开发替代产业和增加就业机会,使生态建设和经济发展很好地结合起来。

【经济发展与社会发展】 建国后前30年,中央政府在很低的国民收入情况下,投入了较多的资金发展各地区的教育、科技、卫生、保健等社会事业。西部地区社会发展水平与全国没有明显的差距。改革开放20年来,随着我国经济的大幅度增长,综合国力迅速增强,社会发展水平也随之大幅度提高。受经济发展相对较慢的影响,目前西部地区的社会发展水平与全国及发达地区的差距扩大。

在西部地区发展中,正确处理经济发展与社会发展之间的关系非常重要。根据世界上一些国家区域发展的实践,中央政府更为重视消除地区间社会发展的差距。消除地区间社会发展水平的差距有助于加快经济发展差距的缩小。

要把社会发展放在西部开发的重要地位。中央政府在发展西部地区的教育、科学技术、扶贫等方面已经制定了一系列政策和措施。在西部各地区制定的"十五"规划中,部分地区对社会发展目标和措施的规划比较笼统,而对经济发展的规划都很具体。

为了将社会发展置于重要地位,要大力开发人力资源,加速发展各类教育。西部开发的模式应由以开发矿产资源为主,转向开发人力资源、知识资源、民族文化资源及其他优势资源。我们建议设立国家教育西部专项基金,加速发展多样化的教育体系。加速科技体制改革,提高本地区科技创新能力。大幅度提高政府对R&D的投入,特别是在农业、环境保护、资源开发、人口与卫生等领域的知识创新要加强。进一步加大扶贫力度,坚持扶贫到户。要增加对人民健康的投资,鼓励少数民族人口计划生育。

参考文献

[1] 杰弗里·帕克:《二十世纪的西方地理政治思想》,解放军出版社,1992年。
[2] 中国科学院《中国自然地理》编辑委员会:《中国自然地理·总论》,第55~56页,科学出版社,1985年。
[3] "二滩的电为什么卖不出去?"《人民日报》,2000年7月10日。
[4] 陆大道、薛凤旋等:《1997中国区域发展报告》,商务印书馆,1997年。
[5] 高国力:"美国如何开发西部",《人民日报》(海外版),2000年4月6日。
[6] 国家统计局:《1999中国统计年鉴》,中国统计出版社,2000年。
[7] "吴敬琏谈西部大开发",《光明日报》,2000年3月7日。
[8] 新疆、宁夏、内蒙古、陕西等省份相关年份的统计年鉴。

第二章　历史上的西部开发

提　要

- 西部地区曾经长期是我国政治、经济和文化的中心,有过辉煌的发展历史。
- 在古代,中央政权通过发展农耕、修建水利、辟商通好、交流文化、加强管辖等措施,发展了西部地区的经济、文化,巩固了国家边防。
- 由于不合理开垦,造成西部许多地区的森林和草原破坏与水土流失加重、环境趋于恶化等严重后果。民族之间的冲突和战争曾数度导致社会经济的停滞和破坏。
- 在近代100年的半封建半殖民地社会,西部地区的社会经济基本上处于停滞和破坏状态。
- 中华人民共和国建国后的前30年,先后以"沿海与内地"和"一二三线"的区域发展战略加强了西部地区的开发。"一五"期间在西部的项目建设相当成功。
- "三线建设"加强了西部地区的经济实力。但由于缺乏规划、仓促上阵,导致"三线建设"的严重失误。"三线建设"的教训仍可作现阶段西部开发有益的借鉴。

自秦汉以来的古代时期,历代中央政府都重视西部地区、特别是少数民族地区的发展。在中央政府和各民族人民的共同努力下,曾经创造了辉煌的经济和文化。但由于当时生产力发展水平的限制,西部发展经历了极其曲折的历史。恶劣的自然环境,加上战争、动乱及人们不合理利用自然的方式,导致了生态的持续破坏,经济发展也不断地受到摧残。

今天看来,西部发展滞后的原因很多,主要是长期的自然和社会历史因素,因此要历史地看待。2000多年的西部地区开发史还说明:生态环境状况是西部地区社会经济发展的重要保障。

1840年以后的近代,中国沦为半封建半殖民地社会,在清王朝、北洋军阀和国民党的腐朽统治下,西部地区根本谈不上开发,社会经济处于停滞和破坏状态。

1949年中华人民共和国的成立,与全国一样,使西部地区进入了历史的新纪元。在建国后的各主要阶段,党和政府都非常重视西部地区的发展。在短短的半个世纪内,西部地区的巨大发展成就,是任何一个国家欠发达地区的发展所无法比拟的。

本章只简要叙述古代时期和中华人民共和国成立至70年代末的西部地区的开发情况及其部分经验教训。

第一节 古代西部地区的开发

西部地区曾经是我国长期的政治和经济中心,无论政治、经济和文化都有过辉煌的发展历史。在新石器时代,中国西部地区的大溪文化、大墩子—礼州文化、马家窑文化、马厂文化、齐家文化、仰韶文化的影响较大。进入文明社会以来,夏商周三个王朝的中心横跨黄河流域的今晋、陕、豫、鲁等省。春秋战国时期,西部的秦国在耕战背景下统一了中国,建立了秦王朝。在中华民族统一国家的发展史上作出了重大的贡献。

古代我国西部地区曾经有过多民族政权并存的局面,但许多重要的发展时期是在中原国家政权、其中主要是汉民族政权的管辖之下。在几千年的发展中,各民族人民共同创造了辉煌的经济和社会文化。在开发史上,各民族政权特别是中央政权的以下做法是值得总结的。

一、大力发展农耕和水利

在古代生产力水平条件下,发展农耕和水利是长时期开发的主要方向。早在公元前的战国时期,四川的都江堰工程给成都平原带来了长期的繁荣和发展。在政治中心的关中平原和农业条件较好的四川盆地、宁夏黄河灌区等,许多朝代朝廷都曾采取休养生息、减少税收、鼓励农耕等方面的措施,发展农业经济。在一部分地区主要是当时的游牧民族地区,采取军队屯田戍边和移民实边,发展农业经济。

【休养生息、鼓励农耕】 自秦汉三国时期起,历代朝廷在关中平原、黄土高原和成都平原等农业区都曾实行过休养生息、鼓励农耕的政策。这些地区也一直是属于全国农业经济最发达的地区之列。关中平原和成都平原,先后被称为"天府"。《史记》称"关中之地,于天下三分之一,而人众不过什三,然量其富,什居其六。"今陕北和内蒙古鄂尔多斯交界的毛乌素地区,当时也是水草丰美,有较多小城镇。唐代西北地区占全国10%的农田提供了全国90%以上的"和籴残粮",故史载"入河湟之赋税满右藏"是形成国库"财宝山积"的一个重要原因。唐代有"扬一益二"之称,说明益州成都一带仍然是经济与文化发达的地区,可与长江下游的扬州相提并论。明代初年仅占全国总田额3.7%的陕西行省辖境,向国家交纳的夏秋粮额分别为全国的14.36%和5%。[①] 到了清代,特别是康熙、雍正两朝(1662~1735年),将黄土高原区作为垦荒重点地区,实行奖励垦荒政策,对"限内不完者分别降罚",垦荒有功者,委以重任。

【屯田戍边和移民实边】 在一部分地区主要是当时的游牧民族地区,采取军队屯田戍边和移民实边。

汉武帝时起,在通往西域交通命脉的河西走廊实行了移民实边,进行农业开发。据《史记·平准书》:"初置张掖、酒泉郡,即上郡、朔方、西河、河西,开田官,斥塞卒六十万人戍田之"。包括河西走廊在内的西部地区,一次派遣士卒达60万之众,可见规模之大。《武帝记》、《西域传》等都记载:"徙民以实之",《昭帝纪》有:"调故吏将屯田张掖郡"。另据居延一带汉简的记载,当时居延一带的田卒移民,有来自中原淮阳、昌邑、魏郡、东郡、大河、巨鹿、汉中等今河南、山东、

---

① 据王圻(明)《续文献通考》卷三《田赋考》的记载。

河北、陕西等省人口稠密地区的人。同时当地有以负马田敦煌"诣居延为田"等记载。从此以后，由于河西走廊属于旱地，为了发展农业生产，必须兴修水利。由祁连山高山冰川补给的河西走廊各条河流，有丰富水源，给发展本区水利提供了有利条件。据《汉书·地理志》的记载：张掖郡有"千金渠，西至乐涫入泽中"。这是一条从今张掖市西，经临泽县，西达高台县西北的一条较大的灌溉工程。此外，今敦煌西南均"溉民田"，也有灌溉渠道。居延地区的灌渠，至今还残存有遗迹。此外还使用牛耕及引进先进农业技术等。从汉武帝至西汉末年，河西走廊已从一个牧区开垦成"谷籴常贱"的农业区。

明朝时期的河西走廊，开始了农业再度复兴和全面发展的新时期。实行了"给军屯垦"、"募民垦田"、"给军屯垦田"、"田利大兴"等措施，加速了农业发展。到了清代，河西走廊移民增多，人口迅速增长，从而加速了土地开垦过程，农业又成为当地的主要生产活动。这种情形一直持续到解放前。

蒙古统一新疆后，在别失八里(吉木萨尔)设行尚书省，管理西域地，先后在别失八里，阿力麻里(霍城)、和阗、高昌等地实行军屯，在亦八里(今伊犁河北畔)，喀什噶尔等地实行民屯，对新疆地区的农业进行开发。在1884年11月新疆建省之后，在新疆的绿洲地区，兴修水利，招民屯垦，减低赋税，使农业生产很快恢复。

二、开辟通商通道

为了扩大中原王朝的影响，巩固对边疆的统治，发展各民族人们的经济和文化交流，中央政府采取了开辟通商通道等措施来发展西部地区的社会经济。最著名的就是西北和西南丝绸之路的开辟和经营。

【开辟西北丝绸之路】 汉武帝于建元三年(公元前138年)派张骞出使大月氏。张骞与其随行的副使们，分别到大宛、康居、大月氏、大夏、安息、身毒等国，将在西域所了解到的各国政治、社会、地理、物产、风俗等情况，向汉武帝作了详细报告。此举开辟了东西方的通路，不仅使汉武帝对今日新疆、中亚、西亚等地开始有了具体了解，而且也扩大了两千年前中国人的世界视野，促进了东西方经济、文化交流。公元前119年，汉武帝第二次派张骞出使西域。汉朝打通了通往中亚、西亚的丝绸之路，积极经营西域。中国通过丝绸之路将蚕丝、丝织品、铁器、漆器以及铸铁、凿井技术等传往中亚、欧洲，将西方的良马、橐驼、香料、葡萄、石榴、苜蓿、胡麻、胡瓜、胡桃等输入中国。从关中以西，汉代的丝绸之路十分通达，有"胡商贩客，时见于塞下"之称。丝路两旁农牧兼营，河西、西域地区屯田众多；丝路上城镇繁荣，如楼兰、精绝、且末、鄯善等十分知名。从此，河西走廊、新疆等地对中国历代中央政府而言，便具有了非常重要的地位。

到了隋、唐时期，由于丝绸之路再度开通。并在北疆开辟了丝绸之路的北道。唐统一西域后，在南疆、北疆分别设立了安西都护府(治交河域)和北庭都护府(驻地今吉木萨尔县北12公里的破城子)，分管南北疆事务。继汉朝之后，西域进入了又一个繁荣时期。

【开辟西南丝绸之路】 西汉时期，汉武帝伐南越时，夜郎侯请求改夜郎为郡县。武帝将夜郎改为犍为郡，封夜郎侯为王，赐王印。张骞从西域归来，说在大夏见到蜀布和邛竹杖，是从身毒(今印度，巴基斯坦)的蜀商买来的，这激发了汉武帝寻找通过西南蛮夷到身毒之路。随之，西南丝绸之路开通。此举大大促进了西南地区特别是蜀国的农业、手工业、商业以及文化的发展。

三、发展文化交流

自汉代起,中原王朝与西部地区的文化交流日益密切。通过派遣使节、"和亲"通婚和经由西北和西南丝绸之路的大量民间往来,汉民族的政治、经济、军事制度、文化思想、建筑和丝织等生产技术传入西部地区。西部各民族的宗教、艺术等也逐步传入中原地区。在各民族的文化交流发展中,促进了西部地区的社会经济发展。最著名的是:今藏族的祖先吐蕃,在今西藏西南部建立了奴隶制国家。从唐贞观八年(634年),吐蕃赞普弃宗弄赞(即松赞干布)遣使求婚。贞观十五年(641年),江夏王道宗,送文成公主赴吐蕃,与弃宗弄赞成婚。公主携带书籍、经像、种子、工具及工匠等入吐蕃。其后,赞普又遣子弟入国学,受"诗"、"书"。景龙元年(707年),唐中宗又以金城公主嫁吐蕃赞普尺带珠丹。此时称唐蕃"遂和同为一家"。[①] 自文成公主入吐蕃,带去了中原地区的文化,手工艺品、药品及菜种等等,对吐蕃经济文化的发展都起到了重要作用。吐蕃的马匹、金器、药材等也输入内地。又如元代在西南地区创建孔子庙,设立学校,大力提高文化,推进了云南地区经济文化的发展。

四、加强行政管辖,发展政治友好

历代中原王朝为了加强对边疆地区的控制,发展边疆地区的经济,一方面实施军事手段,另一方面大都采取了加强对这些地区的行政管辖、发展政治友好等措施。

【河西地区】 在汉武帝之后,并相继在河西走廊设立了酒泉、武威、张掖、敦煌等郡,35个县,遍及了河西走廊大大小小的各个绿州。东汉、三国、晋代还曾在楼兰设置西域最高行政长官——西域长史,而楼兰则是当时西域政治、经济、文化的中心。到了隋、唐时期,丝绸之路再度开通(在北疆开辟了丝绸之路的北道)。

【西藏地区】 元代忽必烈封吐蕃喇嘛教首领八思巴为国师,后又加封他为帝师,成为佛教最高首领,统领全国佛教,又是西藏地区最高政府首领,掌管西藏军民世俗事物。从元朝开始,今西藏地区正式成为我国行政区划的一部分。明代,西藏称乌斯藏,设立两个都指挥使司,即乌斯藏指挥使司和朵甘卫都指挥使司,总理军民事务。永乐时,还修了从雅州(今四川雅安)到乌斯藏的驿道,设立驿站,方便了与内地的交通。宗喀巴弟子释迦也来京朝见,并被封为"大国师"。宣德时,再度来京,又被封为"大慈法王"。自此,西藏与中原王朝关系更加密切。到清代雍正五年(1727年),清庭在拉萨设西藏办事大臣(全称"钦差驻藏办事大臣"或"钦命总理西藏事务大臣"),进一步加强了对西藏的管理。乾隆年间进一步明确规定驻藏大臣和达赖、班禅的地位平等。西藏的地方行政、军事、财政长官及各大寺庙的管事喇嘛,都由驻藏大臣会同达赖遴选,西藏的对外联系由驻藏大臣全权办理。

【新疆】 唐统一了西域,在南疆、北疆分别设立了安西都护府(治交河域)和北庭都护府(驻地今吉木萨尔县北12公里的破城子),分管南北疆事务。1877年左宗棠向清庭提出"设行省,改郡县"的建议,并认为这是"新疆划久安长治之策"。该建议于1884年11月被批准,新疆

---

① 见《旧唐书·吐蕃传》。

正式建省。建省之后,兴修水利,招民屯垦,减低赋税,使农业生产很快恢复。此举对维护国家统一及新疆的发展,发挥了重要作用。

【西南地区】 元代曾设云南行省,其东面和北面包括今贵州、四川部分地区,西面、南面包括今缅甸、泰国和越南部分地区,元朝设劝农官,派人教民播种稻谷桑麻,兴修农田水利,发展农业生产。明代,我国西南地区众多少数民族地区,如苗、瑶、壮、彝、傣等族聚居地区,实行土司制度,设土官统治。使用当地少数民族头人作土官,土官一般是世袭的。一般容易形成割据称雄,时常叛乱,明朝在平叛后,把土司废掉,改设流官。这就是"改土归流"。清代仍流行这种政策,特别在雍正朝,大规模地实施了"改土归流",这种政策促进了少数民族地区经济文化的发展,有利于国家的统一和西南边防的巩固。

五、几点总结

综上所述,我国历代中央政府都非常重视我国西部地区、特别是边疆少数民族地区的发展。针对不同地区的不同情况,采取不同的措施。对中央政权所在地的黄土高原区,一向是发展的重点。对通向中亚、欧洲的河西走廊和新疆地区,在加强政治管辖、政治友好的同时,必要时采取军事措施,保证社会经济的稳定和发展以及交通畅通,同时还大力兴修水利和屯田,发展农业生产。对西藏则主要是从政治上保持对西藏的领导权,生产的投入较少。而对西南广大少数民族地区主要着力于民族合睦,消除地方割据势力。应当说,上述政策和措施的实施结果是良好的,基本达到了预期目的,维护了边疆的和平和稳定,巩固了国防。

但由于当时的生产力发展水平和认识能力的限制,采用这些政策时,只注重经济和政治效果,而没有顾及环境后果。特别是在黄土高原、河西走廊、新疆等地区,造成森林、草原的破坏,水土流失加重,环境趋于恶化等严重后果。2000多年的西部地区开发史说明:生态环境状况是西部地区社会经济发展的重要保障。

【大规模垦荒导致生态状况严重恶化】 汉王朝时期的关中平原和黄土高原地区,人口密集、农业经济发达。由于地球气候的变化,逐渐干旱缺水,加上战争和由于开垦过度,林草大量减少,以致水土流失逐渐加剧,生产力受到破坏。从清朝顺治时起,黄土高原地区即开始大规模开垦。到康熙、雍正两朝黄土高原的过度开垦更为严重。至雍正二年(1724年),在约40年间,增加耕地面积75948426亩。由于大规模垦荒,清朝初年农业号称"各省军屯民垦,积极盛焉"。但是,盲目大规模开荒造成了严重的水土流失,加之气候进一步变干,到嘉庆年间(1796~1820年),黄土高原区的农业已经由盛转衰。清代后期,黄土高原区的北部,抛荒地越来越多,耕地越来越少。很多地区由原来的垦荒地变成了光山秃岭、千沟万壑、地表破碎的景象,陕北榆林府有些地方成了"沙漠之区"。从唐朝以后,关中地区及黄土高原地区失去了全国政治中心的地位,是与环境破坏及经济上的衰退有关的。

【人口、经济和环境之间的关系很脆弱】 在低下的生产力水平下,人口、经济和环境之间的关系很脆弱。西部地区生态环境的脆弱,人口承载力很有限,大规模移民可能导致生态环境的恶化。清代的"湖广填四川",滋生人丁永不加赋,大量移民进入垦殖,也形成一个开发高潮,出现"低山尽村庄,沟壑无余土"的格局,对于四川地区的社会经济发展一度有积极的影响。但随之而来的人口密度大增,山地垦殖风潮乍起,水土流失严重,西南地区农业生态环境逐渐恶化,西南地区的经济发展走向一种结构性贫困。

【民族之间的冲突和战争导致社会经济的停滞和破坏】 自汉代以来的2000多年历史发展中,无数次战乱发生在西部地区或波及西部地区。使西部地区的农业生产和社会经济一次又一次地遭到破坏。从东汉末年开始,战乱波及西部地区的人口和经济发达的地区。从西晋(公元266年)到唐初(650年),由于战乱和天灾,导致关中、河西走廊、黄土高原等地区农业的衰退,成为饥荒不断发生之地。唐朝后期安史之乱使西北社会经济受到严重摧残。南宋末年和元代末年的四川战乱严重损害了西南地区的社会经济。清朝晚期,新疆曾出现了地方性封建割据的混乱局面。

【汉民族政权与少数民族政权的关系非常重要】 汉代以来,中央政权与匈奴、回纥、吐蕃、南诏、大理、西夏等民族和民族政权的关系是影响西部地区社会经济发展的重要因素,甚至是起决定作用的因素。对立、战争、或者国家分裂,导致经济和社会发展的破坏。这也是西部地区的政治经济地位下降,发展逐步滞后的重要原因之一。宋代特别是南宋以来,中国经济中心开始移向东南地区,中国政治和文化中心也随之转移,西部地区的政治经济地位开始大大下降。

第二节　建国以来的西部地区开发

一、建国后以"沿海与内地"和"一二三线"的布局战略加强西部地区开发

新中国成立初期,近代工业在整个国民经济中只占10%。但在这10%的近代工业经济中,70%都分布在东南沿海地区,西部地区仍十分落后。第一个五年计划提出要"改变旧中国遗留下来的生产力分布不平衡状况",将一部分工厂迁移到接近原料的内地地区。1956年毛泽东主席的《论十大关系》报告,是发展我国区域政策的宣言,强调了内地发展的重要性。同时,在建国后的前20多年中,我国面临的国际环境相当恶劣,按照当时的国防战略观念,也使国家将工业重点投向内地。

第一个五年计划期间,国家安排了156个大型骨干项目,西部地区占29.3%。主要配置在陕西、四川、甘肃等省;同时,国家安排了我国自行设计建设的投资额在1000万元以上的重点项目的建设,当时西部地区的份额也是较大的。

从1964年起,在连续3个五年计划中,大力加强了"三线"建设。其中有几年曾经把一半的钱花在"三线"地区范围内,累积投资2050亿元人民币。自70年代末以来,国家用于"三线"地区工业的调整转改又花了700亿元。以西部地区范围计算,国家投资所占比重,由"一五"时期占全国的16.9%上升到"三五"时期的35.1%。70年代,国家引进的47套技术先进的现代化大型钢铁、石化、电站设备,有23套放在了西部地区(表2-1)。

表 2—1 1952～1975 年全国基本建设投资在大区域间的分配(%)

Table 2 – 1 Regional Distribution of Investments on Capital Construction in China in 1952—1975

时 期	沿 海	内 地 总 计	其中"三线"地区
"一五"	41.8	47.8	30.6
"二五"	42.3	53.9	36.9
调整时期	39.4	58.0	38.2
"三五"	30.9	66.8	52.7
"四五"	39.4	53.5	41.1
1952～1975	40.0	55.0	40.0

注:沿海、内地的数字总计不等于100.0,因为统一购置的运输工具等不分地区的投资未划入地区内。
资料来源:陆大道等:《1997 中国区域发展报告》,商务印书馆,1997 年。

二、建国以后西部地区开发的经验与教训

【"一五"期间在西部地区的项目建设相当成功】 第一个五年计划在西部地区建设的重点项目,包括原苏联援建的156项(其中有2项系重复计算,有4项没有施工,实际施工建设的是150项)和国内自行设计建设的694项,都是严格按城市规划和区域规划的要求,根据生产地域综合体的发展规律进行的。在所在的城市区域范围内,实行成组布局,即根据主体生产、配套生产(原料、零部件生产等)和动力、交通和供水等公用系统以及与城市生活区的结合,实行综合布局。当时的兰州西固石油化工区、西安的电子工业区和输变电设备工业区、成都的化工区等,都是很成功的例子。这在当时西部地区经济基础非常薄弱、无法实行地区生产配套和城市建设落后不能提供生活服务的情况下,建立自行配套的综合性工业区是必要的。这种做法的结果,使工业区一建成就发挥了生产能力。

第一个五年计划的重点项目建设,到60年代初内地基本上全部建成,这是奠定我国工业化基础的重要阶段。实行结果,使我国的国防和经济实力得到迅速提高。这其中,西部地区布置了42个,占150项的28%(表2—2)。

表 2—2 50～60 年代我国 156 项重点项目在西部地区的分布

Table 2 – 2 Regional Distribution of 156 Prior Industrial Projects in the First Five-year-plan in the West

地 区	石油	电力	有色	化工	机械	电子	航天	兵器	船舶
重 庆		1							
四 川		1				5			
云 南		1	3						
陕 西		1			4	3	6	7	1
甘 肃	1	1	1	2	2			1	
新 疆		1							
合 计	1	6	4	2	6	8	6	8	1

【60～70年代的三线建设进一步加强了西部地区的经济实力】 在三线建设时期,我国的经济发展确实实现了战略性转移,产生了非常重要的积极效果。

首先,为沿海地带开辟了资源来源与市场。至70年代中期,西部地区建立起了相当规模的煤炭、天然气、硫铁矿、磷、铝土、铜、铅、锌、镍、钼、稀有金属和稀土矿、钾盐、石膏、耐火粘土、水泥与化工灰岩等几十种金属矿和非金属矿的开采业和一定规模的冶炼业。也有相当一部分精矿供应沿海地带的冶炼厂,大部分金属供沿海加工成材,促进了沿海地带冶炼、加工及消耗金属材料的机械制造等工业的发展。"六五"期间,沿海的辽宁、广东、上海、天津、江苏的有色金属冶炼厂,86%左右的原料来自内地,而且由于当地矿产日益减少,对内地包括西部地区的依赖性愈来愈大。沿海地区的化学工业所需的化学矿如硫铁矿、有色金属尾矿、磷矿、硼矿、化工灰岩等部分来自西部地区。东中部地区的轻工业原料、部分农副产品原料,包括棉花、羊毛、造纸原料、其他畜产品等也来自内地。

其次,沿海地带虽有密集的人口和经济基础,但工业品的销售市场在愈来愈大的程度上依赖内地(当然,国外市场的部分也在扩大,但绝对量毕竟是小的),特别是沿海生产的化学纤维、棉毛纺织品、自行车、缝纫机、药品、家用电器、钢材、平板玻璃、纯碱、发电设备、电子计算机、机床、小汽车等,主要市场在内地。据估算,至80年代中期,内地每年要从沿海省份调进工业品价值200亿元以上,遥远的新疆在"六五"后期每年调入工业品价值仍达10亿元。

第三,西部地区经济实力的加强,扩大了自我发展能力。经过"三五"、"四五"时期的建设,内地绝大部分省(区)的经济实力较之60年代中期有了几倍的增长。陕南、四川、贵州、鄂西、广西、湘西等大三线地区建起的一大批装备精良的大中型企业是长时期内实现国民经济技术改造的重要技术力量。由于内地少数民族地区和边疆地区经济的发展,大部分地区逐步摆脱了贫穷落后的面貌,各民族的团结得到加强,边疆的安全更有了保障。

【由于缺乏规划、仓促上阵,导致"三线"建设的严重失误】 自建国初至70年代中期,国家将大量的人力、物力投入内地落后和较不发达地区的开发,虽然以西部地区的社会经济发展衡量,取得明显的经济增长,使全国生产力布局不再像建国时那样极不平衡了。但如从经济效益、从提高全国的经济总量和经济实力看,又是不理想的。无论在决策时机、决策方向上都存在重大失误,导致了严重的浪费和经济上的损失,在一定程度上延缓了我国社会经济的发展进程。三线建设,用去了当时大量的人力物力。即使这样,由于原料和燃料供应、地区协作、基础设施、厂址等问题,有相当部分的建设项目在长时期内没能充分发挥作用,尤其是在大"三线"地区,至今问题仍然很多。这阶段的西部开发及当时的"战略大转移"的主要教训有以下几点:

- 在50年代和60年代初开始建设的部分项目还未投产,就突击进行"三线"建设,导致许多大型项目的建设被迫放慢速度,乃至下马。突击西迁的企业遇到的困难重重。
- 根据战备要求,工业建设(已不限于国防尖端项目了)要大分散、小集中,不搞大城市,工厂布点要"靠山、分散、隐蔽",有的要"进洞"。在缺乏立足点和依托的地区,给选厂定点和以后几十年的生产和生活带来了极大的困难和浪费。
- 建设的大型民用和军工项目绝大部分都很少考虑到当地的配套条件。各自为政,造成

"一厂一点"、"一厂一线"、"一厂一水"、"一厂一电"、"一厂一区"(生活区)的严重不合理局面。开始了攀枝花和酒泉两大钢铁公司的建设,当时攀钢的全部设备、物资都是汽车运进去的。

• 由于要求建立各地区独立的工业体系,在省级和许多地区级范围内,搞大而全、小而全的工业结构,开始了我国地区产业结构趋同的开端。

三线建设中出现的问题,虽然有许多问题发生的背景现在已经改变了。西部地区已经有了较强的经济基础和基础设施条件,综合国力已得到很大加强,必要的协作条件已经是具备了。但是,我们仍然要从当时三线建设的教训中吸取有益的东西:

【大范围欠发达地区的开发,是国家发展战略的重要组成部分】 这个战略的实施,要有科学的总体规划和相当完善的政策设计。其中,在总体规划方面,可以包括:自然基础和发展基础的评价,根据国情国力确立开发的总体进程和阶段性目标,产业发展的基本方向,主要阶段的重点开发地区等。在政策设计方面,主要是:实施开发目标的政府行动机制,政府方面的组织措施、金融政策及一系列社会和经济发展领域中的优惠政策、补偿政策等。

【大范围欠发达地区的开发和在大范围内调整生产力布局,是一个长期的发展任务】 经济发展和社会发展都有一个渐进的过程。西部地区相对于东部地区明显落后了,是多种因素长期作用的结果。改变这种发展格局,不能急于求成。

【西部地区开发中的生产力布局和区域发展,要因地制宜、有重点地分阶段推进】 由于面积很大,现有的基础和条件差别很大,不宜大家同时大上。生产力布局不合理,关系到开发的经济效益和生态效益。

第三节 国际上区域开发大尺度推移的实践

不管是由哪种途径实现国土开发和经济发展的大尺度空间转移,都体现了共同的规律,即任何一个地区的工业开发都有一个逐步扩大和深化的过程,这个过程的实质是将各种自然资源和社会经济资源愈来愈多地吸引到经济发展中来;随着经济活动规模的扩大,部分地区(开发条件较好的地区)的资源已经不能满足社会需要,这时客观上便导致将众多地区的资源也吸引到经济发展中来。工业生产活动包括工业投资、产品生产以及由工业发展所引起的交通、城市建设、人口等在地区间发生转移。

下面这几个国家基本上都是幅员大、早期未开发地区的范围非常广阔的国家。他们经过长期的开发,当初未开发地区的经济和社会发展有了很大的变化。但是,这几个国家的经济空间格局并没有"平衡"或"均衡"。

【美国】 美国资本主义商业和工业的发展大约从18世纪中后期开始的。当时最先开发的是大西洋东北部沿岸,主要进行资源的开发和纺织、机器制造业的发展。在此之后,美国的国土开发沿两个方向运动。其一,沿大西洋沿岸南下,逐步达到大西洋沿岸的中部和南部;其二,由大西洋沿岸东北部经五大湖地区向西。先是大规模开发苏必利尔铁矿以及阿巴拉契亚煤矿,以后由东向西转移,19世纪中后期至本世纪30年代,是美国中部、西部大规模开发时期。本世纪70年代,进一步转而开发西南部的"阳光地带"。这样,包括工业、城市、基础设施及大规模农业等在内的美国国土开发和区域经济发展,到20世纪中叶大约用了200年。到20世纪70年代中期,美国各州之间人均收入最高和最低的差距是1.7:1.0。但到80年代末90年代初期,这个差距又有所拉大。美国在开发西部地区的过程中,实施了以下几个方面的政策和措施:

- 实行联邦"公共土地"政策,鼓励开垦。
- 建立专门机构和配套法规,保障政策实施。
- 利用军事工业生产,拉动经济发展。
- 以高新技术产业发展,推动产业结构升级。

【前苏联】 前苏联是个幅员辽阔、陆地呈东西向延伸的国家。十月革命前,占国土面积70%以上的亚洲部分和欧洲部分的北部,基本上处于未开发状态。十月革命后,向东向南建设了一系列工业和矿业基地。二次大战期间,前苏联工业生产被迫进行战略转移。50年代前苏联开发东部地区首先选择水电开发,建设了一系列动能生产综合体。在布局上的重要特点,一是由乌拉尔→西西伯利亚→中、东西伯利亚及远东的逐步推进,二是自西伯利亚大铁路沿线向南北(主要是北部)进行局部延伸。60年代,前苏联领导人实施了哈萨克斯坦地区的大开荒,其结果,不仅在经济上成就不突出,而且对生态造成了严重的破坏。

【澳大利亚】 澳大利亚建国只200多年。在二次大战前的100多年间,只开发了东南部、南部以及西南部沿海狭窄地带。战后开始开发东北部沿海地带,西北部至本世纪60年代发现富铁矿后才着手开发。广大的中部地区和北部沿海地带仍然是只有极少经济活动的未开发地区。

【巴西】 巴西独立已160多年,但直至30多年前,经济和人口仍集中在东南沿海一隅。60年代将首都由沿海迁往靠近内地高原的巴西利亚,同时着手高原地区的开发。80年代,开辟亚马孙河经济区,即开发赤道丛林地区。

【加拿大】 加拿大是世界面积第二大的国家,至今只开发建设了东南部、西南部两块和南部沿国界的狭窄长条带,广大的北部国土仍有待于开发。

参考文献

[1] "政协副主席陈锦华谈影响西部开发的几个因素",《光明日报》,2000年3月7日。
[2] 王圻(明):《续文献通考·田赋考》。
[3] 蓝勇:"中国西部大开发的历史回顾及思考",《光明日报》,2000年2月4日。
[4] 陆大道:《中国工业布局的理论与实践》,科学出版社,1998年。
[5] 陆大道等:《1999中国区域发展报告》,商务印书馆,2000年。
[6] 高国力:"从美国西部开发看我国西部发展",《人民日报》(海外版),2000年4月6日。

第三章　自然环境基础与综合区域格局

提　要

- 西部地区自然环境复杂多样，自然要素地域差异大，部分地区自然条件严酷。
- 西部地区占据我国三大自然区的青藏高原全部、西北干旱区的大部分和季风区的一部分；占据我国的一、二级地形阶梯的绝大部分。
- 西部地区水分状况变化大，年降水量从2000毫米到不足50毫米，一半以上区域年降水量不足400毫米，柴达木盆地冷湖地区、吐鲁番、民丰等干旱中心年降水量不足30毫米。干燥度则可达到50以上，甚至80。
- 青藏高原高寒特点突出，约2/3的区域年平均≥10℃的积温不足4000℃，而西北部表现为寒旱。
- 西部地区自然景观从湿热的边缘热带过渡到极干旱的荒漠，干旱—半干旱的荒漠和荒漠草原占一半以上的面积。
- 西部地区综合区域格局为：西北部的温带、暖温带干旱地区GDP相对较高，西部与西南的高原亚寒带和高原温带GDP相对较低，东部的跨自然地带地区GDP高、低镶嵌。

西部地区大致在北纬21°~49°，东经73°~111°之间，面积527.8万平方公里，占据我国西面的半壁江山(图3—1)。西部地区面积广阔，自然环境复杂多样，地域差异幅度巨大，自然条件对区域可持续发展有着有利的一面，但在相当大的区域中自然条件恶劣。西部地区社会经济发展不甚平衡，除了一些历史较悠久、发展较好的中心城市外，大部分地区经济发展程度不及全国平均水平，尚存在许多贫困地区。认识西部的自然环境基础和综合区域格局，使我们能够科学地认识到西部大开发的艰巨性和长期性，合理利用西部地区的自然资源，并有目标地进行生态建设，避免盲目无序的开发，对实施西部大开发战略和西部的区域可持续发展具有重要的意义。

第一节　环境特征与地域差异

一、复杂的地貌单元格局

【西部地区主要占据了我国地形的一、二级阶梯】　我国西部地区的地貌格局独特，素有"世界屋脊"之称的青藏高原平均海拔高度超过4000米，高原耸立一系列的近乎东西走向的山脉，北部有昆仑山、阿尔金山、祁连山等山脉;中部有可可西里山、巴颜喀喇山、唐古拉山、冈底斯山、念青唐古拉山等山脉;南部则雄踞着著名的喜马拉雅山脉,为我国地势的第一级阶梯。青藏高原的地貌格局,影响着我国西部气候的形成,乃至全球的大气环流。

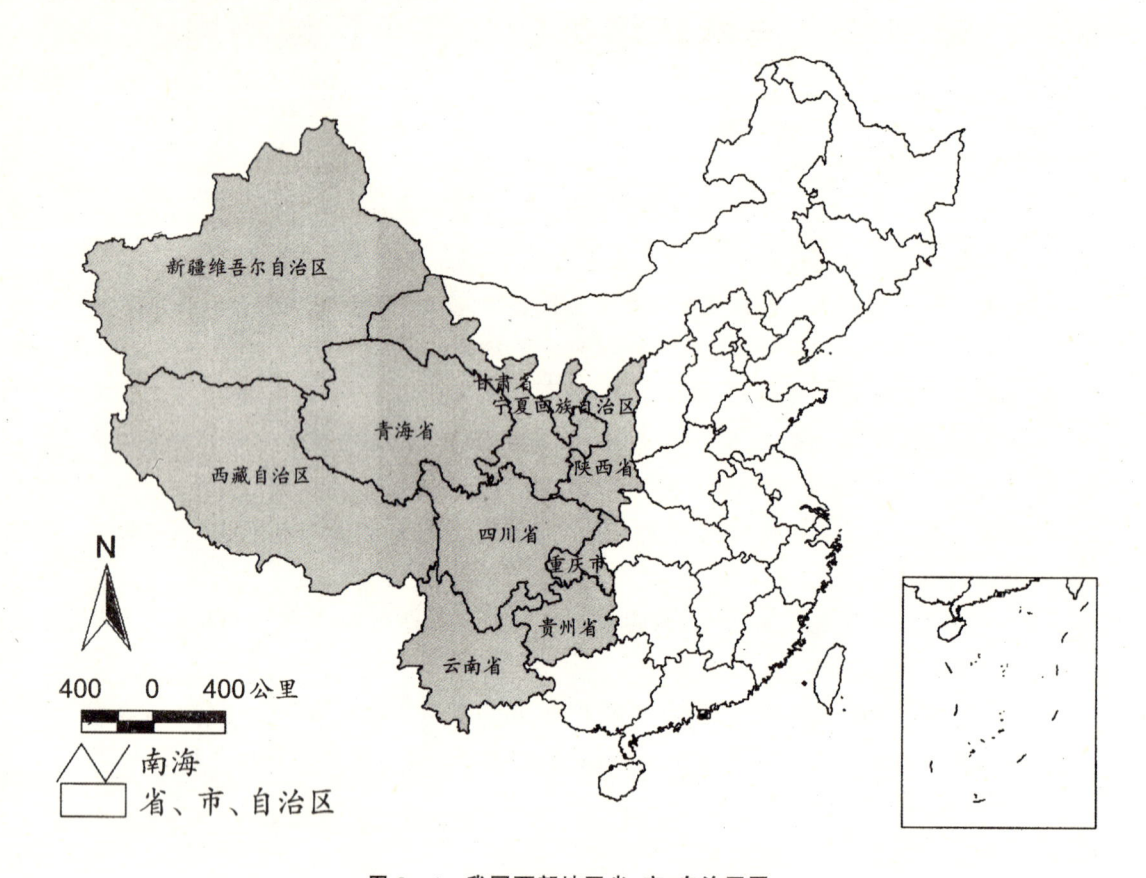

图 3—1 我国西部地区省、市、自治区图
Figure 3－1 Administrative Map of the West

青藏高原向北、东和东南方向地势逐渐降低,逐步进入地势第二级阶梯。向北直接毗邻我国最大的内陆盆地塔里木盆地,再向北为阿尔泰山和天山,中间夹着准噶尔盆地,两盆地海拔在 1000 米上下,山地海拔在 4000～5000 米。青藏高原东北侧的祁连山北麓与河西走廊相连接,海拔高度降至 1500～2000 米。东部逐渐过渡到黄土高原,海拔高度在 1000～1500 米;黄土高原也是我国独特的地理单元,高度侵蚀过程将黄土高原切割成为破碎的塬、墚、峁。青藏高原东南面的横断山脉,往东过渡到四川盆地、云南山地和贵州高原。盆地底部海拔高度在 250～700 米,山地和高原海拔高度在 1500～2500 米,深切沟谷的高差可达 1000 米以上。

二、寒旱突出的气候

【气候地域差异巨大】 西部地区的气候受到大气环流和地貌格局的影响,差异巨大。主要可分为 3 个地区,东部和东南部为主要受季风影响的地区,青藏高原为独特的高寒地区,而西北部则是受到青藏高原的阻挡,水汽被屏蔽,形成了干旱荒漠的内陆气候区。气候的变化从东南部的湿润边缘热带向西过渡到高寒干旱,向西北过渡到中温带荒漠。年平均气温在东南缘超过23℃,而在青藏高原的许多地方则在0℃以下。最冷月的平均气温在云南南部超过16℃,而在青藏高原和西北大部分地区在0℃以下,其中新疆的富蕴地区在-20℃以下。最热月的平均气温是两边高,中间低,新疆吐鲁番地区超过32℃,云南南部接近28℃,高原的腹地则不到6℃(表3—1至表3—4)。

表3—1 年平均气温(℃)
Table 3-1 Annual Average Temperature in the West

省区名	站 名	年气温平均
青 海	伍道梁	-5.4
青 海	曲麻莱	-2.3
西 藏	噶 尔	0.1
四 川	甘 孜	5.5
陕 西	华阴县华山	5.9
新 疆	哈 密	9.9
云 南	腾 冲	14.9
贵 州	罗 甸	19.1
云 南	元 谋	21.2
云 南	元 江	23.3

表3—2 最冷月平均气温(℃)
Table 3-2 Average Temperature in the Coldest Month in the West

省区名	站 名	最冷月平均气温
新 疆	富 蕴	-20.5
新 疆	阿勒泰市	-16.2
新 疆	奇 台	-12.0
陕 西	华阴县	-6.4
陕 西	西安市	-0.7
西 藏	察 隅	3.9
云 南	临 沧	10.7
云 南	澜 沧	12.7
云 南	瑞 丽	12.7
云 南	元 江	16.4

表3—3 最热月平均气温(℃)
Table 3-3 Average Temperature in the Hottest Month in the West

省区名	站 名	最热月平均气温
青 海	伍道梁	5.3
四 川	康 定	15.2
青 海	德令哈市	16.1
宁 夏	海 源	19.2
甘 肃	平凉市	21.0
贵 州	贵阳市	24.0
四 川	南 充	27.4
贵 州	思 南	27.9
云 南	元 江	27.9
新 疆	吐鲁番市	32.5

表3—4 年平均≥10℃积温
Table 3-4 Annual Cumulated Temperature in the West (≥10℃)

省区名	站 名	≥10℃年平均积温
青 海	托托河	27.6
青 海	曲麻莱	88.3
西 藏	定 口	506.7
西 藏	噶 尔	1041.6
四 川	平 武	1509.8
青 海	小灶火	1654.3
四 川	万 源	4523.6
重 庆	奉 节	5117.0
四 川	阆 中	5369.4
云 南	元 江	8675.3

【西北部干旱少雨突出】 降雨情况是西部地区地域差异最大的气候因子,降雨的趋势为东南多西北少(图3—2)。柴达木盆地、吐鲁番盆地、塔里木盆地是干旱中心,年降水量不足30毫米。东南缘的降水量可达到甚至超过2000毫米(表3—5)。对应于降水量,干燥度明显地呈东南向西北递增的趋势,在四川盆地、云南山地、贵州高原等地方,干燥度不足0.49,从云南到西藏的波密地区干燥度小于1.0,川西藏东及青海南部1.5上下,西藏的改则、定日和宁夏银川等地的干燥度超过了4.0~5.0,而干旱中心的冷湖干燥度达到80(表3—6)。

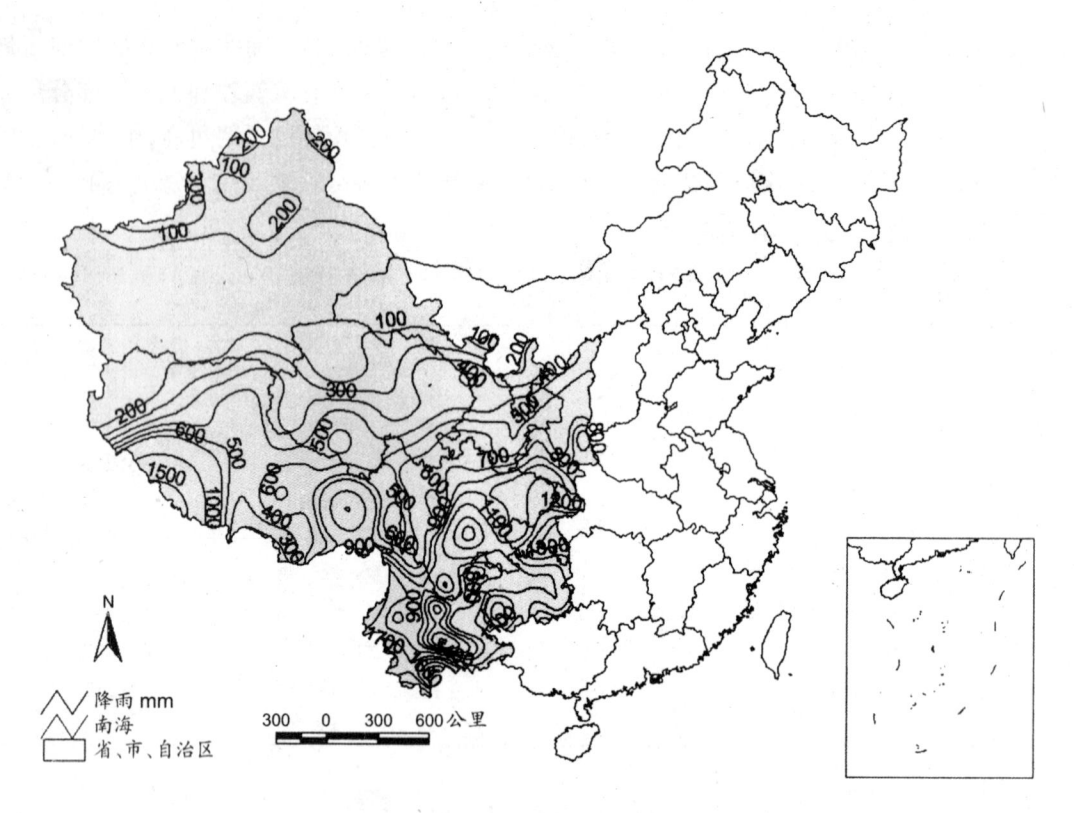

图 3—2 我国西部地区年降雨量(mm)

Figure 3 - 2 Annual Rainfall of the West(mm)

表 3—5 西部地区年降雨量(mm)

Table 3 - 5 Annual Rainfall of the West (mm)

省区名	站名	降雨量
青 海	冷 湖	15.7
新 疆	吐鲁番市	15.8
新 疆	民丰县	22.5
西 藏	改 则	202.9
青 海	曲麻莱	392.4
西 藏	安 多	402.0
陕 西	榆林市	403.7
云 南	曲靖市	996.7
四 川	雅安市	1759.3
云 南	江城县	2243.3

表 3—6 西部地区年平均干燥度

Table 3 - 6 Annual Arid Index of the West

省区名	站名	干燥度
四 川	峨眉山市	0.23
重 庆	南川县	0.28
云 南	江城县	0.32
贵 州	罗 甸	0.49
西 藏	波 密	0.97
四 川	理 塘	1.01
甘 肃	天水市	1.52
宁 夏	银川市	6.52
新 疆	吐鲁番市	53.33
青 海	冷 湖	80.00

三、外流、内流并存的水系

【外流水系】 我国西部地区由于高耸的青藏高原,发育了我国和亚洲许多重要河流,除了内流水系,外流河流可分为太平洋水系和印度洋水系。流入太平洋的河流主要有长江、黄河、澜沧江等,澜沧江流经云南省,流入老挝等国家后称为湄公河。流入印度洋的主要河流分属恒河、布拉马普特拉河、印度河等,以及怒江和吉太曲。雅鲁藏布江经青藏高原流过孟加拉流入恒河。注入印度河的主要河流有象泉河、狮泉河和如许藏布。

【内陆水系】 内陆水系分布在甘新、青海、藏北,主要的河流有塔里木河、伊犁河、黑河、石羊河、柴达木河等,这些河流的水流最终注入沙漠和戈壁,在盆地的中央有河水出露,形成绿洲。河流的补给主要来自降雨和高山上的冰雪,由于降水的不均匀,造成了水资源时空分布的不均匀。

【发达的现代冰川】 青藏高原还是西部地区现代冰川发育的地区,主要发育在昆仑山脉、喜马拉雅山脉和祁连山脉,冰川的总储量为4105立方公里,是中低纬度地区最大的冰川作用中心,也是许多大江河的重要补给源。

四、地带性与非地带性分布的土壤和植被

【土壤—植被由东南向西北呈带状分布】 随着热量和水分的地域差异,土壤与植被也呈现地带性的变化。东南缘气候炎热、降水丰沛,发育暗色砖红壤和黄色砖红壤,生长着热带雨林和季雨林。在藏东南、云南山地、贵州高原、四川盆地、汉中盆地等亚热带地区发育紫色土、黄壤、红黄壤、山地红壤、黄褐土、黄棕壤、山地棕壤、山地暗棕壤和漂灰土等,植被类型主要为亚热带常绿阔叶林。川西藏东主要发育山地灰褐土、山地棕壤,生长山地针叶林。关中盆地主要土壤为褐色土和黑垆土,地带性植被从落叶阔叶林经森林草原向干草原过渡,森林常常生长在阴坡上。新疆的大部分地区度属干旱荒漠类型,主要土壤有高山荒漠土、山地荒漠土、灰棕荒漠土、棕漠土和非地带性的盐土和草甸土。此外,干旱地区还有大面积的沙漠、戈壁和盐湖。

【青藏高原发育高寒性土壤—植被】 青藏高原独特的植被分属泛北极区的青藏高原植物亚区和中国—喜马拉雅森林植物亚区,即较年轻的耐寒旱种类分布在高原的内部,而古老的喜暖湿种类占据东南部,主要土壤为高山草原土、高山草甸土和高山荒漠草原土,在柴达木盆地和昆仑山北翼为高寒干旱荒漠。

第二节 西部地区综合生态地理区域系统与单元特征概述

生态地理区域系统是根据地表自然界的生物和非生物因素地理相关的比较研究与综合分析,按照地表自然界地域分异规律,划分或合并而形成不同等级的区域系统。对我国西部地区生态地理区域系统的研究,可使我们认识西部地区生态地理区域的特征。在实施西部大开发战略上,可以为自然资源的合理利用、土地生产潜力的提高、土地管理的政策分析、先进农业技术的引进与推广、退化环境的整治、自然保护区的规划布局以及区域的可持续发展提供科学依据。对认识西部地区的资源环境背景,因地制宜地规划和指导生产,加速大农业的可持续发展具有重要的现实意义。

一、西部地区生态地理区域系统划分原则

西部地区的生态地理区域系统划分与全国自然地域划分,所遵循的原则基本一致。主要包括以下六个方面。

【地带性与非地带性相结合的原则】 西部地区的广阔地域在太阳能的作用下,形成了沿纬度有规律的水热分布,但由于局部地区受地理位置与地形等因素的影响,也存在着非地带性的现象,而且在许多情况下两者相对而又统一,因此必须统一考虑。

【综合分析与主导因素相结合的原则】 自然地域单元的状况总是在许多因素的共同作用下形成,而在区域的划分上就必须充分考虑这些因素的地域差异,但是这些因素所起的作用往往又不一样,因此必须认识哪一个(些)起主要作用,如在西部地区的东南部温度起决定性作用,而在西北部水分的作用就显得尤为突出。

【发生学原则】 指区域的分异是历史的产物,在认识现状的同时,必须考虑整个形成的历史过程。

【相对一致性原则】 区域的划分是寻找"区内最大一致,区间最大差异"的界线,由于受显域因素的制约,区内的一致是相对的,不可能是均质的。

【地域共轭原则】 强调考虑自然地域系统之间的联系,例如柴达木盆地虽然呈现干旱区的特性,但柴达木盆地是随着青藏高原的抬升而形成的,并且显示了青藏高原高寒的普遍特征,因此柴达木盆地应该划分在青藏高原中。

【为生态建设服务原则】 由于西部地区存在大面积的生态脆弱区,在西部大开发中,生态建设比其他区域显得尤其重要,所以在西部地区生态地理区域系统的划分中必须体现为生态建设服务的宗旨。

二、西部地区生态地理区域系统的等级单位与指标

与中国生态地理区域系统的划分相一致,西部地区的地域系统划分采用比较各项自然因素分布特征的地理相关法,着重考虑气候、生物、土壤的相关性及其在农业生产中的意义。等级单位采用温度带、干湿地区、自然区。

【温度带】 指受大地势结构和温度因素的综合影响,在温度条件上呈现共同特点,而对土地利用起抑制作用的地域。主要指标为≥10℃积温(图3—3),辅助指标为最冷月平均气温(图3—4)和最暖月平均气温(表3—7)。

表3—7 西部地区温度带主要指标

Table 3-7 Indices for Temperature Zones of the West

温度带	≥10℃积温(℃)	最冷月平均气温(℃)	最热月平均气温(℃)
I.中温带	1600～3200	-30～-12	16～24
II.暖温带	3200～4500	-12～0	—
III.北亚热带	4500～5100	0～4	—
IV.中亚热带	5100～6400	4～10	—
V.南亚热带	6400～8000	10～15	—
VI.边缘热带	8000～9000	15～18	—
HI.高原亚寒带	*	-18～-10	<10
HII.高原温带	**	-10～0	12～18

注:* 为≥10℃天数不到50天;** 为≥10℃天数在50～180天。

【干湿地区】 指受大地势结构和大气环流影响,在水分状况上呈现共同特征,具有地带性植被和土壤的范围较大的地域组合。以年干燥度作为主要指标,天然植被作为辅助指标(表3—8,图3—5)。

【自然区】 指受大地势结构和地区环流影响,在温度、水分条件组合是呈现共同特征,具有地带性植被和土壤的范围较大的自然地域。区内垂直自然带谱的性质和结构类型组合相似,土地利用特点及农林牧的发展方向大致相同。

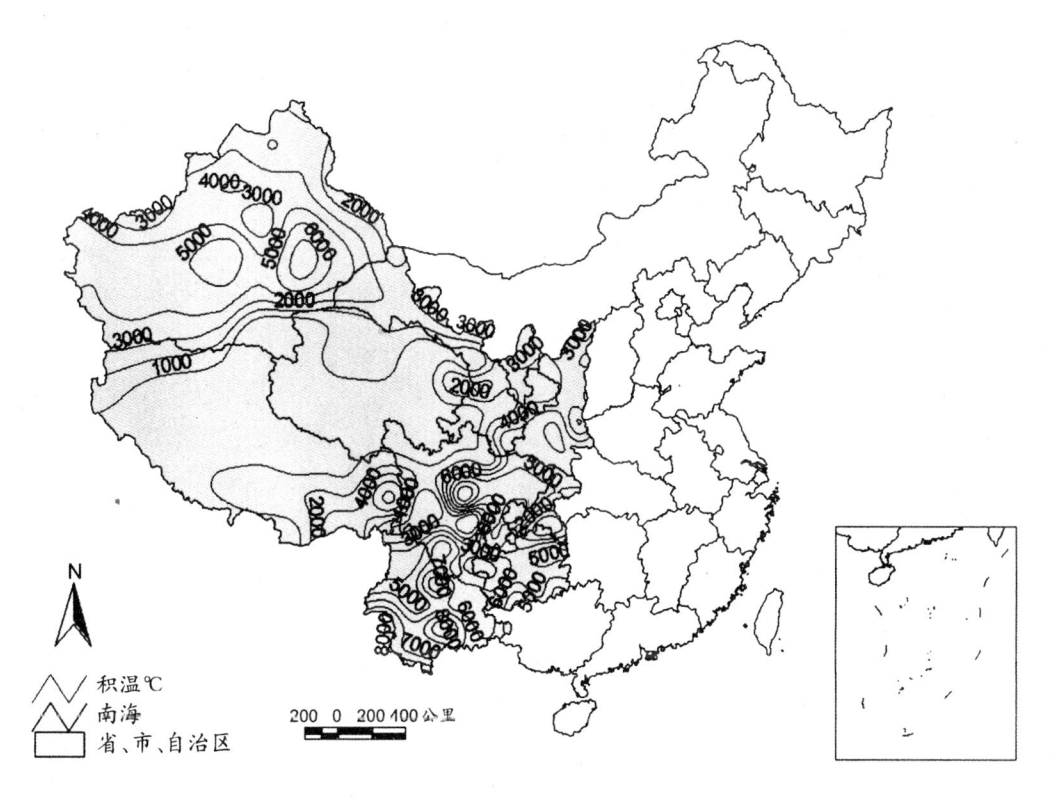

图3—3 西部地区年平均≥10℃积温(℃)

Figure 3－3 Spatial Distribution of Annual Accumulated Temperature in the West (≥10℃)

表3—8 干湿状况划分指标

Table 3－8 Indices for Arid Levels of the West

干湿	年干燥度	年降水量(mm)	天然植被
湿润	0.50～0.99	>800	森林
半湿润	1.00～1.49	800～401	森林草原
半干旱	1.50～4.00	400～200	草原
干旱	≥4.00	<200	荒漠
(极干旱)			荒漠

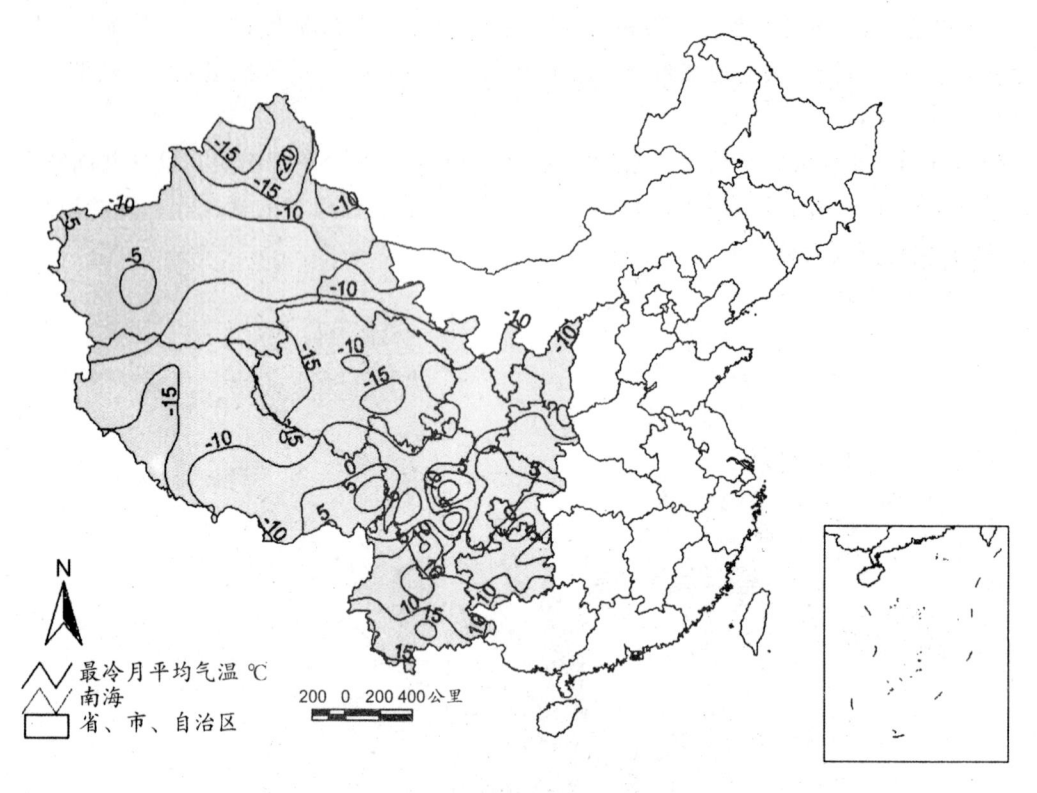

图 3—4 西部地区最冷月平均气温(℃)

Figure 3－4 Spatial Distribution of Average Temperature in the Coldest Month in the West

三、生态地理区域系统方案

根据上述原则、划分指标和自然环境状况,将西部地区划分为如下 8 个温度带、25 个自然区(表 3—9,图 3—6)。

表 3—9 我国西部综合生态地理区域系统

Table 3－9 Integrated Eco-geographical System of the West

温度带	干湿地区	自然区
Ⅰ 中温带	D 干旱地区	ID1 银川河套
		ID2 河西走廊
		ID3 准噶尔盆地
		ID4 阿尔泰山与塔城盆地
		ID5 伊犁盆地
Ⅱ 暖温带	B 半湿润地区	ⅡB1 关中盆地
	C 半干旱地区	ⅡC1 陕北甘东高原丘陵
	D 干旱地区	ⅡD1 塔里木盆地与吐鲁番盆地
Ⅲ 北亚热带	A 湿润地区	ⅢA1 汉中盆地
Ⅳ 中亚热带	A 湿润地区	ⅣA1 贵州高原
		ⅣA2 四川盆地
		ⅣA3 云南高原
		ⅣA4 东喜马拉雅南翼

续表

温度带	干湿地区	自然区
V 南亚热带	A 湿润地区	VA1 滇中山地
VI 边缘热带	A 湿润地区	VIA1 滇南谷地丘陵
HI 高原亚寒带	B 半湿润地区	HIB1 果洛那曲丘状高原
	C 半干旱地区	HIC1 青南高原宽谷
		HIC2 羌塘高原湖盆
	D 干旱地区	HID1 昆仑山高原
HII 高原温带	AB 湿润/半湿润地区	HIIAB1 川西藏东高山深谷
	C 半干旱地区	HIIC1 青东祁连山地
		HIIC2 藏南山地
	D 干旱地区	HIID1 柴达木盆地
		HIID2 昆仑山北翼
		HIID3 阿里山地

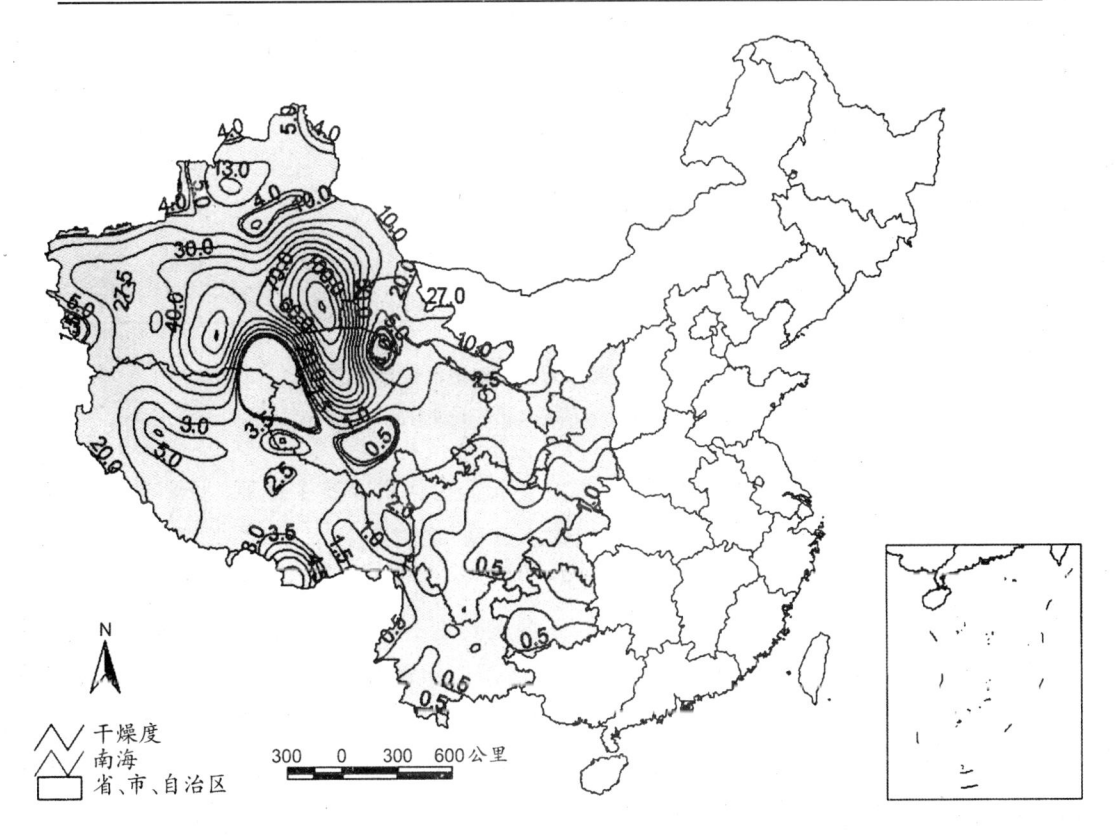

图3—5 西部地区年平均干燥度

Figure 3-5 Spatial Distribution of Annual Arid Level in the West

四、自然区生态建设、农业可持续发展单元特征概述

(1) ID1 银川河套

银川河套是河套平原的一部分，是断陷湖积冲积平原，包括山前洪积扇和冲积平原两部分，海拔在950～1200米，坡度在1/1000～1/3000。年平均气温约8.5℃，最冷月平均气温-9℃，最热月平均气温24℃，≥10℃积温2800～3200℃。年降水量300毫米左右。水热条件能够满足小麦、糜谷、玉

37

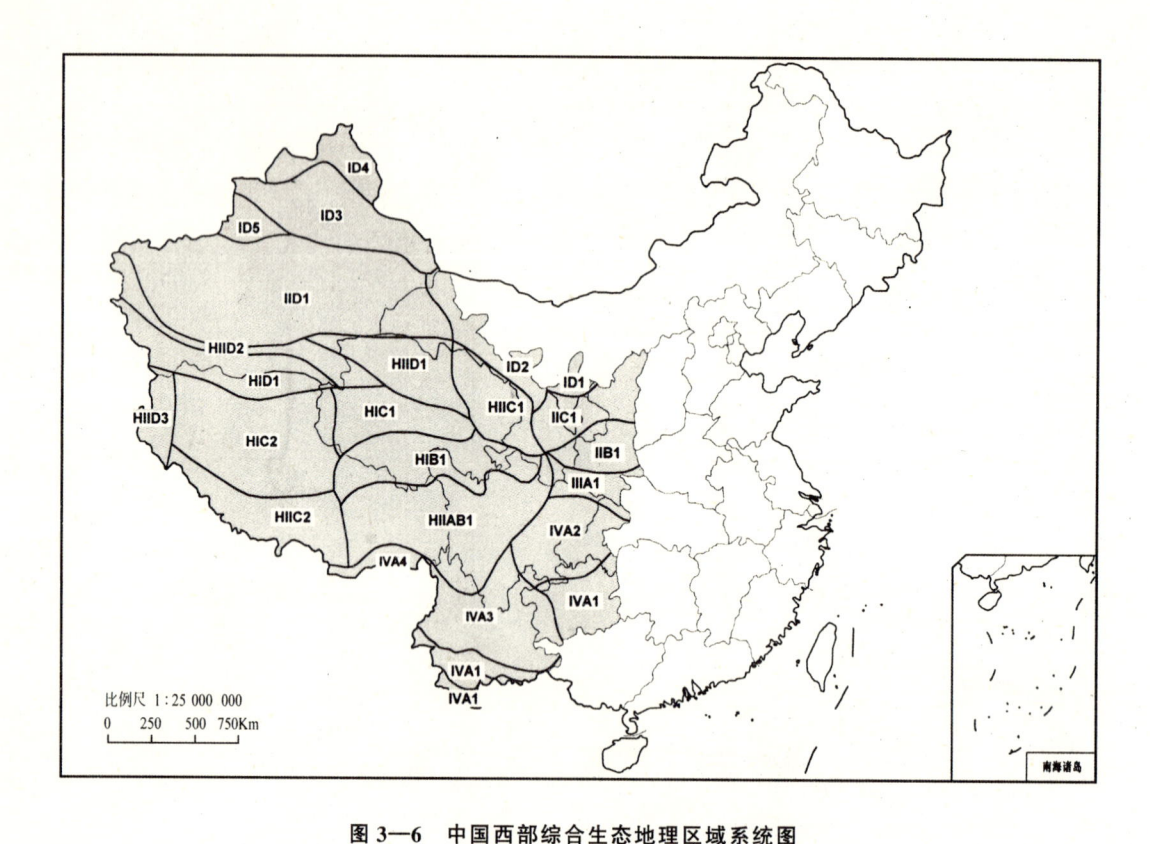

图 3—6　中国西部综合生态地理区域系统图
Figure 3－6　Map of Eco-geographical System of the West

米、高粱等一年一熟的需要,水稻、棉花也能很好生长。黄河贯穿整个平原,水量丰富、水质良好,提供了丰富的灌溉水源和肥沃的泥沙,有"塞上江南"之称。

(2) ID2 河西走廊

河西走廊介于青藏高原和蒙古高原之间,东西蜿蜒近 1000 公里,南北宽仅数公里到数十公里,水资源在整个西北荒漠地区,属于较为丰富类型。年降水量 80~160 毫米。农耕必须灌溉,但大气降水对农作物生长仍起一定作用。地表水源丰富,并且水质优良,出山口多年平均流量石羊河为 58.09 立方米/秒,黑河达 128.54 立方米/秒。地下水源也是丰富的,从祁连山麓向北,可分为三个带:洪积扇及洪积—冲积平原中上部为地下水深藏带,埋深超过 50 米;洪积—冲积平原下部是地下水浅藏带,含水层一般埋深 5~50 米;洪积—冲积平原前缘及冲积平原是潜水排泄带,埋深不到 5 米。全年日照时数 3000 小时上下,日照率达 70%,年总辐射 150 千卡/厘米^2 左右,全年无霜期 170 天上下,≥10℃ 积温 3200~3300℃,可满足春小麦、糜谷、马铃薯、早熟玉米、大豆等作物一年一熟的需要。

(3) ID3 准噶尔盆地

该区位于阿尔泰山和天山之间,西部有两个地势较低的缺口(额尔齐斯河谷及阿拉山口),是一个半封闭性的大型山间盆地。西风气流及北冰洋气团得以长驱直入,形成主要降水来源,年降水量(100～300毫米,冬季降雪也较丰富,地面有稳定雪盖,对于干旱程度的缓和,以及对梭梭、白梭梭和多种短生植物的生长都起到一定作用。在地貌上地势较低,内部高差较大,由东北向西南倾斜,额尔齐斯河和乌伦古河中游海拔700～1000米,布伦托海(福海)湖面海拔468米,中部偏西的玛纳斯湖257米,西南部的艾比湖189米,是该区的最低点。准噶尔西部山地以西北的额敏谷地水分条件较好,气候—生物条件属于温带荒漠草原地带。太阳年总辐射量约135千卡/厘米^2,日照时数北部约3000小时,南部约2800～2850小时,作物生长期(4～9月)日照时数,北部约1900小时,南部约1800小时。年降水在200毫米以下。

(4) ID4 阿尔泰山与塔城盆地

我国境内的阿尔泰山属该山的中段南坡,山体长500余公里,山麓海拔500米左右,山脊一般在3000米以上,从西北向东南逐渐降低。西北部有最高峰友谊峰(海拔4374米),到北塔山附近降为3200米,再向东南即没入戈壁荒漠之中。地貌垂直分带明显,现代冰雪作用带,位于海拔3200米以上;霜冻作用带,海拔2400～3200米;侵蚀作用带,海拔1500～2400米;干燥剥蚀作用带,海拔1500米以下,一般相对高度400～500米。气候特点冬季绵长而严寒,极端最低气温达-51.5℃。日温在0℃以下天数,在阿勒泰和富蕴分别为175天和205天。≥10℃积温在3000℃上下。一般海拔1000米以下低山,年降水量200～250毫米左右,1000～1500米中山为250～350毫米,1500～3000米中山为350～500毫米,个别迎风坡可达600毫米以上。山麓的气候—生物—土壤条件属温带荒漠草原—棕钙土地带。主要植被类型为:蒿属—禾草荒漠草原;干旱灌木草原,海拔800～1450米;山地针叶林,海拔1200～1900米;亚高山草原与草甸,2100～2300米;高山草甸,2300～2600米;高山垫状植被,3000～3500米以上,直至雪线,以苔藓类为主。土壤从低到高,分别为山地棕钙土、山地栗钙土、山地黑钙土、山地灰色森林土、山地生草灰化土、亚高山草甸土、山地冰沼土。

(5) ID5 伊犁盆地

伊犁盆地位于伊犁河上游。北面有高山屏障,寒流不易侵入,而盆地向西敞开,暖湿气流可以长驱直入,因此冬季较准噶尔盆地温暖。全年无霜期163～211天,≥10℃积温3000℃上下。年降水量284～468毫米,春雨占年降水量的38%,与夏雨合占76～82%,对农作物生长有利,旱作农业颇发达,产量也较稳定。伊犁河是我国水量最大的内陆河,年径流总量123亿立方米,主要由冰雪融水及降水补给。盆地属于温带山前荒漠草原—灰钙土地带。周围山地是良好的夏秋牧场,放牧大牲畜尤为相宜。谷地主要是较丰茂的荒漠草原和土层较厚的灰钙土,排水良好,盐渍化问题不严重,可发展小麦、甜菜、蔬菜、瓜果等。在河漫滩上,还可发展水稻,牧业属于次要地位,以奶牛及肉用牛为主。

(6) IIB1 关中盆地

主要指渭河谷地,由于地理条件与大气环流的原因,虽然深入内陆,但气候条件颇为优良,温度与降水量适中,盛产棉、麦,号称"八百里秦川",自古是我国农业中心之一。该区的地带性植被为从落叶阔叶林经森林草原向干草原过渡。在阴坡、阳坡、丘陵顶部、平坦地面等不同地貌部位,由于水热条件的差异,在天然植被组成上有显著的不同。年平均气温约13℃,最冷月平均气温约

−1℃，最热月平均气温约 27℃，≥10℃积温 4400℃左右，年降水量约为 600 毫米。禾草—杂类草草原大都分布于海拔 1000～1200 米的黄土高原东南部的阳坡、半阴坡或脊间的缓坡上，阴坡上常分布有森林。主要农作物有糜子、谷子、高粱、马铃薯、豆类、小麦、玉米等。经济林木有栽培的枣树、洋槐、山杏、文冠果等，在一些沟谷中还种植有苹果、梨、柿、核桃等果树。黑垆土是主要的耕作土壤，可以种植多种植物，如小麦、玉米、糜子、高粱、大豆及少量棉花。另外一类古老耕作土壤是娄土，作物有小麦、棉花、玉米、高粱、谷子、油菜、芝麻、豌豆、荞麦等。

(7) IIC1 陕北甘东高原丘陵

这里是黄土高原的主体，自然特点是黄土在大面积范围内集中连续分布，覆盖厚度巨大，平均 30～60 米，最厚处可达 200 米。岛状的石质山地在黄土高原中时有出露，黄土中存在许多古土壤层。水土流失严重，暴雨季节出现 1000 公斤/立方米以上的高浓度输沙现象。该区≥10℃积温在 3200～3600℃，年降水量在 350～650 毫米，约有 90% 的降水集中在≥10℃间，对农业生产有利。但由于夏季多暴雨，且强度很大（曾有每分钟大于 3 毫米的纪录），因而容易引起土壤侵蚀。

(8) IID1 塔里木盆地与吐鲁番盆地

位于天山与昆仑山之间，是一个大型的封闭性山间盆地，南北最宽 520 公里，东西最长近 2000 公里（包括河西走廊西段）。这是我国最大的荒漠地区，年降水量普遍在 100 毫米以下，并有大片地方在 25 毫米以下，因而也是我国唯一的暖温带荒漠。盆地边缘是连接周围山地的砾石戈壁，中心是面积辽阔的沙漠，其间则是土质平地和绿洲。其中的塔克拉玛干沙漠为我国最大的沙漠，气候极端干旱，风沙危害严重。沙漠中心年降水量约 10 毫米，西北边缘 50～60 毫米，东南边缘 20～40 毫米；流动沙丘面积广大，约占沙漠总面积的 85%。沙丘高大，形态复杂，一般高 100～200 米，有的为 200～300 米。光热资源丰富，年总辐射量达 140～150 千卡/厘米^2，比我国东部同纬度地区多 15～20 千卡/厘米^2。≥10℃积温都大于 4000℃，7 月平均气温 25～27℃，气温平均日较差 14～16℃，最大日较差一般都达 25℃，有利于光合产物的积累。盆地河流都发源于周围山区，流到盆地的河流水量共约 370 亿立方米，但地区分布很不平衡，在合理用水情况下，可以勉强满足目前 7 万平方公里灌溉面积的用水要求。

吐鲁番盆地是欧亚大陆最干旱、戈壁分布最集中的核心地段。古代被称为"火洲"，盆地中心日最高气温＞35℃每年达 100 天以上，≥40℃的也达 35～40 天。8 级以上大风频繁，而且 12 级以上的大风也屡见不鲜；冬季时西北风盛行，春夏又多从山上吹来干热风，对小麦和桃、杏等果树影响很大。从农业开发利用的前景来看，该区的首要问题是水，必须合理解决用水矛盾，充分利用地表水源，并在现有坎儿井的基础上，大力开发地下水源。控制和防治风沙灾害的主要措施，是营造以护田林网和防沙林带为主体的防风林体系，树种可用乔灌相结合。

(9) IIIA1 汉中盆地

该区西部与青藏高原相接，北界为秦岭山脉，东部为长江中下游平原，南界为米仓山、大巴山的南麓。北部的秦岭，是一个宽大的纬向褶皱山地，曾经历多次造山运动，岭脊海拔除成县—凤县一段较低外，其余多在 2000～3000 米，相对高度最大的一段，俯临宝鸡—西安间的渭河平原，达 2000~3000 米。海拔 3767 米的最高峰——太白山就座落在这个地段。属温暖湿润的季风气候。年平均气温各地均在 13~16℃,正常年份可以生长若干种常绿阔叶树及若干种亚热带植物,冬季可以露地栽培蔬菜,冬小麦叶绿体可以经冬不枯。年降水在 700~1250 毫米之间,但内部差异较大。该区地处我国中部,气候上又具南北和东西过渡性质,因此成为我国东、西、南、北动植物的交汇区域。土壤在海拔 700 米以下为黄褐土,1000 米以下为黄棕壤,700(1000)~2000 米为山地棕壤,2000~3000 米为山地暗棕壤,3000 米以上为漂灰土。

(10) IVA1 贵州高原

广义的贵州高原大致东起湖南雪峰山向南到桂林、柳州一线至南界南盘江、红水河一带,西起大凉山,北面是四川盆地。本研究的范围限于不包括桂、湘鄂地区。这里是岩溶发育的高原峡谷,地形由低山丘陵向高山高原过渡,西高中低,地形破碎。广泛发育着峰丛洼地、峰林盆地、丘峰溶原和各种漏斗、竖井、落水洞、盲谷、暗河、溶洞和天生桥等岩溶地貌。该区处于亚热带,气候特点是多阴雨,夏凉冬温,年均气温比同纬度的南岭低 2~3℃,一般在 15℃ 以上,最冷月平均气温高于 5℃,极端最低气温一般在 -2~-5℃,最热月平均气温不超过 30℃。年平均降水量超过 1000 毫米,西南部可达 2000 毫米,降雨日数 170 天以上,湄潭地区达到 253 天。日照时数一般在 1200~1300 小时,日照百分率只有 30%,少的地方 25%。植被和土壤具有过渡性特点。东部是湿性常绿阔叶林,西部为干性常绿阔叶林,北部是中亚热带常绿阔叶林,南部为季雨林。地带性的土壤是黄壤,土层较贫瘠。加上地形破碎,光照不足,农业发展的难度较大,贫困人口较多。故有"地无三尺平,天无三日晴,人无三分银"的说法。但这里的旅游资源丰富,可进行相当规模的开发。

(11) IVA2 四川盆地

四川盆地是我国中亚热带的一个独特而完整的自然地理区,特产最富饶的一个盆地,历史上享有"天府之国"的称号。盆地底部海拔 250~700 米,边缘被一系列高大山脉所环抱,西北缘、西缘和西南缘有龙门山、邛崃山、大相岭、峨眉山、大凉山。山脊海拔在 3000~4000 米以上,构成我国东部季风区与青藏高寒区之间的自然地理界线。南缘与东南缘为乌蒙山、大娄山、七曜山和巫山,海拔多在 1500~2000 米。气候特点,年均温 16~18℃,冬季温暖,最冷月平均气温 5~8℃,最热月平均气温 26~29℃,极端最高气温超过 40℃,重庆更曾出现 44℃ 的高温,为长江流域"四大火炉"之一。全年及各月相对湿度都大致在 70~80%,年降水量在 1000~1300 毫米,降水量的年内分配很不均匀,夏季占 50% 以上,春季占 20% 左右,冬季最少,仅 5% 左右,冬干春旱频繁。河流众多,源远流长,长度在百公里以上的有 50 余条,河流均由边缘山地汇集到盆地底部各河流的总干——长江。长江水力资源丰富,三峡工程为我国最大的水电枢纽工程。区内动植物区系交汇,类型复杂多样,具东西和南北交汇的特点。其中有我国珍稀动物大熊猫、金丝猴、扭角羚等。该区耕作历史悠久,为全国水稻土分布最集中的地区。

(12) IVA3 云南高原

云南高原北部界线是谷地中常绿阔叶林、红壤分布的北界,西北与青藏高原区相接,南面界线按谷地热带季雨林分布划定,西面为国界,东界沿大凉山、乌蒙山东坡与贵州高原为邻。地形多样、高原面保存较完整,包括高原湖盆、浅切宽谷、深切峡谷、丘陵、低山以及中山。大部分地区海拔在 1500~3000 米之间。该区北有高山高原屏蔽,寒潮冷空气不易入侵;南有河谷相通,西南季风和东南季风较易进入。年均温一般在 15~18℃,年较差在 12~16℃,冬暖夏凉,有"四季如春"的美誉;日较差大,通常在 12~20℃,在局部干热河谷可达 25℃以上。同时,气温的垂直变化也非常明显,有"一天有四季"、"一山有四季"之称。年降水量 1000~1200 毫米。在金沙江、澜沧江和怒江等深切河谷,地势骤降,两岸高山紧逼,降水量较为稀少,加之受焚风影响,形成了半干旱景象。植被类型复杂多样,地带性植被以壳斗科的常绿阔叶林和云南松林为主,干旱河谷有旱生植被;栽培植物种类也丰富多彩,经济林木有核桃、板栗、茶、油茶、油桐、梨、苹果、桃、李等。土壤以红壤为主,大部分是在残存的红色风化壳上发育的,山地红壤是本区地带性土壤,还分布有干热河谷的燥土,垂直带上的红黄壤、棕壤、漂灰土等。

(13) IVA4 东喜马拉雅南翼

位于青藏高寒区最南部,包括喜马拉雅和岗日嘎布山脉南翼的高山峡谷地区,即所谓"青藏高原南斜面"。东喜马拉雅山体比较低矮,著名的南迦巴瓦峰高 7756 米,高山周围有少量冰川发育。海拔变化大,气候的垂直分异明显,一般在海拔 2500 米以下的中低山谷地,气候比较暖热,年均温 10~23℃,最冷月平均气温 2~16℃,最热月平均气温 18~25℃。海拔 1000~1200 米以下全年无霜,海拔 2500 米以上由温凉至寒冷以致出现永久冰雪带。来自孟加拉湾的西南季风使降水十分充沛,是整个喜马拉雅最湿润的部分。海拔 2500~3000 米以下地区,年降水量约 1000~4000 毫米,以 6~9 月较集中,约占全年降水总量的 60~70%。而其中喜马拉雅南翼位于海拔 2000~3000 米,最大降水带的年降水量约 2000~3000 毫米,并且多大雨和暴雨。由于云雾多,山地屏障,年日照时数多在 1800~1500 小时以下,日照率只有 35~40%,年总辐射仅 100 千卡/厘米^2,是青藏高寒区的最低值。海拔 1000 米以下地区是热带雨林和半常绿雨林带,主要由龙脑香科树种组成;山地针、阔混交林带类型较多。本区森林资源丰富,森林覆盖率高,保存有较完整的原始森林。可以种植茶树,温带果木苹果、梨、桃等以及一些亚热带果树和经济林木如柑橘、香蕉等。

(14) VA1 滇中山地

滇中山地包括西双版纳的景洪、勐腊及元江河谷的河口等海拔 700~900 米以下的低热河谷及其周围山地。最冷月平均气温≥16℃,绝对最低气温≥10℃,是滇南热带雨林、季雨林—砖红壤的主要分布区。沟谷中的湿润性雨林,有能够代表东南亚热带雨林的龙脑香科树种。热带雨林—季雨林中,上层乔木明显分为三层,树干挺直细长,分枝较多,显示出热带生态特征。东部河口一带,湿度较大,广泛分布着黄色砖红壤。该区热带生物资源丰富,是我国最大的动植物宝库。几十年来大力种植橡胶等热带作物,已成为我国第二个热带作物垦殖基地

(15) VIA1 滇南谷地丘陵

滇南高原宽谷位于低热河谷、哀牢山的高原宽谷、坝子的海拔多在 700~1500 米,山地多在 2000 米以下,个别山峰超过 2500 米。西南季风是本区夏半年天气的主宰,西南暖流是冬半年的基本气流。年降水量的 85~90%集中在 5~10 月,干湿季特别明显。由于地势比低热河谷区偏

高,纬度偏北,所以最冷月平均气温多在12~15℃之间。自然植被的干旱生态表现颇明显,代表性的类型是含高山榕、麻楝的半常绿季雨林,分布普遍。气温的有效率比东部热带区域高,但温度偏低,大面积发展橡胶等典型热带经济作物仍有一定困难,只能选择有利的局部环境栽培和发展耐寒的热带经济林木。

(16) HIB1 果洛那曲丘状高原

该区位于西藏那曲到青海的玉树、果洛地区,包括甘孜西北部分地区,是黄河、长江、澜沧江、怒江的源头地区。以山原为主体,海拔4000米左右,切割较浅,相对高度1000米左右。气候寒冷,年平均气温-2~3℃,最冷月平均气温-10~-15℃,最热月平均气温10℃左右,≥10℃积温不足600℃,无霜期不到40天。年降水量500~600毫米,是半湿润地区。年太阳辐射145~155千卡/厘米^2。山地阴坡以高寒灌丛植被为主,发育高山灌丛草甸土。山地阳坡和下部为高山草甸植被,发育高山草甸土。农业利用难度大,可作为夏季草场。

(17) HIC1 青南高原宽谷

青南山地在唐古拉山和昆仑山东段之间,长江、黄河上源,平均海拔4200~4700米,其上散布着东西向的线状山地,相对高度不超过500米。唐古拉山格拉丹冬雪山群有较大的现代冰川发育。通天河源的沱沱河、楚玛尔河与黄河上源自西而东割切成具宽阔谷地的、起伏的高原面。这里多年冻土连续分布,平均厚度在80~90米,季节融化层深1~4米。

(18) HIC2 羌塘高原湖盆

羌塘高原是青藏高原的主体,处于昆仑山和冈底斯—念青唐古拉山之间,海拔4500~4800米,地势南北高、中间低。海拔6000米以上的高山上有现代冰川发育,古冰川遗迹分布局限。这里是高原湖泊集中分布区域,内陆湖泊星罗棋布,超过2平方公里的湖泊有400多个,著名的大湖有纳木错、奇林错等,南部多硫酸盐、碳酸盐型咸水湖,北部大多是矿化度很高的氯化物型盐水湖。

(19) HID1 昆仑山高原

该区位于青藏高寒区西北部,昆仑山脉中西段南翼。山岭海拔在5500~6000米以上,现代冰川不甚发育,宽谷盆地一般为3800~4500米;昆仑山脉大体呈东西走向,西昆仑山是青藏高原地区巨大的冰川中心之一,冰川面积在4000平方公里以上。可可西里山广布海拔4800~5100米的湖盆,北坡山麓剥蚀平原与湖周山麓平原或高阶地相接、地势开阔。昆仑山的主要植被是高山荒漠和高山荒漠草原。昆仑山地势高,气候干旱寒冷,最暖月平均气温4~6℃,暖季最低气温很少在0℃以上。8月可出现-18℃的最低气温,年极端最低气温约-40℃,年降水量20~100毫米,干燥度约6~20。

(20) HIIAB1 川西藏东高山深谷

该区位于青藏高寒区的东南部,以横断山脉中北部的高山峡谷为主体。谷底海拔2000~4000米,山地海拔高达5000~6000米,冰川地形发育。该区是湿润气流北上的通道。夏季(6~9月)受太平洋和印度洋季风的惠泽,年降水量达400~1000毫米。海拔2500~4000米的谷地中最暖月平均气温12~18℃;在海拔4000~4500米的高原面和高山上则在6~10℃之间。年总辐射为120~160千卡/厘米^2。海拔3000~3600米以下的干热河谷,发育山地褐色土,山地针叶林分布地段以山地棕壤为主,在森林线以上则发育高山灌丛草甸土及高山草甸土。植物区系属中国喜马拉雅森林植物亚区横断山脉区,这是世界高山植物区系最丰富的区域。林区副业出产麝香、天麻、贝母、虫草等贵重药材及食用菌类。可以发展苹果、梨、桃、核桃等温带果木和木本油料,加工利用杜鹃类芳香油、松脂、松香等。

(21) HIIC1 青东祁连山地

东祁连山由数条平行排列的北西西—南东东走向的山地组成,山峰海拔多超过4000米,纵向宽谷及青海湖盆地海拔2500~3500米。青海湖海拔3200米,面积达4000多平方公里。东部湟水、黄河谷地海拔较低,约2000~3000米,黄土广布,流水侵蚀作用较强,阶地发育。年降水量250~600毫米,干燥度1.0~3.0,最暖月平均气温约12~18℃。湖盆周围可种植青稞、油菜,草场可放牧。

(22) HIIC2 藏南山地

位于青藏高原地区的南部,中喜马拉雅是整个喜马拉雅山脉的最高地段,有珠穆朗玛峰、马卡鲁峰、卓奥友峰、希夏邦马峰等多座8000米以上的高峰,雅鲁藏布江自西而东贯穿该区,是沿地质构造线发育的高原大河。由于纬度位置偏南,海拔较低(谷地一般在3500~4500米),气温相对较高,最暖月平均气温10~16℃,最冷月0~-10℃,日均温≥5℃的天数达100~220天。年降水量200~500毫米,呈东西递减趋势。喜马拉雅山北翼雨影区降水量低至200~300毫米。年总辐射160~190千卡/厘米^2,是全国最高值地区之一,日照时数高达3000~3400小时。该区植被以山地灌丛草原和高山草原为代表。主要土壤类型是山地灌丛草原土和高山草原土。该区的雅鲁藏布江中游及其支流年楚河、拉萨河中下游谷地自古以来就是藏族人民的主要生息之地,耕地通常呈条带状集中分布于海拔3300~4200米的地段,多为便于灌溉的沿江阶地及河漫滩上,土壤质地较好。区内农作物上限较高,春青稞在4750米,冬小麦在4200米,是世界农作物的最高上限。在正常年份,冬小麦每亩需要灌溉300立方米水。土壤肥力缺乏是另一个限制因素,欲获高产需改善土壤条件、增施肥料、扩大灌溉。

(23) HIID1 柴达木盆地

包括柴达木盆地、西祁连山地、阿尔金山地和昆仑山北麓,具有高原温带荒漠特征。柴达木是高海拔的陷落盆地,海拔2600~3000米。西北部广布第三纪疏松地层经风蚀而形成的"雅丹"或"白龙堆"地形;东南部盆地边缘,主要为砾石和砂砾所形成的戈壁和砂壤质或粘土质的土质平地。盆地外围被西祁连山、阿尔金山、昆仑山所环抱。气候十分干燥,是整个青藏高原最干旱的地区,年降水量东部100~200毫米,至西部仅10余毫米,山地降水约100~200毫米以下。阿里西部山地海拔较低又是夏季热低压的中心,故气温稍高,最暖月平均气温在10~18℃,年总辐射量为160~180千卡/厘米^2,日照时数3000~3600小时,终年偏西风强劲,形成西部广大风蚀和流沙地貌。地带性土壤为灰棕漠土,向西石膏积聚增多,中部广布着各类盐土。山地荒漠上界一般为2500~3200米,部分可达3600~3800米,其上为山地草原。东部及南缘山间盆地、河流冲积扇上,可发展灌溉农业,但热量不足、生长期短,仅能种植一年一熟的春小麦、青稞、马铃薯、油菜、甜菜、豌豆等。

(24) HIID2 昆仑山北翼

该区位于昆仑山高原的北面,东北部与柴达木盆地相邻,西北部与塔里木盆地相接,是高原温带荒漠区。气候干旱而寒冷,年降水量不足100毫米,干燥度超过20,最冷月平均气温-10℃,最热月平均气温15℃。地带性土壤为高山荒漠土,垂直带上发育高山荒漠草原土和高山草原土及相应的植被。自然条件较差,难以为农林牧利用。

(25) HIID3 阿里山地

阿里山地为山地荒漠草原和荒漠。除南部海拔较低的谷地利用灌溉可以适当发展青稞、豌豆为主的种植业外,均是以牧业为主的地区。冬春还有雪灾威胁,是发展牧业的重大障碍。气候干燥,年降水量50~150毫米,干燥度6.0~15.0。冬春两季多大风,但日照丰富,太阳总辐射值高。北部气候恶劣,草场质量低,缺少水源,开发利用条件较差,仅在7~8月间在湖盆谷地中可短期放牧少量藏羊。然而高原特有的野生动物,如藏羚羊、藏原羚、野牦牛、野驴等却能适应高寒条件,它们常成群活动,数量颇多。

第三节 西部地区经济发展的区域格局

一、经济指标的选择

受自然环境、自然资源和历史基础等因素的影响,西部地区经济发展及其结构差别很大。以地市为地域单元衡量,既有人均收入水平很高的地区,也有极端贫困的地区;既有工业化程度很高的地区,也有传统农业地区。为综合反映西部地区经济发展的区域格局,首先根据人均GDP划分不同的收入组,而后利用第二产业比重、种植业依赖程度、人均粮食、重工业比重等指标反映不同收入组的结构类型。

【第一级】 根据人均GDP将各地市划分为5个收入组,即高收入组(R[①]>1.6)、较高收入组(1.6>R>1.1)、中等收入组(1.1>R>0.9)、较低收入组(0.9>R>0.5)和低收入组(R<0.5)。其中,高收入组人均GDP高于全国平均值。

【第二级】 根据第二产业在GDP中的比重将各地市划分为:(I)工业化地区(>43%)、(II)半工业化地区(43~33%)和(III)农业地区(<33%)。需要指出的是,工业化地区指工业占国民经济主导地位的地区,并非指已经实现了工业化的地区。

【第三级】 根据重工业比重将工业化和半工业化地区划分为:(A)资源型工业地区(>60%)、(B)综合性工业地区(40~60%)和(C)轻加工业地区(<40%);根据种植业依赖程度将农业地区划分为:(N)种植农业区(>60%)、(O)多元化农业区(50~60%)和(P)牧/林区(<50%)。

【第四级】 根据人均粮食产量将种植农业区划分为:(i)粮食富裕区(>450公斤)、(ii)粮食温饱区(350~450公斤)和(iii)缺粮区(<350公斤)。

---

① R为各地市人均GDP与西部地区平均值的比值。

其逻辑关系见图3—7。

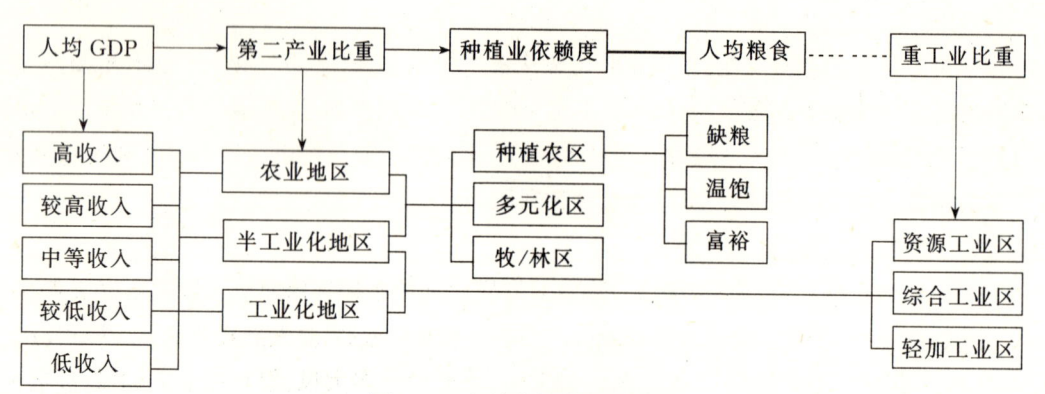

图3—7 经济指标的逻辑关系

Figure 3-7 Logical Relations of Economic Indicators

二、经济发展的区域格局及其基本特征

根据上述指标体系,西部地区以地市为基本地域单元的经济区域格局划分如下:

2.1 高收入组(20个地市)

I-A(资源型工业化地区):兰州、嘉峪关、金昌、酒泉、西宁、海西、银川、昆明、攀枝花、克拉玛依、吐鲁番、巴音郭楞州

I-B(综合型工业化地区):西安、重庆、贵阳、成都、乌鲁木齐

I-C(轻加工型工业化地区):玉溪、石河子

III-N-i(粮食富裕型种植农区):昌吉州

2.2 较高收入组(15个地市)

I-A(资源型工业化地区):西宁、黄南州、石嘴山、雅安

I-B(综合型工业化地区):宝鸡

I-C(轻加工型工业化地区):绵阳

II-A(资源型半工业化地区):哈密

II-B(综合型半工业化地区):德阳

III-N(种植农区):

  粮食富裕型:张掖、塔城、阿克苏

  粮食温饱型:博尔塔拉

III-P(牧/林区):西双版纳、阿勒泰

III-O(多元化农区):林芝

2.3 中等收入组(13个地市)

I-A(资源型工业化地区):铜川、咸阳、白银、自贡、乐山

II-A(资源型半工业化地区):延安、吴忠、阿坝州

II-C(轻加工型半工业化地区):楚雄

III-N（种植农区）：
  粮食富裕型：伊犁自治州、日喀则
  粮食温饱型：拉萨
III-P（富裕型牧/林区）：海北州

2.4 较低收入组（42个地市）

I-A（资源型工业化地区）：汉中、六盘水
II-A（资源型半工业化地区）：渭南、天水、曲靖、红河州、广安、达川
II-B（综合型半工业化地区）：涪陵、泸州、内江、宜宾
II-C（轻加工型半工业化地区）：遵义、安顺、黔南州
III-N（种植农区）：
  粮食富裕型：黔江地区、伊犁地区
  粮食温饱型：安康、武威、平凉、海东州、大理州、保山地区、德宏州、丽江地区、遂宁、喀什
  缺粮型：临沧地区
III-O（多元化农区）：万县、迪庆州、广元、南充、巴中、媚山地区、资阳、凉山、山南地区
III-P（牧/林区）：果洛州、甘孜州、昌都地区、那曲、阿里

2.5 低收入组（20个地市）

I-A（资源型工业化地区）：庆阳
II-A（资源型半工业化地区）：榆林、东川、怒江州
II-B（综合型半工业化地区）：黔西南州、
II-C（轻加工型半工业化地区）：毕节地区、昭通地区
III-N（种植农区）：
  粮食富裕型：和田地区
  粮食温饱型：铜仁、克孜勒苏州
  缺粮型：商洛、定西、陇南、临夏、固原、黔东南州、文山州、思茅地区
III-P（牧/林区）：甘南、玉树

从上述划分结果可见，西部地区经济发展的区域格局比较复杂，基本综合类型达到11种。在110个地市级行政单位中，有29个工业化地区（即工业占经济主导）、28个半工业化地区和53个农业地区。在57个工业化和半工业化地区中，36个为重工业（资源型工业）为主导的地区，12个为偏重型综合性工业地区，9个为轻型加工工业地区。这些特点反映出，西部地区总体上还处于工业化初期，工业发展仍以资源开发和初加工为主。总的来看，西部地区只有18%的地市人均GDP达到或超过全国平均水平，这些地市主要是省会城市和部分改革开放前国家重点建设的工业基地以及自然条件和环境较好的农/牧/林区（图3—8）。但是，在高收入组和较高收入组中，也有部分农业发展较好的地区（主要在新疆）。虽然低收入组和较低收入组主要是传统农业区，但部分资源开采为主的工业化程度较高的地区人均GDP也很低，如贵州的六盘水、陕西的汉中

和甘肃的庆阳等。这表明简单的大规模资源开发不一定会促进地区收入水平的大幅度提高,自然资源和自然条件较好的地区依靠多元化农业也可实现较高的人均 GDP 水平。

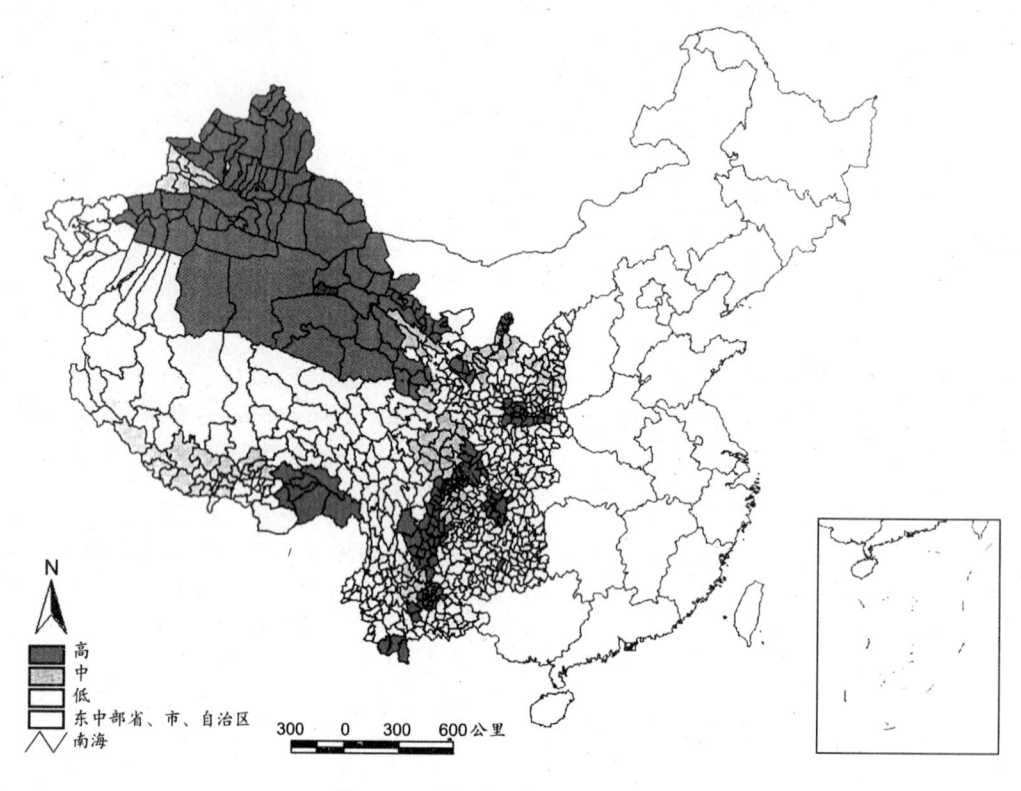

图 3—8 西部地区人均 GDP 分布图
Figure 3-8 Spatial Distribution of GDP Per Capita in the West

第四节 西部地区综合区域格局

综合前述经济格局和自然格局可见,西北部地区由于矿产资源比较丰富,工业产值高,所以人均 GDP 属高或较高水平;各省区市的首府,经济比较发达,人均 GDP 也属高和比较高水平;自然条件较好、农业比较发达或工业有一定规模的地方,人均 GDP 属中等水平;高寒和丘陵地带,工业规模小,农业也欠发达,人均 GDP 属低和比较低水平(图 3—8)。经过自下而上的归并,西部地区的经济发展状况可综合为高(G)、中(Z)、低(D)三种类型。在此基础上,可进一步概括出西部地区的综合区域格局(图 3—9)。

综合起来,可以以陇西、川西、滇西为分界线将西部地区分为东、西两部分。此线以西的北部包括青海西北部、新疆大部和陇西,自然格局为温带、暖温带干旱地区。这一地区除新疆的绿洲外,自然条件比较恶劣,生态环境脆弱,发展农业的条件差。但是以石油为主的矿产开发和新疆的绿洲农业使这一地区人均 GDP 相对较高。由于自然条件并不好,此区域长远的发展必须有针

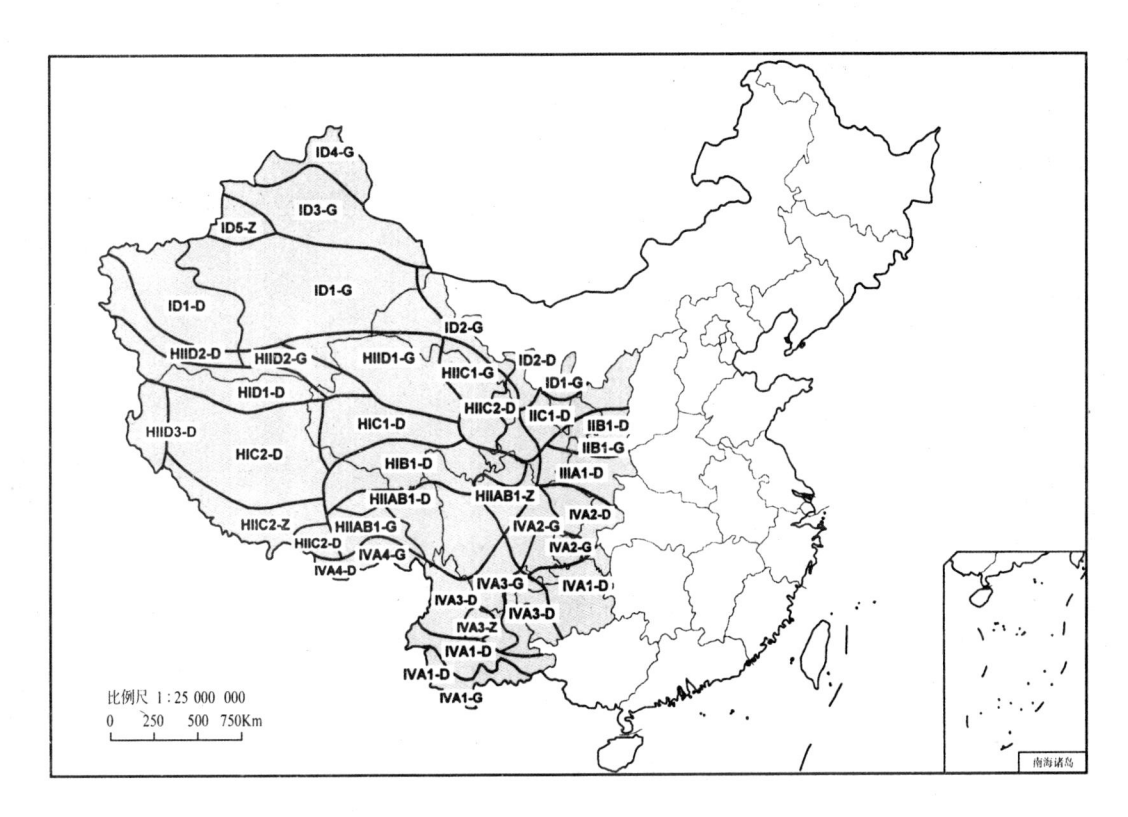

图 3—9　西部地区综合区域格局

Figure 3－9　An Integrated Regional Pattern of the West

对性的配套政策与技术措施。此线以西的南部,从喀喇昆仑山到川西、滇西,是青藏高原的主体,自然格局为高原亚寒带和高原温带。这一地区除藏南河谷地区相对稍好外,自然条件严酷,生态脆弱,工农业的发展条件都很差,大部分地区人均GDP较低。也正由于发展传统工业的条件差,这一地区是我国自然环境最纯净的地区,工业污染最少,发展旅游、绿色食品和特色生物制品等行业有较大潜力。分界线以东地区的综合格局比较复杂,基本格局为跨自然地带的经济发展水平高低镶嵌区。虽有"天府之国"四川盆地和八百里秦川,但更广泛的是山地、丘陵贫困地区,而且人口密度远高于分界线以西地区。这一地区的水热条件较好,在充分考虑生态建设的前提下,多数地区工农业的发展潜力比较大。

参考文献

[1]　陈传康等:《综合自然地理学》,高等教育出版社,1993年。
[2]　黄秉维等:《现代自然地理》,科学出版社,1999年。
[3]　陆大道等:《1997中国区域发展报告》,商务印书馆,1997年。
[4]　吕昌河:"西藏尼洋河地区土地资源的可持续利用与保护",《山地研究》,1998年第4期。
[5]　吕鸣伦等:"西藏自治区经济发展与跨世纪产业结构调整",《地理研究》,1996年第4期。
[6]　洛桑·灵智多杰等:《青藏高原环境与发展概论》,中国藏学出版社,1996年。

[7] 马戎:《西藏的人口与社会》,同心出版社,1996年。
[8] 青海省计划委员会:《青海国土资源》,青海人民出版社,1993年。
[9] 青海省农业地理编写办公室:《青海省农业地理》,青海人民出版社,1976年。
[10] 青海土地科学调查队:《青海土地资源及其利用》,1989年。
[11] 申元村等:"青海省土地类型结构的区域差异与综合自然区划",《地理集刊》,1989年第21号。
[12] 申元村等:《青海省自然地理》,海洋出版社,1991年。
[13] 史克明等:《青海省经济地理》,新华出版社,1987年。
[14] 孙鸿烈、郑度:《青藏高原形成演化与发展》,广东科学技术出版社,1998年。
[15] 孙鸿烈:《青藏高原的形成与演化》(科学专著丛书),上海科学技术出版社,1996年。
[16] 孙尚志:《西藏自治区经济地理》,新华出版社,1994年。
[17] 孙勇:《西藏:非典型二元结构下的发展改革》,中国藏学出版社,1991年。
[18] 西藏自治区统计局:《西藏经济概况》(1965－1985),1985年。
[19] 郑度等:《自然地域系统研究》,中国环境出版社,1997年。
[20] 中国科学院《中国自然地理》编辑委员会:《中国自然地理·总论》,科学出版社,1985年。

第四章 能源及矿产资源的比较优势和开发利用

提　要

- 西部地区具有丰富的能源和矿产资源,但多数资源的开发利用条件很差。开发利用要建立在比较优势的分析评价之上。
- 由于运输距离很长,加上国内外市场的变化和一系列技术上的难题等因素,西部地区许多资源缺乏比较优势或只有潜在优势。
- 大规模开发水能和天然气是资源开发的重点并要安排在优先位置,相应地,要调整受能地区的能源消费政策及改变电网管理体制。
- 不能沿用以往的工艺技术和管理办法。通过加强技术引进与开发,高起点地开发利用资源,保障取得好的经济效益和生态效益。
- 今后十年,应做好科学研究、技术攻关和规划,不宜全面大规模启动资源开发。

我国西部地区地域辽阔,占国土面积的 2/3,人口的 1/3,自然资源相对丰富,战略地位十分重要。党中央提出并实施西部大开发战略后,采用何种途径和措施加快西部地区发展,已成为各界普遍关注的问题。回顾本世纪工业化和经济增长的轨迹,许多国家和地区都依靠大规模开发自然资源并发展相应的产业达到了经济增长目的。90 年代前,我国工业化初、中期阶段也基本上遵循了这一轨迹,以矿产资源开发利用为基础的重化工工业成为推动经济增长的主体。90 年代以后特别是西部大开发战略提出后,不少西部地区管理决策者和学术界仍沿用传统的思维定式,将强化资源开发和发展相应产业视为西部开发应追逐的重要发展举措和途径之一,且许多地方政府也给予了很高的期望,以此为目标的新一轮争投资、上项目的驱动力增强。长期以来国家在西部地区已开发建设了大量的资源开发项目,但许多项目实施后效果并不理想,不少项目建成之日即是开始亏损之时,投资效果差,职工大规模下岗,企业运行难以为继,成为国家和地方政府的沉重负担。如果将西部大开发仍误导为以笼统的大规模开发利用矿产资源为主的途径,必将使其重导恶性循环的死路。

在经济全球化趋势和产业结构及空间布局调整不断强化的今天,矿产资源开发利用的外部环境已发生根本的改变。资源的替代性和空间移动性加强。以矿产资源开发为基础的重化工产业生产能力大部分已饱和,市场竞争已成为能否开发利用的关键因素。西部地区确有丰富的资源赋存,但多数资源的开发利用条件很差,运输距离长,加上国内外市场变化和一系列技术上的难题等因素,许多资源缺乏比较优势或只有潜在优势。如何客观地认识西部资源的比较优势,选择正确的开发利用方向是本章讨论的主要目标。

第一节 西部地区资源丰富,战略地位重要

西部地区土地辽阔,地质成矿作用复杂多样,许多地质年代都生成了矿产资源,这些因素导致了能源和一系列矿产资源相当丰富。

一、赋存丰富,人均占有量高

按三个地带划分,西部地区主要自然资源的数量和价值份额均超过东中部地区(表4—1)。主要资源的人均占有量也都超过东中部地区(表4—2)。其中水能储量和矿产资源的人均数量超过或接近世界平均水平。

表4—1 西部地区主要自然资源分布(%)

Table 4-1 Distribution of Major Natural Resources in the West

项目	西部地区	东、中部地区
耕地面积	34.40	65.60
草地面积	80.96	19.04
森林蓄积量	58.18	41.82
水资源总量	52.37	47.63
可开发水能量	76.85	23.15
45种重要矿产探明工业储量潜在价值	49.31	50.69

资料来源:参考文献[1]。

表4—2 西部地区人均自然资源拥有量比较

Table 4-2 A Comparison of Natural Resources Per Capita between the West, East and Middle Regions in China and the World

项 目	世界	西部	东中部地区
耕地面积(公顷)	0.31	0.16	0.12
草地面积(公顷)	0.66	0.70	0.03
森林蓄积量(立方米)	69.65	17.72	5.08
水资源量(立方米)	9680.00	4582.50	1663.30
可开发水能量(千瓦)	0.47	0.93	0.11
45种重要矿产探明工业储量潜在价值(万美元)	1.77	1.70	0.70

资料来源:参考文献[1]。

二、种类多,地位重要

目前世界上已知的矿产资源约160多种,西部地区基本上都有。在全国已探明储量的155种矿产中,西部地区有123种。在60种主要矿产资源中,西部地区的钾盐、磷、铬铁矿、锰、钒钛磁铁矿、镍矿、铂族矿、锶矿等33种矿产资源储量占全国的一半以上(表4—3、表4—4)。

表 4—3　西部地区 60 种矿产储量占全国比重

Table 4 – 3　Shares of Reserves of Sixty Kinds of Minerals of the West in National Total

西部占全国比重(%)	矿种及所占比重(%)
>70	钾盐(99.26)、稀土(98.08)、石棉(97.00)、原生钛(96.71)、云母(93.66)、铬铁矿(90.39)、铍(99.99)、镍(96.94)、汞(87.11)、芒硝(84.41)、铂族(94.87)、锡(80.04)、镉(77.49)、岩盐、池盐、井盐(77.20)、压电水晶(76.70)、钒(70.42)、砷(70.29)
50~60	锰(64.86)、天然气(64.50)、铌(65.05)、锌(62.90)、锂(60.29)、钾长石(62.12)、钴(57.40)、煤(57.34)、陶瓷粘土(55.29)、重晶石(54.43)、铅(52.75)、硅石(51.70)、硫铁矿(50.31)、萤石(57.87)
30~50	磷(48.69)、化工灰岩(48.48)、锗(48.24)、铜(46.38)、银(38.32)、滑石(37.31)、钽(36.85)、铝(34.54)、铁(30.26)、硼(33.25)、天然碱(36.26)
<30	钨(23.52)、金(20.09)、铀(13.05)、石膏(22.17)、镓(21.14)、玻璃用砂岩(24.68)、建筑大理石(16.47)、沸石(18.36)、膨润土(15.45)、铋(11.84)、高岭土(7.28)、硅(6.32)、油页岩(5.48)、菱镁矿(4.46)

资料来源:参考文献[1]。

表 4—4　西部地区 15 种主要矿产储量及估算最终获取资源量

Table 4 – 4　The Reserves and Final Acquisition Estimation of Fifteen Kinds of Major Mineral Resources in the West

矿种	储量单位	保有储量	可供利用储量	采选冶综合回收率(%)	最终获取资源量
煤炭	原煤亿吨	4410.00	1017.00	65.8	669.00
石油	原油亿吨	15.16	2.65	31	0.82
天然气	亿立方米	2555.97	2259.91	30	678.00
铁	矿石亿吨	150.21	78.64	37	29.00
铜	金属万吨	2724.41	1078.90	55	593.00
铅	金属万吨	1481.09	667.54	55	367.00
锌	金属万吨	4353.34	2056.19	55	1131.00
铝土矿	矿石亿吨	5.17	1.64	55	0.90
镍	金属万吨	743.00	372.00	64.6	240.00
锑	金属万吨	110.00	43.00	85.4	28.00
稀土	氧化物万吨	10163.00	1282.00	40	513.00
金	金属吨	402.00	91.97	62	56.86
硫	矿石亿吨	20.13	2.92	69	2.02
磷	矿石亿吨	64.98	25.99	65	17.00
钾盐	矿石亿吨	2.20	1.44	60	0.86

资料来源:参考文献[1]。

在西部地区的能源和矿产资源中，就其规模及对国家经济和社会发展的重大意义而言，能源资源最为重要，尤其是水能、天然气、石油及核能原料铀及新的能源元素锂。石油资源量达285.2亿吨，占全国总资源量(940亿吨)的30.3%，天然气14.9万亿立方米，占全国总资源量(38万亿立方米)的39.2%，煤炭预测资源量占全国预测量的60%以上。特别是水能资源具有战略优势，占全国的80%以上(其中西南地区占全国的70%，表4—5)。

表4—5 西南地区水能资源

Table 4-5 Waterpower Resources in South-western China

地区	水能蕴藏量			可开发的水能资源量		
	万千瓦	亿度/年	占全国比重(%)	装机容量(万千瓦)	年发电量(亿度)	占全国比重(%)
全国	67600.00	59200.0	100.0	37800.00	19200.00	100.00
西南	27275.25	23893.1	40.3	17575.00	9749.88	50.70
四川	15036.78	13172.2	22.2	9166.51	5152.91	26.80
云南	10364.00	9078.9	15.3	7116.79	3944.53	20.50
贵州	1874.47	1642.0	2.8	1291.76	652.44	3.40

资料来源：电力工业部水力发电建设总局："水力资源普查成果综述"，1981年9月。

注：① 可开发的水能资源量的装机容量按单站5000千瓦以上电站统计；② 可开发的水能资源量占全国比重系根据发电量计算。

西北地区发现了塔里木、准噶尔、柴达木、吐哈、陕甘宁等大中型含油气盆地，油气资源十分丰富。总石油资源量为285.2亿吨，占全国总资源量的30.3%，截止1998年底探明储量为34.39亿吨，探明率为12.1%。西北五省区天然气资源十分丰富，占全国总资源量的39.2%，主要分布在鄂尔多斯盆地、柴达木以及新疆三大盆地(塔里木、准噶尔与吐哈)。天然气总资源量为14.9万亿立方米，占全国天然气总资源量的39.2%，截止1998年底探明储量为7587亿立方米，探明率仅为5.1%。塔里木盆地是中国天然气资源最为丰富的盆地，二次资评的资源量为83896亿立方米，居全国各大盆地之首；但是探明程度很低，截止1998年底，累计探明天然气储量2432.8亿立方米，探明程度仅为2.89%。较大的气田(凝析气田)有羊塔克、吉拉克、英买7号、牙哈、雅克拉等。西北地区油气资源具有以下特点：资源潜力有增大的趋势，但资源品位相对较差；资源埋深较大，勘探程度低，地表和地下地质条件复杂。

三、分布相对集中

经过长期的地质工作，西部地区已基本确定了一批能源和矿产资源富集区。如新疆塔里木盆地能源资源集中区，鄂尔多斯能源富集区，陕甘川接壤地带有色金属矿产资源富集区，柴达木矿产资源富集区，阿尔泰有色金属富集区，四川盆地天然气集中区，西南"三江"有色贵金属资源集中区，陕甘川有色贵金属资源集中区，黔中化工能源矿产资源集中区，南秦岭铂族多金属矿产资源集中区等。

西北五省区是我国能源资源最集中的地区，煤炭预测资源量为23598.7亿吨，占全国预测资源量的51.8%，石油285.2亿吨，占30.3%，天然气14.9万亿立方米，占39.2%。此外，西北地区的太阳能及风能资源也十分丰富。

> 四、矿产资源的开发在经济发展中发挥了重要作用

西部地区曾经是我国50年代至70年代初期经济建设和国防建设的部分重点地区之所在。近年来加大了能源资源的勘探和开发的规模。在石油、水电、天然气、钢铁、有色金属等能源原材料及国防军工和电子工业方面有较强的基础和一定的优势。某些特色农业和生物资源开发利用也在全国占重要地位。

矿产资源的开发在西部地区社会经济发展中已经发挥了重要作用,并为进一步促进矿业及相关产业结构的调整和优化升级奠定了基础。据1998年统计,西部地区固体矿产总产量7.5亿吨,占全国的23.3%,西部地区矿产品销售产值691亿元,占全国的21.3%。西部地区矿业产值占工业产值的11.1%,矿业增加值占工业增加值的15.0%,分别比全国平均水平高4.5和4.7个百分点;矿业及其相关后续产业产值占工业产值的38.7%,增加值占37.9%,分别比全国平均水平高8.1和5.3个百分点。攀枝花、金川、六盘水、克拉玛依等依托开发优势资源而立市并已成为地区经济发展中心,促进了地区工业化和城镇化进程。

> 五、部分资源探明程度低,仍有扩展潜力

西部地区油气资源的探明率只有1/10和1/15,是今后勘探开发的重点。天然气的开发运输成本较低,将成为我国21世纪能源和原材料资源的重要生产基地。特别值得指出的是西部矿产资源的进一步发现和开发利用前景和潜力很大。西部地区位于包括两个世界级构造成矿带在内的三大成矿带和四大油气富集盆地,成矿地区条件特别优越,但目前地质勘查工作程度低,国内短缺和不足的铜、镍、富锰、铬、金、银、铂族、钾盐等矿产资源中发现新的国家级矿产资源潜力很大,同时西部地区以往的矿产资源开发粗放,综合利用水平低,效益差,进一步开发利用前景广阔。因此,在组织实施西部大开发战略中,有必要加大西部比较优势矿产资源的勘查与开发利用力度,以期实现矿产资源勘查的重大突破,促进西部矿业基地的开发建设。

第二节 多数资源开发利用条件差,开发利用应建立在比较优势的分析基础上

西部地区资源虽很丰富,但多数资源的开发利用条件很差,且距主要消费地运输距离长,加上国内外市场的变化和一系列技术上的难题等因素,许多资源缺乏市场竞争的比较优势或只有潜在优势,开发利用应建立在比较优势的分析评价之上。

随着我国经济的国际化程度的提高,利用两种资源、两种市场发展我国国民经济愈来愈重要。近年来,我国进口大量的能源、矿石、木材等资源产品和大量的成品油、钢铁、合成材料、化肥、有色金属等资源型产品,弥补了我国国内资源的不足,缓解了资源开发中严重的环境压力,保障了我国国民经济的可持续发展。在目前国际上多数资源和资源型产品的价格还低于国内相应产品的价格时,多进口一些是完全符合我国的战略利益的。在这种情况下,评价西部地区能源和矿产资源的比较优势是非常重要的。西部资源开发的不利因素主要有几个方面:

开采和利用条件差。西北地区的许多能源和矿产资源,埋深较大,地表条件和地下地质条件复杂,多位于崇山峻岭之中,或干旱缺水的沙漠之中,或地层构造复杂等,如油气资源。现在的勘探目的层系埋藏深度多在 3500 米以下,塔里木盆地的油气资源埋深可达 5000～6000 米。加上气候条件亦恶劣,人烟稀少,交通不便,使得油气勘探、开发的施工难度和费用都要比东部陆上油田大得多。

运输成本高。资源产地距主要消费地的运输距离一般都在 1000～2000 公里以上,并且目前只能以陆路运输为主,与国际上相同矿种的运量和到岸价比较,运输成本高,影响了产品的市场竞争能力。

资源综合利用水平不高。综合利用是发挥资源经济优势的主要途径。著称于世的我国西南最大的钢铁钒钛生产基地攀西,钒钛磁铁矿有多种组分,当前主要是利用铁,其他许多有益组分尚未充分利用。目前钒钛资源的综合利用水平低,产品档次差。例如攀钢对钒的总回收率为 30%,钛进入铁精矿的部分只有 1/4,硫的利用只是很少一部分。钛钴精矿、钴镍精矿的利用,因体制管理的分割而无法落实。区内的许多优势资源,例如铅、锌、铝、锡、锑、磷等是国内外市场的紧俏产品,又是国内的短缺产品,目前这些资源的开发程度很低,损失浪费很大。铅锌矿储量占全国的 31%,而目前铅锌资源保有储量的利用率只有 1/4,铅锌产量只占全国的 1/10。生产矿山铅锌含量都大于 6%,其中铅、锌为 1 与 3 之比,铅、锌的总回收率各为 54% 和 14%,大量锌被白白扔掉。铅锌硫化矿的开采损失率高达 40%。在锡、铝、磷矿产的开发利用上,由于"采富弃贫"、乱采滥挖等不合理的现象,造成资源的严重浪费。例如,磷矿目前只利用含五氧化二磷 25% 以上的一、二级矿石,锡、铝矿以及玻璃用优质砂岩等,由于体制管理等问题,乱采滥挖的情况尚未制止。

西部地区的产业发展要建立在具有比较优势的资源开发基础上。矿产资源的开发,主要是市场约束和经济约束,比较优势是最主要的原则。综合分析,在已经探明的资源方面,水能、天然气、磷、钾、硼、镍、锂、铅、锌、镍、铂、钴、铝土矿、钒、钛、硫铁矿等具有较大的比较优势,其开采、加工可以成为重要产业。对国家具有战略储备意义的石油资源,应继续保持勘探力量。石油工业发展的目标是保持较大的勘探规模,增加战略储备,但需要控制开采和就地加工规模。

水能、天然气具有很大的比较优势,是今后西部地区开发中资源开发利用的重点。当前世界上天然气已进入快速稳定发展时期,估计可延续 30～50 年。21 世纪初期,天然气有可能跃居世界一次能源的首位。我国天然气工业较国外滞后 40～50 年。油气产量比仅为 1:0.12(世界平均为 1:0.7)。虽然自 1984 年以来,天然气探明储量得到迅速增长,但是由于基础差,除四川外,输气网络不健全,缺乏使用天然气的配套设施,天然气市场体系也没有很好地建立起来,致使天然气产量增长不快。目前,天然气的储采比已很高(70:1),这不仅显示出巨大的资源潜力,而且预示着很大的产能建设潜力。

铁矿具有较大的资源总量,但不具有比较优势。大多数矿区和矿体位于崇山峻岭之中。铝土矿、铜矿、铅锌矿具有一定的比较优势。

西部地区的资源开发与相应的产业发展应建立在比较优势评价的基础上。绝对不能有什么矿产就建什么厂,也不应低水平地重复建厂。现有的开发利用技术科技含量低,资源开发不能一哄而起,而应遵从市场导向和科学的市场预测,规范各地区的开发行为。资源开发要高起点,采用高科技,达到高效益和竞争力。同时处理好开发与环境保护和可持续发展的关系。

西部部分矿产资源尽管目前没有比较优势,但是从国家安全角度考虑,保持较大的勘探规模和战略储备是必要的,应进一步加强勘探和科学研究工作。具有潜在比较优势的矿产资源,大部分是综合利用、高技术和新工艺、成本等问题,应延迟开发,近十年主要应是科研和工艺规划等。

第三节 大规模开发水能、天然气等优势资源,调整受能地区的能源消费政策

水能和天然气无论是自然赋存还是市场及环境需求,均是西部地区的优势资源。大规模开发水能和天然气是西部资源开发的重点并应安排在优先位置,相应地,要调整受能地区的能源消费政策及改变电网管理体制。

一、加快天然气资源开发和"西气东输"建设

天然气资源具有明显的经济比较优势,开发的工艺技术成熟。塔里木盆地已具备"西气东输"的资源保证条件。到2000年预计累计探明储量可达4000亿立方米,超过东输120亿立方米/年所需3300亿立方米储量的启动条件。从塔里木盆地向上海等长江三角洲地区供气的天然气东输工程,对于支援东部地区经济发展、改善生态环境等都具有重要意义。

目前中国石油天然气集团公司已经提出了初步方案,以天然气输气干线为重点,由塔里木至上海长达4200余公里,总建设投资约为550亿元。应尽快组织科学论证,尽快实施。需要强调的是,方案一旦确定,长江三角洲地区即应相应地着手落实天然气用户,把煤改气项目,特别是燃气电厂项目和城镇民用气配气管网工程纳入各地"十五规划",同步实施,力争管道建成之口,即能形成强大需求,避免管道建成后长期达不到合理输量而亏损。

西部油气开发应先气后油。西部油气并发油气并举?先油后气?或先气后油?应全方位综合分析,不能齐头并进,否则分散力量,不易取得明显经济社会效益。从油气储采比的高低、储量丰度大小、研究程度的深浅和油气田与主干线远近因素等方面的比较,西部油气开发应先气后油,启动"西气东输"工程完全正确。理由是:

(1)剩余储量的储采比气高油低。为了使油气开发稳产并合理供应市场,取得明显经济效益,一般石油储采比要求在30:1,气为40:1以上为好。目前西部石油储采比仅为24:1,不尽合理。而气的储采比为377:1,符合稳产要求。当然西部气的储采比很大与目前气产量低有关,但目前西部剩余可采天然气储量已达 4490.9×10^8 立方米,若以目前"西气东输"第一期工程年供 120×10^8 立方米,储采比也达37.4:1,接近达到供气30年的要求。

(2)剩余可采储量丰度气大油小。单位面积可采储量油气丰度的大小决定油气开发的经

济效益大小。根据1998年底有关数据计算,西部油的剩余可采储量丰度为 17.6756×10^4 吨/平方公里,而气的剩余可采储量丰度为 33.43925×10^8 立方米,从油气能量比计算气的剩余可采储量丰度比油的大近1倍。

(3)研究程度气深油浅。我国对陆相油气源岩和油气田分布规律研究较深入,掌握规律较清楚,而对海相烃源岩,特别是碳酸盐岩烃源岩标准与油气田分布规划研究不深,油田控制规律不清,西部海相烃源岩资源量近 98×10^8 吨,占西部石油资源量的38%,因此在对其研究深度弱的情况下,要使资源量转化为储量在短时期内难度很大。在"西气东输"主管线附近的塔里木盆地库车坳陷、准噶尔盆地南缘、吐哈盆地和涩宁兰管线附近的柴达木盆地三湖坳陷和柴北地区发育着一套中、下侏罗统煤系和第四系泥炭浅湖相很好的生气岩,资源量 4.9×10^{12} 立方米,占西部资源量的45.6%。

(4)离主管线气近油远。近几年来为了开发西部气并比较经济地运输到经济发达的东部,规划了石油与天然气的主管线与目前"西气东输"管线基本一致。除吐哈盆地主要油田丘陵油田和鄯善油田,塔里木盆地塔河油田和轮南油田位于主管线附近外,准噶尔盆地主力油田克拉玛依油田、百口泉油田、柴达木盆地尕斯库勒油田和花土沟油田、塔里木盆地塔中4油田都离主管线300～400公里。西部气田主要集中在塔里木盆地与柴达木盆地,总体上气离主管线近,易于开发,成本相对较低;油离主管线远,开发成本较高。

(5)重点区储量有保障。"西气东输"一期工程是要求供气 120×10^8 立方米/年。根据长期稳产供气30年的要求,一般要求剩余可采储量储采比不低于40,即要求有不低于 4800×10^8 立方米剩余可采储量。目前西部地区现有剩余可采储量为 4490.9×10^8 立方米,仅差 310×10^8 立方米剩余可采储量,故"西气东输"一期工程起动的储量保障基本是落实的。根据近年来西部天然气勘探实践,每年探明可采储量均大于 310×10^8 立方米,因此,今年内即可达到一期工程要求的剩余可采储量 4800×10^8 立方米。库车—轮台是"西气东输"储量的重点区。西部目前剩余可采储量中,塔里木盆地占74.9%,而塔里木盆地的库车—轮南地区剩余可采储量又占西部的61%。

加强石油资源的勘探工作。未来世界石油供应格局将发生重大变化,围绕石油资源的竞争将更加激烈。2015年左右,世界石油年产将达到45亿吨的高峰。2015年前,世界石油供需大致平衡,但此后供需矛盾就会趋于紧张,世界石油资源分布和消费不均的矛盾也会加剧,石油安全问题更显突出。"我国所处的亚太地区,石油供需矛盾尤为尖锐。"过去10年间,亚太地区石油消费量年均增长5.4%,大大高于世界平均水平。1992年超过欧洲,成为世界第二大石油消费区。但目前亚太地区探明的石油可采储量仅占世界总量的4.2%,石油产量占世界总产量的10.4%,消费量却占世界消费量的26.4%。据预测,2005年,亚太地区将超过北美,成为世界第一大石油消费区。我国与世界主要石油消费国分享世界石油资源的竞争将更加激烈。近年来由于各方面的原因,西部地区的石油产量只有不大的增长(表4—6)。先气后油,不是说不重视油的研究和勘探开发,而是强调要克服过去重油轻气的政策,为确保"西气东输"的实现,近期在研究、勘探和开发等方面应当向气倾斜。

表4—6 西北地区原油产量汇总表(万吨)

Table 4-6 The Output of Crude Oil in North-western China (10 000 tons)

年份	长庆	延长	玉门	青海	吐哈	新疆	塔里木	合计	占全国比重(%)
1995	220.0	73.5	40.4	121.7	220.8	790.3	253.1	1719.8	11.8
1996	275.2	88.0	43.2	140.1	292.2	830.1	310.3	1979.1	12.6
1997	330.0	107.3	40.0	160.2	300.1	870.2	420.3	2228.1	13.9
1998	400.0	162.6	40.0	176.1	295.1	871.0	385.0	2329.8	14.5
1999	430.0	211.9	40.1	190.0	295.1	898.5	418.6	2484.2	15.5

二、把"西电东送"列为西部地区开发的战略重点

我国能源资源主要分别在中西部,特别是水能资源主要分别在西部地区。沿海地区解决能源短缺的矛盾将主要靠输煤发电,但由于沿海地区环境容量有限,并且随着能源消费量的增长,大规模的增加输煤受到运输条件的限制。因而,沿海地区能源的持续发展战略必须有效利用中西部地区的能源资源,建设大容量的"西电东送"输电走廊。

1. 加快"西电东送"输变电走廊建设

我国西电东送的建设已经取得了实质性的进展。目前全国已形成华北、东北、华中、华东、西北、川渝、南方互联电网等7个跨省电网和5个独立省网。随着三峡枢纽及输变电工程的建设,电网已进入跨大区、跨独立省(区)联网、充分发挥联网送电效益和联网效益的新阶段。

西电东送形成全国电网互联的基本格局将是,首先要以三峡电网为中心,推进全国联网。三峡电网先向北与华北、西北联网,再向南与华南联网,向西则随金沙江溪洛渡、向家坝电站建设进行电力外送,使三峡电网继续扩展并得到进一步加强。其次是配合大型水电站和火电基地的建设,进一步加大"西电东送"和"北电南送"的力度,实现以送电为主的"送电型"联网。第三是在不断加强各大区自身电网结构的基础上,按照利益均沾、互惠互利的原则,把"送电型"联网与"效益型"联网有机地结合起来。

到2010年左右,我国电网的地理格局将基本形成北、中、南3个跨区互联电网,并可以取得巨大的送电效益和联网效益。北部电网由华北、东北、西北及山东电网组成,随着"三西"火电基地的开发,向京津唐以及山东电网送电,同时华北与西北黄河上游水电形成水火补偿效益;中部电网包括华中、华东、川渝、福建电网,随着三峡电力系统的发展,装机容量和年发电量占全国的比重均在40%左右,而金沙江水能资源的开发,将逐步加大"西电东送"的力度,中部电网将成为全国联合电网的核心部分;南部电网由广东、广西、贵州、云南、香港、澳门、海南电网构成,是水电建设"西电东送"形成的联网,澜沧江和红水河天生桥、龙滩、小湾等梯级电站的开发及云贵火电基地的建设将逐步扩大"西电东送"的规模,促进资源优化。在北、中、南三大电网形成的过程中,为了取得更大的联网效益,三大电网之间必然出现互联,预计在2010~2020年可初步形成除新疆、西藏、台湾之外的全国统一联合电网。这一电网的形成,将实现我国水电"西电东送"和煤电"北电南送"的合理能源流动格局,同时,北部、中部电网之间的互联,除送电之外还可获得以火电为主的北部电网与水电比重大的中部电网之间的水火调剂的效益,以及北部电网黄河流域与中部电网长江流域之间的跨流域补偿调节效益;而中部电网与南部电网的互联,也将获得中部电网长江流域与南部电网澜沧江、红水河流域之间的跨流域补偿调节效益。

西部地区能资源开发和"西电东送"应列为西部地区开发的战略重点。西部地区的水能资源对改善我国特别是长江三角洲地区和珠江三角洲地区的能源供应和能源消费结构,因而改变这些地区的环境状况、更好地促进这些地区参与国际经济循环具有重要的意义。但是,从规划(国务院组织的西南和华南部分地区的规划)"西电东送"多年来的情况看,困难重重,直至2000年的春夏,"黔电送粤"和"云电送粤"才正式签订了协议,而二滩电站的水电尚卖不出去,至于金沙江干流和长江上游主要支流水电的开发和输送到长江中下游地区,到何时才能实施呢?目前的主要问题是政策不到位。因此,应加快"西电东送"建设,创造有利的市场环境。

(1)打破地区封锁,为"西电东送"全面开放市场。目前在"西电东送"的建设实施中,受电方和供电方的各省区市利益关系尚未完全理顺。应打破地区封锁,为"西电东送"全面开放市场。如改革开放以来,广东电力建设一直保持高速增长,全省装机容量已达3160万千瓦。但电源结构仍不合理,燃油机组共982万千瓦,其中小型重油机组超过500万千瓦。今年随着国际油价上涨,大批燃油机组停发;加上持续干旱,使小水电机组减发,电力高峰段出现了近年来少有的拉闸限电现象,全省电力缺口约100万千瓦。"十五"期间,广东还将关闭小型燃油机组200万千瓦。与此同时,广东全社会用电量将继续保持高速增长,共需新增装机容量近1500万千瓦,目前在建规模仅270万千瓦。因此,未来几年内,广东电力市场需求十分巨大。广东省应全面开放电力市场,迎接"西电东送",优先利用"西电"满足省内需要,为贵州、云南、四川电力开发留出市场。

(2)实行网厂分开,为发电领域引入竞争机制创造条件。通过对发电厂的改组和改造,形成一定数量的独立发电公司,成为市场竞争主体,促使发电厂与电力公司分开独立核算。按照电力市场规则,通过公平、公正、公开的调度手段,电力公司按报价由低到高的顺序从发电厂和其他电网买电,充分发挥跨区联络线的作用,改变电网经营企业的利益与发电厂挂钩的办法,使电网经营企业通过联网得到实惠。

2. 加快西部大型电力基地建设

加快西部尤其是西南部水电基地建设,提高水电资源开发程度,减轻对煤炭的压力。同时加大西部和北部大型煤电基地的开发,以减轻对运输与东部环境的压力,并促进西部地区经济发展。

(1)加快水电基地建设和水电按流域的开发速度。到1998年我国水电装机容量65.06 GW,发电量为204.3 TWh,分别占全国可开发水电容量378 GW的17.2%和可开发水电发电量1920 TWh的10.6%,这一水电开发率约为世界平均水电开发率的一半,比发达地区如北美开发率60%、欧洲50%低得多。因此,西部大开发中加快水电开发,特别是大型水电基地和流域的开发,也是我国能源资源平衡和缓解环境问题压力的客观要求。按照2010年的全国装机规划容量540 GW计,要求水电达到110 GW,平均每年新增4 GW左右,届时水电的开发率可达到30%左右。

目前已建、在建装机容量1000 MW以上的大型水电站有19座(表4—7)。抽水蓄能电站也已建成3座。葛洲坝装机2715 MW,是我国80年代在长江干流上建成的最大一座水电站。二滩水电站已于1998年投产发电,装机3300 MW。90年代在建的三峡电站是我国跨世纪的伟大工程,也是世界上最大的水电站,装机为18200 MW,年发电量847亿kWh,如此空前的建设规模和所需的科技水平,居世界首位。

表4—7 已建、在建大型水电站(装机1000 MW以上)

Table 4-7 Large Hydro-electric Station Constructed or Under Construction in China (with capacity not lower than 1 000mw)

名　称	地　点	装机容量/MW	发电年份
三　峡	湖　北	18200	在建
二　滩	四　川	3300	1998
广蓄一、二期	广　东	2400	一期1992,二期在建
葛洲坝	湖　北	2715	1981
李家峡	青　海	2000	1997
小浪底	河　南	1800	在建
天荒坪	浙　江	1800	1998
白山一、二期	吉　林	1500	1991
漫　湾	云　南	1500	1993
水　口	福　建	1400	1993
大朝山	云　南	1350	在建
天生桥二级	贵州、广西	1320	1992
龙羊峡	青　海	1280	1969
岩　滩	广　西	1210	1992
隔河岩	湖　北	1200	1993
天生桥一级	贵州、广西	1200	1998
五强溪	湖　南	1200	1994
刘家峡	甘　肃	1160	1969
万家寨	山　西	1080	1998

目前全国有14个大型水电基地,1998年在建的水电装机容量已达31.83 GW,这些机组在2010年前可以全部投产,再加上小水电每年装机1 GW以上,2010年全国水电将达到100 GW以上。当前,重点要抓紧几个大型水电基地的建设准备,即长江三峡水电站建设后的金沙江溪落渡、向家坝水电站建设,以及清江水布垭电站的建设准备;澜沧江在大朝山之后的小湾、景洪水电站的建设;乌江流域在东风水电站后的洪家渡、构皮滩水电的开发,以及天生桥一级以后的龙滩的尽快建设;大渡河、雅龚江上的官地、桐子林、瀑布沟的建设;黄河上游李家峡之

后的公伯峡、拉西瓦的建设;以及若干老水电站的扩容和抽水蓄能电站的建设。上述电站如在2010年前开工,在2020年前水电装机容量可达到170 GW左右。

在水电开发中应采取按流域开发方式。国家要大力支持水电开发,如优惠贷款、长期而合理的还款年限等。同时应大力依靠科技进步,今后我国水电建设规模巨大,位置也越来越向西南、西北转移,自然条件恶劣,地质条件复杂、高边坡、厚覆盖、高地震裂度,自然资源、生态环境保护要求严峻,都需要依靠科技进步去做好全面规划,做好地质勘察、坝址选择和环境保护等工作,以确保建设顺利进行。

(2)大型火电基地建设。在我国电源结构中,火电设备容量占总装机的75%以上,在相当长的时期内,这种状况是难以改变的。因此,在2010年全国总装机容量达到540 GW,火电装机容量约为400 GW以上,需要电煤约10亿吨,这样,相当于每年需增加用煤量4000万吨左右,预计这也是我国煤炭产量可以安排用于电力的最大煤量。

火电建设的重点应是积极采用高参数、大容量、高效率、高调节性、节水型,以600 MW为主的设备;要大力开发清洁煤燃烧技术,以减轻对环境的压力;要鼓励热电联产和热、电、冷技术的推广,以提高能源综合利用率;要积极支持和花大力气建设矿口电厂,建设煤炭基地的电站群,发挥规模经济效益,而且可以变送煤为送电以减轻对运输的压力,同时也可减轻对经济发达地区的环境压力。

矿口电厂的重点是华北的山西、内蒙古西部,西北的陕西、宁夏以及东北的东三盟,初步规划在2010年前要建成投产30~40 GW的矿口电厂。在交通方便的沿海和负荷中心地区则要建设若干港口电厂和路口电厂。总之,火电的建设任务仍然很重,并且受环保方面的压力也很大,任务是十分艰巨的。

到2020年预计火电装机在600 GW左右,约需煤炭14亿吨,占计划煤炭量21亿吨的66%左右,这将对我国煤炭开发生产造成巨大的压力,为此必须在提高电站循环热效率,降低煤耗,减轻对环境影响上下大力气,加大科研投入与试验电站的建设。

第四节 科学规划,重点攻关,高起点地开发利用资源

西部地区的资源种类多,但开发利用的本身问题和外部问题是非常复杂的。

1. 不是有什么资源就开发什么资源,必须以市场为导向,以效益为中心,以企业为主体,以科技创新为支撑,以提高资源利用水平和效率为目的,走出一条合理利用和节约资源的促进矿业可持续发展的新路子。"因地制宜,突出重点",开发建设若干比较优势、各具特色、有市场竞争力的资源型经济开发区。

2. 依靠科技创新,着力提高资源的综合利用水平,试验生产高新技术产品(材料),实现产品结构优化和产业升级,发展有市场竞争力的特色矿业经济,促进西部地区社会经济和生态环境的可持续发展。据此,按照资源有保证、产业有基础、产品有市场和资源效益与生态效益并重的原则,建设一批矿产资源优先开发建设基地。

3. 尽管西部矿产资源相对丰富，但绝不能有什么矿就建什么厂，再在低水平上重复建厂。我国第一产业比重虽然偏高，但其总体科技含量较低，效益和竞争力不佳。西部矿产资源的开发是当前应十分慎重考虑的问题，千万不能一哄而起。矿产资源的开发第一必需以市场为导向，要有科学的市场预测；第二要有高起点，要以科技密集型达到高效益和高竞争力；第三应十分注意环境保护和可持续性。西部大开发是一项艰巨的系统工程，西部地区的地质、地理、气候等环境与美国西部不同，要满足上述三个条件开发西部地区的矿产资源，不是一朝一夕的事，可能是我们几代人要为之长期艰苦奋斗的。

西部地区的主要矿产资源基本清楚，当前除加大我国急需矿种的勘探外，不要忙于建厂开发，而是充分调研国内外市场的需求、开发加工工艺的技术储备和水平以及对环境的影响等，根据市场需求的缓急、先进加工技术的难易、对环境危害的可处理性、对环境的影响等因素以及基础建设（路、水、电、气）的规划进度，统筹安排做出切实可行的规划，规范各省区的矿产资源开发行为，鼓励各省区引资融资分步实施。

4. 资源开发坚持科技高起点。西部大开发是一项系统工程，西部地区矿产资源的开发是该系统工程中的一环，绝不能脱离实际只考虑有市场就开矿，单纯的原料基地是无法使本地区的经济腾飞的，西部矿产资源的开发要有高起点，要有大量的科技投入。要根据当地的气候、地理环境和矿产资源条件，着力从高起点上发展有自己特色的优势产业。

例如，西北地区是十分干旱的地区，太阳能十分丰富，日照在3000小时/年以上，日温差极大，地广人稀，是发展太阳能技术的最好地区。西北地区的盐湖矿产资源也十分丰富，钾盐储量占全国已探明总储量的97%；锂盐为全国之冠，这种轻金属是本世纪最有发展前景的能源元素。开发盐湖资源振兴西部地区经济是一条行之有效的捷径，据农业部门预测，到2010年我国钾肥的需求量为1000万吨/年（KCl），然而目前国内产量仅数十万吨，1998年我国进口511.76万吨。为了国家农业经济的安全，从盐湖中生产钾肥是必须的。锂盐据美国预测在21世纪初，其需要量为160万吨，其中仅核聚变发电一项需求量为50万吨，而目前的世界产量仅几万吨。上述分析表明，盐湖资源开发的市场不成问题，但要高起点开发，资源开发、资源保护与环境建设要协调统一。

5. 重视保护生态环境。要充分认识到西部地区矿产资源开发条件的不利因素和生态环境的脆弱性，要更新思想、转变观念，在21世纪西部地区的矿产资源开发中，要充分考虑到高效益和可持续发展，开矿建厂要与生态建设同步，原材料生产要与高附加值深加工配套，既要高效高质又要可持续增长，因此以科技为先导是最根本的保障。为此，在今后的50年中，前10年不宜上大项目，主要是科技投入，后40年在开发研究成果的基础上，成熟一项搞一项。作为西部大开发系统工程中的矿产资源开发，既要与基本建设的发展相适应，又要坚持稳妥的方针，防止一哄而起和低水平的重复建设，要在创新的基础上做到经济、环境效益双丰收。

参考文献

[1] 姚建华等：《西部资源潜力与可持续发展》，湖北科学技术出版社，2000年。

［2］周小谦："中国电力工业发展的前景"，《中国电力》，1999年 第10期。
［3］曾德文："全国电力系统联网的基本格局及其分析"，《中国电力》，1999年 第10期。
［4］李小平等："三峡电站对湖北电网影响及对策研究"，《湖北电力》，1999年 第3期。
［5］查克明："提高认识，明确责任，加快全国联网步伐"，《中国电力》，1999年 第1期。
［6］国家统计局：《中国统计年鉴》(1997、1998)，中国统计出版社。
［7］国家统计局工业交通统计司：《中国能源统计年鉴》(1991～1996)，中国统计出版社。
［8］李文彦等：《中国2050年能源地区发展研究》(报告)。

第五章 产业结构调整与区域经济发展

提　要

- 西部工业化进程缓慢。与东部产业结构层次的差距及由此引起的增长质量上的差距已成为我国东西部发展不平衡的主要问题。
- 传统产业规模的不断扩大是西部发展的主要方式。技术水平落后,国有大中型企业比重高,产业结构缺乏活力。
- 部分省区着力构筑特色经济体系,在调整产业结构和发展区域经济方面,取得了良好的效果。
- 用现代技术改造传统的优势产(企)业,通过存量结构优化实现调整产业结构的目标,是近期比较现实合理的选择。
- 实施"富民"优先的发展战略,把特色与生态农业、优势资源加工业、旅游业、高新技术产业培育成为未来西部的支柱产业。

产业结构调整是西部大开发战略中的一项重要任务(专栏5—1)。

专栏5—1

朱镕基谈西部开发中产业结构调整问题[①]

"积极调整产业结构,这是实施西部地区大开发的关键。从全国来看,现在是调整产业结构的大好时机。西部地区要根据不同的地理和气候条件、不同的资源和物种特点,以市场为导向,立足于发挥自身优势,调整和优化产业结构,建立具有发展前景的特色经济和优势产业,培养和形成新的经济增长点。要下大力气调整农业结构,着力发展特色农业、节水农业、生态农业,积极发展畜牧业;要合理开发和保护矿产资源,加快工业调整、改组和改造步伐;要重视发展高新技术产业,大力发展旅游业等第三产业。产业结构调整的力度和成效,直接关系到西部地区大开发的进程,一定要切实抓紧抓好"。

长期以来,西部地区主要通过传统产业的不断扩张,带动区域经济的发展。工业化进程比

---

① 引自《人民日报》1999年11月1日。

较缓慢,长期滞留在重工业化阶段。国有经济比重大,生产设备和产品的技术含量低,综合经济效益差,市场竞争能力弱。农牧业经济比较粗放,工业产品加工程度低,基础设施建设相对滞后,产业结构缺乏活力。改革开放以来,产业结构调整始终没有取得实质性的进展,新兴产业和新兴的经济类型发展缓慢。目前,东西部地区产业结构层次的差距已经形成,这不仅成为我国东西部地区发展不均衡的主要问题,而且深刻地影响着未来中国区域经济格局变化的基本走势。

西部的部分省区,将培育特色经济作为加大产业结构调整力度、加快区域经济发展的一个突破口。特色和生态农业、优势资源加工业、旅游业和高新技术产业等,已经成为西部一些地区新的经济增长点,呈现出良好的发展势头。

西部大开发是一项长期而艰巨的战略任务。近期,应当进一步改善西部大开发的投资环境,重点建设基础设施和生态工程。优先发展西部的社会事业,尽快缩小东西部地区社会事业发展水平的差距。把培育新的经济增长点同对存量结构的优化结合起来,前者强调发挥比较优势、形成特色产业,后者则以市场为导向、通过现代技术的应用增强竞争力。推动产业结构转型,实现区域经济稳步快速健康地发展。

第一节 产业结构演进的总体特征

西部地区现代产业经济的发展是在解放以后才开始的。过去的 50 年中,西部工业化进程比较缓慢,工业化程度一直同全国平均水平保持着较大的差距。传统产业始终占据支柱地位,产业结构调整没有实质性进展。新兴的经济类型——包括技术含量高的制造业、乡镇企业以及外向型经济等发展非常薄弱。产业结构层次比较低是西部经济发展水平落后的主要问题。

一、产业结构演进的比较

西部地区的工业化是以大规模的能源原材料工业项目的建设起步的,并且很快形成了比较雄厚的物质与技术基础。随着我国生产力布局重点的东移、特别是改革开放之后,由于西部产业结构调整一直没有实质性的进展,同东部地区间发展水平的差距逐步由数量型转为质量型的差距。即:从 GDP 增长速度的差距转为产业结构层次的差距,导致地区经济发展活力形成了较大的落差,从而深刻地影响到未来我国区域经济发展的基本格局。

【西部产业结构变化不稳定】 1949 年,西部仍是一个以落后的农牧经济为主的区域。西北工业产值占全国的 3%,西南占 6%,工业部门集中分布在冶金、煤炭和石油等部门。1950~1965 年,西部地区的工业化步入快车道,第二产业比重翻了一番,但农业经济仍占主导地位。1966~1980 年的 15 年间,西部地区实现了由农业经济向第二产业为主导的结构形式的转变;同期,第三产业增长缓慢。80 年代,成为第三产业加速发展的时期,第一和第二产业的比重均有所减小。90 年代,西部地区第三产业和第二产业实现同步增长(图 5—1)。

【西部产业结构层次始终滞后于全国平均水平】 西部地区同全国产业结构变化情况相比(图 5—2),有以下特点:

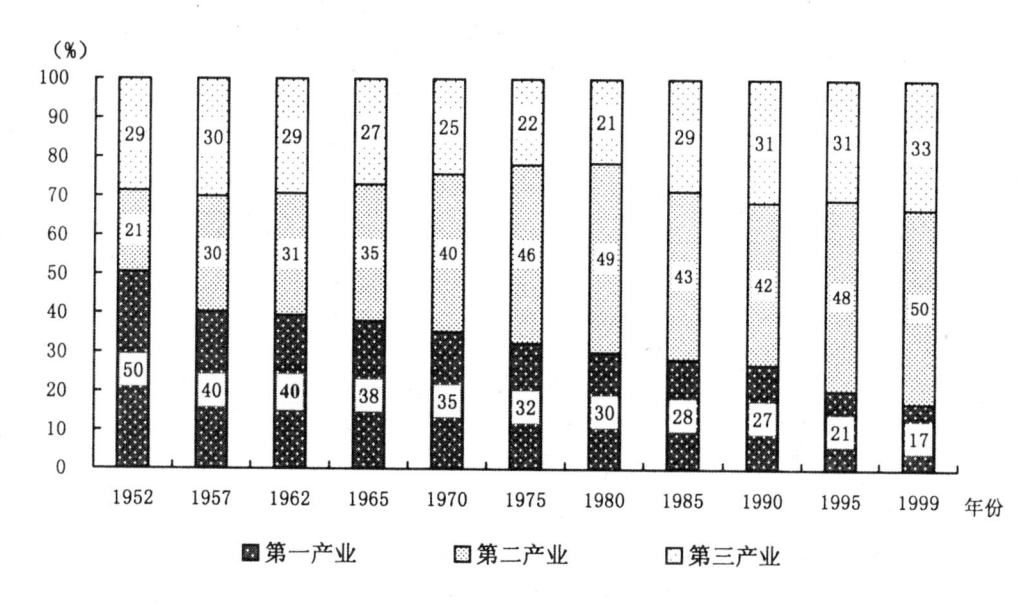

图 5—1 西部地区产业结构变化情况

Figure 5 - 1　Evolution of Industrial Structure of the West

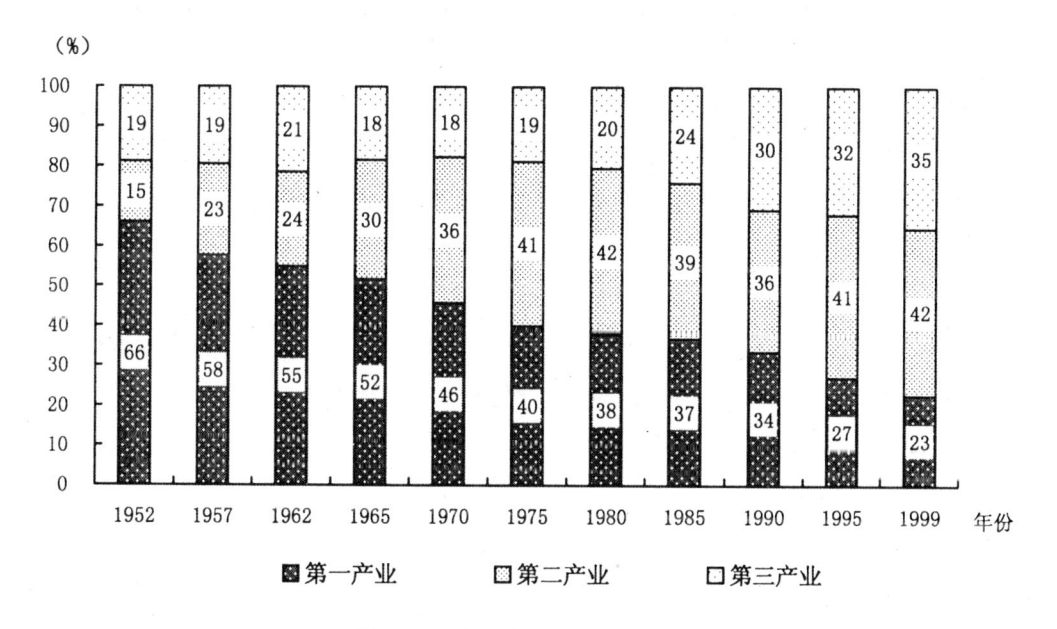

图 5—2 全国产业结构变化情况

Figure 5 - 2　Evolution of Industrial Structure in China

- 起点低,演进缓慢。1952 年,西部农业比重比全国高 15 个百分点。我国在第一个五年计划期间,就实现了产业结构非农化的转变,西部地区则晚了两个五年计划。1999 年,西部工业增加值在 GDP 中的比重为 33%,比全国均值少 10 个百分点。
- 1978 年之前,西部产业结构变化趋势与全国有着一定的差异。全国第三产业比重趋于下降,西部第三产业比重水平却基本稳定。从比较效益分析,西部工业的产出效益比较有限,工业的兴起难以动摇第三产业在地区产业结构中的地位,只能引起比重值从第一产业向第二产业的转移。

- 1978年之后,由于市场经济体制的逐步建立,使得区域经济的发展首先从属于大市场的要求,产业结构的变化受着国内外经济发展的大环境的制约。因此,西部产业结构的变化趋势与全国基本保持一致。

【西部产业结构水平与东部的差距不断扩大】 西部产业结构层次同东部的差距更为显著。特别是改革开放以来,在东部经济高速发展的过程中,产业结构基本完成了一个轮回的调整,从加速轻纺工业发展,到"补课"式的第三产业的加速发展,继而发展重工业以弥补轻纺工业高速发展带来的原材料短缺问题。目前,新一轮产业结构调整的方向是重点发展高效优质农业,以高技术为先导的轻工业,以及新兴的第三产业。东部地区力争通过产业结构的调整,进行体制与结构的创新,增强参与国际竞争的能力,加速率先实现现代化的进程。西部地区还处于产业结构的第一轮回的调整中,尚未走出能源原材料为主导的工业化初级阶段。因此,在我国跨世纪的发展中,西部与东部的产业结构调整并不处在同一个层面上。西部地区产业结构调整任重而道远。

二、工业化进程分析

我国经济发展处在工业化过程中。目前,除个别大都市经济之外,一个地区的工业化程度和工业结构特征,基本上决定着该地区产业经济发展的总体状态。图5—3和表5—1反映出西部工业化同全国的对比情况。

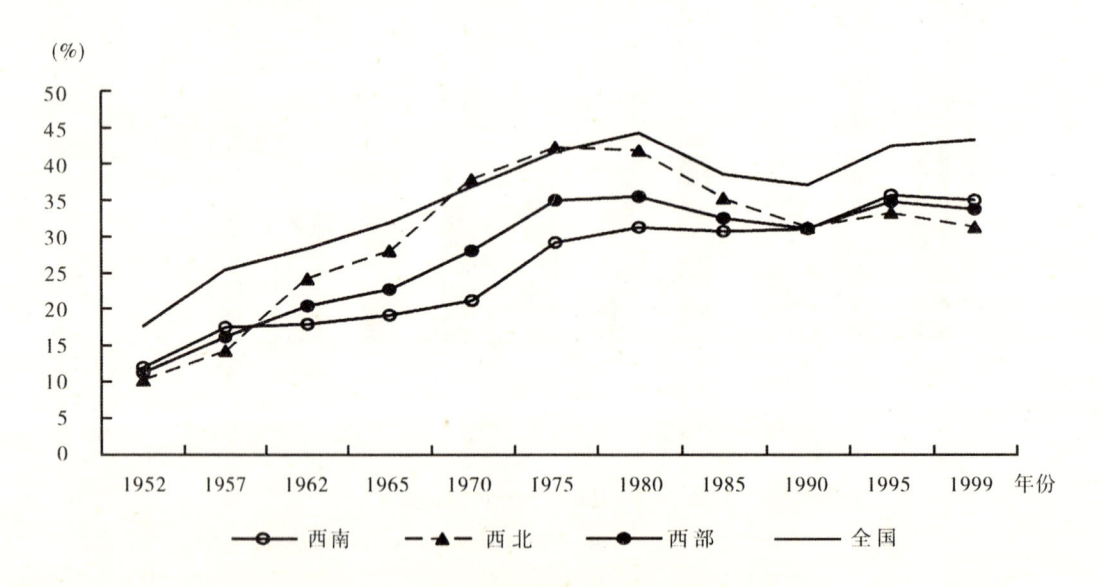

图5—3 西部地区同全国工业化进程的比较

Figure 5－3　A Comparison of Industrialization Degree between the West and National Average

【西部工业化程度始终低于全国的均值水平】 差距一直维持在6～9个百分点之间。工业化程度偏低是西部经济落后的关键所在。

【西部工业化经历了从"加速"到"减缓"的过程】 从第二个五年计划开始,到"七五"计划末期,西北地区工业发展比较快。特别是进入60年代之后,西北工业加速发展。到70年代,西北工业化程度一度超过了全国平均水平。80年代之后又开始大幅下滑。西北工业经济增长主要依靠的是国家投入,"156"项工程和"三线"建设,有力地推动了西北工业化的进程。1978年之后,西北工业化进程随着国家投入的减少而减缓,工业经济增长缺乏活力。

表5—1 工业在工农业总产值中的比重(%)

Table 5－1 Share of Industry in Total Gross Output Value of Industry and Agriculture （%）

	1980年	1985年	1990年	1995年	1998年
重 庆					74.80
四 川	57.50	60.10	63.40	71.10	72.40
贵 州	55.60	58.30	60.00	60.70	66.40
云 南	57.50	60.40	61.90	69.50	70.80
西 藏	16.70	15.40	17.40	20.00	25.00
西 南	56.70	59.30	62.00	68.90	71.50
陕 西	72.70	70.90	72.30	75.60	73.00
甘 肃	74.00	72.40	73.00	74.00	76.30
青 海	66.70	64.70	69.60	73.00	75.10
宁 夏	78.40	66.70	72.70	77.90	74.50
新 疆	64.50	60.10	60.10	66.50	58.70
西 北	71.10	68.40	69.50	72.70	70.70
西 部	62.50	62.90	65.00	70.40	71.30
全 国	72.80	72.70	75.70	81.90	82.90

【西南地区近年加快了工业化步伐】 90年代之前,西南地区工业发展非常薄弱。90年代之后,西南地区工业加速发展,为西部工业化程度缓慢提高做出了贡献。西南工业经济的复苏,主要得益于特色工业经济和民营工业经济的蓬勃兴起,其发展战略和途径是值得西部开发借鉴的。

> 三、新产业经济类型的发展

西部工业化程度与东部地区的差距越来越大的一个主要原因,是西部乡镇企业和外向型经济发展落后。

【乡镇企业发展极其落后】 在我国发达地区,农村工业迅速兴起,有力地推动了我国工业化的进程。农村工业经济占全社会工业经济的比重达到40%左右,占农村经济总量约2/3。全国农村工业经济发展水平的分布同经济发展水平的分布基本吻合,同农村集体经济富裕程度和个人收入水平的分布也基本吻合,其相关系数均在95%左右。

西部地区非农产业的发展极其落后。乡镇企业同第一产业增加值之比,西部地区只有0.68,全国平均为1.52;农村工业增加值与全部工业增加值之比,西部地区为0.23,仅为全国的半数。除陕西省同全国平均水平比较接近之外,西部其他各省区与全国平均水平的差距都很大(图5—4)。

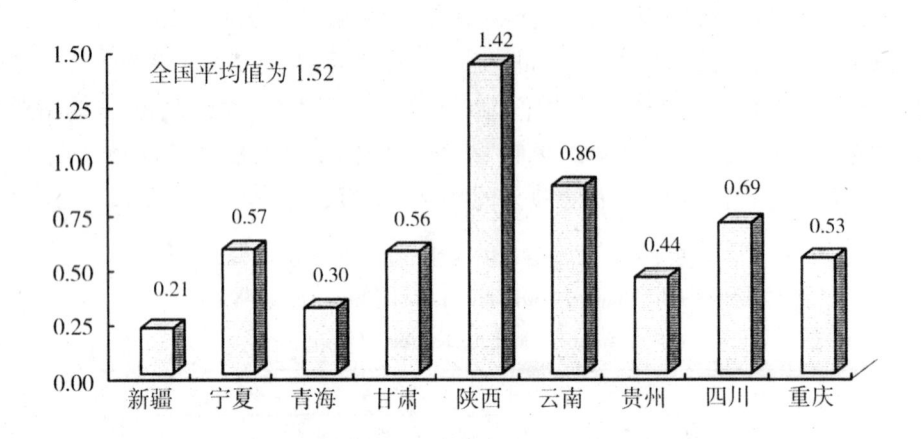

图 5—4 乡镇企业增加值与第一产业增加值的比率

Figure 5－4　Ratio of Value-added of Township and Village Enterprises
to that of the Primary Industry in the Rural Area of the West

近年来,尽管积极的财政政策对于拉动经济增长发挥了一定的作用,但通过加大投入对经济增长的作用强度越来越弱,市场、消费已经成为拉动经济发展的关键因子。通过对1986年以来主要时间段的分析,可以看出(表5—2),进出口状况对区域经济发展的基本状态影响很大。

表 5—2　经济增长与投资、进出口额增长的关系

Table 5－2　Relations between Growth of GDP, Investment and Imports & Exports in the West

	1986~1990 年	1991~1995 年	1991~1999 年	1999 年
A:GDP(%)	7.9	12.0	10.4	7.1
B:固定资产投资(%)	16.5	36.9	28.0	5.2
比值(B/A)	2.1	3.1	2.7	0.7
C:进出口总额(%)	10.6	19.5	13.5	11.3
比值(C/A)	1.3	1.6	1.3	1.6

【西部的外向型经济发展比较缓慢】 1999年,西部进出口总额占全国的比重仅有3.27%,外商直接实际投资额占全国总量的2.82%。进出口总额与GDP之比、外商直接实际投资与固定资产投资之比,西部地区和西部地区的每个省区市都与全国均值水平相差悬殊。这两个指标全国均值分别为36%和15%,西部相应的比值分别是8%和3%。而且,经济发展水平越低的省区,外向型经济就越薄弱(图5—5)。

第二节　产业结构的活力

一、传统的支柱产业

传统的资源开发型产业一直是西部地区的支柱产业。自"七五"计划以来,西部各省区都提出了调整产业结构、促进地区经济发展的思路。但从政策导向和实施效果看,真正摆脱能源和矿产资源开发战略束缚的省区并不多。直到中央实施西部大开发战略的初期,许多资源大省还对自身的"资源优势"抱有盲目的

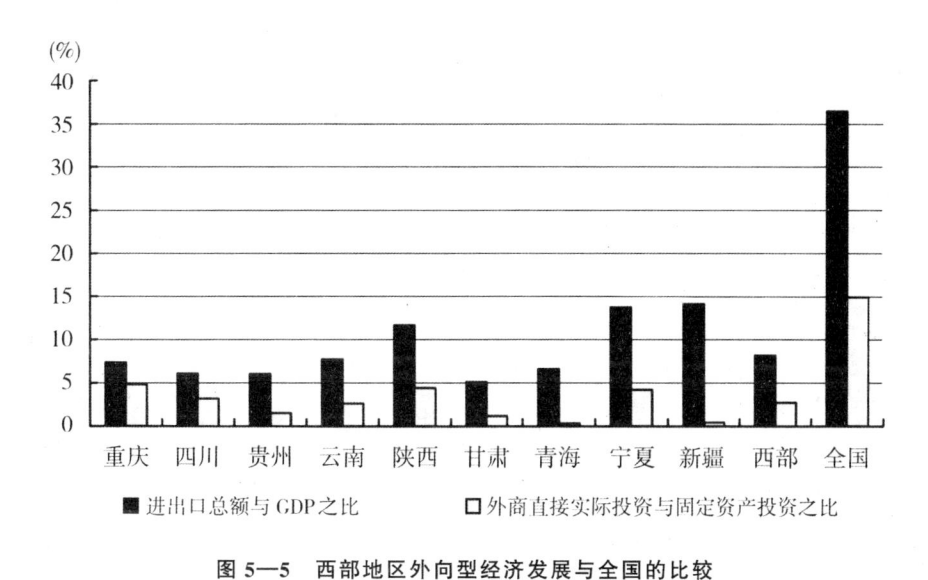

图 5—5 西部地区外向型经济发展与全国的比较

Figure 5-5 A Comparison of the Development of Foreign-oriented Economy between the West and National Average

认识,存在着"西部大开发=能源与矿产资源大开发"的思想倾向。传统产业在数量上的盲目扩张,是西部难以增强产业结构活力的主要症结所在。

西部地区产业结构长期以来滞留在资源开发的导向上,逐步拉大了同东部产业结构层次的差距,影响到区域经济发展、特别是人民增收致富的进程。最近,一些地区通过科学地分析地区比较优势、市场需求前景以及产业经济效益,及时调整指导思想,不再从简单的地区产业分工中认识西部能源原材料基地的职能,而是从区域比较优势方面构筑区域特色经济体系,开始收到了良好的效果。

1. 支柱产业的基本特征

【轻重工业比例长期不协调】 产业结构演变理论揭示了这样一条规律,工业化是以轻纺工业的充分发展为起步,以重工业化为中级阶段,经济繁荣和现代化则是以具有较高技术含量的加工工业为支柱产业部门的。我国的工业化进程和产业结构演化违背了这一规律,过早地步入了重工业化的发展阶段。产业结构畸形给国民经济的发展带来了巨大的损失。西部地区这一问题更加突出,而且,近年来当沿海和中部地区在积极调整产业结构的过程中,西部产业结构过重的问题依然存在。轻重比例关系不协调,已经成为西部地区长期以来制约经济发展的结构性问题。

【目前西部地区产业结构过重】 1998 年,西部地区轻、重工业产值之比为 1:1.7,而全国这一比值仅为 1:1.33,与东部地区的差距更大。西北地区轻重工业比例失衡的问题更为突出,其中,青海、宁夏、甘肃三省区轻重工业产值之比高达 1:7.56、1:5.68 和 1:5.57(表 5—3)。如果同 1978 年进行比较,1998 年西北地区工业结构的问题依然如故,而西南地区的工业结构调整却收到了明显效果。这也正是近年西南经济发展总体状况略好于西北地区的原因之一。

表 5—3　西部地区轻重工业比例与全国的比较(%)

Table 5－3　A Comparison of the Percentages of Light and Heavy Industries in Total Industrial Output Value between the West and National Average (%)

地　区	1978 轻工业	1978 重工业	1990 轻工业	1990 重工业	1998 轻工业	1998 重工业
重　庆					63.80	36.20
四　川	41.34	58.66	46.30	53.70	44.27	55.73
贵　州	32.59	67.41	42.41	57.59	36.55	63.45
云　南	42.99	57.01	52.47	47.53	55.04	44.96
西　藏	38.00	62.00	29.97	70.03	34.29	65.71
西南地区	40.49	59.51	46.98	53.02	46.27	53.73
陕　西	44.63	55.37	42.48	57.52	35.30	64.70
甘　肃	18.33	81.67	28.76	71.24	15.22	84.78
青　海	34.12	65.88	28.90	71.10	11.68	88.32
宁　夏	3.21	96.79	27.76	72.24	14.96	85.04
新　疆	41.62	58.38	49.35	50.65	25.13	74.87
西北地区	24.12	75.88	38.70	61.30	24.74	75.26
西部地区	34.96	65.04	45.09	54.91	37.07	62.93
全　国	43.10	56.90	49.38	50.62	42.93	57.07

【传统支柱产品的优势地位有所下降】　西部地区的重工业构成以采掘和原材料工业为主,技术装备水平低,产品附加值低,企业经济效益普遍不高。在市场经济运行体制下,许多作为西部支柱的资源类产品,在开放竞争中的比较优势逐步丧失(图 5—6)。煤炭、钢铁、发电量、水泥等主要产品占全国的比重基本持平或呈下降的趋势。石油产量比重虽有所上升,但西部石油产量上升的速度,比海洋石油产量的增长速度、特别是比近几年进口原油的增长速度,还是慢了一些。可见,西部大宗能源原材料产品生产持续增长的势头受阻。尽管西部还有一

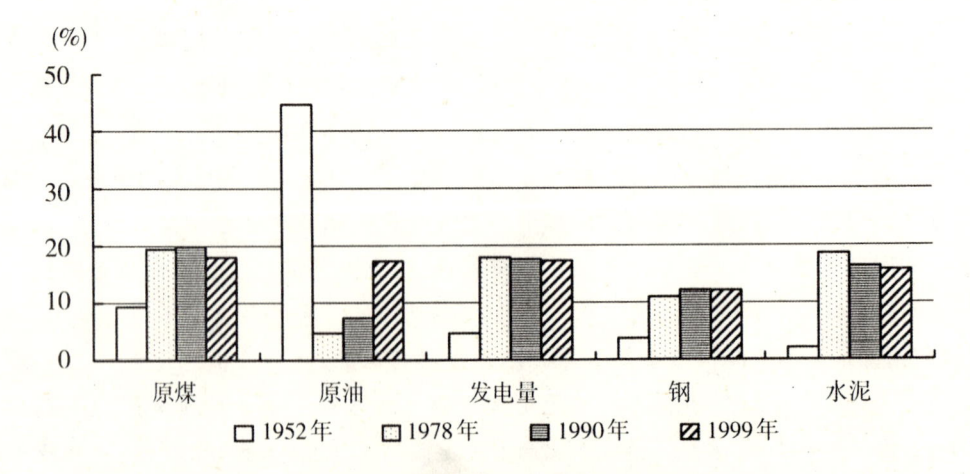

图 5—6　西部主要能源原材料工业产品产量占全国的比重

Figure 5－6　Share of Energy and Raw Materials Output of the West in National Total

些有色金属和盐类的资源加工利用在本地区占有一定地位,但对工业发展的整体带动作用很有限。

2. 支柱产业选择的战略导向

【新疆坚持实施"一黑一白"战略】 在西部地区,新疆的能源矿产和土地资源非常丰富。主要围绕着新疆石油资源和土地资源的开发,通过国家大规模的资金投入,新疆发展成为西部经济发展水平最高的省区。

新疆一直将石油开发、加工和利用作为支柱产业。"八五"时期提出到2000年石油开采规模达到3000万吨,"九五"时期又突出强调新疆是全国石油生产的主要接替地区。1999年初进行新疆跨世纪发展战略大讨论时,自治区党委和政府正式提出了"一黑一白"战略。其核心内容是,以石油和棉花两大资源优势为依托,实现新疆经济发展新的跨越。其中,石油依然被认为是决定新疆在西部大开发中发展成效的关键因素。可以说,在进入2000年之前,新疆在产业结构调整的决策中尚未迈出实质性的一步。

【"一黑"战略存在重"富区"而轻"富民"的偏差】 从1978年以来实施资源开发战略的效果分析,新疆存在着重"富区"而轻"富民"的偏差。1999年,新疆人均GDP在全国省区市中列第14位,但城镇居民人均收入位居第17位,农民人均纯收入仅排名第26位(表5—4)。而且,90年代以后,新疆在全国的经济发展水平的位次也发生后移,资源战略支撑经济发展水平持续快速增长的效果开始减弱。

表5—4 新疆收入指标在全国的位次变化
Table 5－4 Changes in the Ranking of Income Per Capita of Xinjiang among Provinces

年份	人均GDP	城镇居民收入	农民纯收入
1978	20	5	18
1990	10	15	11
1999	14	17	26

新疆石油开采与加工业的发展受到许多因素的制约。国家在大规模的资金投入下,获得的石油储量同预期的相距甚大,难以支撑我国石油开采重点西移目标的实现。经过"七五"和"八五"时期新疆石油加工和石油化工项目的大规模建设,目前当地消费市场已经超饱和,而石油加工产品外运又受到空间距离和运输方式的限制。新疆油田开采条件不利,我国沿海沿江等主要石油加工地利用新疆原油的经济效益并不优于国外原油和海洋石油。此外,国家投入建设新疆石油基地的主要战略意图,是要求新疆承担起我国石油供给基地的职能,这同当地突出强调在区内加工、提高当地利用的附加值的希望是不同的,国家利益与地方利益不吻合,给社会不稳定带来一定的隐患。

【"白、红"产业的发展要纳入市场机制】 西部实施的"资源开发战略"普遍存在着这样的失误:轻视经济效益,忽略市场规律,依靠国家投入和政府运作,突出强调地方利益。不仅新疆"一黑"战略存在这种问题,"一白"战略也带来了同样的教训。1995～1997年,国家对新疆的棉花销售实行"三不放开"政策,新疆棉花由中央调销。因此,自治区棉花的生产重点是追求高速度增长和数量急剧扩张(图5—7),而棉花品质却大幅度下降,亩均成本不断提高。由于国内外棉花市场疲软,新疆棉花每年库存分别高达486万担、437万担、420万担,利息负担给地方财政造成很大困难。当1999年国家开始转变政府在棉花资源配置中的职能、决定放开棉花购销价格时,许多人开始对"一白"战略也提出了怀疑。

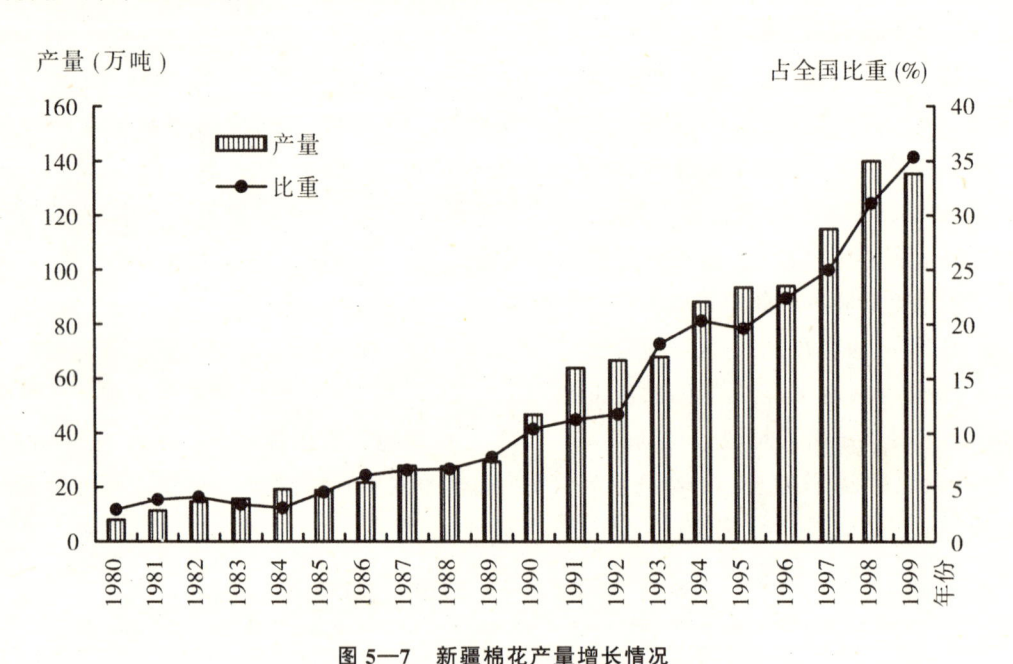

图5—7 新疆棉花产量增长情况
Figure 5-7 Growth of Cotton Yield in Xinjiang

应当说,以优质特色农业基地建设带动的农副产品的加工利用产业,是西部大开发的一个重要的产业发展方向。如果新疆实施"一白"战略,能够瞄准市场,通过企业的介入,配套建设上(科技开发)、下(加工利用)游产业体系,形成市场竞争能力,将会有效地促进农牧区经济发展,加快工业化进程。近几年来,新疆"红色"产业发展正是给予我们了这样的启示(专栏5—2)。

3. 支柱产业选择与可持续发展

【资源开发型产业结构同生态环境特征有所抵触】 西部传统的产业结构存在的另一个问题是,产业结构特征与资源结构特征比较吻合,但与生态环境特征却有所抵触。西部地区经济建设的自然环境比较恶劣,生态比较脆弱。盲目进行大规模土地资源开发以及重化工业建设,加剧了西部生态环境的进一步恶化,使西部面临着严重的可持续发展问题。

【青藏高原发展失误产生严重的生态环境问题】 青藏高原是我国最重要的生态源区。一方面,在高寒、干旱为主的气候条件下,以高寒草甸、草原及荒漠这三大生态系统为优势的自然环境表现出脆弱易变的不稳定性,以及生态系统演替过程的不可逆性,成为高原资源开发利用和区域经济发展不可忽视的约束条件。另一方面,青藏高原的民族特色及与之紧密联系的历史文化积淀,为社会经济发展提供了重要条件。从可持续发展角度审视青藏地区近年来的发

展战略和政策效果,可以得到以下结论:
- 注重自然资源的比较优势,尚未形成依托人文资源优势的产业重点。
- 有急于走工业化道路的倾向。青海"八五"期间工业增长速度达到9.6%,农业仅为1.5%。工业发展中倾向于上能源和矿产资源开发利用的大项目。青海"八五"期间主要增产的工业产品产量的种类是:原煤、原油、发电量、钢与钢材、铝锭、金属镁、黄金、铁合金、原盐、化肥、水泥、石棉等。西藏水泥、铬矿石、发电量等主要产品产量的增加也是其工业化成就的重要体现。

专栏 5—2

新疆发展"红色"产业[①]

番茄行业被新疆人称为"红色"产业,已有15年的生产历史。以往因规模小、设备差,销售无力等原因,一直发展不快。近年来,许多企业开始重新关注这一农产品行业,通过现代资金运作方式,借助发达科技条件,将"红色"产业做大做活。新疆目前已经成为亚洲规模最大,设备最先进的番茄酱生产基地。新疆屯河集团是新疆"红色"产业的领头羊。该集团通过兼并、收购、控股、参股等资本运营手段,对新疆的10家番茄酱生产厂家进行重组整合,生产量已占到中国总量的80%,种植地区分布新疆南北。并在美国收购了有25年番茄酱销售历史的新瑞公司,拥有了15万吨番茄酱市场份额。在欧洲、日本、香港、加拿大等国家和地区设立了办事处。截止1999年底,已形成年产优质番茄酱6.8万吨的生产能力。计划2000年达到24万吨,生产能力将位居世界第一位。屯河集团规划用3~5年的时间使番茄酱生产能力达到60万吨规模,并积极开发各种下游产品,使深加工总量达到20万吨,届时产量将占到国际番茄酱的15%,贸易量占30%,90万亩番茄地将使15万农民直接受益。这一产业将会有效地推动新疆农业产业结构的调整,加快农民脱贫致富步伐。

- 区域经济发展是以资源破坏和生态环境恶化为代价的。其一,农牧区和尚未进行产业开发的地区的生态环境质量下降,主要表现为土地退化和野生动植物资源严重减少。过牧超载导致草场大面积退化,青藏地区草地退化面积占草地总面积的1/5左右。过度樵柴、大规模垦荒和弃耕等不合理的资源开发行为,致使土地沙漠化日益扩大,青藏高原已经成为我国土地沙漠化最为严重的地区之一,其中青海省沙漠化土地占全国沙漠化土地的21%。其二,城市环境污染渐趋突出。由于主导产业的取向通常是大耗水、高耗能、重污染的基础工业项目,拉萨市的"三废"排放量占全自治区的90%以上,每年约有100万吨以上的未经处理的工业废水排入拉萨河;每年排放4000吨左右废渣堆放在拉萨河畔。青海湟水流域的高耗能工业走廊、格尔木地区的矿区污染,都曾在工业大发展中成为"著名"的污染景观。

[①] 根据中新社记者王丽南:"西部行:'红、白'产业席卷新疆南北"2000年8月4日报道整理。

• 城乡居民收入的增加幅度远远低于经济总量的增加速度。青海城镇居民人均生活费收入增长速度是5.8%,仅为第二、三产业净值递增速度的半数。

【黄土高原水矿资源不平衡是制订地区开发战略不容忽视的问题】 黄土高原地区是西部生态环境问题比较集中的地区,水土流失严重,水矿资源极不平衡。石油、煤、盐、有色金属等矿产资源相对富集,但水资源短缺,陕西、甘肃、宁夏三省区的人均水量和亩均水量只及全国平均水平的1/3和1/11。重化工业的发展、现代农业的发展以及生态建设都需要大量的水资源。而且,技术落后的采掘工业的发展加剧了水土流失,火电、冶金和化工等项目不合理的布局,导致大气环境不断恶化。水资源短缺和生态环境容量有限,是黄土高原地区建设能源重化工基地不容忽视的问题。

4. 国家开发西部的切入点

【国家仍将资源开发作为西部大开发的切入点】 西部大开发是一项长期而艰巨的宏伟工程。目前,在促进区域经济发展方面具有显示度的重大开发项目,一是"西电东送",一是"西气东输"(专栏5—3、专栏5—4)。可见,国家仍是将西部优势资源的开发作为西部大开发的切入点。这些工程的建设,在西部资源优势向经济优势转换、密切东西部合作方面,无疑将发挥积极的作用。但是,对于西部产业结构调整的作用,却是有限的。

专栏 5—3

"西电东送"工程

中国将以西部大开发作为电力结构战略性调整的契机,以三峡输变电建设工程为中心,优先、大力发展西部水电,促进形成西南水电基地、西北五省水电和煤电基地以及山西和蒙西煤电基地,加快形成"西电东送"的北、中、南三个通道,推进跨大区联网工程以形成全国统一电网。同时,将电力工业发展成为西部大开发的支柱产业。

国家电力公司已准备拿出300亿元支持三大联网工程,西北与华北联网工程最具优势。就目前而言,西北电网约100万千瓦以上的空闲调峰容量,为联网创造了十分有利的条件。据初步测算,当联网工程输电容量为240万千瓦,最大可为华北电网调峰约460万千瓦,可替代华北电网抽水蓄能电站,节约投资18亿元(联网工程需投资约69亿元)。根据两电网的负荷特性,西北电网的年最大负荷出现在11月,而华北电网的年最大负荷出现在12月。如实现联网,2010年两电网的年错峰效益为78万千瓦,可减少同等容量装机,节约投资39亿元,两项共节约57亿元,具有降低运行费用和系统备用容量以及良好的社会经济效益。

西北与华北、华中、川渝联网,可实现水火互济、丰枯互补和跨域补偿调节,并使三个大区电网的电力结构得到优化和调整,尤其是西北与华北联网,将打开"西电东送"北线大通道,实现"西电东送"战略。

专栏 5—4

"西气东输"工程[①]

按照初步规划,2000年底将完成"西气东输"的前期研究工作,在国家计委协调下确定用气项目。2001~2003年分期分段完成管道建设工程,力争2002年底建成靖边—上海段,2003年建成轮南—靖边段。初期先利用陕甘宁天然气启动上海市场,2004年塔里木开始正式向长江三角洲地区供气,并相继建设压气站,2005年管输规模达到120亿立方米的设计水平,并确保稳定供气30年。以后将输气量逐步增加到200亿立方米。

"西气东输"是中国实施西部大开发的一项重大工程。这项工程将建设新疆塔里木至上海的全长4167公里的输气管线,初期设计年输气能力120亿立方米,干线总投资456亿元。加上气田勘探开发、城市管网、工业利用等相关项目建设,工程投资规模预计高达1200亿元。"西气东输"管道沿线要经过九个省区市,其中有四个省区市属于西部地区。管道投资的67%发生在西部地区,由此形成的庞大产业链,必将对西部地区的经济发展起到积极推动作用。

工程尚需在气田勘探开发、天然气下游利用和管道建设等方面加大工作力度。目前塔里木盆地已累计探明5050亿立方米的天然气地质储量,基本具备了年产120亿立方米的启输能力和保证稳定供气30年的要求。与此同时,还要进一步加强这一地区和鄂尔多斯气区的勘探力度,并大力开拓下游市场,争取下游项目的建设能与管道建设同步。

二、落后的技术结构

西部产业技术水平落后,也是导致产业结构缺乏活力、经济发展竞争能力不足的一个重要因素。西部技术结构问题突出地表现在:传统产业技术老化,具有较高技术含量的加工工业发展缓慢。其原因,一是政策的失误,在技术改造方面投入明显不足;二是市场选择的结果,一些新兴产业在竞争中被淘汰。随着知识经济时代的到来,用先进的技术改造传统产业、积极发展高新技术产业,应当成为西部地区提高产业技术结构水平、增强竞争能力的战略选择。

1. 传统产业的改造问题

【50、60年代重点建设的西部骨干项目曾具有领先的技术水平】 西部地区多数骨干项目是在50年代和60年代建成的。50年代,"156项"重点工程的建设,奠定了西部现代产业发展的基础。石油、有色金属、化工、电力等成为这个时期集中投资建设的部门,建成了一批具有高技术装备水平的大型企业,使西部在相当长的时期内,工业一直保持着技术水平领先的地位(表5—5)。60年代开始的"三线建设",加速了西部建设的步伐。国家先后在"三线"地区投入2000多亿元资金,形成1400多亿元固定资产,建成国有企业3万个,基本形成以国防科技工

[①] 根据《华声报》2000年9月5日资料整理。

业为核心,以交通、煤炭、电力、钢铁、有色金属为基础,以机械、电子、化工为先导,门类比较齐全的工业体系。"三线"企业的建设对于西部地区产业结构的调整起到了关键作用,不仅弥补了机械电子等制造业发展的不足,更重要的是,增强了西部在一些高技术领域的研究与开发能力,对西部长远发展产生深刻地影响。

表5—5 西部"156项"重点工程中民用项目建设情况
Table 5-5 Spatial Distribution of the 156 Prior Industrial Projects in the West

行业	西部项目数	全国总数	地点	西部投资总额（万元）	占全国比重（%）
煤炭工业	1	25	铜川	8372	5.74
石油工业	1	2	兰州	19385	52.56
电力工业	7	25	重庆、成都、个旧、西安、鄠县、兰州、乌鲁木齐	42890	19.11
有色金属	2	11	个旧、白银	70580	40.17
钢铁工业	0	7		0	0
化学工业	2	7	兰州	34981	32.29
机械工业	6	24	西安、兰州	40743	14.44
轻工医药	0	3		0	0
合计	19	104		216951	13.91

表5—6 70年代我国两次成套引进项目建设情况
Table 5-6 Sectoral and Spatial Distribution of Package Equipment Imports in the 1970s

	项目	全国	建设地址	投资（万元）	比重（%）
1972年成套引进的26个项目建设情况					
电力工业	0	3		0	0
冶金工业	0	2		0	0
化学工业	4	16	成都、泸州、赤水、水富	56586	6.49
轻纺工业	1	5	长寿	96134	12.68
合计	5	26		152720	7.41
1978年成套引进的22个项目建设情况					
煤炭工业	0	3		0	0
石油工业	0	2		0	0
冶金工业	1	3	贵阳		
化学工业	2	7	银川、乌鲁木齐	67911	17.86
轻纺工业	1	5	昆明	51451	11.72
电子工业	1	1	咸阳	71103	100.00
合计	5	21		190465	6.93

资料来源:《1950—1985中国固定资产投资统计资料》,中国统计出版社,1987年。
注:统计资料只列出1978年成套引进的21个项目的情况。

【70年代开始建设速度减缓】 进入70年代以后,国家在西部建设的投入力度逐步减少。1972年和1978年的两次成套设备引进,标志着我国工业化上了一个新台阶。西部地区所占的投资比重仅分别为7.41%和6.93%,同西部在"156项"工程建设投资比重13.91%相比,有较大幅度的减少(表5—6)。

【传统产业技术老化问题越来越严重】 我国一直贯彻的是"重基本建设、轻技术改造"的发展方针。随着我国工业布局重点的东移,必然导致西部产业技术层次的水平同东部的差距逐步拉大。1985年工业普查资料显示,70年代西部与全国工业设备比重基本相当。不同的是,新设备比重(80年代)西部低于全国,而老设备(60年代及以前)比重西部地区明显高于全国。尤其是西北地区,设备老化问题更为严重(图5—8)。

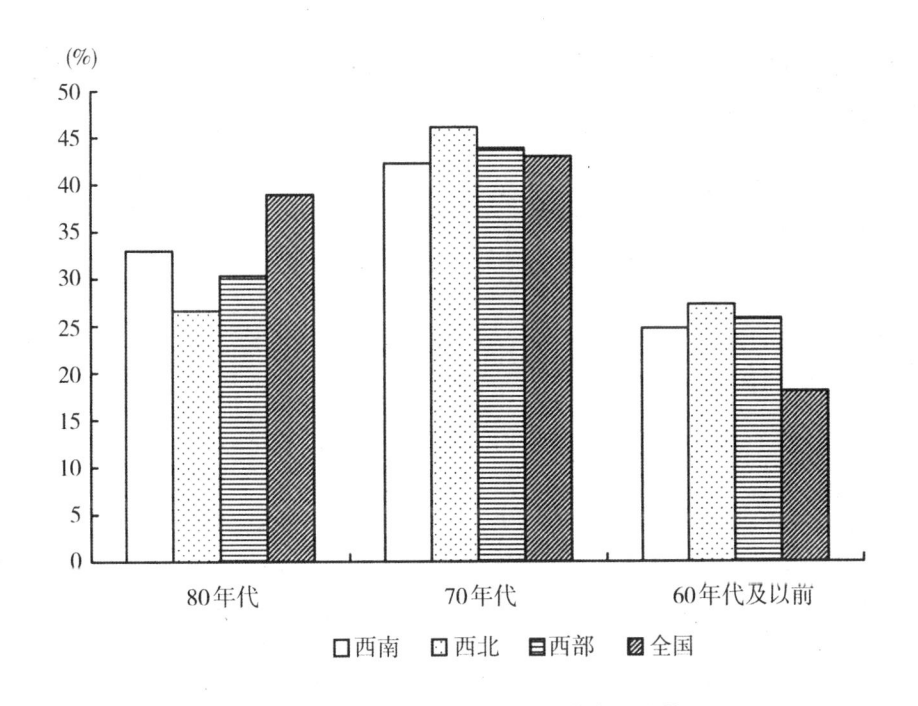

图5—8 西部地区与全国工业设备年限比较

Figure 5-8 A Comparison of Technological Standard of Industrial Equipment between the West and National Average

目前,50年代和60年代形成的老工业基地普遍存在着装备落后、工艺过时、技术老化等问题。一批曾经在国内享有很高声誉的钢铁、化工、机械企业,在国内同行业中的竞争力明显减弱。比如,"156项"工程中最重要的工业项目之一:兰州炼油厂和兰州化工厂,以及"三线"建设中最重要的工业项目——攀枝花钢铁联合企业,目前的技术装备水平和产品的技术含量,都还处在70年代的水平。近年来,国家实行军工企业转产民用、"三线"企业搬迁的政策。原以为这类企业具有技术优势、能够适应市场竞争的要求。但多数企业一搬就死、转产也难以生存的事实说明,西部企业的整体技术优势已不存在。传统产业的技术改造,是实施西部大开发战略的一项紧迫任务。

2. 新兴的制造工业

1978年以来,具有较高技术含量的制造业加速发展,使我国产业结构发生了很大变化,改变了我国落后的经济面貌。区域经济分布格局的变化,也同新兴产业发展水平的区域分布有着密切的关系。

【耐用消费品的市场份额大幅度减少】 西部地区在80年代也开始扶持一些耐用消费品和电子产品生产企业的建设。经过90年代的市场竞争,洗衣机所占市场份额从15%下降到5%,电冰箱从13%下降到7%,只有电视机从13%上升到21%(图5—9)。后者主要是"三线企业"——长虹集团的贡献,其占西部电视机产量的比重为85%。耐用消费品和电子产品的生产在西部多数省区存在的时间是非常短暂的。陕西省"黄河"、"如意"和"海燕"三大彩电名牌仅10年的时间,基本在市场上消失了。青海、宁夏、新疆目前尚没有"新三大件"的生产。

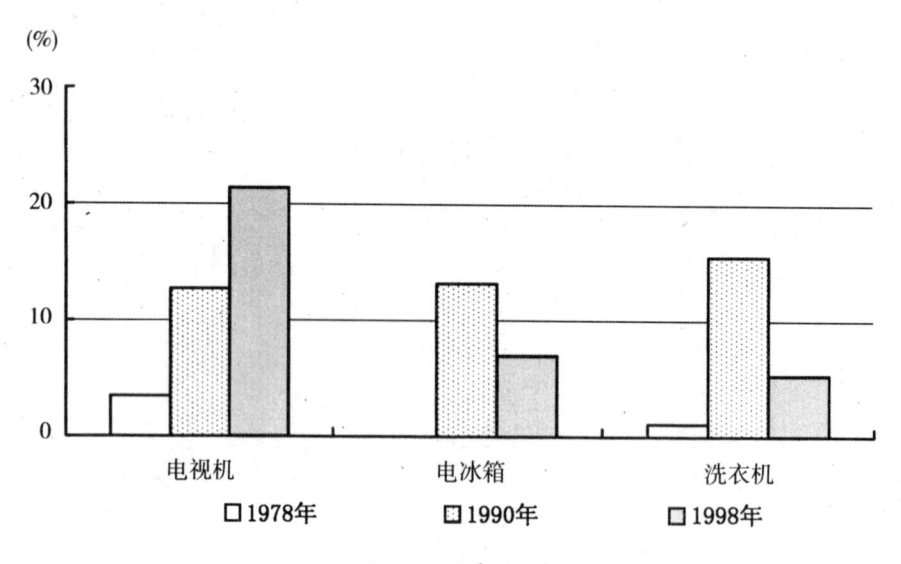

图 5—9 西部耐用消费品产量占全国比重的变化
Figure 5-9 Changes in Shares of the Output of Durable Consumer Goods of the West in National Total

【新兴产业趋于向沿海不断集中】 代表现代经济的投资类电子信息产业的兴起,是21世纪产业发展的新的制高点。近年来,在我国生产资料产品方面,技术含量高、附加值大、市场需求旺的信息通讯产品快速增长,如移动通信设备、程控交换机、微型电子计算机、光通信设备和载波通信设备等。沿海发达地区的北京、天津、上海、广东、江苏、浙江、山东等成为先进的制造业生产中心,这七个省市的微型电子计算机、移动通信设备、程控交换机的产量占全国总量的比重分别为82%、85%和92%。沿海地区制造业产品的技术结构层次显著提高,而西部在这些生产领域却非常薄弱,或基本是空白。

3. 企业综合经济效益

现代制造业发展缓慢、传统产业技术水平落后,必然导致企业综合经济效益低、市场竞争能力弱。从1998年西部工业企业经济效益统计资料分析(表5—7),除了云南之外,西部各省区的经营状况普遍比全国平均状况差。云南是西部唯一个工业结构不依托能源和矿产资源开发的省份,由于烟草工业在工业经济中占有重要地位,其企业综合经济效益情况具有特殊性。总体看来,西北地区企业效益更差,甘肃省在综合指数、成本费用利润率、全员劳动生产率等方面处于末游水平。西南地区的四川省效益指标略好一些,但多数指标与全国平均水平的差距仍然不小。西部地区企业经济效益低下的现实,给西部大开发战略的选择增加了很大的难度。

表5—7 1999年西部工业企业综合经济效益情况
Table 5 - 7 Economic Efficiency of Industrial Enterprises in the West and Its Comparison to National Average

	综合指数(%)	总资产贡献率(%)	资产负债率(%)	成本费用利润率(%)	全员劳动生产率(元/人)
全 国	99.3	7.9	62.0	3.4	30393
重 庆	67.9	5.9	69.1	-0.8	20618
四 川	85.2	6.8	41.8	2.4	22346
贵 州	71.5	7.1	71.8	0.5	21685
云 南	131.7	16.4	54.7	6.5	40669
陕 西	67.7	5.5	69.9	0.0	19011
甘 肃	59.7	5.4	68.8	-1.3	15767
青 海	72.4	6.8	84.6	-1.0	19247
宁 夏	62.8	4.4	67.2	-1.0	16567
新 疆	74.2	6.4	68.8	-0.1	22907

资料来源:《中国统计年鉴》(1999),中国统计出版社,2000年。

三、缺乏竞争力的所有制结构

在改革开放初期,非国有经济以其经营机制灵活的优势,在同国有经济的竞争中略胜一筹。随着社会主义市场经济体制的建立,非国有经济又着力管理体制上的创新,营造新的比较优势,努力成为新时期我国经济快速增长的重要支撑力量。国有经济——特别是国有大中型企业的"三改"(改制、改组、改造)虽然取得了一定的进展,但对区域经济增长的贡献度却比较有限。地区非国有经济的发展态势决定着区域经济发展的总体状况。我国区域经济发展格局的变化,与地区所有制结构转型的程度具有密切的关系。近期内,西部所有制结构的特征难以有较大改变,通过发展非国有经济产生的增量来调整国有经济为主的存量结构,是不太现实的。增强产业结构活力的主要手段是扶持已具优势的大中型国有企业的发展,加强技术改造,开发新产品,增强市场竞争能力。

1. 所有制结构特征

【西部国有经济比重居高不下】 西部地区现代工业的建设主要依靠国家投入,国有经济一直占据着主导地位。"156项"重点工程和"三线"建设,奠定了西部地区的工业基础,使西部成为我国国有企业、特别是国有大型企业比重最高的地区(图5—10)。改革开放以后,东部地区所有制结构发生了根本性的转变,西部地区的国有经济比重却一直居高不下,乡村非农产业、外向型经济和民营经济等新兴的经济类型发展非常缓慢。1999年,规模以上工业总产值中,西部地区国有及国有控股企业所占比重为73.38%,全国仅为47.49%。西北国有经济比重更高,达到78.43%,较西南多8个百分点(图5—11)。

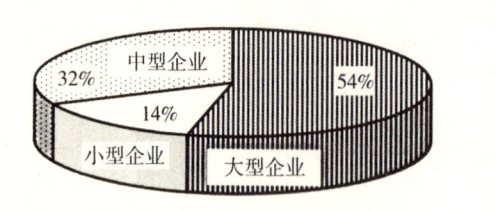

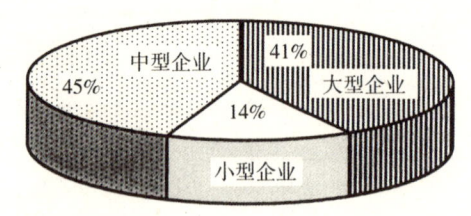

图5—10 西部地区(左)与全国(右)企业规模结构比较(按照企业产值计算)
Figure 5-10 A Comparison of Scale of Enterprises Measured by Output Value between the West (Left) and National Average (right)

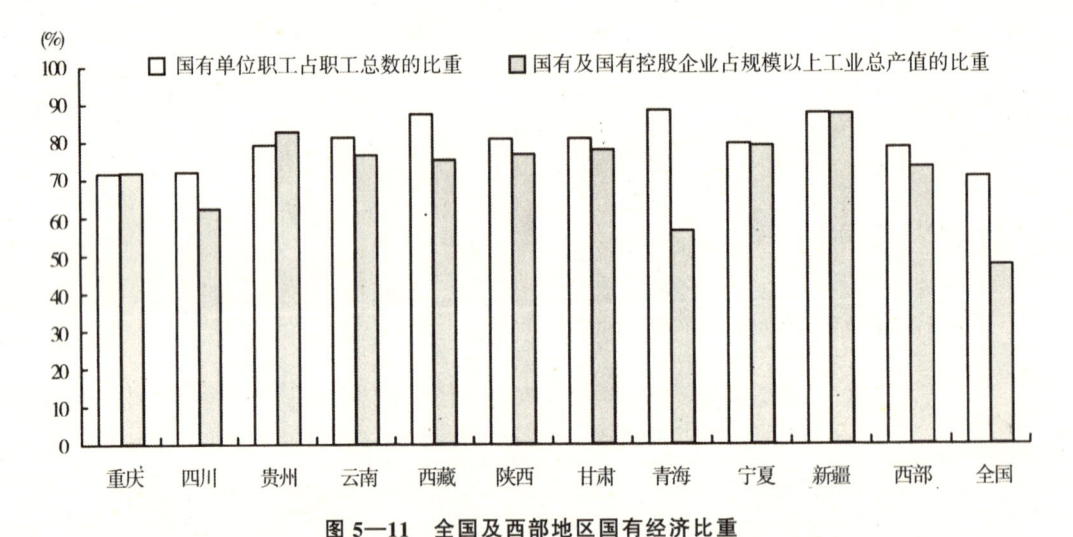

图5—11 全国及西部地区国有经济比重
Figure 5-11 A Comparison of Shares of State-Owned Enterprises in Total Employment and Output Value between the West and National Average

2. 国企困境与国企改革

【国企的脱贫解困仍困难不小】 根据对宁夏62户国有大中型企业的调查,亏损企业35户(8户大型、27户中型),亏损面为56%。究其亏损原因,企业内部管理差和企业外部市场秩序乱是主要因素。此外,由产品结构决定的企业经济效益,难以承受企业负债高、利息支出大的负担;而由于老企业的历史遗留问题,如企业员工多、社会负担重等,使企业难以适应市场经济体制的要求(表5—8)。

表 5—8　宁夏国有大中型工业企业亏损调查(%)

Table 5-8　An Investigation Result of the Status of Large and Medium-Sized Industrial Enterprises in Ningxia (%)

	负债率			利息支出与应缴税金占营业收入的比重	离退休职工比重
	总体状况	大型企业	中型企业		
1997	97.8	73.7	101	26.8	13.1
1998	105.4	80.8	110	33.4	14.7

宁夏国有企业的现状是西部地区国有企业的一个缩影。国有企业脱困步履艰难,直接影响到西部地区经济发展和产业结构调整的成效。而且,西部的国有企业集中分布在能源、原材料、军工机械和纺织等部门,这些部门的经济效益状况不佳,多数部门市场需求不旺,加剧了西部国有企业改革的困难。

【国企改革决定着近期产业结构调整的效果】　西部国有经济存量大,短期内很难通过增量的培育,实现加大调整西部产业结构力度的目的。因此,加快国有经济的改革步伐,对存量结构进行有效地调整,应当成为西部产业结构调整的重要思路。重庆是以国有经济为主的城市,从其1999年拉动工业经济实现快速增长的主要因素的分析中,可以得到这样的启示:优势企业、高新技术产业和新产品开发不仅是国有企业改革的突破口,也是地区产业结构调整的主要驱动力(专栏5—5)。

专栏5—5

拉动重庆工业经济快速增长的主要因素[①]

1999年,重庆市工业生产出现恢复性增长,全年完成工业增加值497亿元,增长10.5%。按可比价格计算,国有及年产品销售收入500万元以上非国有工业企业完成工业总产值增长18.0%。轻、重工业总产值分别比上年增长12.2%和21.5%。工业经济运行态势转好,生产增幅名列全国前茅。1999年,拉动重庆市工业生产快速增长的主要因素有:

1. 优势企业发展较好。1999年50强工业企业实现现价工业总产值277.46亿元,按可比价格算,比上年增长22.8%,占全市国有及年产品销售收入500万元以上非国有工业企业总产值的比重为33.8%。

2. 高新技术产业蓬勃发展。1999年,重庆市高新技术产品达130多种,其产品销售收入占全市国有及年产品销售收入500万元以上非国有工业企业总产值的比重为11%。

3. 新产品开发力度加大。全年实现新产品产值123.85亿元,比上年增长46.4%,占全市工业总产值的比重达14.6%,比上年增加3.6个百分点。

---

① 根据陕西省经济信息中心预测处发布的有关信息整理。

3. 非国有经济发展的条件

我国东部沿海地区非国有经济的主要构成是乡镇企业。早在90年代初期,中央就制定了一系列加快我国东西部乡镇企业发展的政策,把乡镇企业发展作为繁荣东西部地区经济的一个切入点。到目前为止,西部地区乡镇企业落后的局面仍没有明显改变。西部地区以乡镇企业为主体的非国有经济的进一步发展,除了受到"市场疲软"、区位不利等因素制约外,还存在着下列限制因素。如果不结合西部实际情况给予合理地解决,将直接影响到西部所有制结构调整的进程。

【民营经济贷款难】 金融体制改革后,银行为了减少贷款风险,对以中小企业为主的民营经济的发展扶持力度有所减小。

【土地指标不可能满足快速增长的非国有经济的需要】 新的土地管理政策的实施,使得落后地区土地利用结构的调整——主要是增加非农用地指标的难度加大,影响了城市化和工业化的发展。

【环境保护是一个难以逾越的门槛】 环境污染总量控制,给欠发达地区的开发制造了很高的"门槛"(专栏5—6)。

专栏 5—6

贵州关闭"十五小"企业的情况[①]

国务院《关于环境保护若干问题的决定》(国发[1996]31号),从重视环境保护的角度,要求取缔"十五小"企业。据1996年8月的调查统计,全省有"十五小"企业13111个。虽然贵州省工业经济在全国比较落后,但"十五小"企业却占全国总量的17.8%,位居全国第二位。其中土焦和土锌炉窑占"十五小"企业总数的98.7%、99%的"两土"集中分布在六盘水市和毕节地区。国务院要求"十五小"企业全部取缔、关停时限在1996年9月30日止,贵州仅完成了10.8%;1997年取缔关停率上升到13.41%,仍处于全国最末位。1998年达到72.9%。(1)贵州经济基础十分落后,由于缺乏资金,难于完成自身产业结构的调整。省里确定了10项合适的焦炭生产工程,目前仅有2项投产,3项半投产。(2)群众贫困,执行阻力大。(3)全国焦碳和金属锌市场需求量大,价格上涨,利润高。2000年1月,土锌从每吨7000元上涨到9000元,导致屡禁不止。(4)引起地方经济滑坡。"两土"主要分布在边远贫困地区,"两土"已经成为部分地、县近几年的支柱产业。如毕节地区赫章县由于土法炼锌才摆脱了贫困县。六盘水和毕节两地市锌产量达16万吨,总产值15亿元。"两土"在原始积累和增加民众收入方面还是起到了一定的作用。

---

① 根据实地调查整理。

第三节 区域发展与产业分工

西部产业结构的基本特征及其区域经济落后的现状,同西部发展的客观条件有着密切的关系。总的来说,西部物质技术基础薄弱,自然环境和区位条件不利,发展观念和体制也比较落后。1978年以前,国家投入力度决定着西部区域经济发展的基本态势。1978年以后,西部总体上实现了经济快速增长,但区域内部发展不均衡、特别是农村经济十分落后,加剧了西部产业结构的矛盾,加大了同东部发展水平的差距。目前,我国消费市场相对疲软,经济全球化对区域竞争能力提出了更高的要求,资源合理利用和生态环境保护受到高度重视,西部开发中产业发展的难度越来越大。发挥当地比较优势、合理调整产业结构、培育区域特色经济体系,将是实施西部大开发战略的重要途径。

1. 区域经济发展总体态势

【西部经济在全国总量的比重由"上升"转为"下降"】 1978年以前,国家在西部的投入力度决定着西部经济发展的总体态势。1952年,西部国民经济总量仅占全国的14.71%,传统的农牧业在产业结构中占主导地位,工、农业生产总值之比为1:1.94。"一五"到"三五"计划时期,西部基本建设投资在全国的比重持续提高,西部地区工业化进程加速。到1978年,西部地区在我国国民经济中的比重上升到16.02%(表5—9)。

表5—9 西部地区基本建设投资占全国的比重
Table 5–9 Capital Investment in Infrastructure in the West and Its Share in National Total

时　段	全国(亿元)	西部(亿元)	比重(%)
一五时期	588.47	106.14	18.0
二五时期	1206.09	265.86	22.0
调整时期	421.89	107.94	25.6
三五时期	976.03	340.54	34.9
四五时期	1763.95	432.00	24.5
五五时期	2342.17	465.64	19.9
六五时期	3410.09	587.71	17.2
七五时期	7349.07	1089.89	14.8
八五时期	23584.25	3425.81	14.5
1996~1999年	43022.93	7132.51	16.6

改革开放以来,西部地区在全国的经济地位不断下降,同东部地区的发展差距却不断扩大。1999年,西部地区GDP在全国总量中的比重下降到14.63%,人均GDP从1978年相当与东部地区的57%下降到1998年的39%(表5—10)。

表 5—10　东西部人均 GDP 比较(元/人)

Table 5 - 10　A Comparison of GDP Per Capita between the East and West

年　份	1978	1980	1985	1990	1995	1998
东部地区	463	536	852	1184	2348	3142
西部地区	264	302	471	629	982	1250
全　国	376	426	661	894	1485	1853

资料来源:《中国统计 50 年》,中国统计出版社,1999 年。
注:表中数据均折算为 1978 年的可比价计算。

【改革开放以来西部实现了经济快速增长】　尽管如此,西部地区在过去的 20 年中,经济实力还是得到了显著的加强,GDP 年均增长速度达到 9%(图 5—12)。同 1978 年相比,1990、1995、1998 各年的 GDP 总值分别增长了 1.8、3.6、5.0 倍,人均 GDP 分别增长了 1.4、2.7 和 3.7 倍。1980、1990、1998 年经济发展速度还超过全国平均速度 1.1、3.3、1.2 个百分点(相应各年全国增长速度为 7.8%、3.8%、7.8%)。西部地区经济面貌发生明显变化,人民生活水平有了很大提高。

从图 5—12 可以看出,除个别年份外,东部经济发展速度都高于西部地区。1978~1998 年,西部地区 GDP 平均增长速度低于东部 3.9 个百分点。在"八五"计划期间,东西部发展速度的差距达到了极值状态。1990~1995 年,西部 GDP 年均增长速度为 10.8%,低于东部 5 个百分点。进入"九五"计划期间,东部地区经济发展速度持续下滑,而西部地区基本保持了平稳的增长态势,东西部经济增长速度差距缩小到 2 个百分点以下。特别是 1997、1998 年,由于受亚洲金融危机和国内市场疲软的影响,东部经济增长明显受挫,外向型经济、民营经济、轻纺工

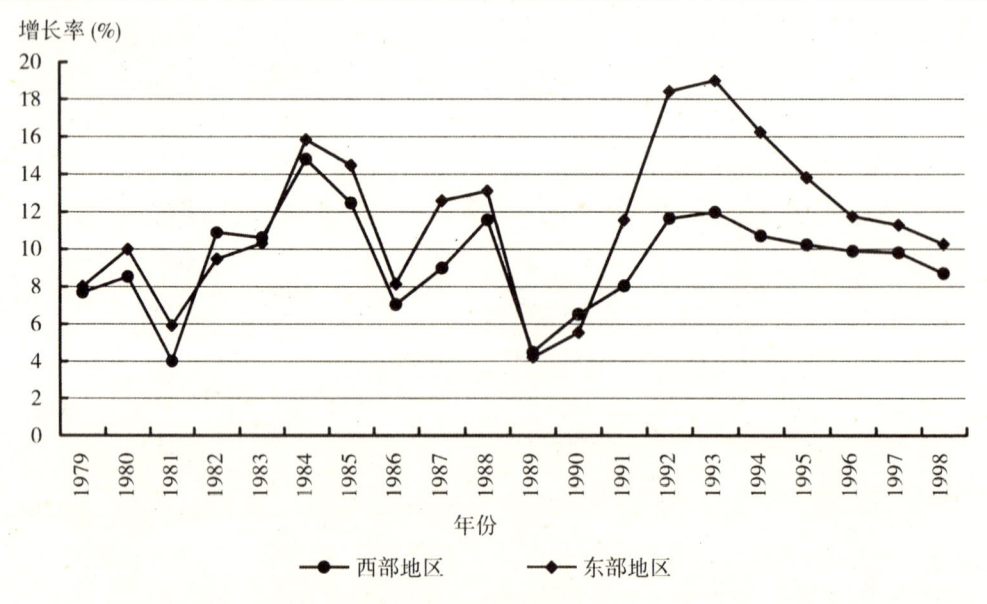

图 5—12　东、西部地区 GDP 增长速度的对比

Figure 5 - 12　A Comparison of Growth Rate of GDP between the East and West

业和中小企业等遭受了更大的损失。与此同时，以能源原材料工业、国有大中型企业以及面向国内市场为主的西部地区，却从积极的财政政策和扩大内需的政策中获得了更大的拉力，基本保持了"八五"和1996年的增长态势，与东部地区之间经济发展速度差距缩小到了90年代以来的最小值。东西部地区之间发展差距扩大的趋势已明显得到遏制。目前，基本实现了全国区域经济的相对均衡增长。

2. 区域产业分工

【西部承担着我国能源原材料生产与供给基地的职能】 我国在三大地带的划分中明确指出，西部在全国产业分工中的职能是"能源原材料产品生产和供应基地"。长期以来，西部地区盛行着这样一个看法，由于利益补偿(财政转移支付)没有有效地发挥作用，也由于价格体系不尽合理，是导致西部地区发展落后的主要原因，使西部经济利益受到了双重损失。即：能源原材料低附加值输出和高价值的加工制成品的输入，造成了经济收益由西部向东部的转移。通过对甘肃省实际情况的调研来看，基本能够说明这样的问题。

【产业分工使西部经济利益受到双重损失】 甘肃省作为较贫穷落后的地区，一直是在与全国物资交流过程中净流入的省份。随着改革开放后经济建设的迅猛发展，经济建设规模不断扩大，每年净流入的绝对数量迅速提高。平均每年净流入从不到10亿元上升到"九五"时期的60亿元左右(图5—13)。

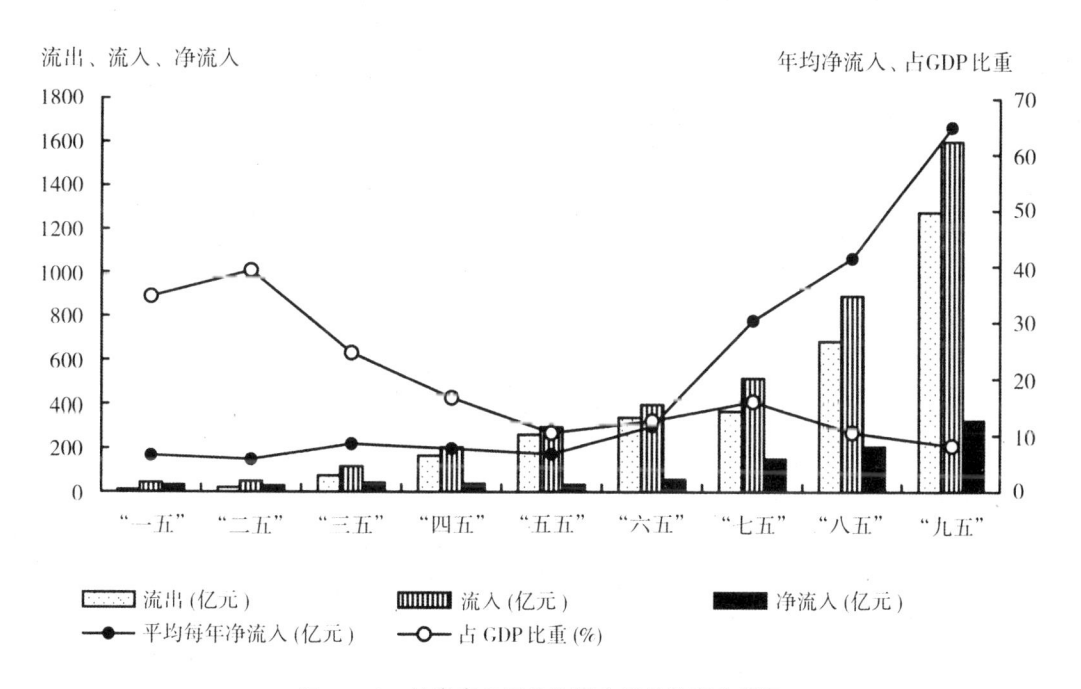

图5—13 甘肃省与区外物资交流量的变化情况
Figure 5-13 Changes of Commodities Interflow of Gansu

从流入流出构成看(表5—11)，净流入量较大的部门除了石油及天然气、金属矿等采掘工业产品输入外，主要是加工工业产品(食品制造业、交通运输设备制造业、造纸及文教用品制造业等)。净流出量集中在原材料工业门类(金属冶炼及压延加工业、石油加工业)。

进一步分析各生产部门净流入占本部门总产出比重及变化趋势,可以看出:随着市场竞争的日益加剧,净流入逐渐加大的行业往往是缺乏竞争力而技术含量相对较高的行业,如交通运输设备制造业(汽车),电子及通信设备制造业,仪器仪表及其他计量器具制造业,其净流入量占本行业总产出的一倍以上。而净流出的行业只有传统的优势主导产业,如金属冶炼及压延加工业,石油加工业。

表 5—11 甘肃省净流入基本情况(%)
Table 5 – 11 Net Inflow of Goods in Gansu Province(%)

行业名称	1987年 占净流入总量比重	1987年 占本部门总产出比重	1992年 占净流入总量比重	1992年 占本部门总产出比重	1997年 占净流入总量比重	1997年 占本部门总产出比重
农业	0.02	0.01	−0.17	−0.03	−0.08	−0.01
煤炭采选业	0.08	0.71	0.29	0.70	0.04	0.03
石油及天然气开采业	0.20	2.18	0.35	0.77	0.26	0.86
金属矿采选业	0.08	0.48	0.33	1.18	0.27	1.54
其他非金属矿采选业	0.03	0.24	0.05	0.14	0.04	0.10
食品制造业	0.23	0.49	0.54	0.35	0.34	0.30
纺织业	0.08	0.26	0.29	0.52	0.21	0.46
缝纫及皮革制品业	0.05	0.39	0.24	0.94	0.06	0.35
木材加工及家具制造业	0.03	0.55	0.12	0.94	0.08	0.85
造纸及文教用品制造业	0.15	1.06	0.25	0.54	0.28	0.81
电力及蒸汽、热水生产和供应业	0.07	0.24	0.05	0.06	0.08	0.18
石油加工业	−0.27	−0.45	−0.75	−0.44	−0.51	−0.29
化学工业	0.14	0.14	−0.04	−0.02	0.21	0.06
建筑材料及其他非金属矿物制品业	0.04	0.13	−0.03	−0.03	0.01	−0.01
金属冶炼及压延加工业	−0.34	−0.35	−1.65	−0.49	−1.30	−0.52
金属制品业	0.01	0.14	0.10	0.25	0.04	0.07
机械工业	0.07	0.20	0.25	0.20	0.14	0.10
交通运输设备制造业	0.09	1.52	0.35	2.00	0.32	2.75
电气机械及器材制造业	−0.06	−0.27	−0.00	−0.00	0.03	0.08
电子及通信设备制造业	0.11	0.72	0.10	0.56	0.12	1.57
仪器仪表及其他计量器具制造业	0.00	0.04	0.02	0.31	0.02	1.92

第四节 区域发展水平的差异

西部各省区内部的发展水平差距也一直呈不断扩大的趋势。在经济核心区现代经济建设快速发展的同时,传统农村经济却一直没有得到相应的发展。城乡间差距的扩大、现代产业经济同落后的农业经济形成了西部落后地区典型的"二元"结构特征。加快农村经济发展、实现农民脱贫致富的目标,应当是西部大开发的一项重要内容。

1. 区域经济布局的导向与效果

【多数省区经济建设高度集中在核心区域】 西部各省区在过去的20年中,均采取了"非均衡发展"的区域经济布局战略,"点—轴"开发模式被普遍应用。从实施的效果看,绝大多数省区还处在"点"的开发阶段——加快中心城市的建设。只有少数发展条件比较好、经济水平相对较高的省区,在产业带的建设方面有了一定的进展,如陕西、四川和新疆。

"非均衡发展"战略使得具有发展优势的地区得到优先、充分地发展,经济发展的集中程度不断提高。1998年,云南省前三位地市人口只占全省总量的17%,但却生产了经济总量的50%(表5—12)。陕西、贵州、青海、宁夏等则是以1/3的人口,完成了1/2以上的国内生产总值。相对而言,四川和新疆经济发展的集中程度较小。这一分布特征,同各省区经济发展的自然条件基础密切相关。特别是地形条件与矿产资源分布状况,决定了经济发展区域分布的基本格局。

表5—12 西部部分省区经济发展集中程度
Table 5-12 Degree of Spatial Concentration of Economic Development in Selected Western Provinces

地 区	首位地市 人口	首位地市 GDP	前两位地市 人口	前两位地市 GDP	前三位地市 人口	前三位地市 GDP
四 川	11.99	30.06	13.20	32.92	17.69	39.27
贵 州	8.91	23.69	28.06	47.03	35.66	54.46
云 南	4.95	17.82	14.73	47.83	16.86	50.13
陕 西	19.09	37.06	29.06	48.25	31.56	50.72
甘 肃	0.56	1.94	12.02	33.39	25.07	42.13
青 海	6.76	18.99	30.72	54.40	34.82	60.04
宁 夏	17.56	37.37	30.23	56.89	64.64	90.25
新 疆	1.42	7.53	10.87	26.79	16.38	35.62

【重点发展区域与欠发达区域的发展水平差距很大】 "非均衡发展战略"的实施,在增强省域整体经济实力、加速中心城市现代化进程的同时,省区内部经济发展水平的差距也不断扩大。四川、贵州、陕西等省区,依靠综合经济的发展,省区内部最发达的地市同最落后的地市发展水平的差距在4倍以上,同全国最发达的省(广东)与最落后的省(贵州)的差距相同(4.77倍)。而具有优势资源开发的新疆和甘肃,其内部地市间的差距在10~30倍之间(表5—13),与全国最发达的地区(上海)与贵州的差距(12倍)相当。

2. "二元"结构特征

改革开放后不久,一些学者在研究西部区域经济问题时,就提出了"二元"结构的概念。认为,西部地区比较发达的城市经济与广大农村落后经济的并存、现代工业经济与传统农业经济形成极大的反差,构成了西部区域经济的基本特征。应当说,目前,西部"二元"结构的区域经济现象依然存在。重庆市域经济分布特征就是"二元"经济的结构一个典型代表。

老重庆市区是我国西部地区的工业重心,已经形成了大工业和大流通的格局,产业经济的物质和技术基础具有相当规模。1998年工业总产值为873亿元,占新重庆的64%。万州、涪陵、黔江三地区以农村经济为主,工业化尚处于起步阶段,经济十分落后。1998年三地区工业总产值129亿元,仅占新重庆的12%。城市居民人均可支配收入5467元,农村居民人均纯收入1720元,城市的人均收入是农村的3倍以上。形成两种对比鲜明的城市与乡村经济单元。

表 5—13 西部部分省区经济发展水平(人均 GDP)的差异程度
Table 5 - 13 Regional Disparity of Economic Development Level in Selected Western Provinces in Terms of GDP Per Capita

	平均值(元/人)	最大值(元/人)	最小值(元/人)	最大与最小值相差倍数(倍)
四 川	4339	成都(11103)	南充(2334)	4.76
贵 州	2342	贵阳(6785)	铜仁(1512)	4.49
云 南	4355	玉溪(16609)	文山(1744)	9.52
陕 西	3834	西安(8376)	商洛(1865)	4.49
甘 肃	3456	嘉峪关(11426)	临夏(1113)	10.27
青 海	4367	海西(11316)	玉树(1597)	7.09
宁 夏	4270	银川(8588)	固原(1114)	7.01
新 疆	6229	克拉玛依(35098)	和田(1290)	27.21

进一步采用人均 GDP 指标来衡量三峡库区 21 个县级行政单位的经济发展水平的差异(图 5—14),可以清楚地反映出城乡经济发展水平的差距。除了重庆市辖区是峰制值区以外,

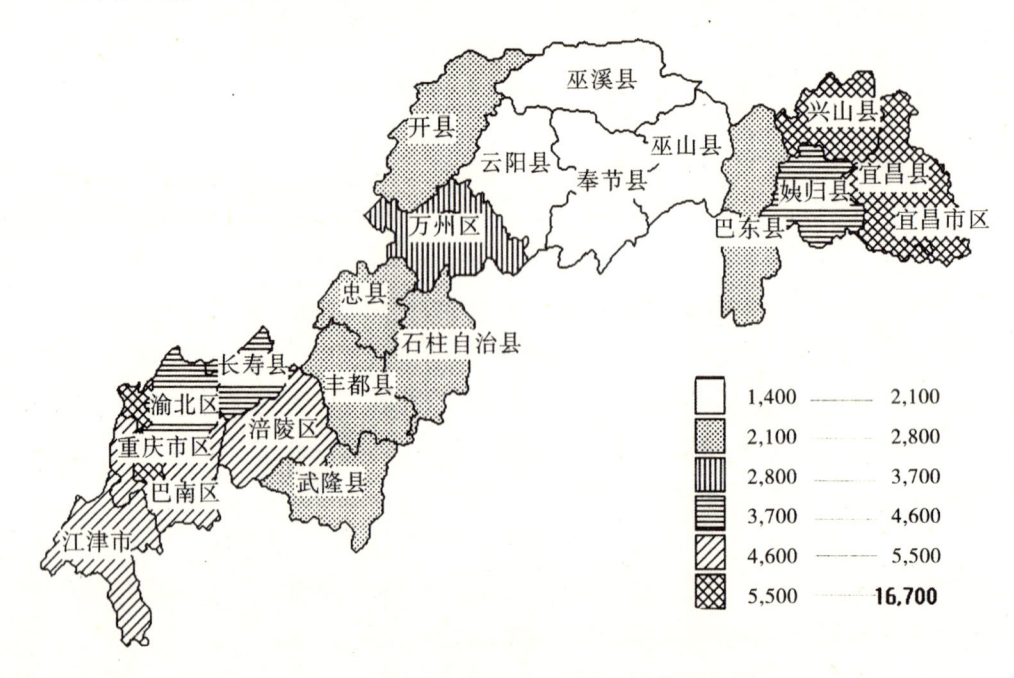

图 5—14 三峡库区人均 GDP 的分布(以县为单元)
注:湖北三峡库区不在西部范围内,此处为了反映库区全貌,故予以保留。
Figure 5 - 14 Spatial Distribution of GDP Per Capita in the Three-Gorge Reservoir Region

宜昌市、江津市、涪陵区、万州区等是高值区,宜昌县、兴山县的人均国内生产总值5500~16700元,是本区国内生产总值的最高值区;而中部的云阳、奉节、巫山、巫溪等县经济发展水平极低。即使不将重庆市辖区纳入比较范围,人均国内生产总值最高的宜昌市辖区(16700元)同最低的巫溪(1400元)的差距仍达到12倍。可见三峡库区经济发展总体水平的地区差异之大。

3. 农村经济发展状况

【农村发展水平的差距是我国区域发展不均衡的核心问题之一】 西部农村经济落后,不仅造成了城乡差距,也成为拉大东、西部发展水平差距的主要原因。在《1999中国区域发展报告》中已经阐明,东西部农村间发展水平的差距大于东西部经济整体水平的发展差距,更大于东西部城市发展水平的差距。因此,西部城乡间差距、东西部农村发展水平的差距是我国区域发展差异问题的核心。

【农民生活水平的差距不断扩大】 1980~1999年间,西部地区人均GDP同全国均值水平差距越来越大,从相当于全国90%的水平,下降到了全国70%的水平。与此同时,城镇居民人均年可支配收入水平基本维持在全国均值90%的水平,而农民人均纯收入与全国均值水平相比,较人均GDP的差距还大(图5—15)。"八五"期间,新疆GDP年均增长速度为12.3%,同期城市居民人均生活费收入和农民人均纯收入年均实际增长仅6.9%和3.6%,城乡居民收入增长缓慢,与整体经济实力及其经济增长速度形成了较大的反差。

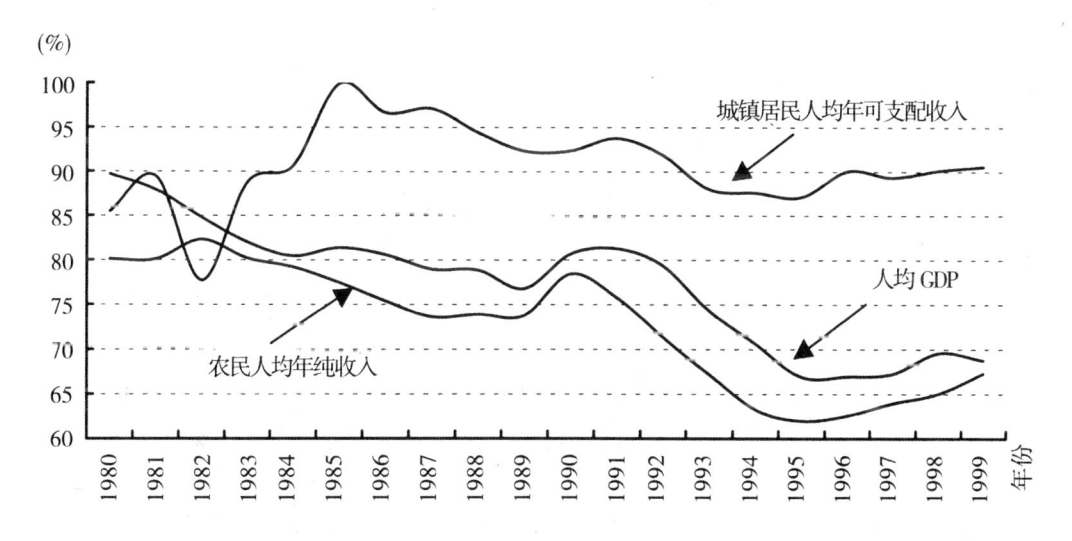

图5—15 西部地区主要经济指标与全国平均水平的比值
Figure 5-15 Ratio of Selected Economic Indicators of the West in National Total

【产业结构落后是导致农村经济落后的主要原因】 农村产业结构层次低、传统的农业经济占据主导地位,这是西部农村经济落后的主要原因。

- 其一,农村非农产业不仅发展落后,而且在乡镇企业中,西部工业所占比重比全国低近

20个百分点(图5—16)。这种靠非物质生产部门的增长支撑农村经济结构转换的方式,同其产业结构的发展阶段和农村工业化的水平极不协调。

- 其二,西部地区的农业基础地位也很不稳固。在西部地区经济总量中,传统农业的地位十分突出,所占比重高于东部和全国平均水平(表5—14,专栏5—7)。1995年,西部地区农业总产值中种植业比重高于东部和全国10个和6个百分点。1998年,西部地区种植业所占比重虽比1995年有所下降,但下降幅度尚不足1个百分点。种植业比重达到70%以上的省份由1995年的两个增加到三个,它们是新疆(78%)、甘肃(75%)、陕西(71%),居于全国前茅。由此导致东西部地区农业结构差距仍呈缓慢拉大趋势。由于西部地区自然条件较为严酷,灾害频繁,农业生产过分依赖于种植业,产量不稳定,欠收年往往发生农民吃饭问题难以解决的问题。农产品结构过于单一,也难以为农副产品加工业提供丰富多样的原料,从而影响到工业化的进程。种植业的过度粗放式发展,也导致水土资源的严重浪费,工、农业用地、用水矛盾异常突出。

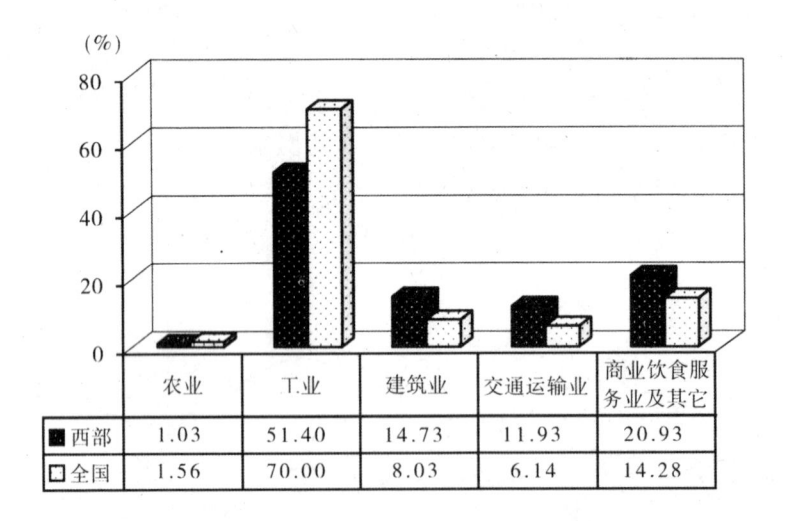

	农业	工业	建筑业	交通运输业	商业饮食服务业及其它
西部	1.03	51.40	14.73	11.93	20.93
全国	1.56	70.00	8.03	6.14	14.28

图5—16 西部乡镇企业部门构成与全国的比较
Figure 5 - 16 A Comparison of Sectoral Structure of Township and Village Enterprises between the West and National Average

表5—14 东西部地区农业构成(%)
Table 5 - 14 A Comparison of Sectoral Structure of Agriculture between the East, West and National Average(%)

地 区	1995年				1998年			
	种植业	林业	牧业	渔业	种植业	林业	牧业	渔业
西部地区	64.5	3.9	30.4	1.2	64.0	3.6	30.8	1.7
东部地区	54.2	3.4	28.0	14.3	52.9	3.4	27.9	15.8
全 国	58.4	3.5	29.7	8.4	58.1	3.5	28.6	9.9

资料来源:《中国统计50年》、《1999中国统计年鉴》,中国统计出版社,2000年。
注:①表中数据按当年价计算;②1999年西部数据不包含重庆市。

专栏 5—7

甘肃省从农产品"卖难"解剖农业结构调整问题

近几年,甘肃省出现农产品市场"卖难"的问题,而且一年比一年突出。究其原因,主要有以下几个方面:

1. 农业生产还未完全摆脱传统农业思想的束缚。甘肃省农民一直从事着自产自销为主的小农经济,自身组织化程度低,生产和技术水平低,抗御自然灾害和市场风险的能力非常有限。多数农户为求得稳定的收成与收入,仍按传统的生产方式生产着质次成本高的农产品。因此,"求稳怕先"是影响农业结构调整的主要思想障碍。

2. 农业结构调整跟不上市场的变化。广大农民和农村地区决策层对市场经济条件下的市场规律还比较陌生。因此,农户对生产的安排,还局限于看别人种什么、上年都销些什么的状态。以甘肃省的甜菜、棉花种植和养猪业来说,前些年由于销路好,农户盲目扩大种植和饲养,结果造成连年市场行情大跌。由此今年不少农户大幅度减少了甜菜、棉花种植面积和生猪存栏。那些在结构调整中受益的往往是根据市场变化最先调整和最先采用新技术的开拓者,而后来的模仿者则往往得不到实惠。同时,调整结构不能一劳永逸,要积极寻找市场空白点。

3. 牵动性、科技示范项目太少。"百合是个银疙瘩,农家致富都靠它",这是七里河区政府 18 年前为鼓励农民种植百合提出的一句口号。如今种植面积已达 22480 亩,产量接近 900 万公斤,产值达 9000 万元。近 10 年来价格上升了 10 倍。种植面积最大的西果园乡,已初步形成生产、加工、销售一条龙。所产百合不但销往全国,还销往东南亚、欧美等国家。这些年,省、地、县、乡都实施了一些科技含量高、带动全局的项目,但对应到每个农户却都显得太少。

4. 农业社会化服务体系发展滞后。农业结构调整与优化,主要取决于产品和要素的价格信号是否真实、准确。多数农户生产中的盲目性,导致了产品供给偏离社会需求目标和结构的低效。同时,社会化的产前、产中、产后服务,仅偏重了产中的生产量,而对产后的营销、加工增值做得比较欠缺,高效率服务还缺乏手段。

可见,西部落后的核心问题是农村经济贫困的问题。1999 年,西部地区人均 GDP 高于全国的只有新疆,城镇居民人均年可支配收入高于全国的有重庆、云南、西藏,农民人均年纯收入无一省区市高于全国平均水平。

第五节　区域特色经济

由于各省区发展战略的差异,西部地区各省区发展效果也是完全不同的。结合近年来区域政策实施的效果分析,西部的基础设施、旅游业、医药、特色农业和高新技术等产业的重点发展,将对产业结构调整发挥重要作用。立足本省区的比较优势,积极构筑特色经济体系,是加快西部经济发展的重要思路。

1. 省区发展水平的分布格局

1978年以来,分析西部各省区人均GDP位次的变化情况,大体可分为4种情形(表5—15):

- 持续上升(包括上升后位次稳定的):云南、四川和新疆。其中,云南和四川在产业结构调整中力度比较大,前者在烟草工业、旅游业的发展中取得了显著成绩;后者在民营经济发展方面取得了实质性进展。

表5—15 西部省区发展水平位次变化情况

Table 5-15 Changes in Ranking of Economic Development Level in Western Provinces

	1978		1990		1998
青海	428	新疆	1799	新疆	6229
西藏	375	青海	1558	青海	4367
宁夏	370	宁夏	1393	云南	4355
甘肃	348	西藏	1276	四川	4339
新疆	313	陕西	1241	宁夏	4270
陕西	294	云南	1224	陕西	3834
四川	253	四川	1105	西藏	3716
云南	226	甘肃	1099	甘肃	3456
贵州	175	贵州	810	贵州	2342
首尾差(倍数)	2.45		2.22		2.66

- 持续下降(包括下降后位次稳定的):西藏、青海、宁夏、甘肃。西藏发展经济的整体条件差。宁夏和甘肃在产业结构调整方面始终没有实质性进展。青海同新疆属于相似的发展思路,依托资源开发、着力发展能源和原材料工业;但由于资源条件较新疆逊色,传统的资源开发战略对经济持续快速发展的支撑力度明显减弱。

- 有所波动:只有陕西。20年中经历着由机械—纺织为主的工业结构,转向能源—重化工基地,继而发展以旅游—高新技术—经济作物特色经济体系的转变过程中。

- 一直处于末游水平的贵州省是全国最贫困的省份。恶劣的自然条件、众多的人口、发展战略上的失误和观念上的落后,综合因素导致了贵州长期以来难以解困脱贫。

2. 省区产业发展的增长点

调整产业结构、加快区域经济发展是西部大开发的战略重点之一。但目前还没有就结构调整和经济发展的目标、内容和政策等达成共识。通过对西部各省区的调研,在以下三个方面,具有共同或相似的战略取向。

【基础设施建设一直是协调地区经济发展的重点投资领域】 基础设施建设在西部开发中具有重要地位。它不仅在改善投资环境、为西部产业经济长远持续的发展创造了条件,而且对于改善西部人民的生活条件、尽快缩小同东部地区社会事业的发展差距,具有重要的作用。目前,从中央到地方,对基础设施建设的目标和具体项目,都有了明确的规划;同时,基础设施建设也成为近期西部开发投资最集中的产业(专栏5—8)。

专栏 5—8

2000年西部新开工的十大工程①

2000年,西部地区将新开工十大工程。其中,基础设施项目占九个,包括西安至南京铁路,西部公路建设,西部地区机场建设,重庆市高架轻轨交通,柴达木盆地涩北—西宁—兰州天然气输气管道,四川紫坪铺和宁夏黄河沙坡头水利枢纽,中西部退耕还林(草)和生态建设及种苗工程,青海钾肥工程,西部高校基础设施建设。唯一的一个加工项目——青海钾肥工程主要依靠企业自有资金投入。

【旅游业是西部开发已被公认的重点产业】 我国各省区市"十五"计划所确定的经济增长点重复率最高的是旅游产业。由于西部在发展旅游业方面具有比较优势,所以,在过去的几年中,旅游业在西部各省区都有不同程度的发展,不仅有力地支撑了经济发展,而且,在推动发展战略向"富民"政策的优先转变中,发挥了关键作用。在云南、陕西、四川等旅游大省,旅游业已成为或即将成为本省的支柱产业。在青海、西藏、新疆、贵州等省区,旅游业成为本省为数不多的行业效益较高的部门(专栏5—9)。

专栏 5—9

云南加快培育旅游业作为支柱产业②

云南省委、省政府于1995年作出了把旅游业发展成为新兴支柱产业的决策,旅游业从此进入了大发展时期。近年来,云南省旅游业获得快速发展。在此基础上,云南省进一步树立大旅游、大市场、大产业观念,旅游业成为支柱产业的态势渐趋明显。目前,云南已形成以昆明为中心的三大旅游线路,重点建设了昆明、丽江、大理、景洪、瑞丽五个旅游重点城市,构建了滇中、滇西北、滇西、滇西南、滇东南五大旅游区,建成了适应旅游业发展的立体交通网络,为旅游业的快速发展奠定了坚实基础。

1999年,云南省以举办世界园艺博览会为契机,投入200多亿元,对旅游基础设施进行了改扩建,促进了旅游业的发展。据统计,去年共接待海外旅游者104万人次,旅游外汇收入3.3亿美元,分别比上年增长36.7%和27.6%;接待国内旅游者3673.8万人次,国内旅游收入176.9亿元,分别比上年增长53.8%和31.5%。

---

① 根据《华声报》2000年5月19日文章整理。
② 根据新华社昆明2000年2月26日电讯(记者屈明光)整理。

> 为促进旅游业持续快速发展,云南省2000年提出,加快并完善各大景区的规划和建设,加强重点景区的开发和管理。同时把培育旅游支柱产业与建设民族文化大省、扩大对外开放、保护生态环境和可持续发展相结合,实施优势发展战略、精品名牌战略和旅游客源市场多元化战略,大力发展融自然风光、人文景观为一体的特色旅游、生态旅游。并以旅游业为龙头,带动交通运输、商贸、餐饮、文化娱乐、邮电通讯、信息咨询、社会服务等第三产业加快发展,促进"假日经济"和消费需求的增长,从而实现投资需求和消费需求对经济增长的双拉动。

【传统医药成为西部优势特色资源加工利用的主导产品】 西部地区自然环境条件复杂多样,许多生物资源比较独特,对其加工利用形成的产业往往具有一定的比较优势。目前,西部各省区都将中草药的研制、开发作为依托资源、结合高新技术利用、带动农民致富的重要产业,形成了一批在国内外颇具影响的企业,也是西部近几年涌现出名牌产品最集中的产业(专栏5—10)。

> 专栏5—10
>
> ## 民族药工业正成为西部民族地区经济增长点
>
> 藏药、维药、蒙药、傣药、彝药、苗药等民族药品的生产,过去长期停留于"自采、自制、自用"的水平,药品生产缺乏科学的管理,没有形成正常的产、供、销渠道,在一定程度上限制了民族药品的发展。改革开放以来,我国采取了一系列措施鼓励民族药品的开发,西藏、新疆、青海、贵州、四川、甘肃、内蒙古等西部少数民族人口较集中的地区,陆续出现了一批颇具规模的现代化民族药品生产企业。这些企业完全改变了过去那种小手工业作坊式的生产模式,民族药品的生产能力和药品质量大幅度提高。如贵州省,1999年民族药品的产值达10多亿元,出现了"贵州神奇"、"贵州汉方"等一批已通过国家药品生产质量管理规范(GMP)认证的现代化民族药品生产企业。西藏自治区1999年民族药品产值达3亿元,有70%以上的县建立了藏药厂或藏药制剂室,藏药在全区的医疗用药比例占70%以上。青海晶珠藏药药业有限公司,与中国科学院藏药现代化研究中心紧密合作,开发出了胶囊、口服液、滴丸、软胶囊等现代藏药新剂型,建成了我国目前最大的藏药现代化生产基地。

除此之外,许多省区市还在现代农业、高新技术产业、军工等领域积极寻找突破口,推动产业结构调整,构筑特色经济体系。但总的看来,其他产业发展的思路还普遍不太明朗,建设力度有限,实施的效果也还没有充分体现出来。

3. 省区特色经济体系的构筑

构筑特色经济成为西部大开发的基本思路,也是产业结构调整的重要方向。特色经济是以区域发展比较优势为基础、以市场需求为导向的。在"九五"时期,特别是在1997年出现亚洲金融危机和国内市场疲软的新形势下,我国各省区市都把调整发展思路作为确保经济增长目标的重要手段。西部地区能够在过去的几年中保持经济稳步发展,除了从国家积极的财政政策中直接受益外,地方性的主要举措就是构筑特色经济体系。当东部沿海经济发展速度大幅下滑时,西部经济的稳步增长为全国实现GDP增长目标作出了重要贡献。

特色经济在西部各省区市的发展程度有着很大的差别。云南的旅游和烟草业、四川的民营高科技产业和酿酒业、青海的绿色生态产业、陕西的旅游—果业—科技产业等,都取得了显著的效果(专栏5—11、专栏5—12)。

专栏 5—11

陕西构筑特色经济[①]

陕西省充分发挥旅游、果业、科技三大产业优势,构筑陕西特色经济。

2000年,全省重大科技产业化项目产值将达到200亿元,实现税利40亿元。要进一步加快关中高新技术产业开发带建设,形成我国西部现代科技产业基地。抓好软件园建设,建成一流的国家软件开发基地。成立信息网络与软件创新工程中心,加强开发应用研究。支持高科技集团在沪深上市,一批高成长性的中小型科技企业在香港创业板上市。积极发展科技风险投资,尽快完善科技风险投资的进入和退出机制。拿出实招,在吸引人才、聚集人才,发挥人才创新作用上迈出更大步伐。

加快建设周、秦、汉、唐四大文化旅游区,使陕西成为世界旅游的首选之地。强化陕西旅游集团公司的开发功能、资本运营功能,加快汉阳陵和秦陵博物院的开发建设步伐,加速建设华山西峰索道工程。搞好旅游基础设施建设,规范旅游市场秩序,2000年争取接待境外游客70万人次,创汇2.8亿美元;接待国内游客2700万人次,旅游收入100亿元人民币。

陕西的苹果、梨、枣、猕猴桃在国内外具有很强的竞争力,其中苹果生产规模接近全球总量的10%。陕西省将大力推广果实套袋、高接换种、病虫害综合防治三大技术,努力提高果品的优质品率。加大绿色食品、高档果品、特色果品和果汁饮料的开发组合,发展龙头企业,实行产、储、运、贸一体化。运用现代营销方式开拓市场,建成高效率的销售网络,进入国际市场。

---

① 根据新华社西安3月9日(记者张连业)消息整理。

专栏 5—12

青海高原崛起绿色食品产业

青海高原是世界上的超净区,环境质量良好,绿色食品资源十分丰富。据有关调查统计,全省现查明有经济动物 250 多种,经济植物 1000 多种。经过环境质量综合评价,青海境内绝大部分地区环境质量良好,十分适宜发展绿色食品生产。高原绿色食品近两年为青海省一些企业看好并被大量开发生产。目前,已有 16 家绿色食品生产企业,34 个绿色食品标志产品,每年绿色食品产值达 1.5 亿元。其中,青海绿宝集团利用高原特有的黑刺、黄刺和白刺,开发生产出三刺果汁系列饮料,产品畅销内地沿海大城市;青海肉食品集团有限公司利用高原牦牛肉、藏系羊肉资源,生产出速冻包装清真牛羊肉串等绿色产品;这个省最大的粮油加工企业丁香集团从去年开始利用高原产油菜籽,开发生产出色拉油等绿色食用油,发展前景看好。

第六节 政策建议

1. 以"富民"为目标,分阶段进行产业结构调整

树立西部"大开发"正确的指导思想,转变自然资源开发支撑经济发展的传统思路。确定阶段目标,调整产业结构,努力实现生态环境与社会经济的协调发展。

西部地区产业结构调整的基础,是努力发挥自身的区域比较优势。主要包括:极端与独特环境下的生物资源条件,在全国占有相当比重的能源与矿产资源,西域自然风光与民族文化构成的综合景观,内陆向西开放的地理位置,以及"三线"建设和国家扶持建设的军备工业基础与科技力量优势。

在西部大开发中,应当树立新的指导思想,产业结构调整应当充分考虑以下原则:

第一,必须高度重视地区开发的生态环境持续保障程度,特别是重要的生态源区的环境变化对中华民族生存和发展的影响趋势,贯彻"经济效益从属于生态效益"的原则。

第二,必须将经济现代化和社会现代化的目标相统一,只有经济效益反映出文化财富的价值,才能够持续的保护和发展传统文化。

第三,必须有利于加快地区发展的步伐,实施"富民"优先的战略,促进社会稳定和国家安全根本目标的实现。

未来 30 年西部地区产业结构调整应当分为两个阶段。

第一阶段(2000~2010 年):可持续发展能力建设阶段——第三产业比重持续增长阶段。西部大开发是一个长期的任务,近期应当将改善发展环境、为长远大开发创造条件作为重点,主要包括生态环境建设与基础设施建设。生态环境建设将直接决定着农业发展规模和结构调整的基本方向,第一产业在国民经济中的比重稳中有降;基础设施建设主要包括交通运输、邮电通讯、水利设施、城市市政等工程的建设,这将有力地支撑第三产业在GDP总量中所占比重的持续上升。工业发展应以技术改造为核心内容,加大改制、改组的力度,逐步进行结构调整,在国民经济中的地位主要呈下降的走势。遏制生态环境恶化的趋势,促进产业经济初步实现与资源环境的协调发展。

第二阶段(2011~2030年):产业经济大发展的阶段——工业化进程加速、第二产业比重开始提高。地区经济实力的增加、人民生活水平的提高,必须依靠工业的发展。经过前10年工业结构的调整以及发展工业的软、硬环境的改善,后10年,利用已经形成的重化工业基础、农业产业化提供的条件,应当迅速发展以轻纺工业为支柱部门的工业经济,支撑国民经济持续发展。农业现代化程度不断提高,在产业结构中的地位持续稳中有降的走势。第三产业中的旅游业、服务业的发展趋于成熟,第三产业在GDP中的比重开始下降。生态环境质量明显改善,社会事业取得显著进步,西部同东部发达地区社会事业和人民生活水平的差距逐步缩小,经济发展同自然资源、生态环境开始步入良性互动的发展阶段。

2. 调整工、农业比例关系,稳步推动工业化进程

农业发展应当从重点建设粮棉基地,逐步转到水土资源合理开发与农民增收致富的发展道路上来。工业发展要坚持以市场为导向,将调整工业结构的切入点放在利用已有重工业形成的原材料基础、当地农副产品资源的加工利用上,努力发展地方的中小型轻纺工业。

不容忽视的是,农业发展和农村经济的发展仍然是近期西部地区大开发的重点。这关系到生态环境质量改善的状况,影响到工业发展的资源基础和市场前景,决定着农民增收致富的进程。西部地区"富民"目标实现的关键,是农业与农村经济的发展问题。今后,应当以提高农牧民生活水平、改善农牧区生产与生活条件为宗旨,以基础设施建设、基地建设、专业化发展、产业化发展、商品化发展为重点,大力发展具有全国优势的农作物,巩固畜牧业的优势地位,推动农业逐步向产业化方向发展,最终建立生产技术先进、结构合理、规模效益好的现代化农业体系。通过提高农业生产水平、加速乡镇企业发展、扶贫并重的方式,逐步实现整个农牧区生活富裕的目标。

西部地区工业化将是一个相当漫长的过程。第一个阶段(前10年),主要是对西部地区已经进行的重工业化过程进行修复,利用国家投入,对重点企业进行技术改造;继续重视具有比较优势的矿产资源的开发利用,在搞好近西部煤炭—天然气、远西部石油—天然气、格尔木盐湖资源开发建设的同时,将开辟利用国外资源和建立我国战略资源储备基地结合起来,同时,创造条件,扶持以地方轻纺工业为主体的中小企业的发展,逐步将工业重点转向以农副产品加工为主的轻纺工业建设上来,形成面向东部国内市场和西部国际市场的轻工业产业格局,带动农业产业化进程。在这个发展阶段,轻重工业比例关系、以及工业同农业比例关系相对稳定。第二阶段(后20年),重点发展轻纺工业,通过轻工业化带动工业经济的迅速发展,工业在西部地区国民经济总量的比重与全国平均水平基本持平。长远看(30年后),经历比较完整的轻工业化发展阶段之后,西部地区的重工业将迎来第二次大发展的阶段,现代化的矿产资源开发与加工利用部门受到重视,轻重工业得到协调发展。

3. 改造传统产业与培育新的经济增长点相结合,提高产业结构的技术层次

西部地区以国有企业为主体的传统产业面临着更大的市场压力,许多老工业基地的发展举步维艰,下岗和城市贫困问题严重。今后,应当加大资金和技术的投入,在进行企业所有制改造和现代企业制度建立的过程中,以增加企业技术含量为宗旨,进行产品结构和技术结构的调整。利用西部部分地区的技术力量优势,发展适用高新技术产业;并在部分区域大力调整军备工业的发展政策,有重点地扶持军工基地建设,形成强大的、具有现代化水平的军备工业体系。

突出远西部地区独特自然环境所提供的生物资源以及与自然风光相媲美的民族风情文化的特点,用旅游业发展和生物资源的开发利用带动新兴产业,促进产业结构的转型。利用西部丰富的生物资源、特别是极端自然环境条件下的生物资源,按照"种养加"、"农工贸"的现代生产组织模式,发展以药物为主导产品的资源开发利用产业。旅游业的发展对西部地区产业结构调整和地区大开发的影响面更广,应作为新兴的支柱产业积极给予扶持。

4. 以加速城市化进程为依托,形成合理的产业经济布局体系

加速城镇化进程,发挥城镇在西部产业结构调整中的载体作用,积极吸纳农村剩余劳动力,减轻生态环境压力,促进区域现代化和可持续发展。尤其是要进行合理的开发区划,选择重点开发区域,采取不同的区域政策,形成以特色经济为基础的区域发展格局。

西部内部发展条件的差异性很大。改革开放以来,各省区也都采取了"地区非均衡发展"的战略,使发展条件相对较好的地区得到优先、重点的发展。目前,除城乡存在着显著的发展水平差距之外,各省区之间、各省区内部各地区之间差距也比较大。今后,西部大开发也同样应当按照产业经济区划,进行分区开发,实施"地区特色经济发展"战略。这样,有利于高效利用国家有限的资金,加大对重点地区和重点领域的扶持力度,分阶段解决不同时期的关键问题,形成地区发展活力,带动整个西部持续快速的经济与社会发展。按照西部资源环境条件和社会经济基础,至少从自然地理基础与经济发展状态上可以大体划分为近西部和远西部两个部分。他们之间的开发目标与开发方式应当是有所不同的。今后,应当充分发挥区域比较优势,以特色经济为基础,形成多样性的地区经济体系。

近西部地区应加快资源型产业的发展,促进传统产业主要是老工业基地的调整和技术改造。提高重要农业、能源、原材料基地的经济发展水平,并规划建设一批新的能源、原材料基地。发展农业的规模经营和产业化。重点治理资源开发区、工业、城市聚集区的环境污染。调整改造、大力振兴原有"三线"地区的国防工业。远西部地区在加强部分有优势的资源开发利用的同时,重点加强基础设施建设,以改善交通、通讯、供水、居住条件和文化教育水平。促进地方资源的开发和农牧业的规模经营及产业化,通过富民以稳定边疆。着手进行大江大河源头地区的生态保护和生态恢复。在制订远西部地区大开发方案时,要重新审视远西部地区的资源优势问题。远西部地区不宜再搞那些代价大、收益低的资源开发和及其加工的大项目。

增强中心城市功能,以机械电子和化学等具有较高技术含量的工业为主导,完善中心城市的高新技术产业和旅游业枢纽职能,形成具有较高水平服务业的现代化城市经济。在此基础上,建设若干一级产业集聚轴线,形成西部经济核心区,并率先在西部地区实现现代化。积极培育具有一定经济基础的二级产业带和西部边境开放经济带,增强整体实力,以优势资源的加工利用为重点,发展地区特色经济,为长远区域开发格局的完善和区域经济的协调发展创造条件。选择欠发展优势的区域,作为国家长期政策扶持的对象区域,促进当地生态条件的改善,提高相对贫困人口的生活水平。

参考文献

[1] 魏后凯:《中西部工业与城市发展》,经济管理出版社,2000年。
[2] 国务院发展研究中心等:《西部大开发指南》,中国社会出版社,2000年。
[3] 中国社会科学院工业经济研究所:《中国工业发展报告 1999》,经济管理出版社,1999年。
[4] 中国社会科学院工业经济研究所:《中国工业发展报告 2000》,经济管理出版社,2000年。
[5] 国家发展计划委员会:《中国产业技术发展报告》,中国计划出版社,1998年。
[6] 中国自然资源研究会:《西部地区资源开发与发展战略研究》,中国科学技术出版社,1992年。
[7] 国务院发展研究中心:《九十年代中国西部地区经济发展战略》,华夏出版社,1991年。
[8] 杜平:《西土取金》,中国言实出版社,2000年。
[9] 国家计委国土开发与地区经济研究所课题组:《西部开发论》,重庆出版社,2000年。
[10] 陈东生:"西部大开发观念更新是先导",《经济参考报》,1999年12月1日。
[11] 王一娟:"西部开发需要思路创新——访科技部副部长邓楠",《经济参考报》,1999年12月2日。
[12] 吴建华:"切实减少农业结构调整的盲目性",《科学时报》,2000年4月18日。
[13] 田成平:"在结构调整中推进经济发展",《人民日报》,2000年4月11日。
[14] 刘玲玲:"西部大开发与地区经济协调发展",《中国企业报》,2000年3月28日。
[15] 中国社会科学院工业经济研究所课题组:"西部开发与东、中部发展问题研究(上)",《中国工业经济》,2000年第4期。
[16] 中国社会科学院工业经济研究所课题组:"西部开发与东、中部发展问题研究(下)",《中国工业经济》,2000年第5期。
[17] 中共中央党校经济研究中心课题组:"对西部大开发的经济学思考",《经济研究》,2000年第6期。
[18] 佘之祥:"东西部乡村发展差异与发展",《人民日报》,2000年4月17日。
[19] 甘肃省人民政府研究室课题组:"中国西部欠发达地区经济增长研究",《开发研究》,1998年第2期。
[20] 廖元和:"中国西部工业化的总体战略探讨",《改革》(重庆),2000年第4期。
[21] 国务院发展研究中心:《中国西部90年代发展战略》,华夏出版社,1991年。
[22] 课题组:"中国西部地区工业化战略与政策研究",《经济研究参考》,2000年第1期。
[23] 金碚等:《两岸突破:中国工业区域分析》,经济管理出版社,1997年。
[24] 国家统计局工交司:《大透析:中国工业现状、诊断与建议》,中国发展出版社,1998年。
[25] 王一鸣:"不失时机地实施西部大开发战略",《瞭望新闻周刊》,1999年第48期。
[26] 边古:"中国西部地区工业化的回顾与前瞻",《中国工业经济》,2000年第4期。
[27] 陈栋生:"制度创新是加快中、西部地区工业发展的根本动力",《中国工业经济》,1999年第6期。
[28] 郭志仪、曹洪民:"中国贫困地区的发展目标与结构调整",《兰州大学学报》(社科版),1998年第3期。
[29] 樊杰、杨晓光:"扶持我国落后地区发展的新观念——以西部开发战略为重点",《地理研究》,2000年第1期。
[30] 罗松山:"西部大开发中产业结构调整的思路——来自美国、日本的启示",《中国工业经济》,2000年第5期。

[31] 樊杰:"自然资源结构在地区产业结构演进中的宏观作用",《自然资源学报》,1992年第2期。

[32] 余天心、王石生:"我国东中西部地区发展优劣形势的比较分析"(上、中、下),《中国财经信息资料》,2000年7、8、10月。

[33] 单晓娅、宋梅:"中国西部经济结构的转换与优势构建",《贵州民族研究》,2000年1月。

[34] 胡长顺:"实施西部大开发战略 加快中西部地区发展的构想和建议",《中国经济时报》,2000年4月5日。

[35] G.J.施蒂格勒:《产业组织与政府管制》(潘振民译),上海人民出版社,1993年。

[36] 泰勒尔:《产业组织理论》,中国人民大学出版社,1997年。

[37] 舒尔茨:《改造传统产业》,商务印书馆,1987年。

[38] 周振华:《现代经济增长中的结构效应》,上海三联书店,1991年。

[39] 周振华:《产业结构优化论》,上海人民出版社,1992年。

[40] 刘伟:《经济发展与结构转换》,北京大学出版社,1992年。

[41] 方甲:《产业结构问题研究》,中国人民大学出版社,1996年。

[42] 张迎:《企业理论与中国企业改革》,北京大学出版社,1999年。

[43] 王缉慈:《现代工业地理学》,中国科学技术出版社,1994年。

[44] 罗肇鸿:《高科技与产业结构升级》,上海远东出版社,1997年。

[45] 蔡红延:"现代产业组织理论评述",《经济学动态》,1994年第11期。

[46] 江小娟:《经济转轨时期的产业政策》,上海人民出版社,1996年。

[47] 王西麟:《高技术企业成长论》,暨南大学出版社,1996年。

[48] 马洪、王梦奎:《中国发展研究》,中国发展出版社,2000年4月。

[49] 刘解龙:《国有资产增值难题研究》,经济管理出版社,1999年。

[50] J.布卡尔:《产业经济学前沿问题》,中国腾图电子出版社,2000年。

[51] 周振华:《结构调整》,上海人民出版社,1999年。

[52] 中国社会科学院经济研究所宏观课题组:"大调整:一个共同的主体和必然的选择",《经济研究》,1998年9月。

[53] 厉以宁:《区域发展新思路》,经济日报出版社,1999年。

[54] 王绍光、胡鞍钢:《中国不平衡发展的政治经济学》,中国计划出版社,1999年。

[55] 胡鞍钢、邹平:《社会与发展》,浙江人民出版社,2000年。

[56] 迈克尔·波特:《竞争优势》,1997年。

[57] Jefferson, Gary H., Rawski Thomas G. and Zheng Yuxin: Chinese Industrial Productivity: Trends, Measurement Issues, and Recent Development. Univ. of Pittsburgh, Working paper 297, September, 1995.

[58] 邱成利、王增业、王圳:《西部增值》,中国经济出版社,2000年11月。

[59] 马洪、房维中:《中国地区发展与产业政策》,中国财政经济出版社,1991年。

[60] 周淑莲、陈栋生、斐叔平:《中国地区产业政策研究》,中国经济出版社,1990年。

[61] 高纯德、张万清:《中国地区产业结构》,中国计划出版社,1991年。

[62] 陈栋生、魏后凯:《西部经济崛起之路》,上海远东出版社,1996年。

[63] 郭克莎:《工业增长质量研究》,经济管理出版社,1997年。

[64] 魏后凯:新时期中西部工业化战略探讨,《中国工业经济》,1999年第2期。

[65] Peter Dichen: Global Shift, *The International of Economic Activity*. New York, 1992.

[66] J. Chen and B. M. Fleisher: Regional Income Inequality and Economic Growth in China, *Comparative Economics*, Vol. 22, pp. 141—164, 1996.

第六章 特色农业发展的背景、基础与方向

提　要

- 农业结构调整、加入 WTO、生态环境建设等对西部农业发展提出了新的要求,发展特色农业是西部农业的必由之路。
- 西部发展特色农业具有生物物种独特、土地资源丰富、环境质量优良、劳动力廉价和地域辽阔等优势,但也存在位置偏远、信息闭塞、科技落后、人才匮乏和市场体系不健全等问题。
- 西部特色农业的发展应突出环境、物种、气候、草(高)原、野生等特色,打好绿色牌、珍稀牌、时差牌、草(高)原牌和野生牌。
- 应遵循"市场导向、资源依托、环境友好、生态保育、科技支撑和动态优化"的基本原则;重视农业综合开发与生态环境建设和发展特色农业间的协调,解决好发展特色农业与保障主要农产品基本供给的矛盾等问题。
- 为保障和促进西部特色农业的健康顺利发展,应在金融、市场、工商等政策方面予以必要扶持。

第一节　发展特色农业的背景

【农业、农村和农民问题是西部开发的关键环节之一】　我国西部地区城市化和工业化程度较低,决定了农业、农村和农民问题在西部大开发中占有十分重要的地位。农业增效、农民增收、农村繁荣是西部大开发的重要目标。农业的发展是西部地区发展不可或缺的基础,关乎生态环境保护与建设的成败,关乎地区城市化和工业化发展,关乎社会的稳定与发展。由资源基础、自然条件、生态环境、经济发展等因素所决定,特别是由西部地区农业发展的基础与水平所决定,农业开发在西部大开发中将占有极其重要的地位[1~2]。

【产业结构优化和特色化是大势所趋】　20世纪90年代以来,经济全球化趋势日益加强,国际间、地区间的经济联系日益加强,由此导致区域分工与合作的趋势日益明显。进而,国际和地区间的产业结构优化和特色化是必然的趋势。此种结构优化须以自然资源、人力资本、技术条件及市场竞争能力等为基础。就任何产业而言,特别是资源型产业,产业结构优化的地域性极为突出。另外,科技进步不断加快,并对传统产业结构有着重大冲击,主要表现为"极化"

作用,即对优势和劣势均有进一步加强的作用,优者更优、劣者更劣,优胜劣汰,从而使得地区间的比较优势格局和分工合作格局更加明显。受经济全球一体化、科技进步和知识经济等多方面的影响,农业结构调整势所必然。2000年中央农村工作会议指出,实施农业和农村经济结构的战略性调整是农村经济发展新阶段的中心任务。为适应农业和农村经济发展新阶段的要求,必须大力推进农业和农村经济结构战略性调整,全面提高农业和农村经济的素质和效益,增加农民收入。这就为包括西部地区在内的全国农业结构调整提出了新的更高的要求[3~4]。

【加入WTO后机遇与挑战并存】 加入WTO对于我国国民经济发展来说既是机遇也是挑战,而且机遇和挑战因部门而异、因地区而异。加入WTO对我国农业结构、布局、方向与重点等均有着极其显著的影响。分析表明,我国包括玉米、小麦、水稻、棉花等在内的大宗农产品,国内市场价格已高于国际市场价格20%以上。与此形成对比的是,畜产品、果蔬、药材等农产品具有较强的市场竞争能力。我国西部正是发展此类优势产品的重要地区,资源条件、种养习惯等均适宜发展此类优势产品。

【特色农业是实现生态环境与经济社会协调发展的必由之路】 生态环境建设是西部大开发的前提及重点。生态环境建设,须兼顾生态效益与经济效益。发展特色农业是实现生态效益和经济效益共同提高的重要途径,也是退耕还林、还草、还湖,调整农业结构的要求。这种结构调整以调减粮食、棉花等主要大宗作物种植比例,提高特色种植和养殖比例为主要特征,于是为西部地区发展特色农业提供了机遇。

【农业发展的质量与效益正逐步取代数量和增速问题】 我国已基本摆脱了以粮食为主的主要农产品长期短缺的局面,粮食、棉花等主要农产品出现了结构性、区域性、暂时性的低水平过剩。农业发展的问题,已由数量问题转化为质量和效益问题。提高产品质量、进而提高效益,已成为农业可持续发展的首要任务。同时也应当看到,人民对农产品质量的需求与日俱增,特别是对无污染、低有毒残留的绿色食品提出了新的、更大的需求。

第二节 发展特色农业的优势与问题

1. 西部发展特色农业至少有五大优势

【生物物种优势突出】 我国西部大多数地区开发时间晚、开发程度较低,加之幅员辽阔、部分地区人迹罕至,特别是由于独特的气候条件、地理条件和生态条件,西部地区动植物物种资源极为丰富(专栏6—1),我国珍稀动植物物种基本上集中在西部地区。就目前情况看,这些物种资源的开发利用程度还很低,开发利用潜力巨大。从总体上看,西部地区生物物种特点是种类繁多、分布广泛、野生比例大、珍稀比重大、经济利用价值高,但利用程度低。

【以土地为主的农业自然资源优势较为明显】 资源优势是西部发展特色农业的基础,其中尤以土地资源优势最为突出。一是土地总面积和人均面积大,二是草地总面积和人均面积大,三是耕地人均面积大(表6—1)。

专栏 6—1

西部地区生物物种极为丰富

我国西北和西南地区的动植物物种均十分丰富。西北仅以新疆为例。新疆野生植物资源种类多、用途广。已查明食用、药用、工艺、固沙、观赏等植物 3000 多种，稀有植物 100 多种，主要有罗布麻、橡胶草、芨芨草、沙枣、阿魏、贝母、枸杞、甘草、当归、雪莲等。自然条件适宜多种农作物生长，有小麦、水稻、玉米、高粱、燕麦、青稞、棉花、甜菜、油菜、葵花、啤酒花等，更素有"瓜果之乡"美称，吐鲁番无核葡萄、鄯善哈密瓜、库尔勒香梨、伊犁苹果、库车白杏、巴旦杏、阿图什无花果等。野生动物资源有 130 多种，有经济价值的 44 种，如野骆驼、野马、野驴、鹿、熊、羚羊、猞猁、旱獭、玄狐、银狐等，世界性珍稀动物有赛加羚、野牦牛、野马、野驴、野骆驼、黑颈鹤等，还有新疆细毛羊、阿勒泰大尾羊、巴里坤良种马、新疆褐牛等。

西南仅以云南为例。云南有植物物种 3 万多，包括热带、亚热带、温带、寒带以及古老的、衍生的、外来的植物种类，优势生物物种有观赏植物、野生油料植物、天然香料植物、野生纤维植物、药用植物等，号称植物王国、香料王国、天然花园、药物王国。动物物种中，有两栖类 92 种、爬行类 145 种、鸟类 778 种、哺乳类 259 种，野生动物种类接近全国的 50%。

表 6—1 西部地区农业资源情况
Table 6－1 Agricultural Resources in the West

	土地 面积（万平方公里）	土地 比重（%）	耕地 比重（%）	宜农荒地 面积（千公顷）	宜农荒地 比重（%）	草原 面积（千公顷）	草原 比重（%）	草山草坡 面积（千公顷）	草山草坡 比重（%）
全 国	约960	100.0	100.0	3200.8	100.0	31480	100.0	6261	100.0
东 部	130.1	13.5	32.0	274.5	8.6	216	0.7	2013	32.1
中 部	285.2	29.7	44.3	1159.4	36.2	8278	26.3	2020	32.3
西 部	545.2	56.8	23.7	1766.9	55.2	22986	73.0	2228	35.6
西 部	545.2	100.0	100.0	1766.9	100.0	22986	100.0	2228	100.0
西南地区	236.8	43.4	49.4	151.8	8.6	9910	43.1	1306	58.6
重 庆	8.2	1.5							
四 川	48.7	8.9	27.5	38.7	2.2	1258	5.5	659	29.6
贵 州	17.6	3.2	8.2	33.3	1.9			533	23.9
云 南	39.4	7.2	12.7	78.5	4.4			113	5.1
西 藏	122.8	22.5	1.0	1.3	0.1	8652	37.6		
西北地区	308.4	56.6	50.6	1615.1	91.4	13076	56.9	922	41.4
陕 西	20.6	3.8	15.1	10.2	0.6	171	0.7	232	10.4
甘 肃	45.4	8.3	15.5	141.1	8.0	900	3.9	467	20.9

续　表

青　海	72.2	13.2	2.6	38.5	2.2	3752	16.3	107	4.8
宁　夏	5.2	1.0	3.6	100.1	5.7	253	1.1	118	5.3
新　疆	165.0	30.3	13.9	1325.3	75.0	8000	34.8		

资料来源：参考文献[5]。

【环境优势得天独厚】 西部地区开发较晚、开发程度较低,决定了农业生产主要还是以传统农业为主,现代化学物质投入较少,农业生产及工业生产的环境污染较轻。加之地域辽阔,大气环境、水环境、土壤环境等状况要明显优于我国开发较早、开发程度较高的东部及中部地区。这是西部地区发展特色农业、特别是发展无公害特色农业的优势之所在。

【廉价丰富的农村劳动力是提高竞争力的重要基础】 从农村人口所占比例看,1998年西南地区的重庆、四川、贵州、云南和西藏乡村人口占总人口的比例分别为79.9%、81.8%、82.8%、81.8%和84.6%,分别高于全国平均水平9.7个、11.6个、12.6个、11.6个和14.4个百分点。西北地区的陕西、甘肃、青海、宁夏和新疆乡村人口占总人口的比例分别为76.6%、79.8%、65.8%、70.2%和51.5%;陕西、甘肃分别高于全国平均水平6.4个和9.6个百分点,宁夏与全国持平,青海和新疆分别低于全国平均水平4.4个和18.7个百分点。从农村就业结构看,1998年农业劳动力占农村劳动力的比例全国为70.3%,西部为78.3%,其中西南地区78.0%、西北地区78.9%。丰富而廉价的农业劳动力,一是适宜发展劳动密集型农产品生产,二是可降低农产品生产成本、提高市场竞争力[5]。

【空间优势(立地条件优越)是发展特色农业的重要优势】 西部地形复杂、气候复杂,导致农业立地条件复杂而多样,对于农业,特别是对于以资源、气候、立地条件为基础的特色农业而言,是发展的重要优势。西部可以发展高原农业、盆地农业、丘陵农业、沙漠及绿洲农业、河套农业等。

2. 西部发展特色农业的主要劣势

【区位劣势不容忽视】 西部的区位特点,一是远离出海口而不利于产品出口;二是远离以大中城市为主体的特色农产品消费群体;三是远离交通运输主干线而不利于产品运输和交流;四是西部虽有着漫长的边境线并与西亚和南亚国家接壤,但所毗邻国家经济较为落后、社会较为闭塞动荡,市场容量极其有限。区位劣势是西部发展特色农业的重要制约因素。

【信息化水平低成为发展市场化农业的最大障碍之一】 由于偏远区位、城市稀少、经济落后、基础设施差等因素,我国西部地区的信息化水平明显低于东部及中部地区。特色农业的发展在相当大程度上取决于信息化水平,信息劣势是西部发展特色农业的主要不利因素之一。

【科技实力弱是保持特色农业高效的障碍】 特色农业不仅仅是资源和劳动密集的产业,也是包含相当高科技成分的产业。没有科技支撑的特色农业,没有长久竞争力。

【人才缺乏影响特色农业发展的方方面面】 科技人才、管理人才和经营人才的缺乏是西部极为普遍的现象,特别是后两种人才的缺乏更是农业结构调整、农业增效的主要问题之所在。从根本上讲,西部发展特色农业最缺的是管理人才和经营人才。

第三节 农业发展及其结构调整

1. 西部农业在全国的地位与特点

【生产规模在全国所占比重不大】 农业虽在西部地区占有重要地位,但在全国所占比重并不大。西部农业总产值仅占全国的17.7%,种植业占19.8%,牧业和林业占18.4%(图6—1、图6—2、图6—3和图6—4)。从作物播种面积看,西部地区在全国所占比重也是最低的,农作物总播种面积仅占23.5%。其中,谷物占22.7%,薯类占39.5%,油料、棉花、糖料、果园、茶园和蔬菜面积比重分别为21.1%、27.2%、24.3%、20.4%、31.3%和16.5%,烟叶面积比重则高达53.7%(表6—2)。

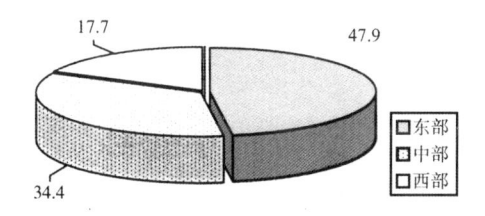

图6—1 1998年西部农业总产值占全国比重(%)
Figure 6-1 Percentage of West Agricultural Produce in China (1998)

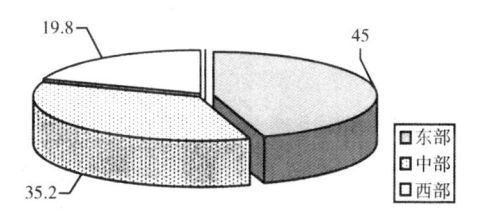

图6—2 1998年西部种植业产值占全国比重(%)
Figure 6-2 Percentage of West Farming Output Value in China (1998)

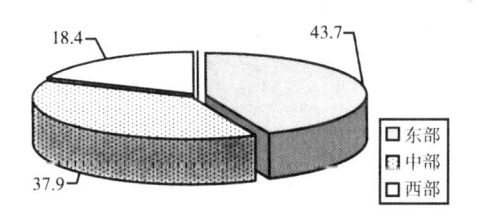

图6—3 1998年西部牧业产值占全国比重(%)
Figure 6-3 Percentage of West Animal Husbandry Output Value in China (1998)

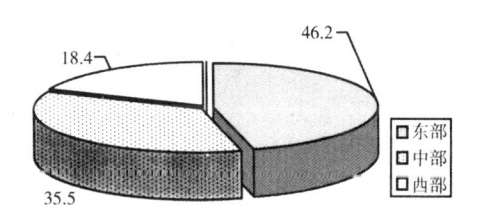

图6—4 1998年西部林业产值占全国比重(%)
Figure 6-4 Percentage of West Forestry Output Value in China (1998)

表6—2 1998年西部地区农业占全国的比重(%)
Table 6-2 Percentage of Agricultural Output of the West in National Total (1998)

	农作物播种总面积	粮食播种面积	其中:谷物播种面积	其中:薯类播种面积	油料播种面积	棉花播种面积	糖料播种面积	烟叶种植面积	蔬菜种植面积	茶园面积	果园面积
东部	34.2	33.7	35.7	27.8	27.1	27.9	50.2	13.2	49.5	32.9	57.9
中部	42.3	42.4	41.6	32.7	51.9	44.9	25.5	33.1	34.1	35.8	21.6
西部	23.5	23.9	22.7	39.5	21.1	27.2	24.3	53.7	16.5	31.3	20.4
重庆	2.33	2.55	2.09	7.82	1.49	0.05	0.10	4.19	2.29	2.19	1.04

续表

四川	6.23	6.45	6.15	12.84	6.48	3.13	1.51	5.37	5.58	7.26	2.82
贵州	2.89	2.75	2.34	6.44	3.46	0.08	0.66	14.77	2.56	3.98	0.69
云南	3.36	3.42	3.29	3.44	1.10	0.03	14.31	23.95	2.01	15.09	2.28
西藏	0.14	0.17	0.20	0.00	0.13				0.07	0.03	0.02
陕西	3.01	3.54	3.43	3.99	2.19	0.79	0.10	4.40	1.57	2.69	7.77
甘肃	2.42	2.53	2.59	3.51	2.57	0.76	1.58	0.70	1.35	0.09	3.51
青海	0.35	0.33	0.32	0.36	1.14			0.01	0.10		0.06
宁夏	0.63	0.71	0.68	0.99	0.87		0.46	0.02	0.28		0.43
新疆	2.11	1.39	1.63	0.12	1.65	22.39	5.59	0.32	0.68		1.77

资料来源：参考文献[5]。

【西部农业的相对优势】 西部从总体上看农业生产水平还不高，特别是单位产量还比较低。但这并不意味着西部的农业就没有相对优势可言。这种相对优势，从各种产品的相对生产水平中可以看出，也可从各种产品在国内所占份额中看出。在此，仅对西部地区种植业的相对优势进行分析。首先看西部地区农业的总体相对优势。从表6—3中可以看出，西部地区农业的绝对优势在于油菜籽，相对优势依次为烤烟、谷物及甜菜。西北地区的优势是油菜籽和甜菜；西南地区优势为油菜籽和茶叶，劣势为甜菜。其次，再看西部各地区农业的相对优势。重庆较有优势的是茶叶和水果；四川有优势的是油菜籽、水果、茶叶和甘蔗；贵州有优势的是油菜籽和茶叶；云南有优势的是甘蔗、烤烟及茶叶；西藏较有优势的是油菜籽；陕西较有优势的是甜菜及油菜；甘肃有优势的产品较多，包括棉花、甜菜、油菜及烤烟；青海较有优势的是油菜籽和甜菜；宁夏较有优势的是烤烟和甜菜；新疆有优势的产品较多，包括甜菜、棉花和油菜籽。当然，在此没有考虑产品内在质量差异问题。

表6—3 1998年西部及其各地区作物单产相对于全国平均水平的比例(%)及位次
Table 6-3 A Comparison of Crop Yields between the West and National Average

	谷物		棉花		油菜籽		甘蔗		甜菜		烤烟		茶叶		水果	
	相对水平(%)	全国位次	相对水平(%)	全国位次	相对水平(%)	全国位次	相对水平(%)	全国位次	相对水平(%)	全国位次	相对水平(%)	全国位次	相对水平(%)	全国位次	相对水平(%)	全国位次
西部	84.6		61.4		112.9		31.7		78.9		82.5					
西南	89.1		46.1		117.1		63.4		22.9		70.1					
西北	80.2		76.7		108.5				134.9		94.9					
重庆	89.4	20	67.2	19	100.5	14	60.8	16			79.4	22	108.7	6	130.3	8
四川	107.1	12	72.2	18	133.2	4	91.6	9	24.9	16	73.3	23	105.7	8	138.7	6
贵州	84.2	24	49.4	21	107.5	10	70.0	14	25.2	15	94.1	17	73.9	12	73.2	20
云南	76.9	27	41.8	22	105.5	11	94.6	7	64.3	13	103.4	10	72.8	13	54.6	27
西藏	87.6	21			139.2	9							26.5	19	89.9	19
陕西	73.0	29	64.3	20	101.0	12			93.4	9	90.7	19	47.5	18	101.6	15
甘肃	63.0	31	180.5	2	130.1	5			169.1	2	139.0	2	56.6	17	59.1	26
青海	69.6	30			113.1	7			86.4	12					69.2	24
宁夏	86.6	23			83.6	20			138.8	3	143.7	1			65.8	25
新疆	108.7	10	138.9	3	115.2	6			186.8	1	101.0	12			125.3	12

资源来源：《中国农村统计年鉴》(1998)，中国统计出版社，1999年。

2. 西部已开始在农业结构调整方面取得显著成效

【农业结构变化总体较快,但地区差异较大】 从图6—5可以看出西部与全国及其他地区相比较而言的农业结构特点。其一是两个最高,第一个最高是农业(种植业)比重最高,分别高出全国、东部和中部6.4个、11.4个和4.3个百分点,第二个最高是牧业比重最高,分别高出全国、东部和中部2.6个、3.8个和0.1个百分点;其二是两个最低,第一个最低是林业比重最低,分别低于全国、东部和西部0.4个、1.0个和0.5个百分点,第二个最低是渔业比重最低,分别低于全国、东部和中部8.7个、14.1个和3.9个百分点。

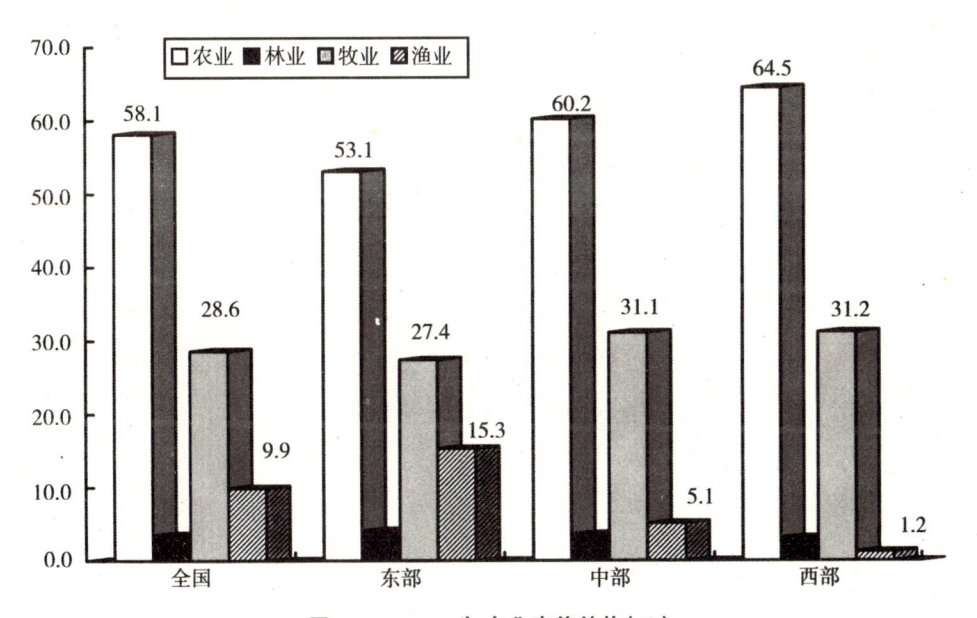

图6—5 1998年农业产值结构(%)

Figure 6-5 A Comparison of the Structure of Agricultural Output Value between the East, Middle, West and National Average

其次,从表6—4可以看出,西北地区比西南地区种植业比重高出8个百分点以上,而牧业比重低6个百分点。从整体结构看,西南地区比西北地区农业结构更均衡些。若借用城市首位度的概念进行分析可以发现,西北地区的农业首位度远大于西南地区的农业首位度。从此意义上讲,西北地区的农业特色可能更为明显。具体到各省区市,农业首位度从小至大依次为:青海、西藏、重庆、四川、云南、宁夏、贵州、陕西、甘肃和新疆。

最后,分析一下西部农业结构的发展变化。整个西部地区近几年渔业、牧业和种植业的增速较快,而林业增速较慢,导致渔业、牧业及种植业比重有所上升,而林业比重有所下降。西北地区增长最快的是种植业,其次是牧业,林业则呈下降之势。其中,陕西各业增长较为均衡且较快,属于农业均衡快速增长型地区,种植业、林业、牧业和渔业增速均在5~10%之间;甘肃农业总体增长很快但各业发展差异较大,属于农业结构大调整快速增长型地区,增长最快的是种植业和渔业,而林业有所减少;青海农业增速较慢但各业增长差异较为明显,属于农业结构部分调整慢速增长型地区;宁夏农业总体增长较快且结构调整很大,属于农业结构大调整快速增长型地区;新疆农业总体增长较快且结构有所调整,属于农业结构较大调整快速增长型地区。西南地区,总体上看增长最快的是渔业,种植业近乎停滞。其中,重庆农业总体增速较低,种植业和牧业比重明显下降而林业和渔业比重明显上升,属于农业结构大调整增长很慢的地区;四川农业总体增长较慢,渔业比重上升较快而其他各业比重变化较小,属于农业个别结构调整慢速增长的地区;贵州农业总体增长极慢、甚至徘徊,结构上以种植业比重下降、渔业比重上升为特点,属于农业结构有所调整但增长很慢的地区;云南农业总体增长不快,但结构调整较明显,牧业和渔业比重上升而种植业和林业比重有所下降,属于农业结构调整较大增长不快的地区;西藏农业总体增速不高但渔业增长较快,属于个别增长较快但总体增长较慢的地区。

表6—4 西部地区农业结构情况分析
Table 6-4 Agricultural Structure in Western Provinces

地 区	种植业比重(%)	林业比重(%)	牧业比重(%)	渔业比重(%)	农业首位度
西部地区	64.5	3.1	31.2	1.2	2.1
西北地区	68.8	2.2	28.2	0.8	2.4
陕 西	71.1	4.0	24.2	0.7	2.9
甘 肃	75.2	2.6	21.8	0.3	3.4
青 海	51.7	1.6	46.6	0.1	1.1
宁 夏	68.3	1.3	28.4	2.0	2.4
新 疆	77.7	1.5	20.1	0.7	3.9
西南地区	60.2	3.9	34.2	1.7	1.8
重 庆	58.7	3.5	34.5	3.3	1.7
四 川	59.1	3.3	35.4	2.3	1.7
贵 州	68.2	3.8	26.9	1.0	2.5
云 南	62.0	6.8	29.2	2.0	2.1
西 藏	53.0	2.1	44.9	0.1	1.2

注:农业首位度是借用城市首位度的概念,用以表示居首位者与居次位者间的比值,反映农业结构的平衡状况。

【各地农业结构调整突出重点和特色】 西部各地均从市场需求、地区优势等方面着眼,对农业发展重点进行了一系列的调整。其中,甘肃开列了"农业结构调整推荐优良品种目录",分种植业、林果业、畜牧业、水产业4大类,共约200个新优良品种,适合甘肃不同区域种植,将以农产品优质、专用化为重点,大力调整农业种植结构。甘肃发展特色农业的优势明显,现已成为我国重要的土豆、花椒、中药材、黑瓜籽生产基地。以定西为代表的陇中干旱山区,每年春旱严重,不利种植春小麦,但深厚的黄土、丰富的光热资源以及相对集中的秋季降雨,却十分适宜发展品质优良的土豆种植;甘肃东南部的陇南地区是石山区,山大沟深,土地破碎,发展粮食作物也不是优势,但当地独特的山地气候却出产品质优良的花椒、中药材和油橄榄、银杏等特种经济林果。同时,以农产品基地为基础,一批玉米淀粉加工、药材和土豆淀粉加工等龙头企业崛起,实现了农产品的加工增值,促进了农民发展特色农产品的积极性,带动了农业结构的调整。

陕西省近年来一直致力于农业结构调整,1999年全省在粮食总产稳定在1200万吨的前提下,果业、畜牧及蔬菜等经济类作物均实现大幅度增长,尤其是苹果总产达到 400 万吨,苹果产业收入突破 100 亿元大关,成为陕西经济发展的四大支柱产业之一。该省还提出压缩质次滞销的大路品种,扩大优质专用小麦和专用玉米、饲用蛋白玉米的播种面积;畜牧业主要培育秦川牛品牌,发展 10 个畜牧大县。农业生产结构调整,重点是抓好已经初具规模的果业、畜牧、蔬菜与林特等优势产业,推进产业化经营,把苹果产业作为特色经济的支柱,培育名牌,以集团优势抢占市场;同时全面推行退耕,将退耕 25 度以上坡耕地 113 万公顷,荒山造林 200 万公顷,人工种草 150 万公顷,以此带动农业结构调整;在陕北黄土高原区突出发展牧草和畜牧业,在陕南秦巴山区开发具有区域特色的茶、蚕等名优林特产业,从而在恢复生态建设的同时,加快当地群众脱贫致富的步伐。

重庆正从产业、产品、区域布局和劳动力就业四个方面,对农业和农村经济结构进行全方位调整。首先是适应规模化生产需要,放宽放活土地经营使用权,允许并鼓励农民以转让、出租、入股、联营等方式,进行土地使用权的流转,把农村"四荒"地的经营期限放宽到 50 年,并允许依法转让、继承、入股或抵押。其次是鼓励城市工商资本、社会闲散资本向农村流动,扶持柑桔、榨菜、香桂、薯类、高油玉米等特色作物方面的龙头企业,在龙头企业、中介组织和农户之间,提倡推行合同制、股份合作制、租赁制,提倡用契约关系、最低保护价、建立发展基金和部分利润返还等形式,让农民直接参与经营。第三是利用西部开发和三峡移民的契机,落实国家对退耕农户无偿提供的粮食和现金补贴以及种苗补助等优惠政策,调动农民退耕、植树种草的积极性,坚决禁止新的毁林毁草开荒。第四是开展并扩大信息交流,已建成并开通了"重庆市农业信息网"等 4 个农业信息网站。

青海将农牧业与盐湖化工、有色金属、石油天然气、生物医药和生态环境保护列为 6 大优势发展领域,以此为基础构建青海特色产业体系,特别提出支持建立特色农业、青藏高原现代畜牧业,大力发展绿色食品生产,发挥该省农业资源优势,使高原无污染、无公害的绿色食品生产渐成规模。目前,该省已有 16 家绿色食品生产企业,34 个绿色食品标志产品,每年绿色食品产值可达 1.5 亿元。

新疆在未来 5 年内,将对产业结构进行重大调整,重点涉及农业、石油工业、特色工业和旅游业等。近年来,新疆实施"优势资源转换战略",石油、棉花、甜菜和有色金属矿产等几大优势资源的开发利用步伐加快,与之配套的石油及石油化学工业、棉纺织业、制糖业、有色金属特别是黄金业发展迅速。石油及石油化工、纺织、食品三大特色产业的产值已占到新疆工业产值的 2/3。

云南省将经济发展方向确定为建设绿色环境、绿色产业、绿色市场的"绿色经济强省",以此定位,大力发展高原特色农业。

西藏的林产业重点是从事经济林木的培育和林下资源的深加工,特别是抓好藏东南的松茸、松香、核桃、茶叶、各类药材等具有较高经济价值资源的开发;农畜产品加工和民族手工业重点是大力发展农畜产品的深加工和民族特需产品的生产,建立"公司+农户(牧户)"的经营方式,提高农畜产品的附加值;藏药业重点是充分发挥西藏丰富的药用资源和在治疗疑难杂症方面的优势,采取高科技手段和现代制药技术,对藏药的剂型进行改进,同时研究开发新的藏药品种。

宁夏、四川和贵州等省区,也在不同程度上强调发展特色经济,如宁夏以节水为出发点发展特色农业,以开发利用有色金属为目的发展有色金属业;四川以农产品增值为出发点发展高效特色农业,以退耕还林为出发点发展生态旅游和相关生态产业;贵州以退耕还林还草为出发点发展草地畜牧业和生态型林业,发展生态旅游业等。

第四节　目前西部特色农业发展的误区与问题

1. 误区

【特色必定高效】　有特色并不一定有市场,特色必须以满足市场的需求为出发点,而不应以猎奇为目标。另一方面,即使是有市场需求的特色产品,若无科技支撑、信息支撑、管理支撑,再具特色也很可能是低效的,即使一时效益不错也是难以持续的。特色须与市场、科技、信息和管理结合在一起,才有持久的高效,否则又会演变成另一种形式的变卖资源。

【规模越大越好】　通过在西部地区的调查发现,西部地区迎接西部大开发的热情和积极性是空前高涨的,信心是充分的。各地均竞相"抢得先机"、"占山为王"、"上规模",在省区一级,都提全国第一如何如何,如围绕中草药各省区就互不相让,"全国最大药材基地"、"中华药谷"、"世界一流药仓"的提法甚嚣尘上;在县一级,"万亩林果"、"十万亩蔬菜"、"百万头牲畜"、"千万只家禽"的说法常常可以听见。实际上,历史上已有过度膨胀造成严重后果的例子,发展特色农业尤其要当心"贪大嚼不烂",要树立"量大不如质优"、"做大不如做精"的思想(专栏6—2)。

专栏6—2

陕西"苹果现象"

陕西确实是我国苹果适生区之一,在咸阳、渭南、宝鸡和延安等地也有较长的种植历史,但从总体上看,1991年以前陕西苹果产量变化不大,多在20～30万吨间徘徊。自1991年将苹果列为支柱产业之后,苹果面积和产量均进入快速增长时期,一直持续到创纪录的1996年,之后面积及产量又逐年下降。在1991～1996年间,苹果产量由50万吨增长到264万吨,增长了4倍以上,年递增32%。受市场容量、果品质量、信息不灵及交通运输不便等多方面因素的影响,1996年陕西苹果遭遇了灾难性的打击,果品严重滞销、腐烂,果农积极性受到沉重打击,自此苹果业开始走下坡路。陕西苹果产业由膨胀到萎缩、下滑的发展历程,犹如苹果树自身生命周期一样,被称为陕西"苹果现象"。

陕西"苹果现象",既是特种种植养殖业规模失控的典型,也是"命令农业"的典型,其经验和教训值得思考和记取。

【产品深加工肯定好】　产品深加工固然可以使产品增值,但同时也应当看到,食品类产品的发展趋势是,加工越精越细,产品的市场消费群体就越有限、市场容量越有限,从而所面临的

市场风险也就越大。这其中既有收入的问题,更有消费偏好的问题,人们崇尚天然食品的倾向愈来愈明显。另外,初级产品产地并非一定在此类产品加工技术上占有优势,相反,在多数情况下处于劣势,而一味追求深加工,不仅丧失已有的优势,反而可能背上投资不当所造成的经济负担。目前,西部各地已有不少这方面的例子。

【特色越多越好】 各地均出现"全线出击"的倾向,处处要搞"第一"、"之最",导致最终没有特色、结构趋同、竞争能力下降。此种现象不仅在发展药材种植上有,即使在发展土豆等"大路货"上也有。目前,将土豆作为特色种植业、甚至支柱产业的地区已有内蒙古的乌兰察布盟、青海的部分地区等,结构趋同问题值得注意。

【草地畜牧业注定低效】 发展草地畜牧业及相关的畜产品加工业,是西部地区农民致富的重要途径。西部地区草地畜牧业,若以加快肉牛、肉羊、奶牛和优质细羊毛生产为重点,同时发展畜产品加工业,则可显著提高草地畜牧业的整体效益,实现草地畜牧业的持续发展。如表6—1所列,西部地区最丰富的资源是草地资源,最具比较优势的农业是草地畜牧业,虽然目前单位面积牲畜饲养量和产肉量仍较低,但这是与长期以来我国对草地畜牧业的忽视、投入严重不足直接相关的。据统计,我国对草地投入强度仅为每亩几分钱,造成草地畜牧业长期积累较少、资源利用过度;加之牧民受自身积累不足、贷款受限及草场产权不明等问题的影响,个人投入也极少。今后通过明确草场产权、增加政府投入、放宽牧民贷款限制等措施,可有效地提高草地畜牧业效益。

2. 问题

【不计生态环境效果】 宁夏发菜和宁夏、甘肃、陕西等地的甘草滥采滥挖现象,即是此类问题的典型。宁夏的枸杞、甘草、贺兰石、滩羊皮和发菜,被誉为"红、黄、蓝、白、黑"五宝",其他地方也有自己的"三宝"、"四宝"。这些"宝"确实是特色产品,具有无可争议的市场竞争优势。然而事过境迁,在没有重大技术突破的情况下,特别是在野生人工驯化栽培技术尚不过关的情况下,宁夏的"黄宝"甘草和"黑宝"发菜只有从"宝典"中消失了。发展特色产品和特色农业必须以不破坏生态环境为前提,这点对于西部地区尤其重要(专栏6—3)。

【推行"命令农业"】 农民作为农业生产经营的主体地位是无可争议的,然而在现实工作中,政府官员无视农民主动性、创造性的现象极为普遍,视农民为草芥、无能之辈的现象比比皆是,这一点在西部地区尤其突出,干部高高在上、想处处指挥农民,并美其名曰"替农民着想"。西部农业发展的政府行为色彩极为明显,甚至层层下达生产指标,包括种什么、种多少等等。政府的过多干预,势必导致农民生产的整齐划一、难有特色,农民也主要听命于政府而忽视市场需求,其结果对于发展特色农业来说可能又是灾难性的。陕西"苹果现象"即由此类问题所导致。

【竞相提"第一",缺乏科学依据】 甚至山挨山、水连水的两个县,彼此却不知对方发展的产业,都在谈要在同一农产品上做大、做好。这种对自己周边的市场都摸不清,紧闭山门谈特色、论市场的情形,在西部并不鲜见。一是特色不特,造成低水平重复建设,以致产品烂在田里、烂在家中;二是事倍功半、劳民伤财,伤害农民生产积极性,富民不成反伤民。近年来全国一些地区的果品、蔬菜等"卖难"现象,就是很好的例证。

专栏 6—3

发菜等野生固沙植物的滥采滥挖问题

发菜是草生食用菌类,主要分布于宁夏、内蒙古、青海、甘肃及新疆等地,因其颜色、形状酷似黑发而得名,富含蛋白质,以及钙、磷、铁等矿物质,并因其谐音"发财"而备受东南沿海及港澳地区人们青睐。甘草性平味干,可润肺祛痰、解毒止痛、调和百药,被历代中医尊为众药之王,素有"十方九草"、"无草不成方"之说,在食品、化工、烟草等行业也有广泛应用。

宁夏滥采滥挖发菜和甘草的现象最为严重,每年有 10 余万人次的各民族农牧民到区内外采集发菜、滥挖甘草和麻黄草,既严重破坏了生态环境、特别是草地生态环境,也经常引发社会治安问题,甚至发展为民族、群体殴斗,已引发各类案件 1000 余起。自 80 年代以来,宁夏因乱采滥挖破坏区内草原近 60 万公顷,已波及内蒙古等地的草地,引起地区间、民族间的矛盾,也是导致草场破坏、水土流失、土地沙化及扬沙和沙尘暴的主要原因之一。

2000 年 6 月 23 日国务院发出了《关于禁止采集和销售发菜、制止滥挖甘草和麻黄草有关问题的通知》,指出发菜、甘草和麻黄草是国家重点保护、管理的野生固沙植物,在保护生态环境和草原资源,防止沙漠化方面起着重要作用。但近年来,一些草原地区采集发菜、滥挖甘草和麻黄草的现象十分严重,导致草场退化和沙化,严重破坏了生态环境,影响了农牧民的正常生产和生活,在一些地方还影响了民族团结和社会稳定。通知指出,要严格禁采、贩售发菜,对甘草和麻黄草进行限采和轮采,并对苁蓉、雪莲、虫草等其他固沙植物的采挖、收购、加工和销售的管理,比照上述对甘草和麻黄草的有关规定执行。

此类事件的发生,昭示着西部发展特色农业决不能、也不允许以破坏生态环境为代价。

【发展特色农业、农业综合开发和生态建设之间缺乏协调】 农业综合开发的宗旨是开发利用好每一种资源,发展绿色农业亦是如此,这是二者的相同之处。不同之处首先是绿色农业并不刻意追求规模与产量,而以特色、质量和效益为目标,而农业综合开发强调开发的规模和产品、特别是粮食产量目标。其次是农业综合开发与生态环境建设间的矛盾。农业综合开发固然为农业发展、特别是为解决国家食物安全问题已经做出、并将继续做出贡献。但同时应当看到,在许多地区,农业综合开发不同程度上存在过度垦荒并由此导致土地退化的问题。西部既是国家农业综合开发不可或缺的地区,更是国家生态环境建设的重点地区,二者既相互关联又相互矛盾,当二者发生矛盾时应以前者服从于后者为原则(专栏 6—4)。

专栏6—4

西部地区开始实施有序退耕

2000年3月,国家林业局、国家计委、财政部下发了退耕工作实施方案,确定按照"退耕还林、封山绿化、以粮代赈、个体承包"的办法,在西部174个县开展试点示范工作,为有计划、分步骤稳步推进退耕工作打下良好基础。退耕还林还草的试点范围确定为长江上游的云南、四川、贵州、重庆、湖北和黄河上中游的陕西、甘肃、青海、宁夏、内蒙古、山西、河南、新疆13个省区市的174个县。退耕还林还草中央投资近19亿元,总面积为515万亩。按照"退一还二、还三"的要求,相应安排宜林荒山荒地人工造林种草648万亩。

依据气候条件和地形地貌特征,试点示范县被划分为六个类型区:长江、黄河源头高寒草原草甸区、西南高山峡谷区、云贵高原区、鄂渝川山地区、蒙宁陕半干旱区、黄土丘陵沟壑区。为提高退耕还林还草的成效,提高造林种草成活率和保存率,在不同的类型区将种植不同的树种草种。

按照"谁造林、谁管护、谁受益"的原则退耕还林还草,引导和支持退耕后的农民大力治理荒山荒地。退耕地造林种草后由当地县级人民政府逐块登记造册,及时核发林草权属证明。国家补助的粮食和现金是按照退耕地亩产计算的,包括补助农民投入的种子、化肥、劳务及净产出。

2000年3月,为搞好退耕补助粮食供应,满足退耕区人民群众生活的基本需要,确保"以粮代赈、退耕还林还草"工程顺利实施,国家计委、国家粮食储备局、国家林业局、财政部、农业部、中国农业发展银行联合出台了退耕还林还草粮食供应的暂行办法。国家向退耕户无偿提供粮食,每亩退耕地每年粮食补助标准为长江上游地区300斤、黄河上中游地区200斤。粮食补助期限,根据实际情况,需要几年就补几年;考虑到农民退耕后近几年内需要维持医疗、教育等必要的开支,国家在一定时期内给农民适当的现金补助,现金补助标准为每亩退耕地每年补助20元,补助期限也从实际出发确定;退耕还林还草和宜林荒山荒地人工造林种草所需种苗,由林业部门统一组织采种,育苗单位向农民无偿供应,种苗费按建设生态林标准每亩补助50元,由国家提供给种苗生产单位。

【发展特色农业与节水的关系需要协调】 特色农业中的蔬菜、水果、瓜类、花卉等均是耗水作物,部分特种养殖业也消耗和污染较多水源。为此应处理好发展此种特色农业与节水间的关系,积极发展节水的特色农业,包括农业节水措施、工程节水措施、材料节水措施及管理节水措施的应用在发展特色农业时非常必要。否则,特色农业即使经济效益再高也是难以为继的。在此,对水资源不仅应树立人均的观念,更应树立地均的观念,西部人均水资源并不少,但地均水资源较少,尤其对于西北地区而言更是如此。地均水资源对于农业生产具有决定性作用(专栏6—5)。

专栏 6—5

西部地区水资源基本情况[①]

地 区	土地总面积 （万平方公里）	水资源总量 （亿立方米）	总人口 （万人）	人均水资源 （立方米/人）	地均水资源 （立方米/公顷）
全 国	960	34017.1	12480	2726	3543
四 川	48.76	783.2	8493	929	1606
重 庆	8.24	3051.9	3060	9974	37039
贵 州	17.61	1087.0	3658	2972	6173
云 南	39.40	2468.0	4144	5956	6264
西 藏	122.84	4945.7	252	196270	4026
陕 西	20.56	403.4	3596	1121	1962
甘 肃	45.44	206.9	2519	822	455
青 海	72.12	621.6	503	12366	862
宁 夏	5.18	11.2	538	208	216
新 疆	166.04	978.7	1747	5604	590

【发展特色农业与保障主要农产品基本供给存在矛盾】 发展特色农业和保障主要农产品供给，是密切关联的两个问题：增收和增产。国家固然不要求西部地区为国家食物保障做出多大贡献，但其内部的食物保障问题应仍作为农业发展的主要目标，况且，西部的部分地区，如四川盆地、甘肃河西走廊、新疆绿洲、陕西关中地区等均是我国著名的粮食等主要农产品产区，对本地乃至全国的贡献亦不容小看。退耕要有一个过程，同样发展特色农业也要有一个过程，二者均不应追求不现实的速度目标，否则既带来市场问题，更可能带来本地区的食物保障问题，亦可能导致经济波动。无论如何，保障本地区食物有效供给仍是西部多数地区农业发展的首要目标。

【区际产品和产业结构趋同】 国家经贸委、国家计委、外经贸部联合发布的《中西部地区外商投资优势产业目录》中，将"粮食、蔬菜、水果、禽畜产品、水产品贮藏、保鲜和加工"均列为西部各省区市的优势产业和重点投资领域，加之在实施中西部地区可能出现的各种不当举措，有可能引致区际农业产业结构的趋同，并进而导致无序竞争、效益下降、供给缺口和生产波动等一系列问题。对此决不可忽视。

第五节 特色农业发展的基本定位、原则与格局

1. 发展特色农业的基本思路与定位

西部特色农业的发展思路是突出 5 个特色、打好 5 张牌、发展 10 类优势特色产品，即突出环境特色、打绿色牌，发展绿色产品；突出物种珍稀特色，打珍稀牌、发展珍稀名特产品；突出气

---

① 摘自国务院发展研究中心等：《西部大开发指南》，中国社会出版社，2000 年；水利部：《水资源公报》(1999)。

候特色、打时差牌,发展反季节产品;突出草原特色、打草原牌,发展草地畜牧业;突出野生特色、打野生牌,发展野生动植物人工驯化种植和养殖。

基于上述优劣势、市场前景、国际国内农业发展的趋势分析等,对西部特色农业的基本形态的判断是应当发展如下10种主要形态的特色农业。各地区优势产业见专栏6—6。

【果蔬农业:面向国内外市场的高效农业】 包括哈密瓜、白兰瓜、苹果、葡萄、猕猴桃及野生人工驯养蔬菜等在内的特色瓜果、蔬菜等,在国内外极具市场竞争力。发展高档果蔬种植,应成为西部地区发展特色农业的重点之一。

【绿色食品业:未来农业发展的方向】 经过10年发展,我国绿色食品从无到有、从小到大,已经成为我国绿色生态事业、可持续发展战略实施中成功运作的典范。绿色食品"品牌加绿标等于名牌"的效应初步显现,而"质量与发展"将成为今后两大主题。10年来,绿色食品产业紧紧围绕产品开发建立起"从土地到餐桌"的全程质量控制机制,对于增加农产品的附加值、提高质量和食品的安全性具有积极的带动作用;以质量证明和商标管理为手段,依法规范农产品生产、加工、流通行为,面向市场,树立农产品的精品形象,起到了很好的示范作用。西部地区优越的大气、水和土壤环境,决定了广大西部地区是我国最适宜的绿色食品生产区域。在条件适宜的地区可考虑发展高档特供绿色食品,以星级饭店、大中城市高收入居民、高层干部和国外市场等为对象,重点发展高档特供无公害果蔬。

【籽种农业:以科技为支撑的高效农业】 环境、空间、气候、物种、劳动力等方面的优越条件,决定了西部广大地区适宜发展籽种农业,特别是籽种的大田繁育。事实表明,籽种农业较之普通大田作物效益要高出2倍以上,是典型的高效农业形式。

【草地牧业:仍大有可为】 草地畜牧业在西部地区有着得天独厚的条件,但目前存在草场退化、投入极少的问题。在保障生态环境安全和食物安全的双重目标引导下,应着力改良草场、遏止草场退化趋势、提高草场生产能力,发展草地畜牧业;同时在条件适宜的地区,发展以出售草皮或饲草为目的的草业。

【中草药种植及加工业:西部地区的优势产业】 西部地区天然动植物药材资源极为丰富,同时中医、藏医、蒙医等中华传统医学的发扬光大,是发展中(华)草药业的基础。目前的关键是对动植物医学有效成分的认定,对药材的药理的分析研究,规范药剂的配方,丰富中华药典,改造药品生产条件和工艺等。

【特种养殖业:多用途的新型产业】 以食用、药用、娱乐等为目的的新兴养殖业,主要包括对野生动物的驯化和人工饲养。

【野生植物驯化种植:兼顾生态效益和经济效益的新型农业】 对市场需求大但野生资源有限的经济植物进行必要的人工驯化种植,如对甘草、发菜等的人工驯化和栽培种植等,既可满足市场需求,又可有效地保护生态环境,切实实现生态环境效益与经济社会效益的统一。事实表明,对有市场需求的产品,只禁而不给出路是难以为继的。发菜和甘草一方面市场需求极大,另一方面确实对生态环境破坏也极大,解决如此尖锐的矛盾,唯有走野生人工驯化栽培种植之路,否则会禁而不止、屡禁不止、止而反弹的现象。

【花卉业:集观赏、文化、民俗等于一体的特种种植业】 面向国内和国际市场,发挥物种、气候等优势,发展花卉产业。花卉产业是朝阳产业,应成为西部特色农业的主要形态之一,特别是在号称植物王国的云南及西藏、四川等西南地区,可充分发挥其物种优势、气候优势、区位优势来发展花卉业。

【观光农业:方兴未艾的农业】 农业的功能已远不止于提供农产品,旅游服务已成为现代农业的重要功能之一,特别是在大中城市郊区、旅游区发展观光农业大有可为。

【生态农业:加以改造仍有前途的农业】 生态农业已成为我国近年来发展可持续农业的重要形式之一,并得到农业部和国家计委的支持。我国西部无疑是发展生态农业的重点地区。

专栏 6—6

西部地区外商投资优势产业目录

2000 年 6 月,国家经贸委、国家计委、外经贸部联合发布《中西部地区外商投资优势产业目录》,开列了一系列优势产业,可享受免税等相关优惠政策。此处仅将涉及西部地区农业发展的优势产业列出,从中可以看出西部发展特色农业的优势之所在,当然并非全部的优势(如优质烟叶的种植与加工由于健康方面的考虑而未列出)。

所有十省区市均将"粮食、蔬菜、水果、禽畜产品、水产品贮藏、保鲜和加工"和"林木营造及林木良种引进"列为优势产业。除此之外,各省区市优势产业还分别包括:

四川:优质农产品基地建设和经营;竹资源综合利用;中药材、中成药、植物化学原料药的开发与生产。

重庆:竹资源的综合利用;中药材、中成药半成品及成品生产。

云南:花卉及栽培技术引进、开发、经营;现代花卉园区建设和经营;竹资源的综合利用;天然香料、食用菌的种植、加工;绿色食品、保健食品开发与生产;蔗糖生产的综合利用;中药、生物药开发与生产。

贵州:竹资源的综合利用;中药材、中成药半成品及成品生产。

西藏:藏成药品的开发、生产。

陕西:天然药物、保健药物及保健用品生产。

甘肃:优质葡萄酒酿制及基地建设;马铃薯淀粉、玉米淀粉深加工。

青海:中药、藏药材种植、加工。

宁夏:葡萄种植和酿酒;玉米、马铃薯种植及深加工;蚕养殖、蚕茧丝加工。

新疆:优良蕃茄种植及深加工;优质葡萄种植及酿酒生产。

---

2. 发展特色农业的六条原则

西部地区发展特色农业,要本着 6 条 24 个字的原则,即"市场导向、资源依托、环境友好、生态保育、科技支撑、动态优化"。

【市场导向原则】 需求导向已成为农业发展的指针。农业结构调整的方向及特色农业的基本定位,须以产品和服务的市场前景为基准,须进行市场容量、市场人群的预测以及市场定位、市场设计等。

【资源依托原则】 发展特色农业须立足于开放条件下的资源优势。为此要全方位地审视区域资源优势。长期以来就有一种不好的倾向,各地区均强调自己的优势、特别是资源优势和产品优势,但与其他地区一比就发现所谓的优势是那样的经不起推敲。另外,即使是有优势的资源也不应追求开发的时间、速度和规模,相反,资源开发应坚持适时适度的原则。

【环境友好原则】 对环境,包括大气环境、水环境、土壤环境等不造成或极少造成污染及其他危害,只有这样,在环境保护与发展特色农业之间才可以建立起一种相辅相成的良性关系。

【生态保育原则】 发展特色农业一方面当然是为了保障国家和地区的食物安全,但同时也是为了保障生态安全,应以保护和恢复自然生态为基本出发点之一。

【科技支撑原则】 传统产业并不一定意味着落后和低效,但没有科技支撑的传统产业肯定是没有前途的,也注定是低效的。发展特色农业须以科技进步为支撑,提高农产品的科技含量。

【动态优化(调整)原则】 没有一成不变的优势,也没有一成不变的劣势,优劣势始终在发展变化之中;同样也没有永恒的特色,特殊性与一致性也在不断发展变化之中。始终墨守一种或若干种特色产品,是没有出路的。

3. 西部发展特色农业的区域格局

西部地域辽阔,发展特色农业无疑须因地制宜。西部十省区市在农业综合区划中涉及5个一级区,即黄土高原区、甘新区、青藏高原区、西南地区以及内蒙及长城沿线区(仅包括其中的陕西和宁夏的部分地区)。基于发展特色农业的需要,对西部主要农业类型区的划分,一是突出主攻方向,二是突出重点地区。同时考虑特色农业的基本定位,西部地区应发展以下10个主要类型的特色农业区。

【特色果类生产区(或生产基地)】 在西南地区发展优质柑橘、南方梨、热带水果,在西北地区发展猕猴桃、苹果、梨、葡萄等优质水果,面向国内和国际市场,建设特色优质水果生产基地。

【特色无公害蔬菜生产区(生产基地)】 在云南元谋、甘肃河西走廊、青海河湟谷地、西藏一江两河等地发展反季节蔬菜、无公害蔬菜和野菜及其人工驯化栽培,在新疆、宁夏、甘肃等地发展西瓜、甜瓜(哈密瓜、白兰瓜)等瓜类生产,建设特色优质无公害蔬菜生产基地。

【特色花卉生产区(生产基地)】 在云南发展高档鲜切花,在新疆、青海、甘肃等地发展干花,在西藏及青海等地发展高原特色花卉的低海拔引种和人工栽培,建设特色花卉生产基地。

【特色中草药生产区(生产基地)】 在宁夏、甘肃、新疆、青海发展枸杞、甘草、红花等中药材,建设中药材生产基地。

【籽种繁育生产区(生产基地)】 在气候条件、地形条件、水源条件适宜和植物病虫害低发区,发展作物种籽、林木种苗和草种繁育,建设优质高效的籽种农业区。

【高效草地牧区】 在青海、甘肃、西藏、新疆、四川等地,以增加草场投入、防止草场退化、提高产草能力、改良畜群品种和种群结构为重点,发展高效优质草地畜牧业,提供优质的肉、皮、毛等畜产品。

【优质棉花生产区(生产基地)】 稳定新疆棉区生产,调整棉花品种结构,建设优质棉花生产基地。

【优质糖料生产区(生产基地)】 在云南及四川等地发展优质甘蔗,在新疆等地发展高糖甜菜,建设糖料生产基地。

【优质烟叶生产区(生产基地)】 在云南、贵州等地发展优质烟叶,建设烟叶生产基地。

【生态旅游观光农业区】 在大中城市郊区、旅游沿线等交通便利、条件适宜的地区,面向城市居民、青少年及国外游客,发展融特色农业景观、生态景观及人文景观于一体的生态旅游观光农业。

农业部对西部农业发展格局已有所设想,并于2000年7月发布了《关于加快发展西部地区农业和农村经济的意见》[4](以下简称《意见》),对西部地区农业和农村经济的发展布局、发展重点、发展政策进行了统一规划。《意见》提出,立足自然区域经济特点,西部地区农业和农村经济的发展应实行科学布局,分类指导。以400毫米等雨量线为界,其以西以北地区,包括陕西北部、甘肃、宁夏、青海、新疆、西藏北部以及内蒙古中西部,属于干旱半干旱区,光热资源丰富,自然植被以草为主,重点加强草原建设,发展草地畜牧业、旱作节水农业和特色农业;其以东以南地区,包括陕西南部、四川、重庆、云南、贵州、西藏东南部,属于湿润半湿润区,水热资源充足,适于植被生长,重点发展节水灌溉农业、农区畜牧业和热带、亚热带特色农业和水产养殖业。

我们认为,这种以400毫米等雨量线为界线划分西部农业适种区,出发点是正确的,具有一定的指导意义。但是,在具体执行时还应充分考虑如下因素的影响,而这些因素的影响在有些地区、有些时候可能是决定性的:①降水与地表蒸发和作物蒸腾间的关系,在高降水同时又高蒸发的地区未必适宜发展灌溉农业;②降水与其他水源补给的关系,在部分融雪补给较好的地区,亦可发展节水灌溉农业;③降水中降雪和降雨的构成、降水频率与降水强度,影响着降水的有效利用率,甚至关系到降水的利与害的转换,降水过于集中、强度过大不仅难以利用,还会导致灾害发生;④降水与地形的关系。地形是影响集水的重要因素,在部分降水并不多、但自然集水条件较好的地区,亦可考虑发展有限的灌溉农业,至少可以建设高质量的雨养农业区。上述四方面的因素,在具体执行农业部《意见》时应给予充分考虑。

第六节 主要政策建议

【建立全国统一、公平公正的农产品市场】 西部地区市场发育较晚、也很不健全,其特色农产品在全国市场竞争中往往处于市场信息、市场进入等方面不利的地位,各地区、特别是东部地区在不同程度上存在区际农产品保护主义,这对于西部特色农产品进入全国市场是极大的障碍。为促进西部特色农业顺利、健康地发展,尤其相对于西部地区而言,迫切需要建立健全全国统一、公平公正的农产品市场,彻底消除地区壁垒。目前,可优先考虑实行西部绿色通道政策,为西部特色果蔬菜等农产品进入全国市场创造良好的市场环境,并着力防止有助于地区农产品市场歧视行为的政策出台。

【适当放宽对西部发展特色农业的贷款限制】 西部发展特色农业的一个主要限制因素是资金的缺乏。资金问题应主要靠市场运作,其中银行起中坚作用,但西部农业贷款存在偿还期过短与农业生产周期较长的矛盾、贷款抵押条件与农民贷款抵押能力的矛盾。放宽西部农业贷款限制,如延长贷款期限,允许牧区以牲畜作抵押进行贷款,扩大小额贷款范围;增加对西部特色农业的贷款额度,特别在全国农业贷款计划中认真考虑西部地区贷款大于存款的贷差问题,切实增强西部地区金融界对发展特色农业的支持能力和力度。

【增加国家对西部农业基础设施的投资】 农业水利设施差、草场建设投资过低,是西部地区农业综合生产能力低的主要原因。西部地区发展特色农业,离不开基础设施的保障作用。虽然,特色农业的规模一般比农业综合开发和商品基地建设的规模小些,也不以产量增长为首要目标,而以效益为首要目标,但其发展对农业基础设施的依赖性并不低于农业综合开发和商品基地建设。为此,发展特色农业决不能成为减少政府、特别是地方政府农业基础设施建设投入的借口,恰恰相反,发展特色农业须以良好的农业基础设施为保障,需要政府加快农田水利设施更新,增加对农业基础设施的建设投资。目前,在国家投资的地方配套资金方面,应给予西部地区特殊考虑,包括降低配套资金比例等。

【对农业龙头企业实行优惠政策】 龙头企业是发展特色农业成败的关键。特色农业的发展必然导致农业结构的根本性变化,特色产品的比例将不断上升。特色农业是西部的支柱产业之一,在其起步阶段应给予必要的优惠政策,包括税收政策、出口配额政策等。特别应在特产税征收方面给予必要的优惠,以使其形成自我发展的良性循环;还要在出口配额方面,对那些产业带动性大、产品竞争力强的企业,可考虑扩大其配额,直至赋予其自主出口权。

【实行比东部和中部地区更加宽松的土地政策】 土地资源是西部最优越的资源之一,也是土地、资金、劳动力和技术等诸生产要素的核心。土地政策关系到西部投资,关系到农民的经营积极性,关系到农民的切身利益。为此,西部应实行较东部和中部更为宽松的农业用地政策,一是允许其他地区政府或企业在西部地区进行土地租赁经营、特别是特色农业开发,并给予较优惠的政策,保证经营者的合法权益;二是延长本地农民土地承包期,甚至可考虑在西藏等条件极其恶劣的少数民族牧区,实行草场等土地永包制,鼓励其进行治理和保护性开发利用。

【调整西部农业综合开发政策】 调整西部农业综合开发的目标,使之更加多元化,更加突出农业增效、农民增收的目标,改变将粮食增产置于最高目标的政策取向;处理好农业综合开发、生态环境建设(退耕)与农业结构调整之间的关系,同时实现建设生态环境、提高农业效益、增加农民收入和增加农产品产量的目的;特别要废止部分地区鼓励开荒的政策,尤其是开荒补贴政策;将野生动植物驯化种养列入农业综合开发支持项目。

【建立西部特色农业风险共担机制】 特色农业是一种风险较高的农业,既有自然风险,更有市场风险。可考虑建立一种由企业、农民、金融机构和政府共同承担风险的机制,企业关注市场营销,农民关注农产品生产,金融机构提供资金并协助资金运作,政府提供政策等相关环境和服务。

参考文献

[1] 刘巽浩:"将农业放在西部开发的优先基础地位",《科技日报》,2000年6月2日。
[2] 曲冠杰:"西部要开发农业须稳固",《光明日报》,2000年2月18日。
[3] 农业部:《关于加快发展西部地区农业和农村经济的意见》,2000年7月13日。
[4] 国家发展计划委员会农村经济司:"稳步推进农业和农村结构的战略性调整",2000年6月12日。
[5] 国务院发展研究中心中国企业评价协会、国家统计局综合司:《西部大开发指南·统计信息专辑》,中国社会出版社,2000年。

第七章 旅游资源开发与旅游业发展

提　要

- 各省区普遍拥有把旅游业发展成重要产业的资源条件,具备形成具有广阔市场前景的特色经济或优势产业的旅游资源条件。
- 各省区将旅游业确定为新经济增长点,旅游业成为实施产业结构调整和优化战略中重点发展的产业,在政策和资金方面都给予大力扶持。
- 各省区旅游业发展规模和速度存在很大差异,云南旅游业异军突起,陕西、四川和重庆旅游业呈起伏波动状增长,其他省区旅游业处于起步阶段。
- 旅游业的平均规模小,经济效益不理想,各项经济指标低于全国平均水平。
- 旅游资源粗放开发、产业结构不合理、产品促销不力、生态环境恶化成为制约旅游业发展的重要因素。
- 制定旅游业发展的产业政策,调整产品结构,将退耕还林、生态环境治理与旅游资源开发相结合,开发以生态旅游为主导的旅游产品是西部地区旅游业发展的基本对策。

在 1998 年的中央经济工作会议上,旅游业被列为国民经济新的增长点。产业地位的提升使旅游业的发展环境出现根本性的变化,全国各地大力培育和发展旅游业,发展势头迅猛,显示出新增长点的旺盛活力。在旅游业经济地位得到全面提升的同时,中央经济工作会议又提出了实施西部大开发战略。这两项重大决策对西部地区旅游业的发展产生了巨大的推动作用,旅游资源开发成为国家实施西部大开发战略的组成部分和重要内容,国家和地方对西部旅游业的财政支持力度和投资力度都显著加大。

东部地区旅游业经过 20 多年的发展,已步入成熟发展阶段。虽然东部旅游业仍呈高速发展之势,但是旅游资源经过 20 多年的开发利用,旅游资源枯竭、旅游环境退化、旅游项目老化、旅游容量有限、后续开发潜力不足的问题日益突出。面对快速增长的国际、国内旅游需求以及日益激烈的旅游市场竞争,中国亟需开发具有强大市场吸引力的新旅游区。西部地区有着丰富独特、不可替代的旅游资源优势,是理想的后备旅游资源区。

第一节 旅游资源基础与旅游资源开发

一、旅游资源基础

1. 旅游资源在全国占重要地位

【旅游资源总量占全国 1/3 以上】 从资源拥有情况看,西部很多区域是我国旅游资源富集度最高的地区,是我国旅游业实现跨世纪大发展的主要后劲所在。在已定级的旅游资源中,西部地区在全国占有重要地位:

——在联合国确定的中国 23 个世界自然和文化遗产中,西部地区占 8 个,占全国的 1/3。

——国家确定的 119 个国家级风景名胜区中,西部地区有 40 个,占全国的 1/3;其中云南、四川和贵州国家级风景名胜区数量居于全国前列。

——全国自然保护区数量最多的六个省区中包括四川和云南,其中四川是中国自然保护区数量最多的省份;西藏、青海、新疆和甘肃是全国自然保护区面积最大的省区,四省区自然保护区面积占全国自然保护区面积的 68.64%。

——全国面积大于 1000 平方公里的湖泊共有 13 个,6 个分布于西部地区,其中西藏湖泊面积占全国的 1/3,这些高原湖泊在自然景观上与东部湖泊有显著差别。

【西部与东部在旅游资源类型上具有互补性】 西部地区旅游资源在类型结构上与东部地区有明显不同,中国特种旅游资源主要分布在西部地区。西部是高山旅游资源主要分布区,尤其是海拔 3500 米以上的高山和海拔 5000 米以上的极高山主要分布于兰州—昆明一线以西地区。世界上 8000 米以上的山峰共有 14 座,其中 9 座分布于中国西部地区;与高山旅游景观相伴的是大峡谷景观,西部地区有最著名的雅鲁藏布大峡谷、长江三峡等;冰川、高原湖泊、草原、戈壁、沙漠景观和民族风情的绝大多数都分布在西部地区。西部高大山脉的气温、水分的垂直变化显著,使植被、景观呈明显的垂直带状分布,出现雪山、草原、戈壁、沙漠紧密相连的景观。上述资源类型和景观都是东部地区不具备的,在旅游产品方面与东部地区可以形成互补。

2. 区域内部旅游资源类型结构有显著差别

【西域风光构成西北旅游资源的独有优势】 西北地区的甘肃、宁夏、新疆三省区以广阔的沙漠戈壁、草原、绿洲、雪山、森林等构成了富有变化的自然景观,是"中国西部风光"的代表。

深居内陆的地理位置,使来自海洋的水汽难以到达,形成了独特的干旱区风光,是我国沙漠和戈壁旅游资源的主要分布区。有被称为"死亡之海"的世界第二大流动沙漠塔克拉玛干沙漠,有浩瀚的戈壁、雅丹奇观、海市蜃楼,甘肃的月牙泉和鸣沙山,新疆的"风城"、"戈壁魔鬼城"等均是沙漠、戈壁奇观,还有胡杨、梭梭等沙生耐旱植被景观和野驴、盘羊、骆驼等干旱区动物景观。中国最热、降水最少和风力最大的地方都分布在西北地区。

西北地区有世界第二大内陆河塔里木河,有全国最大的内陆淡水湖博斯腾湖和全国著名的高山湖泊博格达天池。西北地区有我国唯一属于北冰洋水系的河流额尔齐斯河及中国最大的冰川乔戈里峰北坡的音苏盖提冰川。

西北地区地处我国第二级阶梯,在与青藏高原接壤的地区多险峻的高山雪峰,海拔超过

7000米的山峰有16座,对外开放的山峰11座,居全国首位。

【丝路文化贯穿西北旅游线】 西北地区孕育了古老的历史文明,留下了丰富的名胜古迹,拥有全国最珍贵的人文旅游资源。历史文化名城西安是丝绸之路的起点,中国穆斯林之乡宁夏是古丝绸之路的必经之地,甘肃河西走廊地处丝绸之路的黄金路段,保存有古代通往中亚和西方的"丝绸之路"遗迹——闻名世界的敦煌石窟艺术宝库,新疆是古丝绸之路的主要分布区。丝绸之路将四省区连成一个完整的旅游大区。

【陕西丰富的历史古迹是中国历史文化旅游资源的代表】 陕西是中华文明的发祥地之一,有13个王朝在此建都,其地面、地下的历史文化遗产存量大,以文物古迹为特色的旅游业成为陕西省具有世界意义的优势产业。西安市是闻名于世的历史文化名城,有3100年的历史,中国古代先后有12个王朝在此建都,在历史上具有非常重要的地位,留下了相当丰富的历史文化遗产,是中华民族发展的历史博物馆。

【云南是具有世界意义的动植物王国】 云南省被称为植物王国,植物种类占全国的一半。著名的国家级风景名胜区"三江并流"由于地处太平洋和印度洋暖流的交汇处,有典型的立体气候和垂直景观,是世界十大生物多样性中心地和我国三大生物多样性中心区之一。岩溶与山水风光以及云南大理的苍山、洱海和春城昆明等是云南旅游资源的主体。旅游城市昆明市是一个资源高度富集的区域,有国家级重点文物保护单位4处,国家级风景名胜区3处,国家森林公园3处;省、市级重点文物保护单位66处,风景旅游区30多处,重点风景名胜古迹100多处;国家级旅游度假区1个,省级旅游度假区1个和6个自然保护区,已经成为中国重要的旅游中心城市。

【四川和重庆是中国旅游资源最丰富的地区】 四川省和重庆市是中国旅游资源最为丰富的地区,共有12处国家级风景名胜区,8座国家级历史文化名城,40多处国家级文物保护单位。两省市的国家级的旅游风景区数量占全国的1/10以上,摩崖造像数量和恐龙化石数量居全国第一位。

【贵州拥有丰富的国家级旅游资源】 贵州省有黄果树、龙宫、织金洞、红枫湖等8个国家级风景名胜区;有梵净山动植物、茂兰喀斯特原始森林、赤水原生林和威宁草海等4个国家级自然保护区;有遵义会议会址、普定穿洞古人类文化遗址、镇远青龙洞、从江鼓楼、息烽集中营旧址等9处国家级重点文物保护单位以及众多各具特色的苗、侗、布依等民族风情旅游村寨。

【青藏高原雪域风光旅游资源在世界上独一无二】 横亘在亚洲大陆中部的青藏高原总面积250万平方公里,占中国国土面积的1/4。高原地势高耸、地域辽阔,外围大断裂带和切割强烈的地貌使其与周边地区形成巨大高差,构成一个独特的地理单元。

青藏高原地跨热带、亚热带、温带、亚寒带和寒带5个气候带,形成独特的和多样性的生态系统,许多生态系统类型是青藏高原特有的类型。巨大的高差形成了多样化的自然景观垂直分异类型和丰富的气候类型。高原特殊的经向、纬向和山地垂直气候带形成丰富的高原生态系统,有湿润、半湿润森林,高原半湿润灌丛、草原,高原半干旱高寒草原和高原高寒荒漠等完整多样的生态系统。

青藏高原强烈的地形变化、独特的大气环流系统和气候的多样性,提供了多样性的生物栖息环境,形成非常丰富的生物物种。剧烈变化的地质历史为动植物的生长、发育和演化提供了不断变化的生境,古老生物种和新的物种共同存在,是世界生物物种的一个重要的形成和分化中心,构成世界生物资源的宝库,对世界生物多样性保护具有重要意义。尤其是青藏高原的边缘地区是典型的不同地理区域的生态过渡带,这一过渡带由于不同生态系统的转换,成为生物多样性最丰富的地区。

青藏高原珍稀动植物资源构成生物多样性保护的重要基地。青藏高原共有国家级自然保护区 14 个,加上 50 多个省级自然保护区,保护区面积占土地总面积的 10% 以上,其中羌塘、阿尔金山和珠峰自然保护区分别是中国第一、第二和第三大自然保护区,重点保护的珍稀野生动物占全国 34.5%。

青藏拥有许多世界级的旅游资源,其中雅鲁藏布大峡谷被确认为世界第一大峡谷,林芝地区的巴松湖被世界旅游组织列入世界级旅游景点。塔尔寺、唐蕃古道遗迹,以及大河源头、青海湖、龙羊峡也是著名旅游景点。

青藏高原自然地理所形成的独特氛围和藏民族悠久的历史文化相交融,形成受世界广泛关注的独具魅力的藏族文化。藏民族独特的绘画和手工艺产品,独特的生产生活方式,历史悠久的佛教文化,构成极具魅力的人文景观,具有极高的旅游价值。青藏高原是中国旅游资源开发极具潜力的重要区域,其旅游资源的丰富性和独特性不仅是国内,而且也是世界其他地区难以比拟的,开发前景极其广阔。

青藏高原地域辽阔,景观独特,是中国乃至世界尚未真正开发的旅游资源宝库。青藏高原发展旅游业的有利条件已受到国际组织的认同和关注,联合国开发计划署 1997 年与中国签订了在珠峰自然保护区实施生态旅游的协议,旨在确保珠穆朗玛峰自然保护区自然环境不受破坏的前提下,通过发展"生态旅游"帮助当地居民摆脱贫困并实现持续发展目标。1998 年这一项目开始进入实质性的实施阶段,联合国开发计划署将在珠穆朗玛峰地区先行投入 30～40 万美元,帮助保护区政府实施旅游扶贫计划。

二、旅游景区建设

旅游景区建设是西部旅游开发的重点,由于旅游资源条件、开发现状和经济实力不同,各省区采取了不同的建设思路。

【云南实施旅游精品工程】 云南省经过数年的开发,已经形成一批旅游热点地区和热点线路,建成以昆明为中心的三大旅游线路,重点建设了昆明、丽江、大理、景洪、瑞丽 5 个旅游重点城市。目前正在构建滇中、滇西北、滇西、滇西南、滇东南五大旅游区。

在完善原有旅游热点的同时,构筑旅游精品工程,推出新的旅游路线是云南旅游业发展的主要思路。云南省计划重点推出的新旅游路线包括怒江大峡谷生态游、沧源阿佤山、南滚河探险考察、云南铜壁关南亚热带森林生态探险游、横断山腹地高山原始森林游。在新的旅游线路中着重推出的新精品旅游线路是怒江"东方大峡谷之旅"。

开发"假日旅游",精选多条旅游精品线路,组合成"假日旅游套餐"是云南省 2000 年旅游发展的重要内容。昆明市在《关于 2000 年及以后昆明市旅游业可持续发展问题基本思路和构想的报告》中提出昆明旅游业实施旅游品牌战略,重点推出 15 个旅游品牌作为目标市场或营销主题:气候(观云)旅游、风情旅游、风景旅游、历史文化旅游、体育旅游、节庆旅游、会议展览旅游、度假旅游、康体旅游、工贸旅游、农家乐旅游、科普考察旅游、宗教旅游、自助旅游、都市旅游。建设重点包括:建好高尔夫、网球、会展、度假、花卉、康体、民族服饰、珠宝集散8个中心。新建滇池大观长廊、现代电影城、八卦阵迷宫等融历史文化和现代科技为一体的新景区。

【陕西着重历史文化旅游资源开发】 陕西省以西安古都旅游区、骊山风景区、法门寺旅游区、咸阳帝王陵墓旅游区、华山旅游区和延安革命圣地等为热点的旅游网络已形成雏形。陕西省未来旅游景区开发的重点以历史文化旅游资源为主,包括以秦、汉文化为主线,将秦始皇陵开发建设成世界级的秦文化旅游区;在被誉为"地下文物宝库"的汉阳陵开发别具特色的汉文化博物苑,并大力进行黄帝陵、西岳庙、汉唐帝陵及宫殿遗址等重点项目的保护、维修和开发。

西安和咸阳是旅游建设的重点城市。1997年以来西安市建成钟鼓楼广场,推出了"晨钟暮鼓"旅游项目。西安未央湖游乐园,总建筑面积13000平方米的长安泞园温泉度假村,渭水园度假村等相继建成开业。咸阳市引资兴建了朗德太子墓博物馆、西北黄土民俗村、唐乐宫、华夏瓦当艺术馆、三原于右任纪念馆等新的旅游景点。咸阳丝绸之路旅游城、杨贵妃墓扩建工程等旅游项目已开工建设。

【河西走廊旅游带是甘肃旅游开发的重点地区】 甘肃省旅游景区建设一直侧重于旅游资源丰富的河西走廊地区。再现河西走廊历史风貌,在酒泉兴建"地下艺术长廊"是主要旅游开发项目。

酒泉地区保存完整的古墓葬群有252处,上起新石器时代,下至明清。酒泉地区最重要的旅游建设项目是兴建古墓博物馆,主要展示古墓葬建筑、墓壁彩画、古墓画砖、雕塑等古代墓葬艺术作品,再现河西走廊历代政治、文化和社会形态。兴建中的古墓博物馆占地6.4平方公里,总投资1000万元。工程计划搬迁复原历代不同类型墓葬17座,复制历代不同墓葬10座。整体工程将于2001年10月前全部完工。

甘肃还规划开辟甘南草原、黄河风情、大地湾、榆林窟等景区,拟定启动"丝路廊"、"黄河揽胜"、"金城丝路桥"、"兰州雁儿湾水上度假村"和"陇南旅游扶贫区"等五大旅游景区建设项目。

【青海的大河源头旅游开发行动】 青海省决定在未来3~5年内开发黄河源头丰富的旅游资源。黄河源头将新辟三条旅游线路,分别是:以黄河第一县玛多县县城为中心的黄河源头三湖(扎陵湖、鄂陵湖和冬格错纳湖)自然风光及狩猎旅游区,以玛沁县大武镇为中心的中部宗教文化及藏民族生活风情旅游区,以班玛县玛可河林场为中心的南部原始森林、历史古迹、中国工农红军长征遗迹及宗教、民俗风光综合旅游区。

旅游、水电资源的联合开发是青海旅游资源开发的一个显著特点,黄河在青海省境内长达1900多公里,全部在高山峡谷间穿过。装机128万千瓦的龙羊峡水电站1986年蓄水后,在1991~1994年陆续投入1500多万元,建立了年吞吐能力达8万吨的配套港口设施,成为一个新的旅游景点。

另外一条"水上走廊"位于青海省尖扎县和化隆县交界处的李家峡水电站。这一装机容量200万千瓦的大型水电站蓄水后,形成了一座库容为16.5亿立方米的大型水库,回水长达32

公里。从1996年蓄水后,每年游客达3万多人次。青海水运目前已开辟航线7条,有机动船舶70多艘,每年接待游客10多万人次。

【新疆的"五区两线"旅游发展战略】 新疆旅游景区开发实行"五区两线"发展战略。五区指以喀纳斯湖为重点的生态旅游区,以天池和博斯腾湖为重点的风景旅游区,以吐鲁番为重点的古文化遗址旅游区,以喀什为重点的民族风情旅游区,以伊犁为重点的塞外江南风光旅游区。吐鲁番—库尔勒—塔中—和田—喀什,乌鲁木齐—天池—克拉玛依—乌伦古湖—喀纳斯湖为"两线"。"五区两线"集中了新疆最具特色的旅游资源。

区域旅游开发总体方案是形成两条黄金旅游路线:乌鲁木齐—阜康天池—博格达峰—达坂城—吐鲁番—哈密—敦煌和乌鲁木齐到石河子(专栏7—1)。

专栏7—1

中国计划在吐鲁番修建第一座沙漠生态公园[①]

中国计划在世界上海拔最低的盆地吐鲁番修建第一座沙漠生态公园,以保护当地的自然环境并吸引更多海内外游客。

沙漠生态公园位于吐鲁番鄯善县城南部"库木塔格"沙漠,沙漠东西长62公里、南北最宽处40公里,总面积1880平方公里。库木塔格风景区以大漠自然风光为主体,是新疆沙漠戈壁地形的典型代表。沙漠地貌类别齐全、沙丘轮廓清晰,附近的绿洲上有丰富的历史文化遗址、遗迹和多彩的民族风情与社会风貌。

计划兴建的沙漠公园总面积为54平方公里,总投资将达到3370万元。公园将被划分为五个区域:沙山活动区、游乐区、防沙治沙工程区、空中观景区和生活服务区,为游人提供沙疗、滑沙、空中俯瞰等项目。

鄯善县是古"丝绸之路"上的要冲,曾经成为楼兰古国的都城,被称为中国哈密瓜之乡。鄯善生态系统脆弱,大风和沙尘暴是这里最严重的自然灾害,平均每年扬沙日数达28天、沙尘暴日数8天。沙山公园不仅是一个娱乐场所,还是一个巨大的防沙治沙工程。林业部门将沿着沙山边缘种植林带防沙固沙,抵御风沙对县城的侵袭。

【四川的"414"旅游发展格局】 四川省的旅游发展格局是:优先开发4个旅游区(成都口岸旅游区、川西生态旅游区、乐山/峨眉山旅游区和自贡/蜀南竹海旅游区),形成一个中心(成都地区),四条环线(北环线、西环线、南环线和东环线)。

四川精选开发的旅游线路包括两条黄金线路和8条主要线路。两条黄金线路为:成都府南河—卧龙自然保护区—九寨沟—黄龙风景区—王朗自然保护区(平武县)—江油—广汉三星堆—成都大熊猫繁殖研究中心,成都—瓦屋山—峨眉山—乐山大佛—自贡恐龙博物馆—蜀南竹海。8条主要线路包括:峨眉山观赏灵猴、大蚯蚓、弹琴蛙、蝴蝶等野生动物,汶川县卧龙自

[①] 根据2000年8月21日《华声报》整理。

然保护区观赏大熊猫、鸟类等动植物,成都郊县观赏各种花类植物,泸州观赏桂圆,剑门蜀道徒步游,峨眉山冰雪游,四姑娘山探险游和江油白龙宫漂流游。

三、旅游基础设施建设

1. 旅游基础设施建设是旅游资源开发的重点

【旅游交通是制约旅游业发展的主要因素】 西部地区与客源市场之间,各旅游区之间普遍存在交通路线长的问题。目前省区内部旅游主要依靠公路交通,但西部大部分地区的公路密度和质量大大低于全国平均水平。旅游公路标准低、通行能力差、抗灾能力弱、交通不畅成为制约旅游资源开发的一个重要因素,改善西部地区的内外交通,尤其是内部航空交通和景区道路是旅游资源开发的基本前提。

【新建和改建机场将改善西部旅游资源的开发条件】 2000年国家将投资50亿元在西部新建、扩建19个机场。改建的机场有成都、昆明、乌鲁木齐、咸阳、敦煌、泸州、且末和格尔木。新建的机场有四川的广元、绵阳、攀枝花、九寨沟,重庆的万州,贵州的铜仁,云南的思茅、临沧,甘肃的中川和新疆的阿勒泰、库车。西部机场投资的资金渠道主要是国家财政债券,初步定为8亿元,此外还有10亿元左右的部门投资,几亿元外资,其他资金为西部当地投资,几项相加共有50亿元左右。这些机场的改建和新建,将改善制约西部地区旅游业发展的交通瓶颈问题,尤其内部航空网的形成将促进旅游资源的开发。

2. 各省区旅游基础设施条件和建设重点不同

【世博会促进了云南旅游基础设施的改善】 1999年,云南是全国旅游投入最大的省份。1999年云南省以举办世界园艺博览会为契机,投入200多亿元,对旅游基础设施进行了改扩建,形成四通八达的交通网和通讯网,建成众多与国际接轨的宾馆饭店,培育了良好的城市环境和一大批精品旅游景区,营造出浓厚的旅游氛围。基础设施的根本改善使昆明的城市建设比规划提前了10年。

【四川公路旅游交通网初具雏形】 四川省现有旅游交通网中,已形成以成都为中心的公路系统辐射网。成都口岸旅游区内有以成都为中心向外辐射的成渝、成绵等已建成的高速公路,有在建的成雅、成都绕城线、成灌等高速公路;有在建的通往川西自然生态区的成雅路、二郎山隧道等重点工程;有2000年将实现通车的通往峨眉山旅游区的成乐高速公路,以及已通车的乐峨高等级公路等;有通往自贡和蜀南竹海旅游区的内江—自贡—宜宾高速公路等重点工程。以成都为中心向外形成三条旅游客运干线,即都江堰—黄龙—九寨沟线,三苏祠—乐山大佛—峨眉山线,自贡恐龙—蜀南竹海线。

四川省针对四个优先开发的旅游区,进行大规模的公路建设:成都口岸旅游区将建设改造成都—都江堰高速公路、成都—金堂高速公路、大邑—花水湾公路、成都三环线公路等;川西自然生态旅游区将加快建设改造松潘漳腊—黄龙景区段公路、卧龙—四姑娘山—小金段公路、成都—雅安高速公路、二郎山遂道、二郎山遂道西口—泸定—康定高等级公路、泸定猫子坪大渡河大桥、康定二道桥—木格措景区公路等;乐山/峨眉山旅游区继续完成建设改造成都—乐山高速公路和乐山大佛的12公里过境公路;自贡/蜀南竹海旅游区完成建设改造自贡—宜宾高速公路、兴文—石村景区—洪县悬棺景区公路等。

【新疆内部交通网的建设对旅游资源开发至关重要】 新疆远离东部客源市场,区内地域广阔,航空是重要的旅游交通方式。新疆是与欧洲距离最近的省份,中西欧至新疆的空中距离仅有五六个小时航程,这一客源市场是世界最大的客源市场,空中通道的畅通对新疆旅游业的发展至关重要。

目前新疆是全国机场最多、航线最长的省份,新疆航空公司已拥有11个航站,61条国内、国际航线,航线总里程15万公里。境内主要旅游城市库尔勒、喀什、阿克苏、克拉玛依、伊犁、阿勒泰均已有航线开通,90年代后,新疆又相继开通了莫斯科、伊斯兰堡等中亚、西欧等几条国际航线。但由于新疆的航站多建于五六十年代,设施陈旧落后,受跑道长度、道面结构以及配套设施等因素影响,区内阿勒泰、库车、库尔勒、且末、克拉玛依机场已经暂时停航,许多旅游团队因交通不便取消行程,航空交通成为新疆旅游业发展的重要制约因素。

乌鲁木齐国际机场是新疆机场改造的重点。其改扩建工程被国家列为西部十大建设项目之一,于1994年动工,由4D级机场改造为4E级机场,总投资近18亿元,预计2001年完工,届时新疆的旅游交通将得到根本的改善。1999年,民航总局批准了阿勒泰、库车、且末三机场改造工程的初步设计及预算。其中,库车位于塔克拉玛干沙漠的北缘,且末位于塔克拉玛干沙漠的南缘,是沙漠公路旅游线和罗布泊—楼兰古城旅游线的重要衔接点。这一区域拥有丰富独特的旅游资源,但是由于旅游交通条件的限制,许多旅游团队的旅游计划未能实现。且末和库车机场的改造都将在2000年竣工,将对南疆旅游资源的规模开发起到重要作用。

铁路是新疆内部最重要的旅游交通方式。目前,新疆境内火车提速工程正在配合全国铁路第三次提速加紧进行。乌鲁木齐铁路局投资20亿元对原有的旧机车、旧道路、旧设施进行改进和改造,并新增开乌鲁木齐至兰州、武汉两趟车,使国内外开行的列车达到16对。2000年10月1日,火车提速全面实施,乌鲁木齐至北京的列车运行时间缩短到48小时,至上海的缩短51小时,至济南48小时,至汉口47小时,至郑州42小时;新疆境内乌鲁木齐至喀什24小时,至阿拉山口5小时。

目前,新疆境内铁路已修通至喀什,主要旅游城市间的旅游专列均已开行。在早已开通的连云港经新疆阿拉山口至荷兰首都鹿特丹的第一条亚欧大陆桥的基础上,南疆铁路西线工程正在从喀什向吉尔吉斯斯坦境内延伸,这将成为新疆开往欧亚各国的最便捷的旅游通道。高速公路建设已修通吐鲁番—乌鲁木齐—大黄山的高速公路。总投资52.1亿元的乌鲁木齐至奎屯高速公路将于今年7月全线通车。高速公路的修建沟通了新疆最重要的旅游城市乌鲁木齐和吐鲁番之间的快速旅游交通。

【敦煌机场的扩建是甘肃省旅游开发的最重要举措】 敦煌是甘肃最重要的旅游城市,原敦煌机场已不能满足旅游发展的需要。为改善敦煌旅游交通条件,2000年初敦煌机场扩建工程启动,由民航总局和甘肃省政府共同投资。机场扩建后跑道全长2800米,航站建筑面积4000平方米,总投资3.4亿元,预计2002年完工,建成后可起降A—320、B—737及以下机型。

【西藏拉萨与林芝之间的公路改造是旅游交通网建设的第一步】 改善西藏两个最重要的旅游城市拉萨和林芝之间的交通联系是西藏旅游交通建设的重点。目前,西藏林芝地区正在进行川藏公路八一镇到拉萨段的黑色路面改造,2000年可全部完工。公路建成后从拉萨到林芝只需要5小时。

【青海计划投入巨资改善旅游基础设施】 旅游基础条件落后是青海省旅游业发展的主要制约因素。青海省计划集中投入20亿元改善旅游基础设施条件,包括建设8条旅游公路,扩建西宁、格尔木和玉树三个机场,新建青海湖等主要景区的移动通信网,新建一批星级饭店。

【陕西的旅游交通建设集中在航空运力的提高和公路建设方面】 旅游旺季民航运力不足是陕西旅游业面临的重要问题。1997年西北航空公司新购进现代化大型客机,民航运力明显提高,同时,铜川至黄陵、渭南至潼关的高速公路也在开工建设。国家投资1.65亿元修建的咸阳至乾陵一级公路,重点旅游景区西安翠华山天池公路已于1998年竣工。

第二节 旅游资源开发的产业政策和发展战略

一、旅游资源开发的产业政策

1. 国家对旅游业的支持力度加大

【旅游业是发展速度最快的产业之一】 中国是世界上旅游业发展速度最快的国家之一,20年内旅游业经历了从起步到高速发展的历程。我国的国际旅游业从1978年起步时年创汇2亿美元,世界排名第41位,飞速上升到1996年的102亿美元,世界排名第9位。

从1996年起,中国旅游业进入第二个突破性发展阶段,入境人数达到5000多万人次,海外旅游者人数1950万人,旅游外汇收入突破100亿美元。中国国内旅游更是呈高速增长之势。"八五"期间,国内居民出游人数年均增长17.5%,国内旅游收入年均增长52%。中国国际、国内旅游总收入达2400亿元,占国民生产总值的比重已上升到3.8%,占第三产业生产总值的11.8%,旅游外汇收入已占全国非贸易外汇收入的30%以上。

1998年中国旅游业仍呈稳步增长态势,国际旅游人数2400万,在世界排名第6位,旅游外汇收入达到125亿美元,在世界排第7位。1999年,中国旅游业保持高速增长,全国旅游总收入达4002.14亿元人民币,增长16.4%。入境旅游人数达7279.56万人次,增长14.7%。入境过夜旅游人数达2704.66万人次,增长7.9%。1999年中国国际旅游外汇收入已相当于当年我国外贸出口创汇的7.2%,旅游业在国民经济中的地位不断提高。

中国旅游业不仅表现在规模上的高速发展,而且经济效益水平在国民经济中也居于前列,全员劳动生产率和人均实现利润高于工业企业平均水平,充分显示出朝阳产业的经济特征。

【中国将成为世界旅游大国】 1999年,中国旅游接待人数由上年位居世界第6位上升至第5位。国际旅游(外汇)收入居世界第7位,已跻入世界旅游强国之列。世界旅游组织预测2020年全球旅游总收入可达2万亿美元,中国将成为世界第一大旅游目的国和第四大旅游客源输出国,国际旅游人数将达到1.37亿人次。世界旅游组织还预测,整个东亚及亚太地区接待国际旅游者人数可达到4.38亿,中国在这一区域市场中将占有31%的份额。据世界旅游组织统计,1999年全球国际旅游人数达到6.63亿人次,其中中国占有11.1%的份额。

【旅游业的产业定位发生重大变化】 1998年的中央经济工作会议上,旅游业被列为国民经济新的增长点,旅游业的产业地位发生了重大变化。国家在政策和资金投入上促进旅游业大发展的目标日趋明朗,在财政政策方面,实行积极的财政政策,支持力度逐渐增大。

【西部旅游基础设施建设是旅游投资的重点】 配合国家的扶持政策,财政部门积极研究相关扶持政策,计划加大对旅游开发的资金投入。针对中西部地区旅游基础设施薄弱的状况,国家将支持重点确立在旅游基础设施的建设上。在2000年新增的国债专项资金中,国家计划安排8亿元用于旅游景区、景点道路的建设,其中6亿元投向中西部地区。计划发行两期共12亿元的旅游国债,改善中西部地区旅游基础设施条件,争取在较短时间内在西部建成一批一流的景区景点。建设重点区域的选择标准是主要旅游交通干线已初步完成,但景区内道路建设仍未完成的"断头路",解决景区的可进入性。已落实的第一批8亿元的旅游国债共选中70个旅游建设项目,其中西部地区占70%。

【旅游开发的产业政策有三个取向】 针对制约西部地区旅游业发展的基本问题,促进旅游发展的产业政策取向包括:

——优先发展制约旅游业发展的基础设施建设;

——加强对旅游业发展总体思路和重点旅游区规划的指导,落实有关资金和政策,避免破坏性开发旅游资源;

——抓紧培养一支具有现代经营管理意识和管理能力的高素质旅游从业队伍。

2. 西南各省将旅游业定为龙头或支柱产业

【旅游业是云南经济发展的龙头产业】 云南省是较早将旅游业作为重点产业发展的省份,从1993年开始就建立了旅游业发展基金,用于重点区域和重大旅游项目的基础设施建设。1995年云南省政府作出了把旅游业发展成为新兴支柱产业的决策,提出从旅游资源大省向旅游大省迈进的目标,旅游业从此进入了快速发展时期。

1996年云南省政府将旅游业确定为加速发展的四大支柱产业之一,提出旅游产业以资源为依托,建设一个旅游中心(昆明)和五大旅游区(滇中、滇西南、滇西北、滇西和滇东南),创出六大旅游拳头产品(观光、度假、民族风情、雪山、生态、会议),建设接待、基础设施九大工程的发展格局。1999年,云南省再次对旅游业的产业地位作出重要调整,把旅游业放在云南省优先发展的四大产业中的第二位,优于矿产业。

目前,旅游业对云南省经济的带动作用已日益明显。1999年,以旅游业为龙头的第三产业对云南省经济提升的贡献已占52%,出现了第三产业增长高于第二产业的情况。为营造有利于旅游业发展的文化环境,云南省还提出建设"民族文化大省"的目标,规划将昆明市建设成全国最大的旅游文艺演出中心。

为改善旅游业投资环境,云南省在产业政策方面给予旅游业多方支持,2000年,云南电力集团有限公司对全省宾馆、饭店,凡由该公司下属10个直供单位供电的,电价均下调56%;对城市"光亮工程"增容用电采取供电工程"贴费"全免政策;外来投资企业的用电及包括旅游园区、公路交通、环境保护项目的用电"贴费"减半。

【四川将旅游业确定为支柱产业之一】 四川省从90年代初开始重视旅游业的发展,1993年四川省政府出台了关于加速旅游业发展的有关问题通知,将旅游业确定为生产性和创汇型产业,提出包括税收等11项鼓励旅游业发展的优惠政策。1997年又将旅游业确定为全省六大支柱产业之一,目标是建设成全国旅游大省。从1998年开始,省级财政每年安排旅游专项经费2000万元,主要用于旅游景点开发、省级旅游宣传促销。在区域发展选择上,确定川西自然生态旅游区、乐山—峨眉山旅游区、自贡—宜宾旅游区和成都口岸旅游区为全省旅游业四个优先发展地区。

【旅游资源是贵州重点开发的四大资源之一】 贵州省"九五"期间将旅游业确定为后续性支柱产业,放在第三产业的第一位予以重点发展。在资源开发战略中,贵州省将旅游资源开发作为重点开发的四大资源之一,制订了重点旅游开发区域的优惠政策。1999年贵州省再次对旅游业重新定位,将旅游业作为贵州省新的经济增长点和新的支柱产业来发展,并将大力发展旅游业作为贵州实施可持续发展、科教兴黔和开放带动三大战略中的一项重要举措。

3. 青藏高原将旅游业确定为重点发展的特色产业

【80年代旅游业成为西藏重点发展的产业】 青藏高原发展旅游业的潜在优势早在80年代就已被中央和地方政府所认识。1984年,中央关于"西藏工作座谈会纪要"中指出"西藏对外开放的一个重要内容是逐步发展旅游业。"1985年,西藏提出以农牧业为基础,以旅游业为中心,以教育、交通、能源为重点的产业政策,首次明确了旅游业在产业体系中的地位,并从1985年开始给予旅游业免税3年的优惠政策。

【90年代旅游业被确定为西藏五大支柱产业之一】 1996年,在"西藏自治区国民经济和社会发展"九五"计划和2010年远景目标纲要"中,将旅游业确定为西藏国民经济和社会发展的五大支柱产业之一,再次确立了旅游业在西藏经济建设和社会进步中的战略地位。旅游业作为西藏跨世纪的战略产业和支柱产业,政府对旅游业给予了政策、财政、信贷等方面的支持,包括减免所得税、每年计划内贷款1000万元、旅游事业费每年140万元以及划拨旅游事业发展经费等。

1999年西藏确定着力培育发展四大特色产业(高原生态农业、旅游业、藏药业、矿产业),其中旅游业位居四大特色产业中的第二位。

【青海将旅游业确定为启动经济发展的重要行业】 1998年省政府拟定"关于加快旅游资源开发的若干决定",提出20条优惠政策,鼓励社会开发旅游资源,并优先安排重点景区的交通基础设施建设。为支持旅游业的发展,青海省对旅游管理体制进行全面改革,省旅游局行政等级升格,提高了旅游管理部门的职能。

4. 西北地区旅游业受到前所未有的重视

与西南地区旅游业相比,西北地区旅游业起步较晚,旅游产业规模在全国居于末位。从1997年开始,西北各省区政府普遍将旅游业作为新的国民经济增长点,旅游业发展受到前所未有的重视。

【陕西调整旅游经营体制,促进产业规模优势的形成】 陕西是全国重点旅游省份,但是进入90年代以后旅游业发展速度明显减缓。1998年,陕西省委和省政府联合作出大力发展旅游产业的决定,提出"变文化资源大省为旅游经济强省"的目标。

从1998年开始,陕西省政府在旅游经营体制方面作了重大调整,首先改革旅游、文物管理体制,实行事企分开。对已经成为旅游景点的文物事业单位,如秦兵马俑、秦陵、乾陵、法门寺、华清池的市场经营职能划归新组建的旅游经营实体管理。

1999年,陕西省作出了《深化旅游体制改革,加快旅游产业发展》的决定,进行大规模的旅游体制改革,成立了我国第一家集著名旅游景点、旅行社为一体的跨地区、跨部门、跨行业的大型旅游集团——陕西旅游集团公司。新组建的陕西旅游集团公司是省政府直属的国有独资公司,是省政府授权的投资机构和资本运营机构。陕西旅游集团公司下辖全资子公司15家、控股子公司2家、参股公司1家,包括陕西省最知名的景点和主要旅行社,资产总值达15亿元。

旅游集团公司的组建构筑了一个融资和资本运营的平台,提高了旅游业的市场化水平和产业规模。在旅游产品开发方面,形成了景区和服务接待等旅游产业链的衔接。1999年,陕西省旅游集团公司实现营业收入6.9亿元,利润总额7211万元,比1998年(没有组建集团时)各成员单位营业收入总额增长19.5%。陕西省旅游经营体制的改革为加强旅游业的产业化发展提供了一个可借鉴的模式。

【新疆将旅游业确定为支柱产业】 1998年,新疆将旅游业列入自治区国民经济和社会发展"十五"计划和2010年的远景规划,并筹备出台《加快新疆旅游业发展的意见》。新疆明确提出旅游业要实施"政府主导型"战略,形成"大旅游、大产业、大市场"的新格局,将旅游业发展成为自治区的支柱产业之一,到2010年实现旅游总收入占国内生产总值的10%。

【宁夏将旅游业确定为新兴产业】 宁夏在1997年明确提出将旅游业作为新兴产业来发展,从1998年开始旅游业发展速度显著加快,沙湖、沙坡头和西夏王陵等旅游线由冷线变为热线。国家各个部门对宁夏旅游业发展对经济的带动作用给予充分的重视,在宁夏尝试创立旅游脱贫的发展模式,国务院扶贫办和国家旅游局在国家级贫困地区六盘山地区建立了"旅游扶贫实验区",财政部建立了"六盘山旅游扶贫实验点"。

二、旅游业发展战略

在确定旅游业的产业地位的同时,西部各省区市制定了一系列支持旅游业发展的目标和重点。

1. 实施重点开发

【市场区位条件是旅游资源开发的重要制约因素】 西部地区旅游资源丰富,但是普遍存在市场区位条件差、远离主体客源市场、旅游距离长、交通不畅的不利因素,全面开发旅游资源难度较大。实行重点开发,形成精品已成为普遍采用的发展战略。

【各省区确定重点开发区域】 由于各省区旅游业发展基础不同,确定的开发重点不同。云南、陕西着重新景区的建设,增大旅游容量。云南省通过自筹和争取国家国债支持,筹集3.4亿元构建滇西北旅游精品,包括丽江玉龙雪山、德钦梅里雪山、中甸香格里拉3个旅游区,使之成为中国生态旅游的精品。其他省区侧重于已有景区的完善,宁夏将开发重点放在银川、沙坡头和六盘山等旅游区;西藏计划投资16亿元,建设完善9个大型的旅游项目;新疆以古丝绸之路为主导旅游产品,与陕西、甘肃等省联合推出"丝绸之路游",这条旅游线已成为我国14条国家级旅游路线之一,是新疆的黄金旅游产品。除丝绸之路旅游线外,新疆的区域旅游开发重点是乌鲁木齐、昌吉、哈密、石河子、吐鲁番,这五个地州市的旅游业在全疆占有举足轻重的地位,旅游收入近10亿元,占全疆的62%。

2. 招商引资是启动旅游业的重要环节

【资金不足是西部旅游业发展的主要制约因素】 缺乏启动资金是西部各省区旅游开发面临的主要问题,引进资金成为发展旅游业的重要举措,各省区相继出台优惠政策吸引旅游投资。其中,云南、陕西等省由于市场发育完善,基础设施条件较好,对资金的吸引力相对较大。在投资环境相对较差的其他省区,引资困难,地方自有资金不足,旅游资源开发缺乏启动资金成为制约旅游业发展的重要因素。国家的旅游专项资金和旅游国债仅能顾及极少数重点发展地区,杯水车薪难以启动整个产业的发展。

【陕西计划招商引资45亿元】 在旅游业发达的陕西省,由于市场培育较为成熟,是旅游投资的热点地区。1999年中国东西部合作与投资贸易洽谈会上,陕西省旅游分团共签订旅游业投资项目合同及协议41项,招商引资总额44.986亿元人民币,其中外资3.4876亿美元,招商引资的项目数量和资金量创陕西历史记录。陕西确定2000年旅游产品投资开发的重点是秦汉文化旅游资源的开发,包括秦、汉文化区的建设,秦始皇陵、汉阳陵的考古发掘;景区绿化、关键道路建设;帝王陵发掘的前期准备;华山、壶口瀑布、太白山、佛坪自然保护区的建设与开发。陕西拟定开发的旅游产品包括:以楼观台为中心的老子文化风景区、以骊山森林公园为主的古园林区、秦岭北麓生态旅游区、太白山园区改造和新项目建设、钓鱼台影视基地新景地建设、秦公大墓复原工程、茂陵文物资源综合利用、昭陵二次开发、汉景帝阳陵综合开发、华夏史记博览苑、泰陵博物苑、黄河龙门—壶口气垫船航道、治川风景名胜区、朱勉公园、南沙河、红寺湖、瀛湖、红碱淖风景区以及丹江漂流、玉虚洞、神田草原、关山草原、中华万发条园、黄帝功德馆、西安墙古车马旅游等近百个旅游产品。

【四川推出重点旅游招商项目】 四川省政府为鼓励外商投资旅游业,推出一批重点旅游招商项目。鼓励外商投资的项目包括九寨沟、成都大熊猫繁育研究基地、峨眉山、自贡恐龙公园、海螺沟冰川公园等景区的旅游饭店和旅游公路建设。四川省还严格筛选10个重点投资建设项目,包括峨眉山索道、自贡恐龙遗址风景区、蜀南竹海温泉山庄、青城山磁浮列车、黄龙饭店、成都花水湾温泉公园等,总投资约1亿美元,予以政策上的重点扶持。

3. 区域间合作成为促销的重要手段

面对日益激烈的旅游市场竞争,西部各省区之间将区域合作作为旅游产品促销的重要手段。旅游的区域合作主要出现在西南地区各省市之间和西北地区各省区之间。

【西北五省区组成旅游协作区】 1999年,陕西、甘肃、宁夏、青海、新疆五省区组成西北五省区旅游协作区,开展联合促销,深入开发丝绸之路与冬季旅游产品,加强旺季旅游协作,联合组团赴中东考察促销。2000年乌鲁木齐国内旅游交易会上五省区仍联合行动,在共有垄断性和专利性特点的旅游资源基础上积极开发各省区具有个性的丝绸之路产品和冬季旅游产品。

【6城市组成旅游协作联合体】 1999年,海口、昆明、贵阳、桂林、北海、南宁等6城市组成

旅游协作联合体,这个 6 城市的旅游同盟达成了旅游联合促销、区域旅游市场监管、旅游人才交流培训、旅游业横向经济联系等 7 个协议。

【重庆与周边地区进行旅游合作】 湖北省和重庆市为重塑三国和长江三峡整体形象,联合对重点海外旅游市场推销。定期召开两地长江三峡旅游发展联席会议,进行市场促销的协调和协作,加强对企业的宏观指导,规范企业经营行为。重庆市区、江津市、合江县、赤水市,位于渝、川、黔结合部,有 6 个国家级景区紧紧相连,四县市联合规划构筑渝、川、黔旅游金三角,计划组建生态旅游区。目前合江至江津的公路已经联通,赤水七里坝景区至合江佛宝风景区仅有的 4.8 公里断头路已经动工,三个景区的公路即将畅通。

【区域合作效果仍未显现】 虽然各省区之间的联合开发和联合促销意向强烈,但是实际效果与目标之间的距离仍相差甚远,其中主要原因是这些行动处于协议阶段,后续的实际促销行动和宣传力度跟不上,各地旅游产品之间没有有效的衔接,缺乏整体市场形象。

第三节 旅游业发展规模与特点

一、旅游业发展水平

1.总体规模小发展速度快

【在全国占的比例小】 从 1990 年开始,西部地区旅游业发展速度开始加快,但是与东部地区相比,西部地区旅游业在发展规模上存在很大差距。1998 年西部地区接待国际旅游的人数占全国的 11%,旅游外汇收入仅占全国的 8%,旅游业规模与中部地区基本持平,远落后于东部地区。1999 年西部地区仍然基本保持这一水平(图 7—1、图 7—2)。

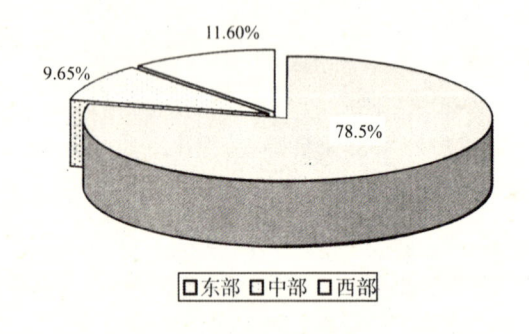

图 7—1 1999 年东中西三大地带入境旅游人数比例
Figure 7-1 Percentage of Visitor Arrivals by Regions in 1999

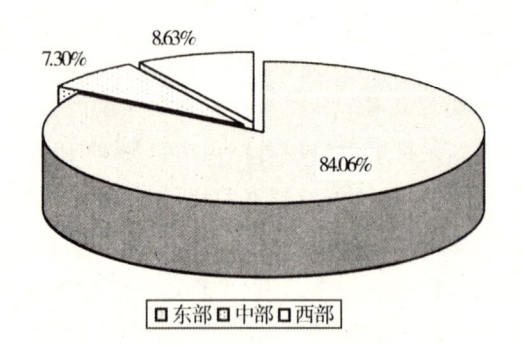

图 7—2 1999 年东中西三大地带旅游创汇比例
Figure 7-2 Percentage of International Tourism Receipts by Regions in 1999

1999 年,全国各省、自治区、直辖市接待的入境旅游者超过 30 万人次的有 20 个省区市,西部地区只有云南、陕西、四川名列其中。全国接待外国人(不包括港澳台与华侨)超过 20 万人次的有 16 个省区市,西部地区只有云南、陕西名列其中。

国际旅游(外汇)收入超过 1 亿美元的有 19 个省区市,西部地区只有云南、陕西名列其中。接待入境旅游者人数超过 20 万人次的城市有 21 个,西部地区仅有西安、昆明和成都名列其中。

全国有12个城市接待旅游入境人数在10~20万人次,西部地区只有重庆、乌鲁木齐名列其中。

【发展速度存在很大差异】 在接待人数和旅游外汇收入方面,西部地区内部存在明显的省际差异。云南、陕西旅游接待人数和旅游外汇收入在全国位于较前列,分别居全国第7和第9位,第8位和第9位,而西藏、甘肃、青海和宁夏四省区居于全国最后四位。

在发展速度方面,陕西是西部各省区市中旅游业起步最早的省份,旅游业发展呈现较稳定的增长。四川是全国旅游资源最丰富的省份之一,较早开始重视发展旅游业,但是旅游经济增长一直呈现不稳定状态。1999年四川省旅游业出现强势发展态势,接待海外游客人数排名由过去的22位跃升至15位。西藏和西北各省区虽然旅游业增长速度较快,但由于基数小,长期在全国排列末位(图7—3、图7—4)。

1995年以来,云南是西部地区旅游业发展速度最快的省份。1999年,昆明世界园艺博览会的成功举办,更是极大地促进了云南省旅游业的发展,旅游业规模超出了原来排在前面的陕西和四川。1999年云南省旅游外汇收入在全国排列第7位,接待入境旅游者人数超过100万人次,列全国第6位,进入全国旅游大省之列。

重庆市的旅游业与长江三峡的游客增减情况密切相关。1997年,长江三峡截流的巨大轰动效应吸引了大批境外游客,当年境外游客达到26万人次以上。但到1998年,重庆市的旅游业遭到了诸多不利因素的影响,当年接待海外游客仅有16.37万人次,比1997年下降了37%。1999年,重庆市旅游业经历了大起大落的巨烈震荡后,又出现了攀升,旅游总收入首次

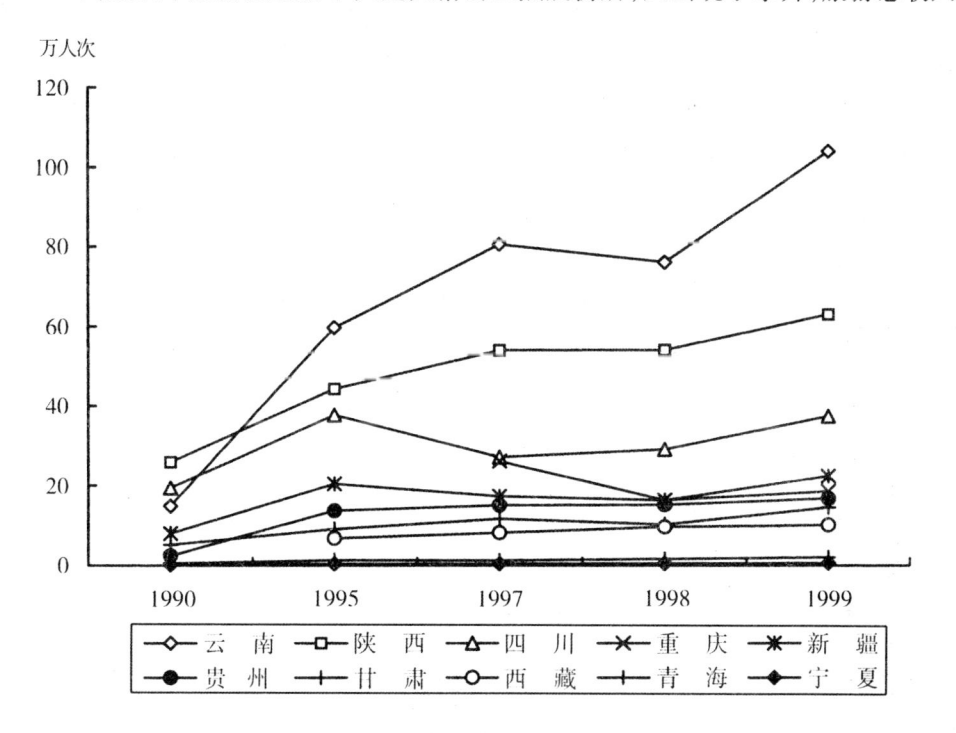

图7—3 西部各省区市接待入境旅游者增长情况

Figure 7-3 Growth of Visitor Arrivals in Western Provinces

百万美元

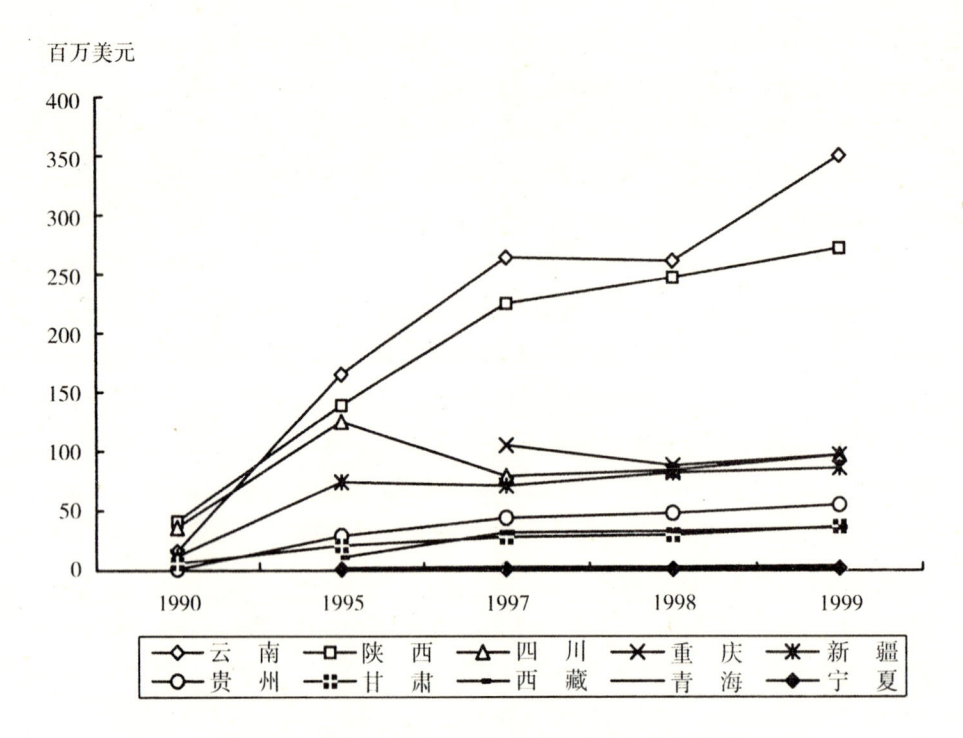

图7—4 西部各省区市国际旅游外汇收入增长情况

Figure 7-4 Growth of International Tourism Receipts in Western Provinces

突破百亿元,达到 **108.3** 亿元,比上年增加 **20.11** 亿元,创历史最高纪录。

【发展规模存在很大的地域不平衡】 西部各省区市中,旅游业发展规模存在巨大差异(表 7—1)。云南省旅游业发展规模和速度都处于全国和西部地区的前列,旅游业基本形成了完整的产业体系,已发展成为西部地区居于首位的旅游大省。

表7—1 1998年西部各省区市旅游业规模

Table 7-1 Scales of Tourism by Province in the West in 1998

地 区	涉外饭店数(座)	旅行社总数(家)	国际旅游业从业人数(人)
重 庆	52	187	24377
四 川	212	273	97309
贵 州	48	83	16487
云 南	234	338	22382
西 藏	36	40	3950
陕 西	82	131	14864
甘 肃	41	76	15231
青 海	13	21	3092
宁 夏	27	15	5265
新 疆	173	83	19003
西部地区合计	918	1247	221960
全 国	5782	6222	1830000
西部占全国比例(%)	15.88	20.04	12.13

资料来源:《中国旅游年鉴》(1999),中国旅游出版社,2000年。

通过举办国际和全国性活动形成旅游业的突破性发展是云南省旅游业发展的突出特点,尤其是大型旅游活动促成旅游投资和贸易的快速增长。在首届中国昆明国际旅游节中,旅游总投入达到34亿元,比上一年增长51.98%。旅游节期间举办的旅游商品展销会成交额达8.3亿元,零售额达2492.3万元。在全国旅游市场中,昆明世博园之旅、滇西北"香格里拉"之旅、中缅边境宝石之旅、云南喀斯特地貌景观之旅、西双版纳热带旅游之旅等5条线路已成为精品旅游线路。

陕西一直是全国的旅游大省,旅游业规模在全国也处于较前列水平,但是发展速度低于云南省,发展规模已居于云南省之后。四川省旅游业处于全国的中游水平,其他省区则多处于全国的后几位,青海和宁夏更是居于全国最后两位。

【旅游总收入占GDP的比重迅速提高】 1996年以来,西部各省区市旅游总收入占GDP的比重持续上升,一些省区市的旅游业占GDP的比重超过5%,高于全国平均水平。

陕西省旅游收入在全省国内生产总值中所占的比重始终处于持续上升态势,1999年旅游总收入110亿元人民币,占全省国内生产总值的6.7%。西安1999年共接待境外旅游者55.4万人次,国内游人1205万人次,旅游总收入相当于全市国内生产总值的13.45%。旅游业真正成为西安经济中的支柱产业。

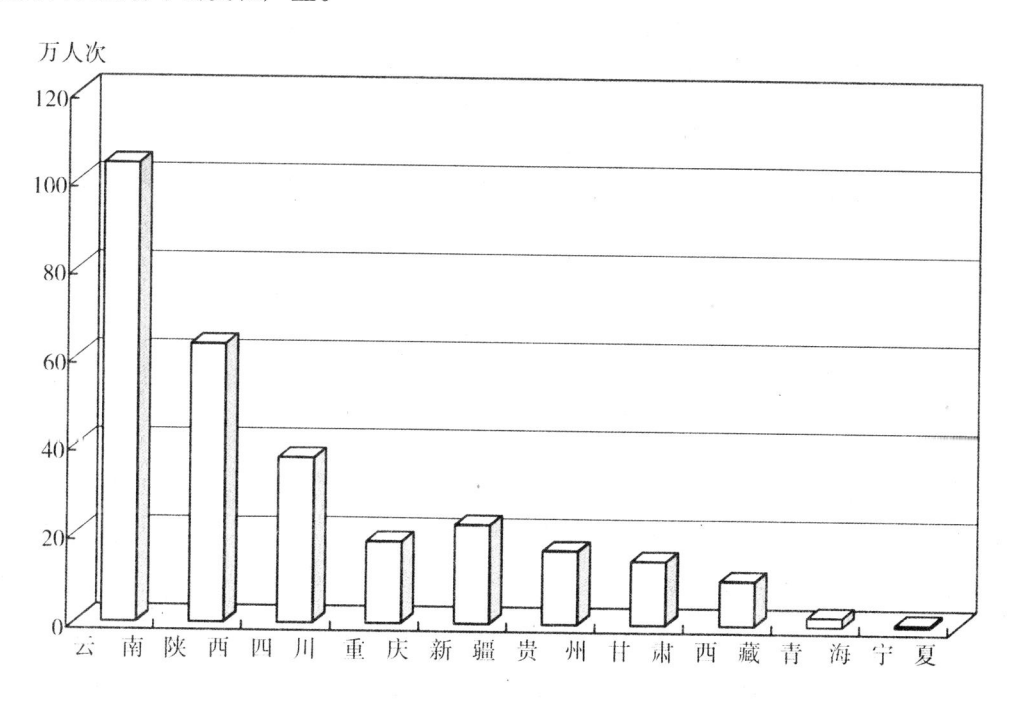

图7—5 1999年西部各省区市接待入境旅游者数量

Figure 7-5 Visitor Arrivals in Western Provinces in 1999

1999年新疆旅游业高速发展,全年累计接待海外旅游者22.38万人次,创汇8582.14万美元;接待国内旅游者694.6万人次,旅游收入58.29亿元人民币。全年旅游总收入65.41亿元人民币,相当于自治区GDP的5.6%,而1996年旅游业总收入仅占GDP的0.5%。

近年宁夏旅游业各项指标均以每年30%以上的速度增长,1999年旅游总收入占GDP的比重达到2.7%,比1995年的0.5%大幅提高。四川省1998年共接待海外旅游者29.06万人次,接待国内旅游者4418.37万人次,旅游创汇8367万美元,国内旅游收入119.29亿元人民币,旅游总收入126亿元。西藏旅游总收入占GDP的比重1995年为3.8%,高于全国平均水平(图7—5)。

2．云南省旅游业发展速度最快

【旅游业在经济发展中已占有举足轻重的地位】 1999年云南省旅游总收入达到205亿元,占全省GDP的比重从1995年的5%上升到10%,全省外汇收入的1/4来自旅游业。旅游业直接、间接从业人员达147万人。

【旅游业对相关产业的带动作用明显】 云南省旅游业的迅猛发展带动餐饮、宾馆、娱乐等相关行业,刺激第三产业快速增长。1999年云南第三产业增长10.4%,对全省经济增长的贡献率达52%,首次超过第二产业,旅游业成为云南经济最具活力的新增长点。1999年云南省共接待海外旅游者104万人次,旅游外汇收入3.3亿美元,分别比1998年增长36.7%和27.6%;接待国内旅游者3673.8万人次,国内旅游收入176.9亿元,分别比1998年增长53.8%和31.5%,增长速度居于全国前列。

【形成一批专业旅游城镇】 云南省很多市县的旅游业已成为经济发展的重要带动产业。大理白族自治州把旅游业作为四大支柱产业之一来抓,1999年共投资2.83亿元完成旅游景区景点建设项目49项,当年全州共接待中外游客530万人次,旅游业总收入突破20亿元,相当于GDP的20%。景洪和瑞丽旅游总收入占GDP的比重都在40%左右,成为专业旅游城市。

表7—2 1997年西部各省区市海外旅游市场情况

Table 7－2 Statistics of Overseas Tourists by Provinces in the West in 1997

地 区	外国人人次数	平均停留天数	华侨人次数	平均停留天数	港澳同胞人次数	平均停留天数	台湾同胞人次数	平均停留天数
全 国	10909430	2.81	488494	2.84	7344832	1.97	3104644	2.17
重 庆	155692	2.57	773	3.30	32435	2.67	72289	3.10
四 川	147656	2.17	3948	1.37	31332	2.44	72300	1.76
贵 州	78072	2.02	26	2.73	35089	2.10	37047	1.99
云 南	580266	1.74	7225	1.98	71723	1.69	146207	1.49
西 藏	73000	3.12	100	3.00	6100	4.43	2600	4.62
陕 西	437033	2.36	9530	3.63	34579	2.44	58294	4.55
甘 肃	84048	1.87	654	1.91	9955	1.50	21606	1.39
青 海	9419	1.65	30	2.00	956	2.10	2412	1.64
宁 夏	3310	2.70	110	2.86	295	2.16	523	2.06
新 疆	157067	3.05	332	3.45	5147	3.03	9960	2.98
西部地区合计	1725563		22728		227611		423238	
占全国%	15.82		4.65		3.10		13.63	

资料来源:《中国旅游年鉴》(1998),中国旅游出版社,1999年。

二、客源市场结构

【国际客源市场占重要地位】 从客源市场结构看,西部地区旅游业对国际旅游市场具有强烈吸引力,加之西部地区有漫长的国境线,与多个国家为邻,边境旅游发展迅速。很多省区市接待的海外旅游者中,国外游客(外国人)比例大于全国平均水平。1997年,西部各省区市接待的海外旅游者中,外国人占全国接待总数的15.82%。在游客构成中,华侨和港澳游客数量在全国占有的比例皆不足5%,这一市场在西部地区仍未得到充分开发(表7—2)。

西部各省区市中,云南和陕西对国外旅游市场的吸引力较大。1997年西部地区接待的外国人中,云南和陕西共占59%。新疆和西藏的旅游市场结构中,虽然国际旅游市场绝对数量不大,但是比例占绝对优势,而且游客在西藏和新疆平均停留天数长于全国平均水平,达到3天以上。在西藏的旅游市场结构中,海外旅游市场占主导地位,在接待的海外旅游者中,外国人占90%左右。而在全国旅游市场结构中,外国人和华侨、港澳和台湾同胞各占50%左右。青海和宁夏是海外旅游市场规模最小的省区,在全国居于最后两位。总体分析,云南、陕西和重庆的国际旅游市场已形成一定规模,西藏和新疆虽然目前国际旅游市场规模较小,但有很大的潜力。

【国际客源市场结构与东部和中部有较大差别】 西部国际客源市场的区域结构与东部和中部地区有明显差别。首先,日本市场在各省区市中占重要地位,其中在5个省区市中占到总外国客源的30%以上。欧、美和泰国虽然在市场结构中的比例并不很高,但在全国占重要地位,其中英国、法国、德国市场占全国的20%以上,泰国市场占全国的40%以上(表7—3)。

表7—3 1997年西部各省区市海外旅游市场客源结构
Table 7-3 Country Origins of International Tourists by Provinces in the West in 1997

地区	总人次数	日本(%)	马来西亚(%)	新加坡(%)	泰国(%)	美国(%)	加拿大(%)	英国(%)	法国(%)	德国(%)	俄罗斯(%)	澳大利亚(%)
重庆	155692	45.23	5.00	5.63	1.84	15.72	1.59	2.26	5.10	4.22	0.07	1.31
四川	147656	21.90	4.97	13.21	11.63	10.02	1.89	3.36	3.85	4.85	0.55	1.81
贵州	78072	12.54	26.91	21.20	4.78	8.97	4.25	3.31	4.39	2.11	0.08	0.86
云南	580266	9.88	9.26	11.50	12.23	6.42	0.96	3.46	1.86	2.97	0.07	1.46
西藏	73000	9.76	0.89	1.25	0.28	12.19	1.51	4.24	6.71	12.47	0.59	2.33
陕西	437033	36.12	1.66	1.38	0.54	13.12	1.54	6.35	5.59	5.82	0.38	1.96
甘肃	84048	41.96	2.87	4.15	0.61	7.74	1.07	3.47	5.13	7.28	0.06	1.67
青海	9419	32.42	0.96	2.56	0.05	8.49	3.03	4.61	8.28	5.54	0.87	1.41
宁夏	3310	46.47	2.18	3.20	0.18	9.94	3.99	4.17	1.81	8.79	0.06	1.87
新疆	157067	19.97	1.61	1.26	0.22	4.88	0.85	1.96	2.65	2.90	37.93	0.82
西部地区占全国的比例(%)	15.82	13.35	15.12	19.57	40.33	17.26	13.75	20.5	21.88	20.5	11.83	13.69

资料来源:《中国旅游年鉴》(1998),中国旅游出版社,1999年。

其次,近距离的国际旅游或边境旅游发展迅速。新疆与周边8个国家为邻,有15个通商口岸,俄罗斯市场在全国占有很大比例。西南地区以东南亚市场为主,其中云南的泰国市场占到全国的29%。

在西藏的旅游市场结构中以欧美国家游客为主,欧美游客所占比例远远大于全国平均水平。到西藏旅游的欧美游客主要受西藏的历史文化、藏族风情和特殊的自然旅游资源的吸引,对徒步和登山旅游较有兴趣。目前在欧美市场推销的西藏旅游项目大都将西藏旅游同尼泊尔或中国内地的旅游结合起来。

陕西和重庆由于有丰富的历史文化旅游产品和长江三峡,日本市场是其主要客源市场。

第四节 旅游业发展的问题与对策

一、存在的问题

目前西部地区旅游业在管理体制、经营机制、管理服务质量水平、产品结构、市场规范、从业人员素质、产业经济增长方式等方面与国内旅游业发达地区和国际先进水平还存在相当大的差距,和作为新的经济增长点的重任不相符。西部地区旅游业发展面临的主要问题包括以下五方面。

【旅游资源处于粗放开发阶段】 由于资金匮乏,许多旅游资源区在未经过规划、基础设施条件不具备、环境保护措施不完善的情况下,匆忙开放接待游客。由于对旅游资源缺乏全面的对比评价和可行性论证,尤其缺乏以市场和环境为导向的评价,旅游资源利用处于盲目和被动状态,一些地区旅游资源处于原始自发开发利用阶段。由于对资源和市场情况缺乏全面的认识,在景区开发中抛弃自有特色,盲目模仿,造成景观破坏的现象严重。

西部旅游市场结构中国际游客占重要地位,景区建设、服务设施建设和基础设施建设方面必须符合国际旅游标准。以国际旅游市场为目标市场的旅游业属高投入型,尤其是基础设施和服务设施的投入高。但是,由于地方经济对旅游业的支撑力弱,无力承受高额投资,旅游业发展规模受到限制。与旅游业发展成熟地区相比,西部地区的旅游基础设施和服务质量仍有很大差距。

【旅游产品促销力度有限】 知名度是决定旅游竞争力的关键因素,知名度的提高依靠有效的宣传促销。除旅游业较发达的个别省份外,西部大多数省份缺乏有效的信息发布渠道、有力的市场拓展能力和完善的促销机制,致使旅游市场竞争能力弱。近年,虽然各地逐渐加大了旅游宣传和销售力度,但是促销手段落后,国际旅游市场对西部旅游信息的了解仍十分有限。由于促销力度的差异,造成旅游线路冷热不均,除云南和陕西的主要景区外,其他线路虽然经过多年的开发,但仍为冷温线,其中又以贵州最典型。

【旅游业经济效益不理想】 和全国旅游业发展的区位条件和环境条件相比,西部地区旅游业由于自然环境特殊,市场相对狭小,客源市场开辟难度大。国际旅游市场以观光为主,特种旅游为辅。由于远离国内主要客源市场,交通不便,发展国内旅游困难重重。另一方面,由于旅游强烈的季节性,旅游设施利用率相对较低,设施闲置和价格较高问题突出,缺乏规模效益,旅游业的许多经济指标都低于全国平均水平。以西部地区国有经济饭店的经济效益指标衡量,西部大多数省份的经济效益都低于全国平均水平,部分省份处于亏损状态。

【旅游产业结构不合理】 很多地区的旅游开发变成单纯的收门票、建旅店,忽视建立一个完善的旅游产业结构。旅游产品缺乏体系化和层次化,不能适应多层次的市场需求。旅游企业规模化、集团化、综合化经营程度低。旅游教育和培训、旅游生态环境治理方面的投入更是微乎其微。旅游企业集团化程度低直接造成旅游规模经济效益不显著,经营分散、内部竞争激烈、内耗严重。由于加入旅游市场竞争行列的旅游企业迅速增多,旅游竞争将日趋激烈,这就要求具有规模优势、技术优势和雄厚的新产品开发实力、高抗风险能力的大型旅游企业和旅游企业集团参与市场竞争,但西部旅游业中大中型旅游企业数量较少,没有能力参与国内和国际旅游市场竞争。

【旅游资源依存的生态环境恶化】 西部地区生态环境脆弱,尤其是西北地区水土流失严重,气候恶劣,风害、沙害频繁。人为的破坏行为,使大片植被遭到毁灭性破坏,对旅游资源价值造成严重威胁。例如,新疆塔里木河由于上游大量建立水库,抽水灌溉,致使下游断流。1965年以后,著名的"绿色走廊"长期缺水,致使森林草灌植被干枯,基本丧失了自然繁衍更新的能力,大面积的胡杨林、乔灌木和草群植被明显衰败。加上不合理采伐木材,掠夺性地刨挖甘草和罗布麻,大量砍挖红柳,使"绿色走廊"地区环境日益荒漠化,闻名于世的"绿色走廊"濒临毁灭。位于这一地区和周边地区的历史人文旅游资源也因此受到风沙的威胁,许多著名的历史古城由于风沙侵蚀,面临消失的危险。如著名的楼兰古城和米兰古城由于风沙的侵蚀,遗址建筑日渐萎缩。

二、对策建议

西部旅游业的新的产业定位使之成为战略性优先发展的经济部门,这就必然要求在一些长期制约旅游业发展的问题上给予政策引导和投资倾斜。

【尽快制定西部地区的旅游产业政策】 在资源开发、投资、管理和资源保护方面制定符合西部地区实际情况的产业政策,培育一个完善的旅游产业体系。要加大对基础配套设施建设和人力资源培训等方面的导向性投入,特别是中心城市和主要旅游景点周围的交通设施建设。加强旅游管理职能部门在旅游规划、立项决策方面的参与和权威性。

【调整旅游产品结构,开发优势资源】 由于西部地区支持旅游业发展的社会经济力量薄弱,交通、通讯、服务等基础设施条件差,旅游业初期投入和运转费用远远高于东部地区。如果没有较大的客源规模,旅游投入将远远大于收益,旅游业的经济效益目标难以达到。所以要选择重点地区,集中投入,培育一批世界级、国家级的名牌旅游景区、景点和旅游线路,建成一批具有西部特色的精品旅游线,提高旅游产品在旅游市场上的竞争力和吸引力。要扶持大型旅游企业集团的发展,创造有利的融资环境,提高西部旅游业在旅游市场上的竞争能力,形成旅游规模经济。

【培育特有旅游产品】 培育在国际旅游市场上知名度高、特色突出的特有旅游产品是扩大旅游业市场竞争能力的重要手段。西部旅游业现在仍以传统的文化观光旅游为主,其他旅游形式为辅。在国际旅游市场中,传统观光旅游虽然仍是主要旅游形式,但已很难保持长久的市场吸引力,旅游业正向多元化发展,特种旅游市场的潜力正日益凸现。特种旅游要求具备特殊的资源条件,西部地区在这方面具有很大优势,其中最适宜发展的特种旅游产品有以下两类:

——登山旅游。青藏高原地区是世界上登山旅游资源最丰富,并且具有不可替代性的地区,是最具发展登山旅游潜力的地区。西藏南部边界从南迦巴瓦峰、珠穆朗玛峰到冈仁波齐峰一线是对登山旅游者具有很大吸引力的地区,发展登山旅游前景广阔。目前由于对外开放的山峰的交通条件差、辅助设施缺乏、费用高,青藏高原登山旅游远未形成规模。加强登山旅游区基础设施建设是发展登山旅游的基本条件;降低登山费用、减化审批程序、减少对登山活动范围的限制,培育和扩大登山旅游市场;同时,进行从事登山旅游服务工作人员在语言、服务、救护等方面的培训,提高活动的安全性。

——科学考察和探险旅游。西部地区在地质地理、动植物、气候等方面具有很大的科学考察价值,是发展科考和探险旅游的理想地区,目前这两种旅游形式在仍处于探索阶段,还没有形成产业意义。

【将生态旅游作为旅游开发的基本形式】 西部旅游业发展要尽量保持西部原有的特色,尽量减少对原有自然和人文环境的改造。

西部地区特殊的自然生态环境和人文环境是吸引游客的基础,失去西部特色的旅游业是没有生命力的。旅游开发规划必须将突出和保护西部特色作为最基本的原则,旅游开发必须将旅游环境保护放在第一位。

旅游景区建设要经过专门的规划设计,避免出现建设性破坏,包括画蛇添足式的建筑以及与景观背景不相协调的建筑对整体旅游景观的破坏。西部独特的宗教文化、传统的生活方式和富有特色的民俗文化是旅游资源的重要组成部分,必须采取适当措施,避免将这种文化传统完全商业化。

【建立旅游开发的生态安全机制】 坚持"保护性开发"。西部旅游资源虽丰富,但生态环境十分脆弱,应制订西部旅游生态安全措施,强化限制性条件及可持续发展的目标。生态安全要体现旅游资源环境的保护及旅游资源可再生能力的保护、社会传统文化的保护。

强调规划、建设、管理、监测等多种环节的协调。研究不同地区的旅游生态环境容量,重点旅游项目必须进行生态环境与防灾的科学论证。将退耕还林还草和旅游资源开发结合起来,在保护好生态环境的基础上,深层次开发旅游资源,使旅游开发和生态保护实现良性循环和可持续发展。

参考文献

[1] 国家旅游局:《中国旅游年鉴》,中国旅游出版社,1997年。
[2] 国家旅游局:《中国旅游年鉴》,中国旅游出版社,1998年。

［3］国家旅游局:《中国旅游年鉴》,中国旅游出版社,1999年。
［4］中国旅游业可持续发展研究组:《中国旅游业可持续发展研究》,河北科学技术出版社,1999年。
［5］国家旅游局:"1999年中国旅游业统计公报",《中国旅游报》,2000年5月26日。
［6］"陕西各项纪录全面刷新",《中国旅游报》,2000年1月22日。
［7］"推动西部旅游业超常规发展",《中国旅游报》,1999年12月23日。

第八章 交通通信基础设施建设

提　要

- 交通通信基础设施是地区经济发展不可或缺的必要条件,"先行建设、适度超前"是西部大开发的正确选择。
- 西部地区交通通信基础设施经历了"快速—缓慢—快速"的发展过程,进入另一个快速发展的时期已经到来。加强基础设施建设是符合客观需求的。
- 西部地区交通通信基础设施薄弱是长期积累的结果,要改变其面貌也将是长期的过程。
- 根据各地区的具体情况制定合理的规划和建设时序、规模、等级,是"先行"和"适度"超前的明智选择。
- 交通通信仅仅是社会经济发展的支撑条件,依据其提供的条件加速发展经济才是最终目的。

第一节　西部地区交通通信建设的历史回顾

一、50～70年代:曾经是国家的重点建设地区

评价西部地区交通通信基础设施的发展,需要从历史的角度来分析。在计划经济时期,我国的交通通信基础设施发展滞后,方式间发展也不平衡。50年代到70年代的30年间,铁路是我国交通通信基础设施发展的重点,投资占交通通信基本建设投资的比重在50%以上。因此铁路建设的地区分布可以反映我国交通通信基础设施发展的区域状态。

在这一时期,西部是国家建设的重点,铁路路网扩展是最快的。从1950年到1980年,西部铁路里程从1189公里增加到1.24万公里,增加了9倍。公路里程的增加也比较显著,从2.4万公里增加到28.3万公里,增加了11倍,超过全国平均水平。通信在这一时期基本保持了同步发展,但这一时期全国的通信水平都比较低,基础设施非常落后,现代化的通信基础设施基本上处于空白(表8—1)。

在网络通达性较低的时期,里程的增加是交通基础设施发展快慢的最有效的评价指标。50年代到70年代的30年时间内,西部铁路平均以每年增加373公里的里程扩展着路网,而东部和中部只有216公里和336公里,西部的发展快于东中部地区,高于全国平均水平,这得宜于国家实施的"三线"建设和以国家安全为主的发展战略。同期,东中西三大地带公路年均增长量分别为8040公里、9546公里和8634公里,西部也保持了较快的增长速度。虽然这一时期西部地区里程增加比较快,但由于地域广袤,分布密度的增长并不大。

表8—1 全国各时期运输邮电基本建设投资及其构成

Table 8 – 1 Capital Construction on Transport and Post and Telecommunication in China

时期	年份	投资额(亿元)	铁路	公路	水路	航空	管道	邮电
一五	1952~1957	90.15	65.6		27.9	1.1		5.3
二五	1958~1962	163.30	63.8		30.3	1.2		4.7
调整时期	1963~1965	53.78	63.2	23.1	6.1	3.6		4.0
三五	1966~1970	150.01	63.5		30.4	1.4	0.2	4.6
四五	1971~1975	317.59	54.5		37.7	2.9	0.1	4.8
五五	1976~1980	302.45	46.4	14.9	24.7	3.1	4.9	6.0

资料来源:陆大道等:《1997中国区域发展报告》,第264页,商务印书馆,1997年。

二、80~90年代中期:发展缓慢,与沿海地区的差距迅速扩大

80年代到90年代中期是西部地区交通通信基础设施发展相对缓慢的时期。虽然在等级、质量上有一定的增长和提高,但网络的扩展速度大大降低,与沿海地区差距迅速拉大。由于国家自80年代初开始实施三大地带发展战略和经济体制改革,沿海地区被明确定为重点发展地区,导致投资的东移。西部地区由于投入的不足,建设缓慢,东西间差距显著拉大。

1980~1995年,东中西三大地带公路的年均增长量分别为8801公里、4416公里和4773公里,东部地区的年均增长量是西部地区的1.84倍,西部地区虽然与中部地区的增长量相当,但密度的提高则远落后于中部和东部。铁路年均增加量分别为108公里、140公里和63公里,东部地区是西部地区的1.71倍。其中,80年代三大地带公路的年均增长量分别为5619公里、3923公里和4668公里,铁路分别为104公里、176公里和46公里,西部铁路的建设步伐大大放慢,路网扩张近于"停顿"状态。网络通达性方面,西部地区在过去几十年中虽然有了较大改善,但由于地域广袤,与东中部的差距在扩大。

差距扩大的另一方面是运输通道、干线网络和通信干线网络的建设,全国的重点集中在东中部,西部明显滞后。到90年代中期,东部的大能力运输通道和光缆干线已经基本建成,而西部多处在起步阶段。

通信基础设施发展的差距也非常显著,西部地区的发展速度远远落后于东部地区。到90年代中期,即"八五"计划末期,无论在基础设施建设方面还是在邮电通信业务方面,西部的通信基础设施已无法与东部相提并论[1]。

三、90年代中期以来：逐步进入快速发展时期

1995年以后，西部地区交通通信基础设施开始逐步进入快速发展时期，这主要得益于拉动内需政策和西部大开发政策的推动，其中通信基础设施的发展快于交通基础设施的发展，但与东部沿海地区仍存在相当大的差距。

交通通信发展速度的逐步加快主要体现在两个方面。一是投资规模的迅速增大。例如，1996年西部地区交通通信基本建设投资规模只有185亿元，1997年增加到304亿元，1998年又上一个台阶，达到588亿元，1999年为593亿元，估计2000年可达800亿元以上。二是路网扩展速度的加快，铁路和高等级公路的建设出现快速发展势头（图8—1、图8—2）。

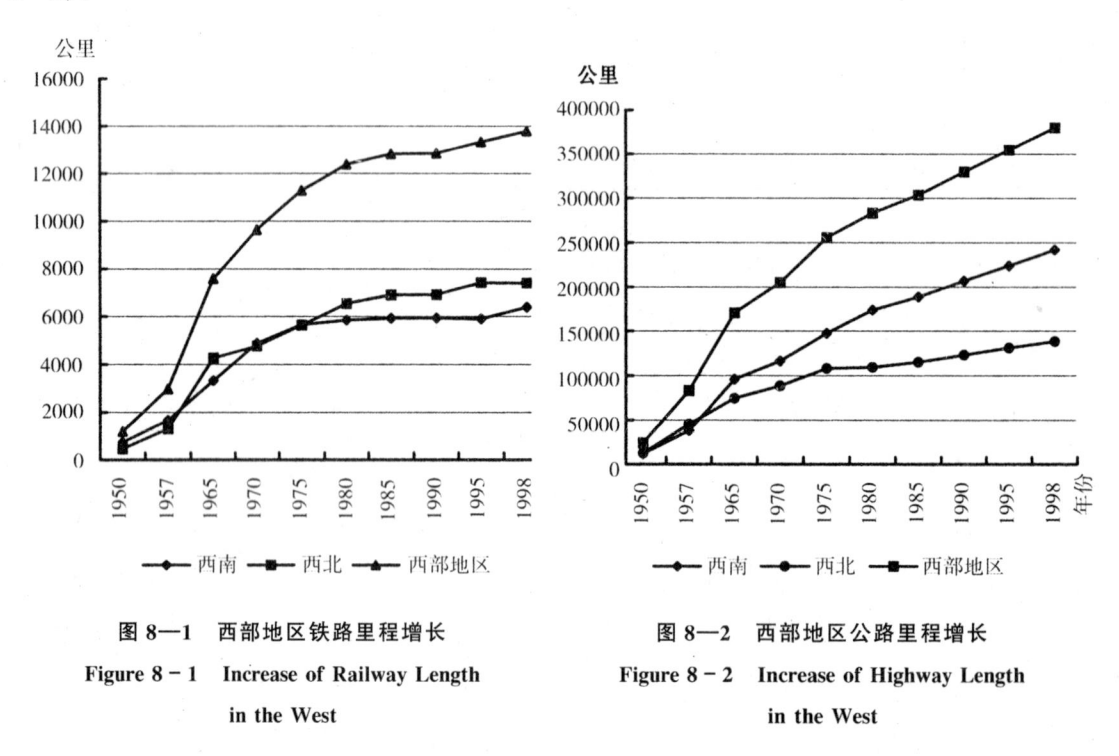

图8—1　西部地区铁路里程增长
Figure 8-1　Increase of Railway Length in the West

图8—2　西部地区公路里程增长
Figure 8-2　Increase of Highway Length in the West

90年代中期，铁路建设逐步向西部倾斜，修建了南昆、内昆、西康、宝中、神延、南疆铁路及株六、宝成、兰新复线等铁路，激活了广西、云南、贵州、四川、陕西、宁夏、内蒙古、甘肃、新疆等西部不发达地区，为西部发展创造了环境和条件，正在把潜力转化为生产力，把潜在市场转化为现实市场，把资源优势转化为经济优势[2]。

通信基础设施建设方面，随着国家"八纵八横"长途光缆骨干网络的建成，西部的通信框架基本形成，从基础设施水平上看，东西部的通信差距大大缩小。1998年西部的长途光缆线路长度57427公里，占全国的30%，长途微波线路18657公里，占全国的28%，长途业务电路31.2万路，占全国的15%。绝大部分城市已进入长途自动交换网。

第二节 现实基础与差距

一、基础比较薄弱

1. 规模小，通达深度低

虽然西部地区在过去几十年中有了长足发展，但交通通信基础设施的总量仍然比较小，通达深度比较低。目前西部只有铁路 14320 公里，公路 417448 公里，覆盖的地域范围和通达深度有限。每百平方公里只有铁路 26 公里，仅相当于全国平均水平的 42%，公路也只有 7 公里，仅相当于全国平均水平的 55%。

2. 技术等级比较低，骨架网络稀疏，高质量的网络还未形成

西部地区的交通通信基础设施仍然比较落后，还不能满足社会经济发展的要求，主要体现在骨架网络稀疏、等级比较低等方面。既有公路网的基本特征可归纳为"一差"——行车条件差，"两低"——公路技术等级低和通达水平低，由高等级公路构成的骨架公路网还未形成。西南与西北的铁路干线网距分别为 793 公里和 687 公里，远低于铁路网比较发达的东北地区。西部地区高等级公路只有 2.4 万公里，占其公路总里程的 6.7%，远低于 11.7% 的全国平均水平。

较低的交通通信基础设施发展水平，一定程度上严重制约了西部地区的社会经济发展。因此，实施西部大开发战略，首先加强基础设施建设的决策是非常正确的。

3. 内部发展差异比较大

西部地区交通通信基础设施的发展在空间上很不平衡。四川、重庆、云南、陕西和新疆，90 年代（1990~1998）交通基础设施发展相对较快，西部公路增长量的 87% 集中在这五个省份，新增的机场全部集中在这些地区，铁路干线也多集中在这些地区。1990~1998 年，云南公路里程增加了 30.6%，而甘肃和西藏只增加了 2.5% 和 2.8%。从宏观区域增长的比较中也可以看出差别，1990~1998 年，东部沿海地区的公路里程增加了 31%，中西部分别只增加 16% 和 11%。

综合评价 90 年代西部各省区市交通通信基础设施的发展，并结合全国其他地区的发展状态，西部各省区市的发展状态存在三种类型[3]：云南、新疆、重庆属于基础一般、发展加快省区；陕西、四川属于基础一般、发展一般省区；西藏、甘肃、宁夏、青海、贵州属于基础薄弱、发展缓慢省区（表 8—2）。

表 8—2　1999 年西部交通基本情况（公里）

Table 8-2　The Length of Transportation Routes in the West (1999)

地区	铁路	公路	高速	一级	二级	内河航道	机场（个）
重庆	591	28086	134	122	2328	2324	2
四川	2290	89318	747	633	6580	6199	6
贵州	1654	33973	115	26	627	2132	1
云南	1873	102405	405	72	1435	1530	8
西藏		22475			568		2

续 表

地 区	铁路	公路	高速	一级	二级	内河航道	机场(个)
西南小计	6408	276257	1401	853	11538	12185	19
陕 西	1941	43212	315	159	3034	998	5
甘 肃	2323	36212	13		3164	1305	4
青 海	1092	18268		18	1394	372	2
宁 夏	712	10015		109	1367	397	1
新 疆	1849	33484	170	57	5086		10
西北小计	7917	141191	498	343	14045	3072	22
西部合计	14325	417448	1899	1196	25583	15257	41

4．电信以常规为主

西部地区的电信以常规业务为主，新兴的电信服务远远落后于东部沿海地区，其中又以农村的差异最大。以1998年为例，西部地区的移动电话用户只占全国的11％，电子信箱用户只占全国的2.4％，国际互联网用户只占全国的4.9％，乡村电话用户只占全国的8.5％，电话普及率(为5.5％)，只有全国平均水平的53％。以上各指标均低于西部地区人口和GDP占全国的比重，与东部地区有相当大的差距(表8—3)。

表8—3　1998年西部主要邮电通信行业占全国的比例(％)

Table 8 – 3　A Comparison of Post and Telecommunication Development between the East, Middle and West

项　目	东部	中部	西部	项　目	东部	中部	西部
邮电业务总量	65.6	23.1	11.2	长话业务电路	59.3	25.8	14.9
特快专递	62.2	24.5	13.2	长途光缆线路长度	33.0	37.4	29.6
长途电话	65.8	21.4	12.8	长途微波线路长度	32.3	39.7	28.0
本地电话用户	58.2	28.5	13.3	自动交换机容量	55.9	27.8	16.3
城　市	55.0	29.8	15.2	无线寻呼用户	51.8	31.5	16.6
乡　村	66.3	25.3	8.5	移动电话用户	63.4	25.6	11.0
城市住宅电话用户	53.9	31.4	14.8	电子信箱用户	73.1	24.5	2.4
乡村住宅电话用户	66.3	26.0	7.7	国际互联网用户	76.2	18.9	4.9

> 二、东中西三大地带交通通信基础设施发展差距在拉大

基础设施发展差距的扩大是宏观区域差距扩大的重要方面。东西部地区之间的发展差距在交通通信基础设施方面的表现比较突出。但这一差距的形成与扩大是长期积累的结果，自80年代初就已经开始了，只是到90年代才显现的比较突出。因此，要缩小这一差距，也需要一个相当长的过程。归纳起来，东西部地区在交通通信基础设施方面的发展差距主要表现在以下几方面。

1．规模扩展

从第一节可以看到，80年代以来，西部地区的交通通信基础设施建设已远远落后于东部与中部地区。对比90年代三大地带间的差异，可从另一侧面反映西部地区发展的相对差距。全国1990～1995年交通通信基础设施的增长量中，多集中在东部地区，其中公路增长量的60%集中在东部，通信的增长也主要集中在东部地区，西部地区所占比例均较低(表8—4)。

表8—4 "八五"期间三大地带交通通信增长情况(%)
Table 8－4 Regional Contributions to National Growth of Transport
and Telecommunication During the Eighth Five-year-plan

	公路	铁路	长话电路	电话交换机	市话交换机	农话交换机	电话机	GDP	人口
东部地区	59.7	41.3	65.2	62.0	57.6	77.3	65.4	63.5	38.8
中部地区	19.8	25.2	21.3	25.0	27.3	17.0	23.3	23.7	33.3
西部地区	20.5	33.5	13.5	13.0	15.1	5.7	11.3	12.8	27.9
全　国	100.0	100.0	100.0	100.0	100.0	100.0	100.0	100.0	100.0

资料来源：陆大道等：《1997中国区域发展报告》，第254页，商务印书馆，1997年。

2．路网等级质量

从全国来看，1995年以前，基础设施的发展主要侧重在量的扩张方面，高等级网络的建设逐步加快。"九五"期间，高等级网络建设已经成为重点，并在局部地区开始发挥效益，高质量的服务网络也在局部地区开始形成。这些"局部"地区多集中在东部沿海地区。优质高效、廉价、便捷的服务网络开始从局部地区向宏观区域发展，提升了东部和中部一些地区的经济竞争能力和进一步发展的环境，并促进了中心城市和重点区域的可持续发展能力。相比之下，西部大约要晚一个五年计划的时间，现在还在量的扩张上努力，高等级的网络发展还处于雏形阶段。

东部和西部地区的公路发展存在显著的时间差。"八五"期间是东部地区公路快速增长的时期，而"九五"前3年西部部分省区市才开始进入快速发展阶段。如90年代云南省公路增长中，增长量的57%是1996～1998年实现的。高速公路的建设也是如此，东部和中部地区的高速公路网已经从局部向宏观区域扩展，而西部地区的高速公路还处在起步阶段，仅仅是局部小范围内的连通。可见，西部地区路网等级质量的提高仍将是长期艰巨的任务。

3．"高速化"运输服务

"高速化"是90年代我国交通通信基础设施建设与发展的最重要方面。主要体现在三方面，一是支撑"高速化"运输发展的基础设施的建设，如高速公路、铁路干线运输通道和民航网络以及机场的建设，提高了整个基础设施的等级和服务水平；二是高速运输网络的发展，大大优化了运输环境和地区经济发展环境；三是信息高速公路——国家通信干线的建设。这三方面的建设首先是从东部地区开始的,到90年代中期,在东部和中部地区已经发挥效益,而西部地区在这方面已经大大落后,要建成相对完善的高速运输和通讯体系,还有相当长的路要走。

4. 协同水平

东部地区交通通信基础设施经过过去10多年的快速发展,已经形成综合能力,开始发挥综合效益,所提供的发展环境逐步步入良性状态,基础设施引导产业的发展、布局以及结构调整的作用力开始增强,各种交通通信方式间的协同与协作机制正在逐步形成,这对社会经济发展的影响是长远的。而西部在这方面与东部地区有相当差距,交通通信基础设施的综合效益还没有正常发挥,保障和引导经济发展的作用力不强,协同水平还有待进一步提高。

三、宏观区域交通通信基础设施差距扩大的原因

发展基础设施是为了促进西部地区的发展,缩小或抑制区域差距扩大的趋势。要实现这一目标,应先分析差距产生的原因。改变这些原因,实施相应的政策和措施,才能达到目的。过去20年东西部地区基础设施发展差距形成的原因,可归纳为以下二方面。

1. 国家的区域发展倾斜政策是主因

改革开放以来,国家政策是引导地区基础设施发展快慢和区域布局的主要因素之一。直到1997年,虽然其间也提出了地区协调发展政策,但国家政策的主流基本上仍延续"三大地带"的地区倾斜发展政策,重点在东部沿海地区。在基础设施短缺的环境下,虽然各地区均把基础设施作为发展的重点,并在资金上不断加大投入,但其主导倾向是以改善区域发展环境和投资环境为目的,强调基础设施发展与区域经济发展需求相适应;此时沿海地区——创造财富的核心地区——正处在交通基础设施建设快速发展的时期,资金的需求非常巨大,而追求利益的外资和非国有资金也青睐东部地区的交通基础设施项目——因为有较好的期望收益,因而导致了西部地区交通通信基础设施发展的缓慢和差距的迅速拉大。

这一时期的国家政策以鼓励各自发展为主,"先富"是受政策鼓励的,因此导致了基础设施发展在地域空间反映的特征是"强者更强"、"优者更优",也促进了后来者居上的发展特征。投资的份额充分反映了这一点(表8—5)。在"六五"与"七五"的10年时间里,西部交通通信基础设施基本建设投资占全国的比重只有13%左右。

表8—5 西部地区交通通信基础设施基本建设投资占全国比重(%)
Table 8-5 Percentage of Capital Construction on Transport and Telecommunication of the West in National Total

	六五	七五	八五	1996年	1997年	1998年	1996~1998年
西部地区	16.28	13.57	13.32	13.66	17.65	22.32	18.86
西南	8.70	7.06	8.86	8.65	10.73	14.09	11.79
西北	7.58	6.51	4.46	5.01	6.92	8.23	7.07

资料来源:根据各年度统计年鉴整理。不包括"不分地区"投资部分。

1998年起,国家实施了以加快基础设施建设拉动社会需求的战略,把基础设施建设作为社会经济发展的重点,并配套了相应的投资政策,尤其在地区投向上,明确提出向中西部地区倾斜,由此才引起西部地区基础设施发展速度的加快。主要体现在资金的投入方面。

2. 地区投资建设能力决定发展的速度

地区建设能力的大小决定着地区交通通信基础设施发展的快慢。由于基础设施本身的特性,长期持续的投入积累才能建成一个相对完善的网络,而投入的大小取决于地方经济实力的强弱和发展潜力的大小。过去20年,西部地区在这方面均无横向优势。西部地区投资规模的有限性决定了其交通通信基础设施发展比较缓慢,与沿海地区的差距拉大。投资的大幅度增长直到1997年才开始出现,基础设施的快速发展才初显倪端。此前,西部地区交通通信基础设施基本建设的投资规模远不及广东一省,而其土地面积则是广东的30倍之大,彼此发展的状态和差距可想而知。例如,1991~1996年,西部地区交通通信基础设施的投资总和只及广东一省同时期基础设施投资的67.6%,其中"八五"只相当于广东的61%,最低的1992年只相当于46%。如此少的投资,原有基础又比较薄弱,发展的缓慢是必然的(图8—3、图8—4)。

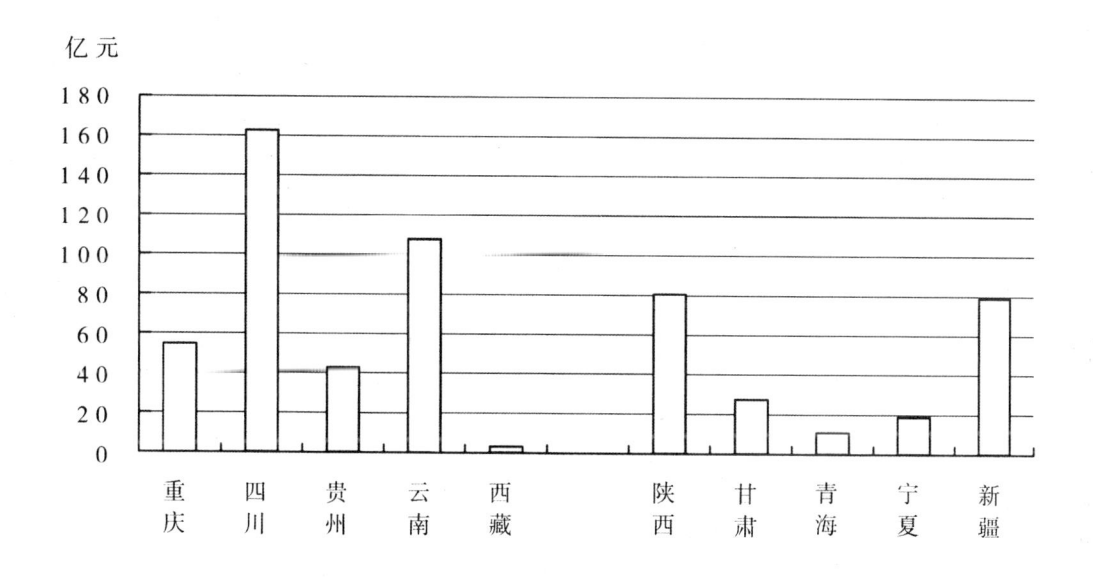

图8—3 1998年西部地区交通通信基本建设投资规模

Figure 8-3 Scales of Capital Construction on Transport and Telecommunication in the West in 1998

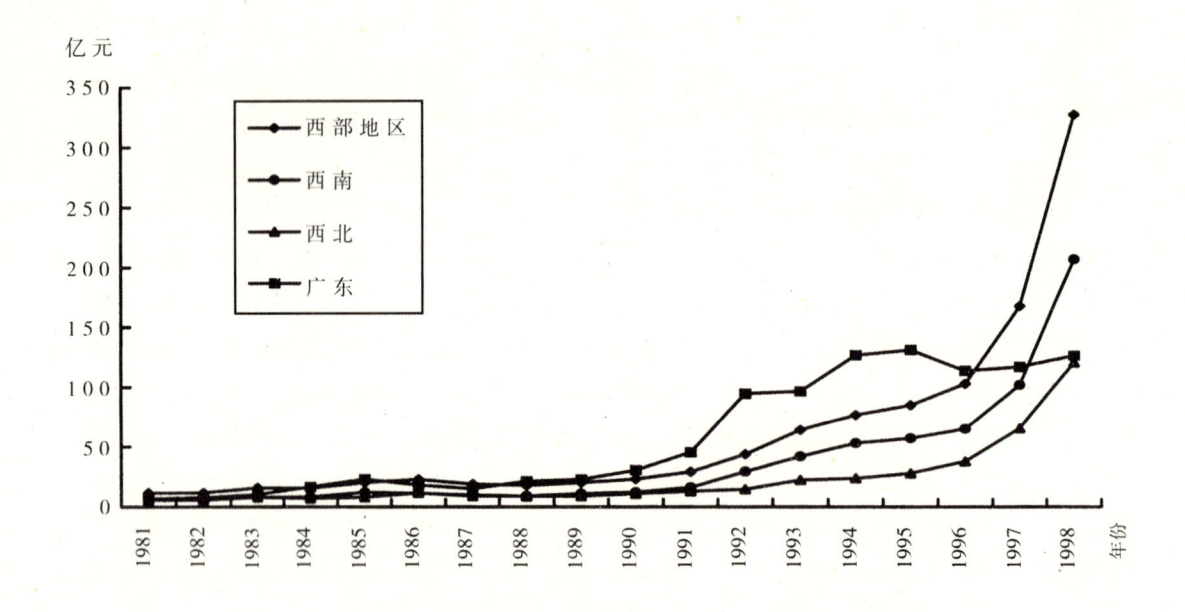

图 8—4 1980 年以来西部地区交通通信基本建设投资规模(1990 年价)

Figure 8－4 Scales of Capital Construction on Transport and Telecommunication in the West since 1980

第三节 启动交通通信基础设施快速发展的动力与前景

一、拉动内需：西部地区交通通信基础设施发展的加速器开启

经过长期发展，东西部地区交通通信基础设施的差异在两方面比较突出：干线建设的滞后和地方网络建设的不完善。到 90 年代中期，国家开始加大实施地区协调发展战略的力度，基础设施建设的投入在地区分布上开始调整。同时，中央政府开始意识到，以往建设干线交通基础设施的"三三制"——中央、部门和地方共同建设的政策在西部面临非常大的困难，因为西部许多地方无力承担属于自己的"三分之一"的义务，由此延缓了干线网络建设的进程。根据这一情况，国家在 90 年代中期调整了西部交通通信基础设施干线建设的政策，加大中央政府和主管部门的投入。1998 年国家开始实施扩大内需的发展政策，目的是通过加强基础设施建设拉动内需。为了减缓东西部地区发展差距的扩大，国家在基础设施建设方面开始对西部地区实施较大幅度的倾斜政策，如 1000 亿元国债的 70% 以上用于中西部地区的基础设施建设，由此促进了西部交通通信基础设施发展步伐的加快。公路建设是扩大内需的重点，西部发展的机遇开始出现，交通通信基础设施发展的加速器开始开启。

从投资上看，西部地区交通通信基本建设的比重明显提高。1997 年其投资占全国的比重为 17.7%（不包括"不分地区"部分），比 1996 年高 4 个百分点，规模增加 100 多亿元；1998 年占 22.3%，比 1997 年高 4.6 个百分点，规模增加 200 多亿元；1999 年占 17.3%，规模比 1998

年增加5亿元。

1998年起,加快西部基础设施建设的措施得到体现,公路和铁路的建设加快。以1998年公路建设为例,全国公路重点项目285项,占公路投资的49%,总投资需要4600多亿元,1998年实际投资1120亿元,其中:东部116项,投资590亿元,建设里程8470公里;中部85项,投资255亿元,建设里程9430公里;西部84项,投资275亿元,建设里程9200公里。

1998年公路总投资2168亿元,中央投资165亿元,地方投资2003亿元(地方财政专项115亿元、外资110亿元、贷款854亿元、自筹933亿元)。总的地区分布是东部1188亿元,增450亿元,占54.8%;中部519亿元,增218亿元,占23.9%;西部461亿元,增245亿元,占21.3%。西部地区公路建设发展速度明显高于中部地区[4]。

二、西部大开发：交通通信基础设施发展进入快车道

朱总理在1999年中央经济工作会议上强调西部大开发首先要加强基础设施建设,指出:"这是实施西部大开发的基础,必须以更大的投入、更大的决心,加强基础设施建设","近期要以公路建设为重点,全面加强铁路、机场和管道的建设"[5]。围绕这一指导思想,基础设施建设与发展倍受重视。"西部开发,交通先行"已经成为共识,各个部门以及各级政府开始制定相应的规划,出台相应的政策措施,增加相应的投入,加强交通通信基础设施的建设,使西部交通建设进入快车道。

以国家计委为主的综合管理部门提出:西部交通基础设施建设将本着适当超前的原则加快建设,公路以加快国道主干线和省道建设为主,形成以大城市为中心、中小城市为支点的路网骨架,铁路重点做好区域开发性铁路和出境铁路项目的前期工作,并有选择地建设一批支线机场。

交通部也积极争取加大西部交通基础设施建设力度,规划用20年时间,使西部地区的公路交通发生根本性的变化,形成布局合理、功能完善的公路运输服务体系。提出交通建设上解决二个层次的问题,即大通道建设,国道为主的公路网服务水平和技术等级的建设,提高公路的通达深度。并将分阶段实施,第一阶段至2010年:建成公路35万公里,基本建成公路国道主干线,重点建设五纵七横八条通道,12600公里,目前已建成4000公里、在建4600公里、其余4000公里陆续开工;还将建设兰州至云南磨憨口岸、包头至北海、阿勒泰至红旗拉甫、西安至合肥、银川至武汉、西宁至库尔勒和成都至樟木口岸的公路,总计15000公里,已经建成2700公里、在建1900公里、需新建改建1万公里。

各级政府积极响应西部大开发的实施,基础设施建设的力度显著加大,相应的措施正在发挥作用。

【在中央和各级政府的积极推动下,西部交通通信基础设施发展开始进入快车道】 1999年西部交通建设发展比较快,全年公路新增3.7万公里,铁路新增529公里。2000年西部地区仅公路建设一项,计划投入560亿元,远高于以往各年的投资规模。

2000年国家计划投资50亿元扩建西部20个机场,为加快西部大开发服务。扩建的机场有成都、昆明、乌鲁木齐、咸阳、格尔木、敦煌、泸州、北海、且末,新建的机场有广元、绵阳、攀枝

花、九寨沟、万州、铜仁、思茅、临沧、中川、阿勒泰、库车[6]。

西部地区公路建设仍然是重点,从投资方面可以得到充分反映(表8—6)。

表 8—6 2000 年西部各省区市公路建设投资

Table 8-6 Investment in the Construction of Highways by Provinces in the West in 2000

地 区	投 资	说 明
云 南	100 亿以上,力争 110 亿。1999 年投资约 94 亿。	用于公路。
重 庆	交通 56 亿,其中公路 45 亿。未来 5 年投资 360 亿。	涪陵投资 3.5 亿。
四 川	120 亿,力争 140 亿。未来 10 年投资 1400 亿。1999 年 79 亿。	2000 年成都 15 亿。
西 藏	"十五"规划投资 100 亿。	
陕 西	用于公路 70 亿,力争 80 亿。用于基础设施共 730 亿。	
甘 肃	投资 41.8 亿。今后 6 年 382 亿。	公路建设
新 疆	43.76 亿。今后 5 年 172 亿。	公路建设
宁 夏	26 亿,占固定资产投资的 19%。今后 5 年 100 亿。	公路建设
贵 州	45 亿。	主要建设公路
青 海	37 亿。	

资料来源:王学玲:"2000 年各地区公路建设投资一览表",《交通运输经济快讯》,2000 年第 15 期;和各地区规划整理。

西部各省区市均呈现出不同程度的快速发展态势。四川将建成西部最大的高速公路网。目前已经有 800 公里高速公路,形成了以成都为中心的全国第三大的高速公路网。1999 年又投资 79.4 亿元建成了成雅、成乐、内宜、成双高速公路,加上已经建成的成渝、成绵、内自高速公路,已经覆盖 10 个地区 6000 万人口,投资环境大大改善。重庆 2000~2005 年投资 360 亿元构筑"黄金跑道",2000 年计划投资 56 亿元,其中 45 亿用于重点公路建设,3 亿用于县乡公路建设,7 亿用于市区路网改造。宁夏过去 4 年公路建设投资 38 亿元,1999 年通车里程达 1 万公里,高速公路 55 公里,2000 年计划投资 26.3 亿元,公路建设已成为宁夏实施西部开发的先导工程。新疆 2000 年将投资 300 亿元建设公路与铁路。云南 2000 年将投资 100 亿元建设公路,1999 年投资 93.86 亿元,其中重点公路建设 56.9 亿元,建设通边入海大通道等等。

三、前景:交通基础设施建设"繁荣时期"到来

在以上两项政策的推动下,西部交通通信基础设施快速建设的序幕已经拉开。从发展趋势看,目前的建设仅仅是开始,未来基础设施的发展会保持强劲的势头。未来建设的繁荣将集中在以下几方面。

1. 公路

包括路网的扩展、干线的建设等在内,中央和各级政府均在规划中计划投入巨额资金用于公路建设。从现有的基础看,这一思路是基本正确的,是符合西部发展实际的,但对服务网络的空间组织规划则无明确的设想。

从西部各地区制定的规划和所实施的措施中可以看出,公路建设均是基础设施建设的重点。公路的快速建设将加快高等级干线网络的形成以及路网连通水平和技术等级的提高,在促进地方经济发展中发挥重要作用。可以预见,公路网络的发展对西部地区社会经济空间结构演变的影响将是至关重要的。因此,依据公路网络布局地区经济和城镇将是最重要的方向。

依据各省区市的设想,归纳的思路与目标见表8—7。

表8—7 西部地区交通通信基础设施的基础、政策与发展目标

Table 8－7 Policies and Targets of Transport and Telecommunication Development of Western Provinces

地 区	基础、政策、目标、重点方向与工程
重 庆	基础:1998年港口41个;多条铁路干线,西南枢纽;公路里程2.7万公里;一级国家航空口岸,79条航线;六大邮电通信中心。 政策:本着"先行建设、适度超前"的原则建设交通。 目标:规划未来10年投资2400亿元,加快基础设施建设。规划107个项目,2010年完成。重点是构筑四通八达的立体交通网。 重点:9条高速公路,构筑"黄金跑道";铁路建设渝怀铁路、兰渝铁路和三峡沿江铁路;扩建江北机场。
四 川	基础:公路8万公里,其中高速公路500公里;铁路2350公里;机场6个。 政策:把基础设施作为开发的基础,鼓励外商投资交通基础设施。 重点:高速公路与铁路。
贵 州	基础:铁路1639公里;公路33973公里;4D级机场,年运送旅客500万人。 政策:鼓励外商投资交通基础设施,给予两年免所得税优惠。 目标:构筑立体交通网和公路骨架体系;铁路形成南下大通道。
云 南	基础:公路10.2万公里,其中高速公路405公里;铁路2200公里;机场9个;光缆为主的干线网,联系方便。 政策:外商在1~7年内除享受国家优惠政策外,还可享受地方税收减免政策。 目标:建设国际大通道,形成"通周达边"的交通运输网络。 重点:泛亚铁路与高等级公路。
西 藏	基础:薄弱。90年代邮电通信进入高速发展阶段。 政策:适度超前安排基础设施建设;要高起点、大跨度、高技术、一步到位。 目标:用20年时间,以5条国道为骨架,初步完成高等级公路网络的建设。 重点:国道与省道公路;加强邮电、水运、机场建设;2010年修通进藏铁路。
陕 西	基础:公路4.32万公里,其中高速公路385公里;铁路2867公里;机场4个,西安机场为国内四大机场之一;9条国家级光缆。 目标:建成立体现代化综合交通运输网和高速、大容量的通信网络。 重点:正在构建以光缆为主的智能化传输网络体系;天然气管道;两纵五横四枢纽铁路网;9条国道干线为主体的公路网;包西、西康、宁西铁路。
甘 肃	基础:铁路1966公里;公路3.6万公里;机场3个;西北地区通信枢纽。 政策:鼓励外商投资交通基础设施;BOT项目。 目标:"十五"期间基本完成公路网络建设和干线铁路改造。2002年村村通电话、电、广播电视。 重点:铁路干线复线、兰渝铁路;兰州—成都成品油管道;国道与省道建设。
青 海	基础:铁路1100公里;公路17900公里;西宁机场1991年建成。 政策:扎扎实实打基础;BOT项目;企业所得税返还50%;减免土地使用费。 目标:用3年时间实现省会与州、地驻地通二级公路;多元化通信网。 重点:青藏铁路改造;西气东输;高速公路。
宁 夏	基础:1998年公路9048公里,高速公路55公里;铁路776公里;4D级机场。 政策:进一步加强基础设施建设;3~5年返还所得税。 重点:建设主干线,形成快速通道;中太铁路。

续　表

地　区	基础、政策、目标、重点方向与工程
新　疆	基础：公路 3.28 万公里；铁路 1341 公里；12 个机场，乌鲁木齐是国内六大机场之一；管道 1955 公里；覆盖全疆的光缆。 政策：免征 10 年土地使用费；减按 15% 征所得税，经营 10 年以上，二免三减半，6～10 年退 50%。 重点：建设 Y 字型公路骨架；西气东输管道；通中亚铁路。

资料来源：根据有关资料整理。

2．干线网络

主要集中在公路干线网络的建设和铁路网络的完善两个方面。在干线建设方面，除了与东中部地区干线的连通外，沿边地区开始规划区域性国际通道的建设，这是符合我国对外开放战略的。例如，云南开始筹划泛亚铁路和公路的建设，目的是与东南亚加强联系，形成国际性通道，提升其在国际经济中的地位；新疆积极建议建设连接中亚国家的铁路干线，扩展其西进的范围和区域经济的竞争能力。

3．区际能源运输线路

主要是天然气管道网的建设，将在西部能源运输中发挥重要作用。根据国家规划，正在实施的西气东输工程，将油田与消费区直接联系在一起，但气源的保证程度和消费价格能否有竞争力还不是明显的事实。

四、应引起重视的问题

1．重视协同发展与规划

目前西部地区基础设施的发展建设中，行业目标重于综合目标。在各项规划中，行业规划都有相对清晰的思路，而从综合角度所进行的综合规划则比较少，各种交通通信方式间、基础设施与地区经济发展间的协同规划还比较薄弱。

目前，协同与协作在交通通信基础设施的发展建设中越来越重要，各方式间、各层次网络间、各地区间的协同建设和有效的服务网络组织会为地区社会经济发展提供优越的环境，单一方式的发展从综合角度看不一定是理想的。就西部而言，近期侧重干线网络的建设而无相应的地方支线网络配套也不会发挥良好的效益，过分侧重局部地区交通基础设施的建设或强调整个西部地区的交通基础设施的均衡发展都可能存在偏颇。

围绕中心、枢纽或核心地区的交通通信体系建设，并配套区际大能力快速干线网络建设可能对西部的发展更有利。在西部大开发中，协同的交通建设发展模式应"先行"，打破条条和块块限制，制定综合规划与措施是各级管理部门应该强力推进的工作。

在新的形势下，为了使交通基础设施投资发挥更大的效益，应重视交通方式间的协同建设和综合效益的发挥。随着高等级公路的建设和通达性的提高，机场的合理布局应与陆路集疏运系统有机结合起来。在已有大型机场的大城市周围地区，应审慎建设新的支线机场，尤其在 200～300 公里范围内的小城市，应严格限制新的支线机场建设（专栏 8—1）。

专栏 8—1

机场建设的合理布局应引起重视[7]

2000年国家计委出台了一个机场建设计划，拟在西部改建和扩建20个机场，于是各省区争相立项，四川报9个，批了5个，贵州拿到1个，还要2~3个。其他地区也不甘落后。

西部地区大上机场是冲着钱来的。有关部门已经明确表示，将拿出10亿元支持已经认定的机场建设项目。如果不够，还可以安排几亿元的资金。只要西部申报立项，国家就可以拿出2/3的基本建设资金。在目前的体制下，能争到项目，争到资金，是一件最有利的事情，但结果可能是90年代初期开发区热的再现。

机场建设的基础是客源或客流量。一般支线的上座率达到每年50万人是盈亏平衡点，目前东部大部分支线机场的上座率也只有30~35万人。西部地区又将如何？根据目前的情况，西部41个机场中，有34个机场依托的城市是中小城市，只有9个机场的旅客吞吐量达到10万人以上。5万人以下吞吐量的机场有21个，客源非常有限。

基础设施与一般竞争性建设项目不同，后者可以存在一定程度的重复建设，重组集中是可能存在的阶段，而基础设施的重复建设则是一种浪费。珠海就是明显的例子。再次，基础设施对经济发展的拉动作用比较小，机场会更小。基础设施方式选择是重要的。

2．杜绝不注重长久社会经济、生态效果的盲目建设

主要有两方面的问题应引起注意，一是盲目贪大。由于许多重点基础设施项目是中央政府或部门为主要出资单位，这就引起西部许多地方为多获得资金，在基础设施建设上有贪大的倾向。二是形式主义。许多地方为了迎合国家西部大开发的决策，或迎合某种需要，在基础设施建设上搞形式主义，用大量的资金建设不符合地方实际的"形象工程"。局部地区的高速公路建设、扶贫公路建设、城市机场建设、农业基础设施建设就存在此类问题(专栏8—2)。

专栏 8—2

基础设施建设中的"形式主义"倾向应杜绝

三峡工程中的库周公路建设，存在形式主义。其建设未经过充分论证，与地区经济发展布局结合不紧密，且投资不够。初期的"宏观"设想是建设400多公里的环库区公路，主观意定为每公里投资30万元。但是，按照交通部颁发的《公路工程估算指标》概算办法，在山区和丘陵地区，建设四级公路，需要资金一般为75万元左右，三级公路需要120万元。姑且不论其建设的社会经济效益如何，30万元一公里的投资规模必然导致建设上的粗制滥造，抗御灾害的能力非常有限，今日的建成并不能保证明日正常的经济效益的发挥，造成的结果必然是破坏生态环境，导致资金的浪费。

扶贫中的"三通"政策之———"通公路"，在一定程度也存在同样问题，既增加人民的负担，又破坏环境，不能发挥效益，也不能持续。

生态基础设施建设的重要内容之——退耕还林、还草工程的建设，也有类似倾向。应在实施中重视科学规划和自然规律，使有限的资金发挥最佳的效益，使有限的努力产生最佳的效果。

第四节 建　议

1．通过有效的政策措施以保持快速发展的态势

目前加快西部地区交通基础设施的建设,是改变其落后状态的必要措施[8],而不是为西部大开发做准备的"适度超前"行为。前面已经提到,西部地区交通通信基础设施是落后的,加强建设是社会经济发展所必须的。因此,目前加强交通通信基础设施建设是弥补发展滞后之不足,而不能认为是为开发而实施的超前建设。近期完善西部地区的交通基础设施网络、提高等级是非常必要的。

但是,就建设等级和规模,应充分研究地区经济发展的客观需求,而不能盲目的贪大求全求快,一定要与地区经济发展的需求相适应。

公路建设是西部地区发展的重中之重,是非常正确的,但是,除了干线公路的建设外,还应加强地方网络的建设,形成完善的系统,发挥整体系统效益。

改变西部地区交通通信基础设施的落后状态,首先需要资金,在西部地区长期艰巨的基础设施建设中,将需要数千亿乃至数万亿的资金。

西部交通通信基础设施的发展在近期必须依靠国家的大力投入,无论是财政的还是银行借贷,靠地方的自我能力发展交通通信基础设施去缩小与沿海地区的差距是不可能的。

现在西部开发的操作方式上基本上是政府行为,应改变方式,引导民间参与。

2．寻求持续稳定的资金投入,做长期持续发展的努力

西部地区交通基础设施的建设是一项长期艰巨的工程。前面已经分析过,西部地区交通基础设施落后是由于长期发展不足造成的结果,这种局面不可能在短时期内得到根本改变,应做长期努力、统筹规划、有序建设,重点建设那些发展潜力比较大的地区的基础设施和具有重要区际意义的干线,以此为核心,逐步扩展完善。这是因为：一是资金的限制,虽然西部地区每年的投资达到数百亿元,是一个不小的数目,但对快速改变西部地区基础设施落后的作用,仍然是微不足道的,即使所有的投资都用于高速公路建设,一年也只能增加三五百公里,在广袤的西部地区连接不了几个城市,连接成网的路程还比较遥远。二是投资不可能无限增长,每年的投资必定是有限的,这些投资也不可能支撑基础设施以较高的速度增长,只有经过一定时期的积累才能促进西部基础设施的升级。

3．积极制定促进经济发展的有效措施

交通通信基础设施的发展是手段,而不是目的,最终的目的是促进经济和社会的发展。因此,随着西部地区交通通信基础设施的逐步发展,应积极制定相应措施,促进地区经济的发展,根据市场需求,在有区位优势的地区,布局相应的产业,提高地方的经济实力。

长期靠中央政府的投入建设基础设施是不可能持续的,只有通过发展地方经济,增强其经济实力,才能促进基础设施的进一步发展。

多数涉及基础设施发展政策与规划的基本出发点是促进西部地区的发展,基础薄弱但具有发展潜力的西部地区,的确需要较好的基础设施环境和条件做支撑,但仅仅靠发展基础设施会达到所设想的目标吗?基础设施为社会经济发展所提供的仅仅是一种环境,提供的仅仅是服务[9],交通基础设施改善能否引起投资环境改善和运输成本降低是西部经济能否得到发展的关键。交通基础设施逐步升级后,运输服务环境肯定会得到很大改善,这是勿容置疑的,尤其是对生活与出行环境的改善是肯定的。但是否会大幅度改善经济发展环境、减低企业产品开拓和占有市场的成本,还不能乐观地给予肯定的回答,因为还受市场、区位、产品的生产成本等多种因素的影响。

从理论上看,基础设施发展对地区经济发展具有两种功能:从属功能与引导功能[10]。从属功能表现为区域基础设施体系必须为地区社会经济发展服务,经济增长和布局是区域基础设施体系建设的依据,并为其提供资金保障,同时决定地区间运输联系的生成、演变及地域特征。引导功能是指区域基础设施体系对地区社会经济结构、规模和空间布局的引导与反馈作用,并随基础设施网络的完善呈增强趋势。区域基础设施体系对地区经济的引导主要通过市场竞争机制和产业关联机制的作用来实现。前者是在交通条件改善的前提下,引起市场竞争条件的变化,导致不同产业在竞争中调节自身的生产方式、方向和规模,达到控制合理市场范围和市场销售份额的目的;后者是通过刺激地区生产专业化的发展,引导不同地区相互关联的产业间彼此协同,促进地区间劳动地域分工的发展。交通基础设施建设与地区经济发展有一个时间差(图8—5)。利用交通运输的引导功能,合理布局地区的产业会促进地区经济的快速发展。

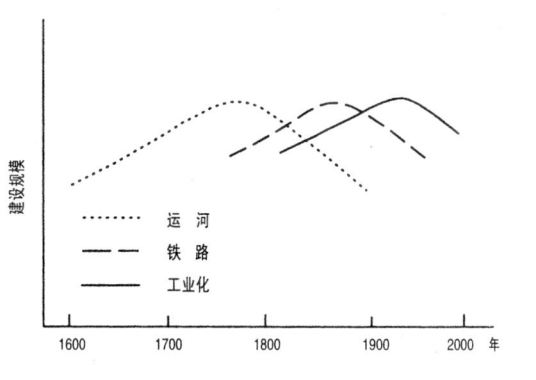

图8—5 交通运输发展与地区经济发展的时间关系

Figure 8-5 Relationships between Transportation and Regional Economic Development

资料来源:陆大道:《中国工业布局的理论与实践》,第119页,科学出版社,1990年。

西部地区的发展,应充分利用基础设施的引导功能,积极发展地方经济。

4.加强国际性通道的建设,促进西部地区的开发开放

根据西部各地区的情况和发展潜力,应重点加强云南通向南亚和东南亚地区的铁路干线与公路干线建设,促进区域合作,带动西南地区的发展[11]。

根据区域经济的发展趋势,应适时建设新疆与中亚各国的运输线路,包括铁路干线和能源运输管线。

交通通信建设是参与经济全球化的先导条件。从沿海走向世界是我国过去20年开放发展的主要历程,但内陆的开放步伐显得非常缓慢。从发展趋势和地缘政治经济利益上看,走向东南亚和中亚并增加彼此的交流合作是合乎我国长远发展利益的,有助于我国安全空间的扩展。建设国际通道应提到议事日程上来。

参考文献

[1] 陆大道等:《1997中国区域发展报告》,第246~268页,商务印书馆,1997年。
[2] 宁序:"铁路建设正在中国西部崛起",《交通运输经济快讯》,2000年第1期。
[3] 陆大道等:《1999中国区域发展报告》,第79~102页,商务印书馆,2000年。
[4] 中国交通年鉴社:《1999中国交通统计年鉴》,第154页,2000年。
[5] 胡希捷:"西部大开发交通要先行",《交通运输经济快讯》,2000年第7期。
[6] 宁序:"西部将改扩建20个机场",《交通运输经济快讯》,2000年第13期。
[7] 王学玲:"忧虑西部机场热",《交通运输经济快讯》,2000年第23期。
[8] 陈航等:《中国交通运输地理》,第295~319页,科学出版社,1993年。
[9] 张文尝等:《空间运输联系——理论研究·实证分析·预测方法》,第1~19页,中国铁道出版社,1992年。
[10] 金凤君:"交通运输与大西北开发",《开发研究》,1992年第1期。
[11] 欧阳坚等:《新世纪云南产业结构大调整》,云南人民出版社,1998年。
[12] 中国科学技术协会学会工作部:《中国西部地区经济发展战略研究——我国西部地区经济发展战略研讨会论文集》,测绘出版社,1996年。
[13] 中国自然资源研究会:《西部地区资源开发与发展战略研究》,中国科学技术出版社,第104~109页,1992年。
[14] 中国科学技术协会学会工作部:《中国西部地区交通运输发展战略研究——中国西部地区交通运输发展战略研讨会论文集》,测绘出版社,1994年。
[15] 刘江:《中国地区发展回顾与展望》(综合卷、云南卷),中国物价出版社,1999年。

第九章 城市化与城市发展

提 要

- 西部大开发需要依托大中城市,因地制宜地加速城市化进程。
- 西部大开发要吸取东部地区发展的经验与教训,处理好工业化,特别是乡镇企业发展与城市发展的关系。注意发挥规模效益和集聚效益,通过各级中心城市,优化配置社会资源,强化区域空间管理。
- 特殊的自然环境背景和历史发展基础,要求西部地区城市化仍以分散的农村人口向各类城市转移而形成一定的空间集聚为主要趋势。近中期应发展大区、省区和地区三级中心城市。小城镇的发展也应优先集中力量建设县城和部分重要的工矿镇。
- 西部地区城市化水平滞后东部地区约15~20年,这与其工业化水平低有很大关系。
- 城市规模结构缺陷突出,地区级中心城市规模小、功能弱,发展活力不足。
- 建立有利于城市化发展的集聚机制和政策环境,因地制宜地鼓励各类城市发展。

第一节 城市化与城市发展状态

【城镇发展较快,城市化水平逐步提高】 1990年以来,西部各省区城镇发展速度进入了一个相对较快的发展时期。1999年西部地区城镇人口约6572.02万人,按"四普"口径调整后的城市化水平约为23.4%,比1990年提高5.4个百分点,平均每年增加0.6个百分点,高于以往的任何一个时期。城市数量、城镇人口分别占全国的18.1%和14.8%。1999年西部地区共有城市121个,其中特大城市7个、大城市2个、中小城市112个(图9—1)。此外,建制镇也增加到4891个。

【城市化水平滞后东部地区约15~20年】 在西部地区全部从业人员中,从事农业的人口比重仍高达63.7%,高出全国平均水平近14个百分点,高出东部地区22.3个百分点。而从事工业和建筑业的人口比重却只有13.4%,低于全国平均10个百分点和东部地区13个百分点。从城市化水平来看,按市镇非农业人口计算,西部地区为17.9%,低于东部地区10个百分点;按"四普"城镇人口计算,西部地区为23.4%,低于东部地区12个百分点(表9—1、表9—2)。因此,不论工业化水平和城市化水平,西部地区均明显滞后于东部地区约15~20年。

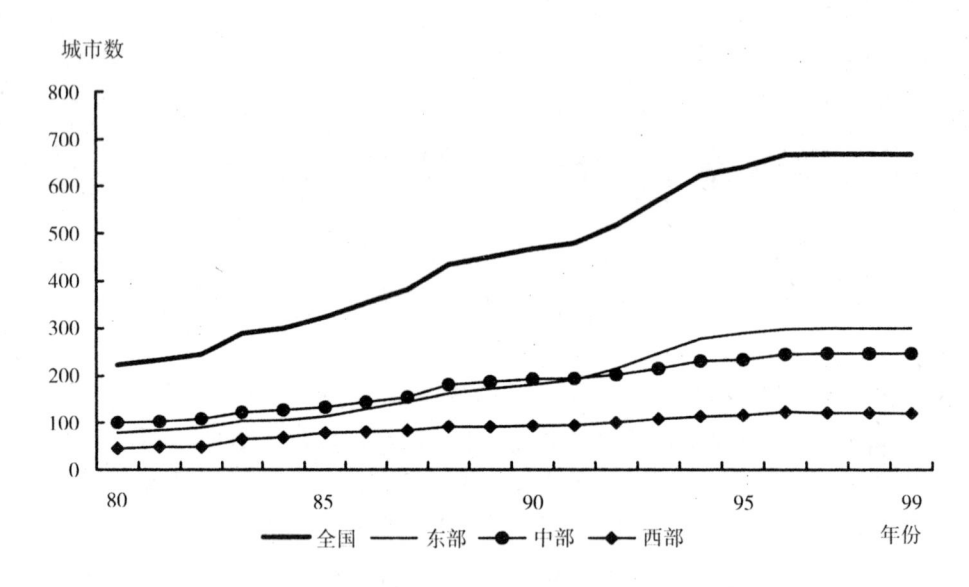

图 9—1 80年代以来全国三大地带城市数量增长

Figure 9 – 1 Urban Population Growth in Different Regions from the 1980s

表 9—1 1998年工业化与城市化的区域差异

Table 9 – 1 Regional Differences in Industrialization and Urbanization Levels in 1998

	城市化水平(%)		从业人员的就业结构(%)		
	按市镇非农业人口计算	按"四普"城镇人口计算	第一产业	第二产业	第三产业
全国平均	23.9	30.4	49.8	23.5	26.7
东部地区	27.4	35.4	41.4	26.5	32.4
中部地区	23.7	29.1	54.8	18.4	26.9
西部地区	17.9	23.4	63.7	13.4	22.9

资料来源:"城市统计资料"(2000年),建设部;《中国城市统计年鉴》(1999),中国统计出版社,2000年。

表 9—2 1999年西部地区小城镇发展状况

Table 9 – 2 Development of Small Towns in the West in the 1990s

	全国	西部地区	重庆	贵州	云南	四川	陕西	甘肃
城市数量(个)	668	121	5	13	15	31	13	14
小城镇数量(个)	18316	4891	653	683	395	1685	890	213
小城镇分布密度(个/万平方公里)	19.08		79.6	38.8	10.0	34.8	34.2	4.7

资料来源:"城市统计资料"(2000年),建设部。

【城市化水平与速度的地域差异明显】 与东部和中部地区比较,改革开放以来,西部地区市镇非农业人口比重[①]年均提高0.41%,低于东部地区约0.26个百分点,低于中部地区约0.13个

---

① 由于1990年以前的数据无法按"四普"以前的相关口径进行调整,为便于计算,故采用市镇非农业人口指标。

百分点。东西部之间市镇非农业人口比重的差距仍在继续扩大。但1997年以来,东、中部地区增长速度明显下降,而西部地区有所加快,年均增长速度略高于东部地区和中部地区(表9—3)。

表9—3 市镇非农业人口比重的地区差异

Table 9–3 Regional Differences in the Proportion of Urban Non-Agricultural Population

年份	东部地区 市镇非农业人口比重	增长速度	中部地区 市镇非农业人口比重	增长速度	西部地区 市镇非农业人口比重	增长速度
1978	13.78	0.13	12.85	0.13	9.77	0.13
1980	15.15	0.69	13.93	0.54	10.57	0.40
1985	18.25	0.62	17.04	0.62	12.99	0.48
1990	21.45	0.64	19.18	0.43	14.12	0.23
1997	27.09	0.81	23.29	0.59	17.38	0.47
1999	27.88	0.40	24.15	0.43	18.34	0.48
1978~1999年均增长速度	0.67		0.54		0.41	

资料来源:建设部城乡规划司:"全国设市城市及人口统计资料"(相关年份)。

西部地区城市化水平的省际差异也比较突出。按"四普"统计口径调整后,1999年人口城市化水平高于30%的省区有宁夏和新疆,介于20~30%的有四川、重庆、陕西、甘肃、青海,低于20%的有云南、西藏(表9—4,图9—2)。

从省际间城市化发展速度比较看,四川①(含重庆)高于全国平均水平,贵州、陕西、宁夏增长也比较快,甘肃、云南、新疆和西藏增长比较缓慢,青海省基本没有提高。

表9—4 1990~1999年西部各省区市城市化水平及增长速度

Table 9–4 Urbanization Level and Its Increase Rates in the West from 1990 to 1999

地区	1990年城市化水平 按非农人口计算	按"四普"口径调整计算	1999年城市化水平 按非农人口计算	按"四普"口径调整计算	"四普"口径调整系数	年均增长率(1990~1999)	按城市化水平排序(在全国排序)
全 国	18.73	26.41	24.36	34.35	1.410	0.88	
四 川	12.71	20.25	17.28	28.75	1.593	0.94	3
贵 州	10.83	18.93	14.51	25.36	1.748	0.71	7
云 南	10.47	14.72	13.47	18.94	1.406	0.47	8
西 藏	8.57	12.59	10.04	14.75	1.469	0.24	9
陕 西	17.06	21.50	21.44	27.01	1.260	0.61	5
甘 肃	15.20	22.04	17.68	25.64	1.450	0.40	6
青 海	23.67	27.34	23.87	27.57	1.155	0.03	4
宁 夏	22.20	25.73	26.98	31.27	1.159	0.62	2
新 疆	27.80	31.91	30.87	35.44	1.148	0.39	1

资料来源:根据建设部城乡规划司"1998年全国设市城市及其人口统计资料",并结合"四普"口径加以调整整理。
注:重庆市并入四川计算。

---

① 为便于与1990年比较,这里将重庆市纳入四川一并考虑。

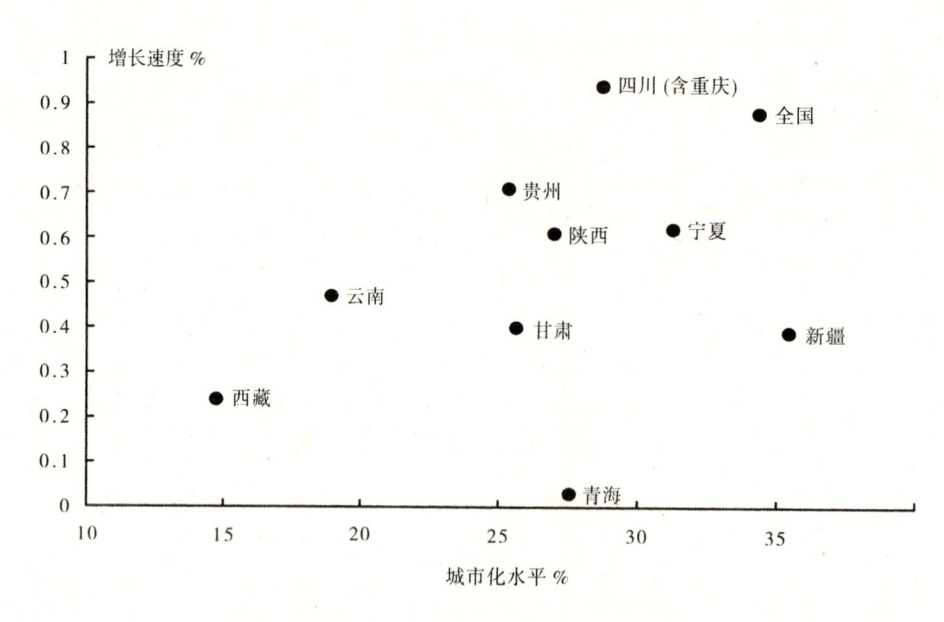

图 9—2　西部城市化水平与速度的省区差异

Figure 9-2　Regional Patterns of Urbanization Levels and Increase Rate in the West

【中心城市发展日益受到重视】　基于对城市化发展过程中面临的一些问题的反思和对中心城市在区域发展中的重要作用的正确认识,近年来,西部地区一些省区市都在自发地调整城市发展方针,加快实施以省会城市建设为重点的城市发展战略。在此背景下,省会及一些区位条件比较好的大城市的发展开始居于优先地位,并已成为各省区努力提高区域发展地位、扩大开放开发的重要手段。除拉萨、银川外,重庆及其他七个省会城市人口与经济规模扩张都比较明显,城市基础设施和城市面貌也得到很大改变。1999 年西部省会城市平均人口规模增加了 17.15%（表 9—5）,平均城市国内生产总值达 310 亿元。城市商贸、交通邮电、金融、信息、房地产等第三产业发展尤为迅速,部分大城市第三产业比重已达到城市国内生产总值的 40～50%。高新技术开发区的发展、城市基础设施的改善和区域市场体系的建设,在一定程度上强化了中心城市的功能,增强了城市发展活力。

表 9—5　西部地区部分大城市人口规模增长（万人）

Table 9-5　Population Growth in Selected Large Cities in the West

年　　　份	重庆	成都	贵阳	西安	昆明	兰州	乌鲁木齐
1990	226.7	171.3	101.9	195.9	112.9	119.5	104.7
1995	275.3	199.6	114.9	216.2	126.3	133.4	115.3
1998	354.7	214.6	121.6	240.0	135.1	143.0	125.9
1990～1995 年平均增加	9.7	5.7	2.6	4.1	2.7	2.8	2.1
1995～1998 年平均增加	26.5	5.0	2.2	8.0	2.9	3.2	3.5

资料来源:《新中国城市五十年》,新华出版社,1999 年。

【城镇体系规模结构缺陷突出】 在城市规模结构方面,与东部和中部省区比较的一个显著差距是,西部省区人口规模在50~100万人口之间的大城市数量极少,其比重仅占1.7%,远低于东部和中部地区。仅有的两个城市是贵州的六盘水和青海的西宁,其余省区缺少这一级城市。另一个问题是,20~50万人口规模的地区级中心城市,虽然数量不少,但平均人口规模较小、经济发展活力不足、综合辐射功能较弱。从区域空间组织角度看,这是导致西部地区城市化水平比较低的一个重要原因(表9—6、表9—8)。

城市规模结构特征在西南地区和西部地区之间没有明显的差别(表9—7)。

表9—6 城市规模分布的区域差异(1999)

Table 9-6 Regional Differences in Size Distribution of Cities in China

	全国 个数	%	东部地区 个数	%	中部地区 个数	%	西部地区 个数	%
合 计	668	100	300	100	247	100	121	100
特大城市	37	5.5	18	6.0	12	4.8	7	5.8
大城市	49	7.3	25	8.3	22	8.9	2	1.7
中等城市	205	30.7	92	30.7	78	31.6	35	28.9
小城市	377	56.4	165	55.0	135	54.7	77	63.6

表9—7 西部地区城市规模分布的区域差异(1999)

Table 9-7 Regional Differences in Size Distribution of Cities in the West

	西部地区 个数	%	西北地区 个数	%	西南地区 个数	%
合 计	121	100	54	100	67	100
特大城市	7	5.8	3	5.6	4	6.0
大城市	2	1.7	1	1.9	1	1.5
中等城市	35	28.9	16	29.6	19	28.4
小城市	77	63.6	34	62.9	43	64.2

表9—8 城市平均人口规模地区差异(1999)

Table 9-8 Regional Differences of Average Urban Population of Different Size Group of Cities in the West

(单位:万人)

	全国 非农人口	平均人口规模	东部地区 非农人口	平均人口规模	中部地区 非农人口	平均人口规模	西部地区 非农人口	平均人口规模
合 计	23362.7	35.0	12459.6	41.5	7552.6	30.6	3350.5	27.7
特大城市	8188.8	221.3	5751.9	319.5	2050.2	170.9	1386.7	198.1
大城市	3289.3	67.1	1758.5	70.3	1469.4	66.8	61.4	30.7
中等城市	6528.7	31.8	3009.0	32.7	2419.3	31.0	1100.4	31.4
小城市	4355.8	11.6	1940.2	11.8	1613.7	12.0	802.0	10.4

【开发区建设成为大城市空间扩展和结构调整的重要手段】 近年来,国家在城市建设占用耕地方面实行了严格的、紧缩的计划指标审批制度。总的来说,该项政策的实施对近年来西部省区的城市发展与建设都有比较大的影响。但相对而言,对省会以上的中心城市,其负面影响并不像各地反映的那么严重。主要原因有两点:一是如西安、成都、昆明等特大城市旧城区改造余地比较大,控制政策的实施客观上推动了这些城市的旧城改造力度,这也是近几年各省区省会城市面貌和投资软环境变化较大的一个重要因素(表9—9);二是这些城市大部分都有批准设立的国家级高新技术开发区或经济技术开发区,而且这些开发区的规划审批面积都比较大。如重庆的高新技术开发区规划面积 20.0km²、西安为 22.4km²、成都为21.5km²、兰州为5.2km²、贵阳为5.33km²、乌鲁木齐为9.8km²。各地对开发区的重视和对开发区建设的相应优惠政策,使得这些城市在争取土地使用计划指标方面比其他城市更有利一些。根据我们的了解,不少城市已将开发区作为城市空间扩展和结构调整的重要手段。

表9—9 成都市人口与城市建设用地情况
Table 9-9 Population and Land Use in Chengdu City

	单 位	1990 年	1995 年	1998 年
市区人口	万人	280.8	307.9	325.9
市区非农业人口	万人	171.3	199.6	214.6
建成区面积	平方公里	74.4	129.0	192.2
生活居住用地	平方公里	38.6	40.6	62.7
公共设施用地	平方公里		20.8	27.8
工业用地	平方公里	22.3	32.8	44.9
对外交通用地	平方公里	3.0	4.9	6.5
仓储用地	平方公里	3.4	3.7	5.3

【小城镇发展喜忧参半】 与东南沿海地区不同,西部地区乡镇企业起步与小城镇发展的原始资本积累规模小,途径单一,滚动缓慢。除位于大中城市周边地区和交通干道沿线地区外,大部分地区小城镇总体发展质量不高,城镇人口规模偏小。不少小城镇基础设施严重短缺,"马路城镇一张皮"的现象也比较普遍。

"八五"、"九五"期间,为贯彻"积极发展小城镇"的方针,西部各省区市先后选择了一批小城镇进行规划与建设试点,目的在于通过这些小城镇的发展,探索适合本地情况的小城镇发展与建设的途径。然而,根据四川省对50个试点小城镇发展状况的调查,试点小城镇发展情况也并不乐观,有2/3的小城镇没有取得预想的效果。全部城镇中,由于对依托城市的发展速度估计不足,约有1/3的小城镇位于中心城市的扩展区范围之内。虽然建设初期发展较快,但很快就被融入中心城市的建成区,相关的基础设施或是重复建设、或是标准偏低而不得不重新改造;另有1/3的小城镇由于区位选择及功能定位问题,虽然相关基础设施建设投入不少,但因缺乏活力和凝聚力而陷入"有城无市、有市无人"的进退两难的被动境地;只有1/3的小城镇发展比较好,其中大部分是毗邻中心城市的县城或位于重要区域交通干道沿线上的城镇,包括一些旅游城镇和重点工矿城镇。

【城市基础设施建设资金来源多元化】 市场机制已经引入城市建设,尤其是土地和房地产业开发引入市场,提高了城市自我发展、自我积累的能力。据统计,"八五"期间,西部地区城市市区固定资产平均投资规模由1990年的5.82亿元增加到1998年的14.43亿元,增加了1.48倍。其中,城市固定资产投资的80%来源于自筹、贷款和其他来源,城市住房竣工面积的40%来源于个人集资。不少大中城市的新区开发和旧城改造多以土地置换来筹集社会资金,投入力度与建设速度明显加快。资金来源的多元化,加快了城市基础设施建设步伐和旧城改造力度,初步扭转了城市建设单纯依赖政府,财政和资金投入产出长期失衡的被动局面(表9—10)。

表9—10 成都市城市建设维护资金来源结构分析(1998)

Table 9－10 Sources of Urban Construction and Maintenance Investment of Chengdu City in 1998

项 目	数量(万元)	比例(%)
城市建设维护资金收入	3106.61	100.00
(1)城市维护建设税	218.48	7.03
(2)公用事业附加税	33.34	1.07
(3)地方财政拨款	115.77	3.73
(4)水资源费	13.44	0.43
(5)国内贷款	774.80	24.94
(6)利用外资	69.75	2.25
(7)企事业单位自筹	483.27	15.56
(8)市政公用设施增容补助费	5.00	0.16
(9)市政公用设施配套费	372.29	11.98
(10)市政公用设施有偿使用费	60.00	1.93
过桥和过路费	45.30	1.46
排水设施有偿使用费	11.25	0.36
(11)土地出让金	137.53	4.43
(12)房地产交易增值费	333.89	10.75
(13)其他收入	430.57	13.86

【城市住区环境问题开始受到重视】 由于长期历史问题的积累,总的来看,城市住区环境问题仍比较突出,并有恶化的趋势。第一个问题是,大范围区域性生态环境恶化对西部地区的城市发展构成了比较大的威胁。由于大范围的水土流失造成的城市洪涝灾害频繁发生,成都平原、关中平原等地区水体污染日趋严重。第二个问题是城乡结合部的居住环境也在恶化,城市生活垃圾污染和社会治安等问题已经成为政府与社会关注的热点问题。也正因为如此,1998年以来,随着中央政府对西部地区生态环境问题的高度重视和相关整治力度的加大,西部各省区市,特别是大中城市纷纷将城市住区环境改善问题列入议程。不仅省会大城市加大了旧城改造的力度和城市环境污染的治理,一些中小城市也开始注意利用各种政府贷款兴建城市污水处理设施。不少城市还将兴建城市广场和绿化草坪作为政府的形象工程(专栏9—1)。

> 专栏 9—1
>
> **昆明市容市貌综合整治成效显著**[①]
>
> 为迎接 1999 年昆明世界园艺博览会的召开,昆明市按照高起点、高标准、科学性、超前性和实用性的原则,统一规划,以"水、路、树、房"为重点,投入资金 40 亿元,对城市基础设施和市容市貌进行了大规模的建设与整治,取得显著成效。
>
> 1. 按照"12345"道路交通工程规划,新建、改建和整治 57 条城市道路,10 座人行天桥、过街地道和 11 条道路路口的渠化。
> 2. 城市供水及污水处理工程,包括"2258"引水供水工程,一水厂扩建、北郊水厂、东北郊污水处理厂建设,滇池北岸截污工程、草海底泥疏挖、大观河污水置换等重点供排水工程。
> 3. 城市"154411"重点绿化工程、10 个公园整治及居住小区绿化工程。
> 4. 按照疏导结合的原则,占道清理与摊贩市场建设同步进行。
> 5. 实行"垃圾四化"(垃圾袋装化、收集标准化、清运机械化和填埋卫生化)、强化"三牌"(广告牌、宣传牌和指示牌)整治和建筑渣土的管理。
> 6. 加强"八车"(摩托车、助力车、三轮车、自行车、残疾人车、出租车、公交车及施工车)静态和动态管理。
>
> 上述工程的顺利完成,不仅显著改善了城市环境面貌,而且也使昆明市城市总体规划中的基础设施建设目标提前 10 年完成。

第二节 推进城市化的制约因素与主要问题

【复杂的地势地貌和生态环境问题制约着城市化的方式与进程】 西部各省区市主要分布在我国"三大地势阶梯"的一、二级阶梯上,并分别由分异显著的三大自然地貌环境所控制。①青海、西藏位于海拔 4000 米以上的青藏高原,人口稀少,土质瘠薄。人口不足全国的 1%,城市 5 个,约占全国的 0.8%。适宜于人口集聚和城市发展的用地主要分布在湟水、拉萨河河谷平川地带。②云、贵、川及重庆市位于海拔 1000~2000 米之间起伏较大的云贵高原和四川盆地。平原及平川坝子面积仅占 4.2%,人口占全国的 15.6%。大面积的起伏巨大的地貌致使城市用地狭小,区域交通不便。其中,有利于城市发展的地区主要集中在成都平原和滇中、黔中等一些较大的平川坝子地区。③陕、甘、宁、新 4 省区分布在支离破碎的黄土高原以及大面积的干旱、半干旱荒漠盆地和荒漠草原。以牧区和农牧交错地区为主,人口占全国的 11%。大面积荒漠及严重的区域性缺水使城市发展赖以依托的腹地生产力水平低下,致使人口、耕地

[①] 根据《1999 云南年鉴》资料整理。

及城市发展局限于水土资源较好、面积较小的河谷平原、高原断陷盆地及山前绿洲。

因此,西部地区的城市化方式与城镇体系布局,既受到这种大的自然环境分异格局的控制,又必须考虑各地有限的生态环境容量对城市发展规模的制约。在西南地区,城市用地问题和科学合理利用坡地问题是关键因素;在西北地区,城市用水、节水与绿洲生态环境保护协调问题是关键因素。这些因素对城市规模、布局形态和城市消费方式都有重要影响,并进而影响到城市建设成本。

【城市建设资金问题仍是推进城市化的难点】 虽然近些年来,西部一些城市在建设资金来源与筹措方面取得了比较大的突破,但问题仍然不少。反映在两个方面:①除省会城市及区位条件特别优越的大中城市外,大部分中小城市及小城镇建设资金投入及筹措渠道都十分有限,由于投资不足导致城市基础设施建设严重滞后,城市面貌与投资环境改善缓慢。②在城市基础设施建设资金来源结构中,利用政府贷款的比重过大,一般达到25~30%,如成都市1998年约为25%。政府负债建设而有效的还贷机制并不明确,特别是西部多数城市政府仍为"吃饭财政",还贷能力十分薄弱,长此以往,将使城市建设与发展陷入比较被动的局面。因此,对于未来城市基础设施建设,迫切需要建立明晰的产权关系,探索良性的投入产出机制。

【城乡分割的社会保障制度成为制约农民离土进城的重要障碍】 这个问题与户籍制度和农村土地承包制度相关联,在全国具有普遍性。但对于西部地区,尤其对于缺乏经济发展活力的中小城镇更为突出。与东部地区相比较,西部地区大多数城镇财政比较困难,已有的城镇社会保障覆盖面和有效保障水平又很低,特别是在近年来城镇失业、贫困问题凸现的情况下,一方面使得城镇不敢轻易扩大保障面、提高保障水平,另一方面又导致现有的城镇社会保障对进城农民失去吸引力。体制问题加上观念问题,使许多务工农民,尤其是大城市郊区的务工农民,大多愿意采取"进城不离土"的方式。一项调查表明,目前农民对"离土进城"的积极性远小于90年代初期。

【城镇建设用地短缺与浪费问题并存】 就西南、西北地区而言,西南地区的问题相对突出一些。大城市所在的坪坝、盆地及平川地区都是该省区最好的耕地分布地区。城市发展、城市环境美化对用地的需求与耕地保护的矛盾就更为突出。建设用地短缺与浪费问题交织现象在西部各级城市中都有反映。不少城市和小城镇的建设,以土地敛财,大量批租土地,不少企业和开发商盲目占地、圈地,使得一些城市,包括一些重点建设的小城镇,开发建设的摊子铺得很大,工业小区进驻率普遍不高,土地闲置现象普遍。另一方面,贵阳、成都、重庆、西安、兰州等大城市中心区人口继续过密膨胀,开发商见缝插针,任意提高建筑密度和建筑容积率,不仅使城市中心区,而且也使许多新开发的居住区的整体居住环境质量不高,城市绿地、休闲空间、停车场地不足,城市合理发展用地短缺问题也十分突出。

【基础设施短缺仍是制约城市发展的突出问题】 90年代以来,西部地区以铁路、高等级公路以及省会城市的航空港建设为重点的区域基础设施得到了很大发展。但由于地域广阔,自然条件复杂,加之基础设施资金投入总量十分有限,对于大部分地区及多数中小城市而言,区域与城市基础设施发展滞后、规模小、标准低,严重地制约着这些地区的经济发展与城市化进程。成都、西安、昆明、兰州等省会城市注意加强了道路交通、邮电通讯、水电等基础设施建设，并陆续开始较大规模的旧城改造和新区开发，但由于资金有限，总体上看，城市基础设施仍比较薄弱，旧城改造任务繁重。尤其在一些人口急剧扩张的大中城市的城乡结合部，大量流动人口集聚，居住条件恶劣，卫生状况极差，交通拥挤，治安与社会问题突出，城镇生态环境恶化。按照目前的发展和管理力度，随着流动人口的进一步增加，其状况有恶化趋势。

第三节 城市发展思路与政策建议

基于对全国及西部地区未来10～20年社会经济发展趋势的分析和反思国内外城市发展的经验教训，我们认为，制定西部地区的城市发展战略需要综合考虑以下因素：①在经济全球化和信息化背景下，如何进一步提高西部地区中心城市参与国内外市场的竞争能力。②如何促进农村剩余劳动力的有效转移。转移的速度与方式既要考虑经济成本，也要考虑社会与环境成本。③充分考虑城市发展条件与经济发展水平的地域差异。

1．积极调整城市发展方针，因地制宜鼓励各类城市发展

【采取多样化的鼓励城市发展的方针】 这个问题不仅西部各省区反映强烈，东部地区反映也很强烈。"严格控制大城市，合理发展中等城市，积极发展小城市"的方针，由于认识与理解上的偏差，很多地区错误地将城市化的重点放在了发展小城镇方面，而对大中城市发展采取消极态度，这是一个误区。目前，西部地区城市化水平还比较低，需要采取更积极的态度，多层面地、因地制宜地推进西部地区的城市化进程。考虑到西部地区不同类型城市和不同类型地区城市发展的阶段、重点和面临的问题有很大差异，我们认为，单纯地按照城市规模制定城市发展方针是不适宜的。我们主张，从促进城市化的本意出发，有步骤地消除制约城市发展的政策环境和体制障碍，并在规范化的前提下，根据"因地制宜地鼓励发展各类城市"、"分类指导不同类型地域的城市化进程"这一基本原则，推进西部地区的城市化进程，发展各具特色的区域城镇体系。

【空间开发战略仍将以大都市区为重点的据点式开发为主】 西部地区地域辽阔，地理条件差异很大，开发建设需要因地制宜，突出重点。很多专家都认为，在相当长的一个时期内，西部地区的空间开发战略，应以据点式开发为主，局部地段实行点轴式开发，在以特大城市为中心的经济相对较发达的核心地区可适当进行网络式开发。为此，应重点发展大区、省区和地区三级中心城市。小城镇的发展也应首先集中力量建设好县城或某些重要的工矿镇。

在西部大开发中，应注意发挥各级中心城市的作用，尤其要重视发展以特大城市为中心的大都市区或由城市群组成的核心地区的作用。如以西安为中心的关中地区，以重庆和成都为中心的成渝沿线地区，这些地区经济基础相对较好，科技力量与人才相对集中，对外交通比较便捷，有可能成为西部率先开发、开放的投资热点地区。乌鲁木齐、兰州、昆明、贵阳等大都市以及西宁、银川、拉萨等省区中心城市，也有类似的比较优势。

【大中小城市应协调发展】 城市之间的发展，既相互促进，又相互制约。不同类型、不同等级规模的城市各有其不同的地位和作用。基于西部地区城市体系发展所处的阶段以及差异巨大的区域背景,要使中心城市真正能够带动整个区域经济和社会的发展,还需要不同类型城市的分工合作和大中小城市的配套发展,形成合理的城市体系。当前在西部多数省区中,城市的首位度很高,而作为地区级的中心城市,在多数省区还没有一个50万以上的大城市,甚至20万以上的中等城市也很少。因此,有必要多发展一些作为地区级中心的大中城市和作为县级中心的小城市。当然,这是一个比较长期的过程,不能拔苗助长,而要根据其经济活力和生态环境的容量,进行正确引导,逐步实现大中小城市因地制宜的协调发展。

【有重点地选择发展小城镇】 小城镇发展在推动农业产业化,完善农村社会化服务体系,有效吸纳农村剩余劳动力,加快城市化进程等方面有其特殊的作用,特别是在一些交通不便或生态环境容量比较小的平川坝子和绿洲地区。但总的来看,要因势利导,避免遍地开花、粗放式的发展模式,鼓励农村二、三产业、农村社会化服务设施和农业剩余劳动力向重点城镇"适度集中",形成规模。重点小城镇的功能定位,也要注意多元化。将农村教育中心、服务中心、技术培训中心与商贸交通中心、产业基地结合起来,真正使以县城为重点的小城镇成为联系城乡、服务农村发展的纽带。

2. 建立有利于城市化发展的集聚机制和政策环境

【实行积极的人口迁移政策】 户籍制度的改革势在必行,最终目标是打破城乡分割,实行城乡统一的户籍管理制度,实现人口自由迁移。近期户籍迁移政策的改革重点是,放宽城市常住人口的农转非条件,逐步实行按固定住所为主要依据申报户口;取消城市增容费,逐步用准入条件取代进城人口控制指标。但考虑到目前我国西部大中城市社会经济结构正处于转型时期,社会就业与社会保障方面的问题尚比较突出的情况,建议在不同等级和规模城市之间,制定有区别的人口迁移政策。

考虑到西部地区的具体情况,要加快地级市的发展,发挥地级市的作用,建议尽快将地级市也纳入户籍制度改革范围,放宽人口迁移的限制,以促进其人口的规模集聚。对百万人口以上的省会城市,在鼓励引进人才和投资移民的同时,准入条件可适当提高一些,以控制人口规模的过快增长。在大城市户籍迁移政策放开的过渡时期,适当鼓励大城市边缘地区有计划地兴建一些符合卫生标准的简易住宅区,提供给外来务工经商人员居住。

【实行引导要素集聚的用地政策】 处理好城市发展与合理用地、切实保护耕地的关系,应注意建立适合当地实际情况的城乡土地资源统一优化配置、节约用地、集约用地的新机制。在近期,要集中处理好两个方面的问题。一是处理好进城农民宅基地的置换问题,通过制定相应的政策,促进进城农民宅基地的置换;二是要吸取90年代初东部乡镇企业发展过程中的区域空间管理失控的教训,加强建设用地的宏观管理。在有条件的地区,逐步建立通过土地市场将农村集体非农用地退建还耕,向城镇集中置换的政策机制,解决城镇发展用地与耕地保护的矛盾。

【实行有较强吸引力的城镇社会保障政策】 一是要加快现有城镇社会保障制度的改革,逐步建立以养老、失业和医疗保险为主体,社会统筹与个人账户相结合,管理与服务社会化的城镇社会保障制度,增强城镇社会保障力度。二是建立城乡统一的劳动力市场,通过建立城镇就业劳动预备制度,规范企业用工行为。三是建立健全以城镇最低生活保障为基础的社会救济制度。四是改善城镇教育条件,取消进城农民子女就学的一系列不合理的限制,增强城镇吸引力。

参考文献

[1] 陆大道等:《1999 中国区域发展报告》,商务印书馆,2000 年。
[2] 王嗣均等:《中国城市化区域发展问题研究》,高等教育出版社,1996 年。
[3] 胡序威等:《中国设市预测与规划》,知识出版社,1997 年。
[4] 胡序威:对"我国城市化的进程和对策",《城乡建设》,1998 年第 6 期。
[5] 陈书荣:"我国城市化现状、问题及发展前景",《城市问题》,2000 年第 1 期。

第十章 社会发展与消除贫困

提 要

- 西部地区的社会发展近年来取得显著成就,主要社会发展指标与全国的差距有所缩小;但人类发展水平仍十分落后,西藏、贵州、青海尤为突出。
- 西部地区与东部地区的社会发展差距远小于其经济发展差距,但其内部各省份之间差距较大,陕西、新疆等部分省份社会发展水平相对较高。
- 西部大开发中面临诸多社会发展问题,其中,突出的是教育水平低,科技创新能力差,人口数量大、素质较差、增长过快,医疗卫生条件差、人类健康长寿指标低,信息交流能力弱,城乡差距很大、社会不公平现象突出。
- 贫困面大、贫困程度深是西部地区的突出特征,消除贫困是西部开发的"重中之重"。
- 扶贫攻坚取得显著成就,但稳定脱贫困难;在扶贫政策措施中,对人力资源开发普遍重视不够。

第一节 西部地区社会发展态势

【社会发展取得显著进步,但人类发展水平仍十分落后】 根据 UNDP"中国人类发展报告",西部地区人类发展指数近年来显著提高。1990~1997年,西部地区平均人类发展指数提高了15.7%,平均每年提高2.24%,但仍低于全国2.77%的平均发展速度,与全国的差距有所扩大(图10—1)。西南地区平均发展较快,但贵州省远远低于全国平均速度,在全国的排名有所后退;西北地区总体发展较慢,特别是青海省的人类发展指数在全国的位次逐年下降(表10—1)。尽管近年来西部地区的人类发展水平取得了显著提高,但横向比较仍然十分落后,西藏、贵州、青海的人类发展指数在全国排名分别为第31位、第30位、第29位[1],而在全世界174个国家和地区中排名为147位、137位、135位,处于世界落后水平[2]。

【主要社会发展指标均有明显进步,与全国的相对差距不同程度地缩小】 改革开放以来,西部地区的主要社会发展指标,如人口、教育、卫生、文化等,均有明显进步。人口出生率、死亡率、自然增长率大幅度下降。西部十省区市平均人口自然增长率由1978年的16.09‰下降到1998年的11.19‰,学龄儿童入学率由1978年的91.07%上升到1998年的95.76%,千人医生数和千人病床数分别由1978年的14.68和22.57增加到1998年的18.8和24.84,广播电视覆盖率增加更快,分别由1986年的52.07%和52.48%上升到1998年的77.21% 和

79.68%[3](图10—2)。在四大类9个主要社会发展指标中,1978~1998年,西部地区的所有指标与全国的相对差异系数均呈下降趋势(表10—2)。其中,90年代以来,人口自然增长率、人口死亡率、小学毕业生入学率三个指标与全国的差距有所扩大,占33.3%,其余六个指标与全国的相对差异系数均呈下降趋势,占66.7%。这表明大部分社会发展指标的相对差异系数呈下降趋势,也反映了我国居民享有公共服务的地区差异呈不同程度地缩小。

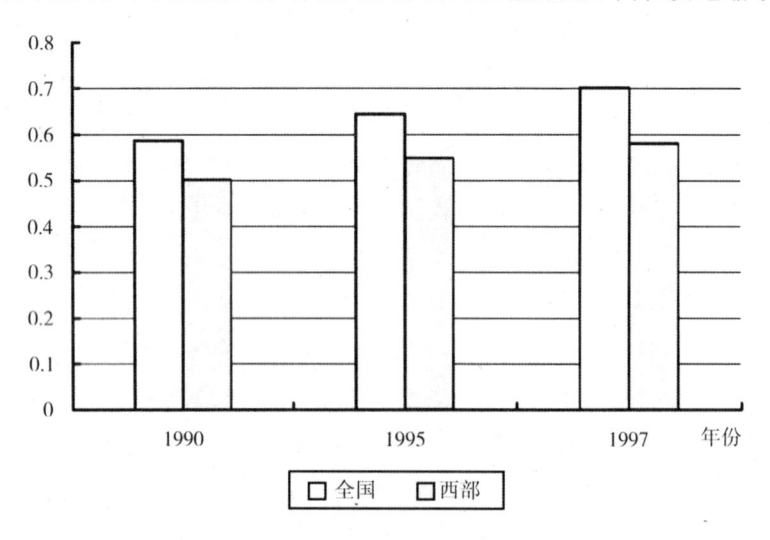

图10—1 西部地区及全国人类发展指数变化

Figure 10-1 Changes of Human Development indices of the West and National Average

表10—1 西部十省区市人类发展指数

Table 10-1 Human Development Index in the West

地 区	1990	1995	1997	变化%（1990~1997）
重 庆			0.635(22)	
四 川	0.530(22)	0.582(21)	0.617(24)	16.4
贵 州	0.466(29)	0.494(29)	0.516(30)	10.7
云 南	0.490(28)	0.526(26)	0.583(27)	18.9
西 藏	0.387(30)	0.391(30)	0.452(31)	16.7
西南地区	0.468	0.523	0.561	19.9
陕 西	0.544(21)	0.570(25)	0.617(25)	13.4
甘 肃	0.499(26)	0.514(27)	0.570(28)	14.2
青 海	0.494(27)	0.503(28)	0.528(29)	6.9
宁 夏	0.535(25)	0.571(24)	0.603(26)	12.7
新 疆	0.573(15)	0.619(15)	0.685(15)	19.5
西北地区	0.529	0.555	0.601	13.6
西部地区	0.502	0.549	0.581	15.7
全 国	0.587	0.644	0.701	19.4

资料来源:UNDP:China Human Development Report 1999,UNDP.
注:括号中数字为在全国的位次。

表 10—2 西部地区与全国主要社会发展指标相对差异系数
Table 10-2 Relative Differences of Social Development Index between the West and National Average

指标	1978	1986	1990	1996	1998
人口指标					
人口出生率	23.11	-5.73	7.14	4.09	3.91
人口死亡率	10.40	-8.14	9.38	20.15	17.80
人口自然增长率	29.15	-0.26	10.94	14.76	16.02
教育指标					
学龄儿童入学率	-4.75	-11.03	-8.49	-4.78	-3.26
小学毕业生升学率	-0.88	18.17	15.23	-11.67	-10.42
卫生发展指标					
千人医生数	31.38	27.01	23.25	15.87	16.09
千人病床数	15.26	12.96	9.63	6.45	6.40
文化发展指标					
电视覆盖率		-26.34	-22.97	-12.56	-11.15
广播覆盖率		-26.95	-25.94	-9.60	-13.40

注：① 负值表示西部指标值小于全国平均值；② 绝对值越大,差距越大；③ 相对差异系数 $=(\bar{x}_{西部}-\bar{x}_{全国})/[(\bar{x}_{西部}+\bar{x}_{全国})/2]\times 100$

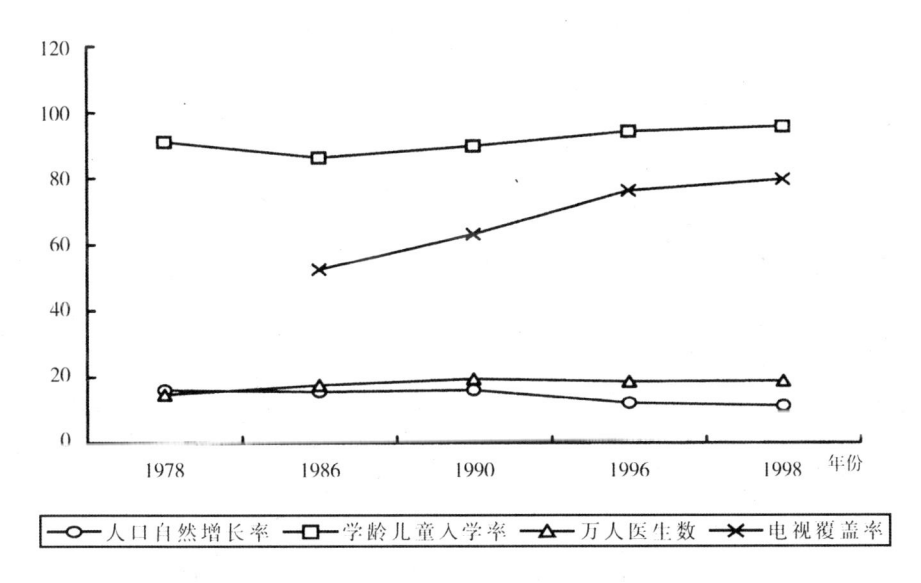

图 10—2 1978～1998 年西部地区主要社会发展指标变化
Figure 10-2 Trends of Major Social Development Indices in the West

【与全国的社会发展差距小于其经济发展差距,但西部各省区之间差距较大】 1999 年我国人均 GDP 达到 6546 元,而西部地区只有 4819 元,相当于全国的 73.6%[4]。西部十省区市除新疆人均 GDP 略高于全国之外,其余九省区市均低于全国平均水平。其中人均 GDP 最低的贵州省仅为全国平均水平的 37.6%。西部地区人均 GDP 与全国的相对差异系数高达 30.4,而社会发展指数的相对差异系数仅为 21.9,说明西部地区与全国的社会发展差距小于其经济发展差距。

但是，西部十省区市内部社会发展差距较大。社会发展水平最低的西藏的社会发展指数只有10.4，仅相当于全国平均水平的29%；而社会发展水平最高的新疆的社会发展指数高达47.2，高出全国平均水平近1/3[5]。西部十省区市人均GDP相对差异系数为87.0，而社会发展指数相对差异系数高达124.1，说明西部地区内部社会发展差距较大。西南地区无论经济发展水平还是社会发展水平都落后于西北地区，其中社会发展水平差距更大（表10—3）。

表10—3 1999年西部十省区市社会发展与经济发展对比
Table 10-3 A Comparison between Social Development and Economic Development in the West in 1999

地　　区	经济发展 人均GDP(元)	相当于全国%	社会发展 社会发展指数	相当于全国%
重　庆	4852	74.12	33.1	92.2
四　川	4356	66.54	27.5	76.6
贵　州	2463	37.62	21.4	59.6
云　南	4444	67.89	24.7	68.8
西　藏	3716	56.76	10.4	29.0
西南平均	3966	60.59	23.4	65.1
陕　西	4107	62.74	32.6	90.8
甘　肃	3595	54.92	24.7	68.8
青　海	4707	71.91	21.4	59.6
宁　夏	4477	68.39	27.8	77.4
新　疆	6653	101.63	47.2	131.5
西北平均	4708	71.92	30.7	85.5
西部平均	4337	66.25	27.1	75.5
全　国	6546	100	35.9	100
西部地区与全国差异系数	-30.4		-21.9	
西部地区内部差异系数	87.0		124.1	

资料来源：陆大道等：《1999中国区域发展报告》，商务印书馆，2000年。

【社会发展水平与经济发展水平基本相适应，部分省区社会发展水平相对较高】 与东部经济发达地区相比，西部地区的社会发展水平与其经济发展水平基本相适应。根据西部地区各省份人均GDP和社会发展指数在全国的排序（表10—4）分析，西部大部分省份的社会发展水平与其经济发展水平基本一致。新疆和陕西的社会发展水平相对于经济发展水平较高，其社会发展指数在全国的位次分别比人均GDP的位次提前8位和9位。

表10—4 西部十省区市经济和社会发展水平在全国的位次
Table 10-4 Ranking of Social Development Index and GDP Per Capita by Provinces in the West in China

地　区	重庆	四川	贵州	云南	西藏	陕西	甘肃	青海	宁夏	新疆
社会发展指数	17	25	29	27	31	19	28	30	24	4
人均GDP	19	26	31	25	29	28	30	24	27	12

资料来源：陆大道等：《1999中国区域发展报告》，商务印书馆，2000年。

第二节　西部大开发中的社会发展问题

国家计委2000年2号文件,将科技教育作为西部大开发的五大重点领域之一。朱镕基总理1999年10月24日在甘肃考察工作时也曾强调指出:大力发展科技教育是实施西部大开发的重要条件。但是,目前西部大开发中包括科技教育在内的社会发展问题仍比较突出。

1. 科技教育现状不能满足西部大开发的需要

【西部地区各类教育水平低于全国平均水平】　目前西部地区的各类教育水平,不同程度地低于全国平均水平。西藏自治区学龄儿童入学率比全国平均水平低20个百分点,青海省的学龄儿童入学率比全国平均水平低近10个百分点,除陕西之外,其他省份也不同程度地低于全国平均水平;西南地区约有20%的小学毕业生离开学校不再续读,西北地区约有10%;西部地区15岁及以上文盲半文盲比重为27.1%,远高于15.8%的全国平均水平[6],除新疆、重庆、四川略低于全国平均水平,其他省份均不同程度高于全国平均水平;万人高等学校在校学生数,除陕西省之外,其他省份均不同程度地低于全国平均水平(表10—5)。

教育水平相对落后已成为制约西部经济发展的最重要的限制因素。根据胡鞍钢等人的研究,学龄儿童入学率每提高一个千分点,人均GDP可提高0.3～0.6%①。因此,国家在西部大开发中对教育的投资将是最有效的投资。

【西部地区具有一定的科技人力资源,但创新能力差】　四川、陕西是西部地区科技人力资源大省,科技人员总数分别占全国科技人员总数的8.6%和7.24%;两省万人R&D人员数分别高出全国平均水平的27%和1.5倍,甘肃、宁夏万人R&D人员数也高于全国平均水平;陕西人均科技活动经费大大高于全国平均水平,除云南、贵州、西藏较低之外,其他省份相当于全国平均水平50%以上;所有省份万名科技人员专利批准数均低于全国平均水平,仅相当于全国平均水平的20～95%;科技人员人均市场成交额除重庆、云南略高于全国平均水平之外,其他省份仅相当于全国平均水平的11～74%,大部分省份低于全国平均水平40%;甘肃、陕西万名科技人员国际论文数接近于全国平均水平,其他省份大大低于全国平均数[7](表10—6)。这反映了西部地区具有一定的科技人力资源,但科技人员的产出效率与全国水平差距甚大,仍然带有计划经济特征的科技体制以及非市场导向的科技路线大大限制了科技人员潜力的发挥。从以上分析可以看出,西部地区的教育与科技能力远远不能满足西部大开发对科技教育的要求。

---

① 胡鞍钢:"加快西北和西部地区发展的新思路和新战略",西部科技需求座谈会会议资料,1999年11月。

表 10—5 西部十省区市教育发展指标
Table 10－5 Education Development Indices in the West

地区	学龄儿童入学率（%,1997）	小学毕业生升学率（%,1997）	小学生辍学率（%,1997）	15岁及以上文盲半文盲比重（%,1998）	万人中等学校在校学生数（1998）	万人高等学校在校学生数（1998）	教育经费占GDP比重（%,1998）
重 庆	95.74	90.00	0.70	15.5	412.70	27.19	3.08
四 川	96.19	91.64	0.99	15.7	393.63	17.89	2.93
贵 州	97.38	75.75	3.85	29.0	398.69	11.63	3.53
云 南	98.36	76.05	3.14	25.5	421.47	15.05	4.20
西 藏	78.20	61.66	5.22	60.0	197.89	13.68	4.91
西南平均	93.17	79.02	2.78	26.3	290.54	17.09	3.73
陕 西	99.25	91.72	1.72	16.5	593.79	41.40	4.38
甘 肃	97.68	87.93	2.69	28.7	475.33	21.44	4.02
青 海	90.46	87.39	3.06	42.9	436.05	17.28	3.65
宁 夏	96.70	88.13	1.62	25.6	587.62	21.03	4.05
新 疆	96.58	90.67	1.47	11.4	625.15	26.74	4.06
西北平均	96.13	89.17	2.11	25.0	465.49	25.59	4.03
西部平均	94.65	84.09	2.45	27.1	454.23	21.33	3.88
全 国	98.92	93.69	1.01	15.8	595.45	27.65	3.97

资料来源：国务院发展研究中心等：《西部大开发指南》，中国社会出版社，2000年；教育部会计计划建设司：《中国教育事业发展统计简况》，1998年；《中国统计年鉴》(1999)，中国统计出版社，2000年。

表 10—6 西部地区 R&D 资源与创新能力指标
Table 10－6 Indices of R&D Resources and Innovation Ability in the West

地区	科技人员总数占全国的比重（%）	万人R&D人员数（人）	科技人员人均技术市场成交额（万元）	万名科技人员专利批准数（个）	万名科技人员国际论文数（篇）	人均科技活动经费（元）
重 庆	1.42	4.35	6.98	460	0	42.1
四 川	8.60	9.52	1.88	244	96	70.8
贵 州	1.04	2.65	1.45	431	12	14.4
云 南	1.55	3.49	8.79	575	93	28.0
西 藏	0.09	3.34		119	0	13.0
西南平均	2.54	4.67	3.82	366	40	33.7
陕 西	7.24	18.82	0.85	167	160	122.9
甘 肃	2.16	8.02	1.39	173	181	56.7
青 海	0.39	7.17	0.81	172	19	45.2
宁 夏	0.53	9.20	0.53	194	7	43.4
新 疆	0.95	5.06	3.46	522	25	41.5
西北平均	2.25	9.65	1.41	246	78	61.9
西部平均	2.40	7.16	2.61	306	59	47.8
全 国	100	7.49	4.66	588	180	78.6

资料来源：《中国统计年鉴》(1999)，中国统计出版社，2000年；中国科技发展研究报告研究组：《中国科技发展研究报告(1999)》，经济管理出版社，1999年。

2. 人口数量大、素质较差、增长过快

【人口数量大、增长快】 1999年西部十省区市总人口已达28771万人，占全国总人口的22.85%[4]。90年代以来，西部地区的人口出生率、人口自然增长率居高不下，各年的人口自然增长率均高出全国平均水平20%左右。特别是贵州、云南、西藏、青海、宁夏、新疆六个少数民族集中省区，由于少数民族地区相对宽松的计划生育政策，人口自然增长率均在11‰以上，高出全国平均水平的40～80%（表10—7）。由图10—3可以看出，西部地区的人口自然增长率和人均GDP与全国对比均呈喇叭型变化趋势，说明人口自然增长率比全国高出的越来越多，而人均GDP与全国平均水平的差距越来越大。

【人口素质低】 西部地区人口文化素质很低。人口平均受教育年限除新疆略高于全国平均水平之外，其余各省份均低于全国7.06年的平均水平；西藏人口平均受教育年限仅为3.34年、青海4.87年、贵州5.71年、云南5.78年[6]。人口的过快增长以及人口素质的低下均与人均GDP有密切的关系。人均GDP与人口自然增长率呈明显负相关，相关系数(R^2)为0.5239；而与受教育年限则存在一定程度的正相关，相关系数为0.4996（表10—8）。

表10—7 西部地区人口指标
Table 10－7 Demographic Indices in the West

地区	总人口（万人）	人口占全国比重（%）	6岁及以上人口平均文化程度（1998）	人口自然增长率（‰）
重 庆	3075	2.4	6.43	4.96
四 川	8550	6.8	6.80	6.78
贵 州	3710	3.0	5.71	14.24
云 南	4192	3.3	5.78	11.66
西 藏	256	0.2	3.34	15.80
西南地区	19783	15.7	5.61	10.69
陕 西	3618	2.9	7.02	6.13
甘 肃	2543	2.0	6.04	9.71
青 海	510	0.4	4.87	13.90
宁 夏	543	0.4	6.50	12.32
新 疆	1774	1.4	7.41	11.80
西北地区	8988	7.1	6.37	10.77
西部地区	28771	22.8	5.99	10.73
全 国	125909	100	7.06	8.77

资料来源：6岁及以上人口平均文化程度摘自国务院发展研究中心等：《西部大开发指南》，中国社会出版社，2000年；其余数据摘自国家统计局：《中国统计摘要2000》，中国统计出版社，2000年。

表 10—8 人口指标与人均 GDP 的关系
Table 10 - 8 Relationship between Demographic Index and GDP Per Capita

指　　标	Log(人均 GDP)			
	年份	方程	R²	样本数
人口自然增长率	1998	Y = -45.401Ln(x) + 68.002	0.5239	31
6 岁及以上人口受教育年限	1998	Y = 10.981Ln(x) - 7.6162	0.4996	31

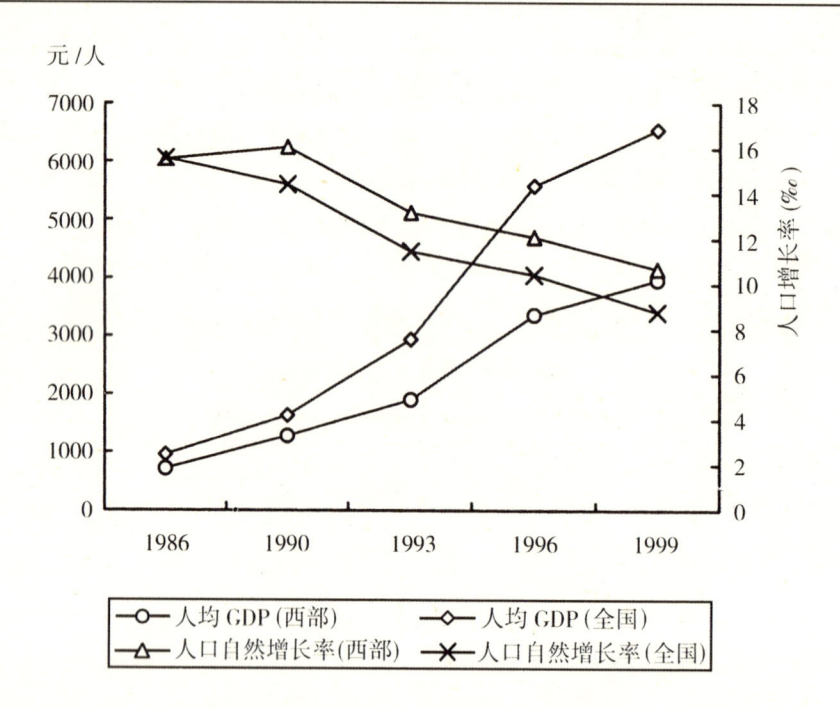

图 10—3　1986～1999 年西部地区人口自然增长率、人均 GDP 变化与全国对比
Figure 10 - 3　A Comparison of Growth Rate of Population and GDP Per Capita between the West and National Average in 1986—1999

3. 医疗卫生条件较差,人类健康长寿受到一定威胁

【医疗设施数量不足,设备低劣过时】　西部地区医疗卫生指标很低,特别是西南地区除西藏之外各省份的万人医生数和万人病床数均低于全国平均水平;西北地区虽然除甘肃之外,大部分省区每万人拥有医生数和病床数高于全国平均水平(表 10—9),但是医疗设备普遍陈旧落后,特别是在农村地区,大部分设备是 80 年代以前计划经济时代所购。

【整体人群健康状况差】　西部地区传染病死亡率较高,除陕西省略低于全国平均水平之外,其他省份都高于全国平均水平。西部地区整体人群健康状况很差,除陕西之外的所有省份的人群健康综合评价均处于很差和差两个等级,西部九省区(重庆缺资料)人类健康综合指数排在全国最后 10 位(图 10—4),所有省份的人口预期寿命均低于全国 69.8 岁的平均水平,西藏、青海人口平均预期寿命比全国平均低 9～10 年,其余省份预期寿命要比全国平均水平低 3～5 年(表 10—9,专栏 10—1)。

表 10—9 西部地区医疗卫生指标

Table 10－9　Indices of Medical Treatment and Hygiene in the West

地　区	万人医生数（人）	万人病床数（张）	人口预期寿命（岁）	传染病死亡率（人/10万人）
重　庆	14.2	22.6	66.3	
四　川	15.0	23.0	66.3	86.65
贵　州	12.1	14.9	64.3	156.58
云　南	14.3	15.4	63.5	113.03
西　藏	20.9	26.7	59.6	102.50
西南平均	15.3	20.5	64.0	114.69
陕　西	36.0	25.0	67.4	58.79
甘　肃	15.0	23.0	67.2	102.88
青　海	19.6	34.3	60.6	160.26
宁　夏	16.2	25.5	66.9	112.19
新　疆	24.7	38.1	62.6	133.18
西北平均	22.3	29.2	64.9	113.46
西部平均	18.8	24.9	64.4	114.08
全　国	16.0	23.3	69.8	65.56

资料来源：国家统计局综合司：《新中国五十年统计资料汇编》，中国统计出版社，1999年；UNDP: China Human Development Report 1999；李日邦等："中国环境——健康评价、区划与可持续发展研究"，中国科学院"九五"重点课题，2000年7月。

图 10—4　健康综合指数排序[①]

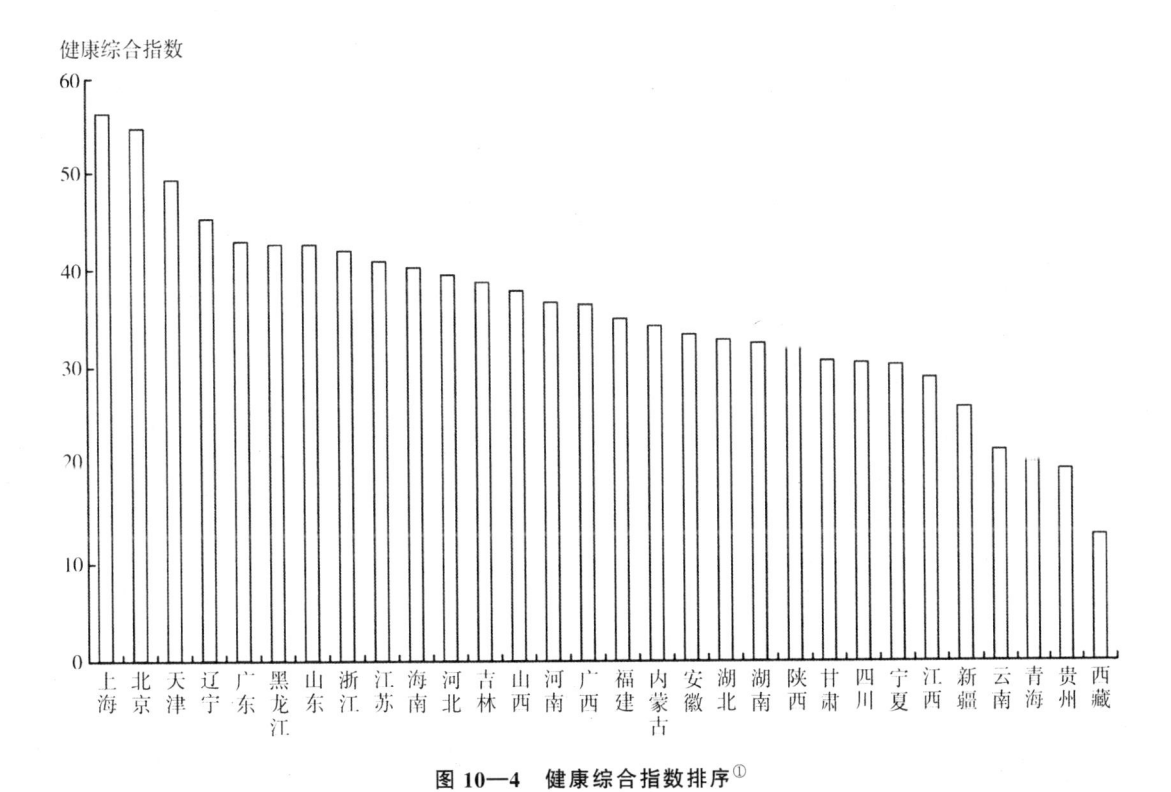

Figure 10－4　Ranking of Provinces by an Integrated Index of Human Health in China

---

① 李日邦等："中国环境——健康评价、区划与可持续发展研究"，中国科学院"九五"重点课题，2000年7月。

> 专栏 10—1
>
> ### 我国推出健康扶贫工程[①]
>
> 　　2000年4月5日,由中国初级卫生保健基金会发起创办的"全民健康工程"试点工作启动。这是该基金会为响应国家西部大开发号召,实现世界卫生组织提出的"人人享受初级卫生保健"目标,推出的一项健康扶贫项目。
>
> 　　目前我国广大农村地区特别是西部贫困地区的初级卫生保健状况较差。据调查,这些地区导致贫困的诸多因素中,因病致贫、返贫占10～30%,个别地区高达60%。中国初级卫生保健基金会是中国农工民主党中央领导下的社会团体,此次推出的全民健康工程,将以"健康扶贫医疗车"为载体,通过运用现代化高新医疗技术,结合中医药技术,协同县卫生局、县人民医院、乡镇卫生院,提高我国乡村的医疗水平,降低农民医疗成本,解决农民就医难、用药难等问题。

表10—10　西部地区现代信息交流能力指标

Table 10 – 10　Index of Information Exchange Ability in the West

地　区	广播人口覆盖率（%,1998）	电视人口覆盖率（%,1998）	城镇家庭电脑普及率（%,1999）	城镇家庭移动电话普及率（%,1999）	因特网普及率(户/万人,1999)
重　庆	86.9	86.4	5.00	7.33	1.92
四　川	88.9	89.0	3.60	1.63	0.29
贵　州	68.8	78.4	1.88	0.47	0.26
云　南	81.7	84.8	3.28	4.09	0.98
西　藏	65.0	55.0			0.58
西南平均	78.3	78.7	3.44	3.38	0.81
陕　西	85.5	84.2	1.69	0.85	3.88
甘　肃	73.6	74.1	3.03	0.75	1.26
青　海	59.3	78.8	0.73	0.36	0.83
宁　夏	79.5	81.6	1.47	1.84	1.14
新　疆	82.9	84.5	1.13	0.43	0.80
西北平均	76.2	80.6	1.61	0.85	1.58
西部平均	77.2	79.7	2.42	1.97	1.19
全　国	88.3	89.0	3.78	3.26	5.40

资料来源：国家统计局综合司：《新中国五十年统计资料汇编》,中国统计出版社,1999年；《中国统计年鉴》(1999),中国统计出版社,2000年。

4．现代化信息交流能力弱,不能满足信息时代发展的要求

【电脑、移动电话、因特网等现代主要信息交流手段远远落后于全国平均水平】　西部地区

[①] 根据2000年4月7日《光明日报》整理。

广播电视覆盖率低于全国平均水平;城镇家庭电脑普及率除重庆市略高于全国平均水平之外,其他各省区均低于全国平均水平,特别是西北地区各省区仅相当于全国平均水平的19～80%;重庆市家庭移动电话普及率大大高于全国平均水平,云南省也略高于全国平均水平,但其他省区远远低于全国平均水平,只相当于全国平均水平的11～56%;因特网普及率更是大大低于全国每万人5.4个用户的平均水平,四川、贵州、云南、西藏、青海、新疆的万人因特网用户数均不到1户,除陕西之外的重庆、甘肃、宁夏也均低于2户(表10—10)。

5.城乡差距大,社会不公平现象突出

【城乡居民生活水平差距大】 西部地区大城市的基础设施水平、装备水平与东部地区差距并不大。目前全国东西部的差距主要是农村的差距。重庆、云南、西藏的城镇居民人均可支配收入高于全国平均水平,其他省区与全国相差也不很大;但西部十省区市农村人均纯收入均远远低于全国平均水平,仅相当于全国平均水平的60～80%。西部地区城乡差距很大,全国城乡居民收入水平之比为2.65,而西部地区除宁夏略低于全国之外,其他省份均高于全国平均值,其中西藏、云南差距最大,高出全国60%以上;城乡居民消费水平差距更大,甘肃省城乡居民消费水平比值约是全国的3倍,新疆、宁夏、四川略低于全国平均水平,其他省份均高于平均水平;西部所有省份农村与城市的恩格尔系数之比均高出全国平均值(表10—11)。总体上看,西南地区的城乡差距大于西北地区。

【城镇失业率较高】 西部地区也是城镇失业率较高的地区。除云南、新疆之外,其余省区的真实失业率均超过6.4%的全国平均水平,其中四川、陕西的真实失业率已超过10%,甘肃、宁夏已接近10%(表10—12)。大部分省份农村剩余劳动力比重高,社会保障制度改革落后,加重了社会不公平现象。

表10—11 西部十省区市城乡居民收入及消费水平比较

Table 10 - 11 A Comparison of Income and Consume Level between Urban and Rural Areas in the West

地 区	城乡居民收入状况			城乡居民消费水平			恩格尔系数		
	城镇居民人均可支配收入(元)	农村人均纯收入(元)	城乡之比	城镇居民(元/人)	农村居民(元/人)	城乡之比	城市	农村	农村与城市之比
重 庆	5896	1737	3.40	5711	1363	4.19	42.31	61.65	1.46
四 川	5478	1843	2.97	4702	1578	2.98	43.88	59.01	1.35
贵 州	4934	1363	3.62	4197	1072	3.92	42.22	67.50	1.60
云 南	6179	1438	4.30	5032	1555	3.24	44.41	64.26	1.45
西 藏	6909	1309	5.28	4169	981	4.25	49.85	69.24	1.39
西南地区	5879	1538	3.82	4762	1310	3.64	44.53	64.33	1.44
陕 西	4654	1456	3.20	4428	1175	3.77	37.26	47.60	1.28
甘 肃	4475	1357	3.07	4263	962	9.19	41.44	56.63	1.37
青 海	4703	1467	3.21	4087	1185	3.45	42.39	61.70	1.46

续 表

宁 夏	4473	1754	2.55	3633	1290	2.82	38.77	52.85	1.36
新 疆	5320	1473	3.61	3614	1872	1.93	38.64	53.52	1.39
西北地区	4725	1501	3.15	4005	1297	3.09	39.70	54.46	1.37
西部地区	5302	1519	3.49	4384	1303	3.37	42.12	59.40	1.41
全 国	5854	2210	2.65	6182	1895	3.26	41.86	52.56	1.26

资料来源：国家统计局：《2000中国统计摘要》，中国统计出版社，2000年。

表10—12　1998年西部地区城镇失业状况

Table 10-12　Unemployment in Cities and Towns in the West in 1998

地 区	登记失业人员（万人）	下岗未就业人员（万人）	实际失业人员（万人）	登记失业率（%）	真实失业率（%）
重 庆	10.1	12.4	22.5	3.5	6.6
四 川	30.2	43.6	73.8	3.7	10.0
贵 州	10.7	12.6	23.3	3.8	8.5
云 南	6.0	6.3	12.5	2.2	3.3
西 藏					
西南地区	57.0	74.9	132.1	3.3	7.1
陕 西	12.2	41.6	53.8	3.1	11.7
甘 肃	8.3	17.1	25.4	3.3	9.1
青 海	1.8	4.0	5.8	2.5	8.4
宁 夏	3.9	3.8	7.7	4.7	9.4
新 疆	12.8	7.7	20.5	3.9	5.9
西北地区	39.0	74.2	113.2	3.5	8.9
西部地区	96.0	149.1	245.3	3.4	8.1
全 国	486	873.3	1359.3	2.4	6.4

资料来源：《中国劳动统计年鉴》（1999），中国统计出版社，2000年。

注：真实失业率＝实际失业人员/劳动力总数；实际失业人员＝登记失业人员+企业下岗人员。

第三节　西部地区扶贫攻坚的新阶段与新问题

西部地区面临着生态环境恶化、水资源短缺、社会经济发展落后等诸多挑战，但最突出、最大的挑战是贫困。生存环境恶劣、社会经济发展落后导致贫困，消除贫困与改善生态环境、提高社会经济发展水平密切相关。

1．贫困面大、贫困程度深是西部地区的突出特征

【贫困面大】　根据国家"八七"扶贫计划，西部地区共有307个贫困县，占全国贫困县总数的51.9%。西部地区贫困县数量占其全部县级单位总数的41.2%，远远高出全国27.6%的平均值,其中贵州、云南、陕西、甘肃均高于50%。西部地区1993年贫困人口总数为4083万人,占全国贫困人口总数的50.6%,其中贵州、四川超过1000万;西部地区农村平均贫困发生率为19.3%,高出全国平均水平70%,除四川省略低于全国平均水平之外,其他省区的农村贫困发生率均高于全国平均水平,甘肃、青海的农村贫困发生率高出全国平均值2~3倍,其他省区也高出全国60%左右。西部地区的贫困分担率占全国的55%(表10—13)。

【贫困程度深】 我国是人类贫困最突出的国家之一,人类贫困指标排名位于巴西和印度之前,其中沿海地区此指标为0.18,北京为0.10,相当于智利、新加坡等极低人类贫困指标的国家;西部地区人类贫困指标高达0.44,其中贵州约为0.55,相当于索马里等极高人类贫困指标国家,在78个国家中排倒数第五位[2]。

表10—13 1993年西部地区贫困县、贫困人口及贫困发生率
Table 10-13 Number of Poverty-stricken Counties and Poor Population in the West in 1993

地　区	县级单位数(个)	贫困县数(个)	贫困县比重(%)	贫困人口(万人)	贫困发生率(%)	贫困分担率(%)
四　川	158	43	27.2	1000	11.2	11.2
贵　州	80	48	60.0	1000	17.4	11.0
云　南	123	73	59.3	700	18.3	14.7
西　藏	77	5	6.5	48		
西南地区	438	169	38.6	2748	15.6	37.5
陕　西	88	50	56.8	500	18.4	7.3
甘　肃	76	41	53.9	400	30.4	7.1
青　海	39	14	35.9	119	21.8	0.7
宁　夏	19	8	42.1	140	18.4	1.1
新　疆	85	25	29.4	176	17.6	1.3
西北地区	307	138	45.0	1335	21.3	17.5
西部地区	745	307	41.2	4083	19.3	55.0
全　国	2142	592	27.6	8066	11.3	100

资料来源:《国家"八七"扶贫攻坚计划》;贫困发生率、贫困分担率摘自陆大道等:《1997中国区域发展报告》,第142~143页,商务印书馆,1997年。
注:四川包括重庆。

2. 扶贫攻坚取得显著成就,并开始进入新的阶段

【扶贫攻坚取得显著成就】 世界银行等国际组织认为,中国政府为帮助最落后的农村地区摆脱贫困作出了极大的努力,这种努力比其他发展中国家所作的努力要成功的多。1994年国家实施"八七"扶贫攻坚计划以来,作为贫困集中的西部地区扶贫攻坚取得了显著成就,贫困人口数量大幅度下降,由1993年底的4083万人下降到1999年底的1066万人,平均每年减少503万人,1994~1999年间贫困人口总量减少了74%,其中陕西、宁夏在85%以上;云南、新疆、贵州贫困人口数量下降幅度较小,贫困人口仅减少了65%、68%和71.6%(图10—5)。贫

困县农民人均纯收入、人均粮食占有量也得到了较大幅度的提高(表10—14)。此外,通过以工代赈,使贫困地区的农业生产条件、基础设施等得到了较大的改善。1997年底,陕西50个贫困县的基本农田面积达到118.6万公顷,人均1.5亩;全省贫困县行政村通路率88.5%,通电率94%[①]。宁夏回族自治区1994年以来新修水浇地78.9万亩,新修高标准旱作"三田"322万亩,自治区8个贫困县水浇地面积达到123万亩,基本农田面积达到500万亩、人均2.34亩;新修、改建公路4753公里,新增农电线路13720公里,实现了乡乡通公路和程控电话、村村通电的目标[②]。

【扶贫政策实现三大战略转移】 社会主义条件下,扶贫是一种政府行为。我国政府关于扶贫的一系列重大决策,构成了我国扶贫里程的重要转折点。80年代以前,由于贫困面大,国家经济实力有限,政府又是资源配置的唯一渠道,扶贫主要是小范围的救济。80年代以来,我国进入了大规模扶贫开发阶段。《八七扶贫攻坚计划》及其相关决定、方案的发布,标志着我国扶贫攻坚战役的打响,全面实现由道义性扶贫向制度性扶贫转变,由救济性扶贫向开发性扶贫转变,由扶持贫困地区向扶持贫困人口转变的三大战略转移。伴随着三大战略转移,扶贫方式实际经历了"救济式扶贫"、"项目带动式扶贫"、"扶贫到户"三个阶段[9](表10—15)。目前,西部大部分省份能按期完成国家"八七"扶贫攻坚目标。伴随着新世纪的到来,绝大多数贫困农户的基本温饱问题得以解决,扶贫工作开始进入新的阶段。

表10—14 西部地区贫困人口及生活水平变化
Table 10 - 14 Changes in Poverty-stricken Population and Their Living Standard in the West

地 区	贫困人口数量(万人)			贫困县农民人均纯收入(元/人)		贫困县人均粮食占有量(公斤/人)	
	1993年	1999年	减少(%)	1994年	1999年	1994年	1999年
陕 西	500	47	91	548	970	310	342
宁 夏	140	18	87	429	1108		456
甘 肃	400	104	74				
青 海	119	33	72				
新 疆	176	56	68				
西 藏	48	10	80	436	1115	276	405
云 南	700	245	65	514	785	310	346
贵 州	1000	287	71				
四 川	1000	266	73				
合 计	4083	1066	74				

注:四川包括重庆。

---

① 石英:"世纪之交的陕西扶贫——现状与展望",《陕西扶贫》(总第87~88期),2000年4月。
② 宁夏回族自治区扶贫办:"宁夏扶贫工作情况",1999年12月。

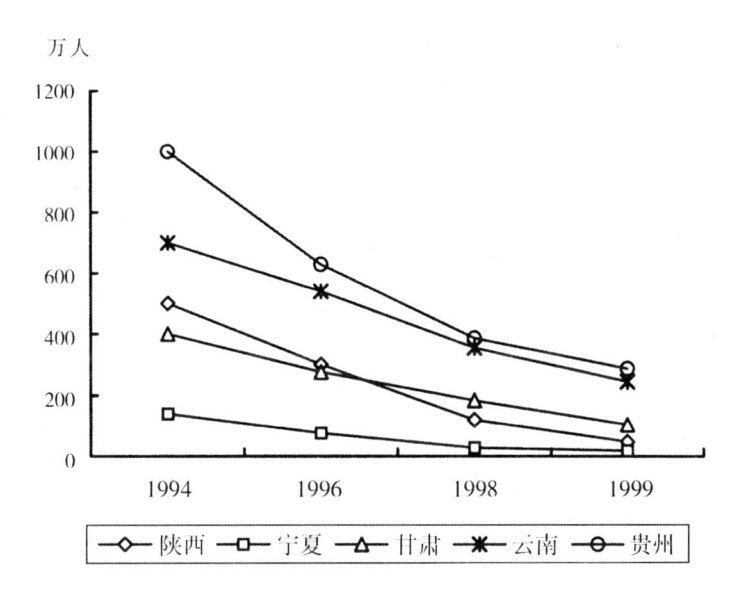

图 10—5　1994～1999 年西部主要省区农村贫困人口变化
Figure 10－5　Number of Poverty-stricken Population in Selected Western Provinces in 1994—1999

表 10—15　我国扶贫阶段及主要特点
Table 10－15　Main Stages and Characteristics of Overcoming Poverty in China

阶　　段	年　份	主要政府政策	扶贫方式特点	主要缺陷
第一阶段	1949～1983	①农村"五保户"救济；②自然灾害临时紧急救济；③优抚。	救济性扶贫。	只能暂时解决贫困人口生活上的困难，难以提高贫困地区自我发展能力，从根本上摆脱贫困。
第二阶段	1984～1993	1984 年党中央、国务院发出《关于帮助贫困地区尽快改变面貌的通知》。	区域经济开发为主的开发式扶贫。通过在贫困地区办工厂、发展乡镇企业促进贫困地区整体经济实力的增长，从而带动区域内贫困人口脱贫和自我发展能力的提高。	对贫困地区特贫人口生活状况的改善作用较小，在贫困地区区域性贫困缓解的同时，阶层性贫困愈加突出。
第三阶段	1994～2000	1994 年国家颁布《国家八七扶贫攻坚计划》；1996 年 10 月 23 日《中共中央、国务院关于尽快解决农村贫困人口温饱问题的决定》。	扶贫到户战略。扶贫的对象从侧重于一个区域到侧重于一家一户，扶贫的手段从靠大项目带动和重点工程的辐射到以户为扶贫单元，实施一批家家能干、户户受益的具体项目和计划。	容易解决贫困人口温饱问题，但无法解决产业结构落后、人口素质低下、自我发展能力差等问题，已脱贫的人口容易返贫。难以实现贫困地区社会经济的全面持续发展。

3. 各地区主要扶贫措施行之有效，但人力资源开发仍相当薄弱

【主要扶贫措施行之有效】 国家实施《八七扶贫攻坚计划》以来，西部各省区也相继出台了各自的扶贫攻坚计划，如陕西的《陕西省五七扶贫攻坚计划》、宁夏的《"双百"扶贫攻坚计划》、云南的《云南省七七扶贫攻坚计划》等，并创造性的探索出了一系列适合本地区实际情况、行之有效的扶贫措施，如陕西的"小额信贷"、宁夏的"吊庄移民"、云南的"旅游扶贫"，以及各省区市普遍实施的以工代赈、劳务输出、"温饱工程"、科技扶贫、对口帮扶、"希望工程"等均取得良好成效。陕西自1997年以来在全省贫困地区全面推广"小额信贷"扶贫模式，经过试点、示范、推广，3年来共投放"小额信贷"贷款10亿多元，其中1999年全省投放到户小额扶贫贷款9.3亿元，是1998年的2倍多，扶持了全省70多万贫困户实施以家庭为主的种养殖业生产项目，基本上使所有尚未解决温饱的贫困户直接得到了扶贫资金的有效支持[①]。宁夏结合扬黄灌溉工程，实施"吊庄移民"，已创办移民基地21处，开发土地41.3万亩，移民25万人，移民人均纯收入达1108元，人均占有粮食456公斤，实现了"一年定居，三年解决温饱，五年脱贫致富"

专栏10—2

陕西省"小额信贷，扶贫到户"模式

小额信贷模式源于孟加拉创立于1973年的乡村银行扶贫模式。自90年代初引入中国以后，得到了政府和许多国际组织的关注，并在许多地区进行了实验和推广。小额信贷解决了长期困扰我国政府的两大难题，一是扶贫资金到户难的问题，二是贷款还款率低的问题。小额信贷通过农户自愿组建小组并相互担保的形式，向贫困农户提供小额的生产性贷款，并采取分期付款的方式，这既保证了小额信贷较高的还贷率，又增强了农户自我发展的能力。

1997年以来，陕西省以"小额到户、整贷零还、五户联保、妇女为主"为特点的"孟加拉乡村银行扶贫模式"在全省贫困地区全面推广。

陕西省"小额信贷，扶贫到户"模式经历了由民间组织到三线运行、由农行投放到扶贫社发放、由扶贫社统贷统还到农行直贷到户的变化过程。经过3年多的试点探索，建立了由银行直贷到户、扶贫社提供配套服务（帮助贫困户选择项目，提供服务，协助银行投放与回收贷款）、政府行政推动"三线"运行的新的管理运作机制。通过健全完善各级扶贫社，规范"整贷零还、小额短期"机制，使陕西省"小额信贷，扶贫到户"模式步入规范化管理的路子，得到了国务院扶贫开发领导小组的充分肯定。从2000年元月开始，国务院扶贫办、国家农行联合在陕西商洛召开全国扶贫、农行干部培训会，在全国推广陕西省"小额信贷，扶贫到户"的做法。

---

① 石英："世纪之交的陕西扶贫——现状与展望"，《陕西扶贫》（总第87～88期），2000年4月。

的奋斗目标①。云南根据本省旅游资源丰富的特点,提出了贫困地区旅游综合开发体系,通过调整经济结构,大力发展生态旅游,增加贫困地区农民收入,1999年实现了110万人脱贫[10]。

【人力资源开发相当薄弱】 在各省区市已执行的扶贫措施中,普遍对人力资源开发重视不够。由于扶贫攻坚硬指标的现实性和完成任务的紧迫性,不得不将全部精力集中于经济收益"短平快"的项目,而对提高人口素质有一种"远水不解近渴的淡漠和无奈"。尽管有"希望工程"、"贫困地区义务教育工程"、"双基"、"普九"等措施,但或者杯水车薪,或者无暇顾及,边远地区贫困户子女上不起学仍然是一个影响深远的问题。1998年秋陕西紫阳县芭蕉乡中学在深磨乡录取5名初中生,只有1人入学,其余4人均无钱报到。贫困地区的文盲率本来就高于其他地区,旧的文盲尚未消除,新的文盲还在产生,人口素质状况甚忧。在贵州有1/3的县到1985年还没有普及六年制小学义务教育。1990年全国平均文盲率,城市为12%,农村为26%,但贵州相应的数字分别为21%和41%[11]。

4. 基本解决温饱胜利在望,稳定脱贫有困难

根据国家《八七扶贫攻坚计划》,到2000年底,西部地区大部分贫困县基本解决温饱没有问题,但稳定脱贫有困难。

【温饱标准偏低,易返贫】 我国目前贫困地区的"温饱"标准是一个很低的标准。从表10—16可以看出,西部省区的标准与东部发达省份的标准存在着一定的差距,与全国及东部农村居民平均收入相差悬殊,更不用说放在国际背景下进行比较。现阶段人均粮食仅够糊口,月均50元的收入难以维持最低生活水准,更何况现金大部分是实物折算,实际现金收入可能还远远低于50元。显而易见,脱贫标准越低,越容易返贫;另一方面,越难脱贫也越易返贫。事实上,目前西部地区大部分贫困地区基本上还是靠天吃饭,丰年脱贫,灾年返贫现象很普遍。陕西省历年形成的返贫人口达73.2万人,返贫率达10~20%。延安市奋斗5年解决40万人温饱,而1995、1997两个灾年又有6.7万人返贫。宁夏1995年解决温饱6.4万人,但当年返贫人口达10.4万人[9]。

【新一轮竞争中贫困地区处于不利地位】 从表10—16还可以看出,现阶段的贫困人口实际处于"绝对"和"相对"相交义的双重贫困状态。即使在21世纪初,由于刚刚摆脱贫困的地区和人口在基础和实力上都很薄弱,在新一轮竞争中仍处于不利的地位。培植贫困地区和人口的自我发展能力需要时间,同时,稳定脱贫对基础设施、生态环境也提出了较高的要求,因此,虽然西部地区在近几年的扶贫开发中贫困状况已有很大改变,但远未根本改观。

---

① 宁夏回族自治区扶贫办:"宁夏扶贫工作情况",1999年12月。

表 10—16　温饱标准的横向比较

Table 10 - 16　Comparison of the Standards for Overcoming Poverty

	1998年陕西农村贫困人口基本解决温饱标准	1998年云南农村贫困人口基本解决温饱标准	1998年福建农村贫困人口基本解决温饱标准	1998年全国农村居民平均收入	1997年上海农民人均收入	1994年"八七扶贫攻坚计划"国家标准	1990年世界银行提出的国际贫困标准
年人均纯收入(元)	700	500(90年不变价)	1120	2162	5277	500(92年价)	3000
人均占有粮食(公斤)	350	300					

第四节　政策建议

1. 西部大开发应将社会发展放在重要地位

西部大开发应首先缩小社会发展差距、知识发展差距、信息发展差距与教育发展差距,促进人类发展,促进社会进步,为西部全体人民提供基本的公共服务,为他们创造更多的发展机会,提高他们自身的发展能力。

【优先缩小社会发展差距】　由于我国各地区的社会发展差距小于经济发展差距,解决社会发展差距比解决经济发展差距相对容易一些。因此,应把缩小社会发展差距放在国家西部大开发政策的重要位置,通过社会发展更有效地发挥公共政策的作用和效率,从而有利于缩小地区经济发展差距。

【鼓励西部地区知识创新和知识生产,政府提高 R&D 投入】　政府应充分发挥西部现有科技人员的潜力和作用,鼓励知识创新和技术创新。同时,大幅度提高政府对 R&D 的投入,调整财政支出结构,增加政府对知识创新 R&D 的投入。国家科技部应增加对西部地区科技专项资金的支出,国家自然科学基金委员会应增加对欠发达地区专项基金的投入比例,中央在西部大开发中的各项专项投资应规定少量比例的资金用于前期科学研究。

【增加基础教育投资】　增加贫困地区、少数民族地区基础教育投资,把实现普及基础教育作为重要的战略目标,优先缩小知识发展差距。增加中央财政援助,在 3~5 年内实现普及基础教育目标。优先在少数民族贫困地区对中小学生教育实行全额免费,对成人文盲或成人初等教育补习一律免费,强化对贫困人口、少数民族人口的直接教育投资。只有优先缩小知识发展差距,才有可能为西部地区提供基本的公共服务,扩大他们的发展机会,提供他们的发展能力,以知识发展促进社会经济发展,进而缩小社会经济发展差距。

【增加健康投资,鼓励少数民族计划生育】　增加生育保健设备投入,培训当地农牧区医疗人员,帮助建立生育保健服务网络;强化政府公共卫生职能,重建农村合作医疗体系;建立制约机制,鼓励少数民族实行计划生育,在扶贫项目安排、资金投入等方面,优先安排实行计划生育的家庭;同时对少数民族实行计划生育免费服务,由国家财政直接补贴,建立健全计划生育社会服务体系。

2. 认清扶贫攻坚的长期性,作好阶段性扶贫工作,及时调整反贫困战略的政策导向

【扶贫工作需要长期进行】 随着2001年的到来,绝大多数贫困农户的温饱问题将得以解决,但这绝不意味着扶贫工作的结束。江总书记在2000年中央扶贫开发工作会议上指出:"我国正处于并将长期处于社会主义初级阶段,这个基本国情决定了我们必须树立扶贫开发长期作战的思想。"虽然西部广大农村贫困地区恶劣的自然环境、封闭的社会环境、低下的人口素质在20世纪末的扶贫开发中已经开始发生变化,但远未根本改观。生态环境的改变、人口素质的提高,绝非一朝一夕一蹴而就的事,可能需要几代人的努力。

【分阶段实施贫困地区发展目标】 根据上述分析,我们建议按三个阶段确定贫困地区发展目标。2000年以前,基本解决农村贫困人口的温饱问题,实现扶贫攻坚目标;2001~2010年,继续完成通电、通路、移民等方面的扫尾工作,进一步扩大和完善基础设施和生态环境建设,奠定生态环境、交通通信等基础设施和人力资源开发的基础,实现贫困人口稳定脱贫;2010~2030年,调整优化产业结构,发展县域经济,人口素质明显提高,形成较强的自我发展能力,通过区域经济的发展逐步缩小贫困县与其他县之间的差距,力争使绝大多数贫困人口接近或达到小康生活水平。

【制定综合性的反贫困战略政策体系】 在本世纪末基本解决贫困人口的温饱问题之后,就需要适时地调整反贫困战略的政策导向,由直接扶持农户为主转向发展乡村经济和县域经济、由单纯扶持种植业转向种植业与加工业协调发展、由浅层次开发转向深层次多元化发展。同时,应当对反贫困有一个全新的认识,反贫困不仅仅是增加贫困人口收入、确保基本的生活条件,而且要使贫困人口获得人类生存所必须的机会和选择权。因此,21世纪西部地区的反贫困战略应该由过去单纯关注收入贫困,更多地转向关注知识贫困(获取、吸收、交流、创造知识的能力)、权力贫困(就业机会、收入机会)和人力贫困(识字水平、营养、卫生健康)。政府必须制定一个综合性的反贫困战略政策体系,实施有利于贫困人口、少数民族发展的增长策略,才有可能促进西部地区切实消除人类贫困。

3. 重视贫困地区的人力资源开发

【扶贫开发方式应逐渐转向人力资本投入】 过去在扶贫开发中较多地注意到资源和资金问题,而忽略了人力资源的开发。从长远看,提高贫困地区人口素质、改善贫困地区人力资源质量将是扶贫的核心。扶贫的目标不仅仅使贫困人口获得温饱,而是要从根本上摆脱贫困,实现长远的自我发展。因此,应该以农村人口素质提高和人力资源开发作为未来扶贫战略的核心。逐步实施贫困地区年轻人走出去在城市接受教育(如北京市的西藏中学),利用城市目前因学龄前儿童人数大幅度下降所闲置下来的中小学设施为贫困地区办学校,彻底改变贫困地区人口安于现状的思想观念。21世纪扶贫开发方式应当适时地完成从以物质资本投入为主向以人力资本投入为主的转变,只有加大人力资源的开发投入,才能极大地增加未来可持续发展和反贫困的潜在能力,这将是西部地区能否稳定消除贫困的关键所在。

4．将西部大开发中的有关政策措施与消除贫困紧密结合

【结合"山川秀美"工程，解决贫困人口温饱问题】 结合"山川秀美"工程，积极"退耕还林还草"，改善贫困地区的生态环境和农业生产条件，搞好以"坡改梯"为主的农田水利建设和基本农田建设，积极执行"以粮代赈"政策，解决贫困人口的温饱问题，并实现贫困地区的可持续发展。

【结合投资增加，加强基础设施与小城镇建设】 结合国家西部大开发中基础设施建设投资规模的增加，加快贫困地区道路、水利、电力、通讯和广播电视的建设步伐，重点是进村入户。努力改善贫困人口、少数民族集中居住地区的自来水管网、农村水利工程、乡村道路和桥梁等方面的基础设施条件，有效提高贫困地区的自我发展能力。同时，贫困地区普遍缺少中心城市的凝聚力和辐射力，现有的农村城镇和集镇经济实力不强，难以带动周围农村地区的发展，亟待加强建设。利用西部大开发的机遇，加强小城镇和乡镇社区建设，把山区、库区、穷乡僻壤的原始半原始的散村散户迁入到集中村或集镇来，实现移民脱贫，促进农村现代化。

参考文献

[1] UNDP：*China Human Development Report 1999*，UNDP．
[2] UNDP：*Human Development Report 1997*，Oxford University Press，1997．
[3] 国家统计局综合司：《新中国五十年统计资料汇编》，中国统计出版社，1999年。
[4] 国家统计局：《中国统计摘要2000》，中国统计出版社，2000年。
[5] 陆大道：《1999中国区域发展报告》，商务印书馆，2000年。
[6] 国务院发展研究中心等：《西部大开发指南》，中国社会出版社，2000年。
[7] 中国科技发展研究报告研究组：《中国科技发展研究报告(1999)》，经济管理出版社，1999年。
[8] 国家统计局：《中国统计年鉴》(1999)，中国统计出版社，2000年。
[9] 陆大道等：《1997中国区域发展报告》，商务印书馆，1997年。
[10]《人民日报》，2000年4月23日。
[11] UNDP：《中国人类发展报告——人类发展与扶贫》，1997年。

第十一章 东西合作与区域发展

提　要

- 西部地区不能继续走以往的区域开发模式,既不能单纯等靠国家,也不能盲目依赖东部发达地区的友好支持和帮助。西部地区的发展出路只能是主动与东部地区建立既竞争又合作的关系,在互利互惠基础上发挥各自的比较优势,以实现共同发展,共同提高。
- 在实施东西合作战略中政府和企业发挥着不同的作用,二者职能不可相互替代。政府是直接推动西部地区社会发展、解决关系西部地区可持续发展重大问题的中坚力量;企业是促进西部地区市场化进程、加快西部地区经济发展的主要动力;企业和个人的跨地区流动和发展,需要政府的大力支持和协调。
- 扩大对外开放也加大了西部地区的发展压力,东部地区企业在西部地区的投资扩展和市场竞争,正在加大西部地区社会经济系统的外部依赖性;另外,东西合作难以根本改变生产要素市场化流动对欠发达地区的不利影响。
- 西部大开发战略的实施需要东西合作,产业结构调整、基础设施和生态环境建设以及人力资源开发等方面都要着眼于制定区域性的规划和解决方案;同时,东部地区和西部地区社会经济发展的一体化对加强和改善宏观区域管理提出了新的、更高的要求。

第一节　加强"东西合作"的重要意义和战略目标

1. 加强"东西合作"的重要意义

随着改革开放的深入和社会主义市场体制的逐步建立,我国西部地区与东部地区经济发展差距不断扩大。除了自然环境条件和历史基础的不利影响外,资金、人才短缺和科技、信息落后是当前西部地区经济发展的突出限制因素。要加快发展,西部十省份必须争取吸引外部生产要素和开拓市场。但是,市场经济的发展规律要求西部地区不能继续走以往的区域开发模式,既不能等靠国家,也不能盲目依赖东部发达地区的友好支持和帮助。

近20年来,国家一直在积极倡导开展地区间经济技术协作,90年代中期以来,明确提出加强"东西合作"以促进全国各地区之间的协调发展[1]。"九五"期间,西部各省区市扩大开放、加强东西关系的积极性空前高涨。当前,结合国家推动西部大开发战略的部署和实施,西部各省区都在加强以开放促发展的社会经济发展战略。因为无论是从国家利益还是从西部地区利益角度出发,西部地区的发展出路只能是主动与东部地区建立既竞争又合作的关系,在互利互惠基础上发挥各自的比较优势,以实现共同发展,共同提高。

2. 西部地区加强"东西合作"的战略目标

现阶段,西部地区迫切希望通过与东部发达地区开展各种形式的合作来促进本地区的经济和社会发展,并有明确的具体目标。

【大规模引进资金、人才和技术,促进本地区工业化和现代化】 西部地区一直希望发达地区的合作伙伴把加强经济合作作为"结对帮扶"和"对口支援"的重点目标,多到西部地区办工业项目。在西部大开发战略中,吸引并利用跨地区民间投资被摆在重要位置,因为未来10年内西部地区要完成的大量建设项目的建设资金主要要靠当地政府通过招商引资、发动民间力量来解决[2]。另外,吸引东部经营型人才进入中西部创业已成为西部地区扩大开放的重点目标之一,向发达地区学习宏观管理和改革开放经验的重要意义也逐渐被西部地区政府所认识[3]。为此,最近西部地区各地政府都在积极改善软环境,出台和正准备出台的优惠政策范围从以减税让利为主扩大到税收、人才、信贷政策等多个方面。四川、重庆、云南等西南省份与西北省份相比扩大开放的速度和幅度较大。云南省专门出台吸引省外来滇投资的优惠政策。重庆明确提出沿海城市到重庆投资可以享受"外资"待遇。为了吸引外来人才、技术、资金,西藏山南地区推出一系列比沿海和内地更突出的优惠政策。为形成更有竞争力的投资环境,四川、云南和重庆政府明确表示一律废止不适应经济发展、有碍西部大开发战略的文件。

【实现产业结构调整和升级】 近年来,西部地区以依托资源优势形成的产业体系,在全国结构调整力度不断加大、市场约束增强的情况下,问题较多。煤炭、电力、钢铁、建材、化工等能源和原材料工业产品滞销,重工业生产低速低效。90年代中期以来西部省份在实施扩大招商引资力度的战略调整中连带着调整产业结构的重要目标,希望通过东西合作培育新的优势产业。近两年西部各省份提出的引资导向的调整方向比较相似,普遍把重点放在加强基础设施建设、发展高新技术产业和加强当地优势自然资源的深度开发上。尽管国家90年代大力推动东部地区向中西部地区进行产业转移的战略导向并没有取得预想的成果,西部省区对承接东部发达地区的产业转移积极性仍较高,但是产业选择性增强,不再笼统地表示积极承接劳动密集型和资源密集型产业转移。西部省区更重视自己在绿色资源和生物资源以及清洁能源等方面的优势,希望把自己的自然资源优势和科技投入相结合,逐步培育支撑可持续发展的优势产业和企业,形成具有较高附加值的特色经济,与东部地区资源加工产业建立合理的专业化分工,以发挥各自比较优势。另外,西部地区有一大批国有大型企业,虽然目前亏损面较大,但有一定的潜在实力。近几年西部各地政府十分希望通过兼并、租赁、转让股份合作等产权交易方式,盘活存量资产,发展本地名优企业。

【努力开拓国内外市场】 西部地区迫切需要提高进入和占领市场的能力。西部省份把争取东部地区市场与进入国际市场同样作为开拓市场的重点。一方面,西部省区市政府希望通过建立和发展与东部沿海地区的合作关系来寻找就近出海口和便捷的东进通道。西南地区正加强与北海等港口城市的合作，以作为西南地区与东南亚国家的纽带和跳板。另一方面，上海、广东和江苏等沿海发达省份也成为西部地区开拓市场的重点地区。主要沿海城市正成为中西部各省区市市场"东进"的首选、西部产品出口的中转站。

第二节 开展"东西合作"的主要形式

1. 以政府为主体的合作形式

我国东西合作战略的制定及其实施首先是政府行为，充分体现了政府部门在兼顾经济效益和社会公平方面的独特而重要的职能。

【向对口帮扶地区提供无偿物资捐赠和援助】 长期以来国家一直提倡和要求发达地区对欠发达地区和问题地区进行无偿帮助和支援，在90年代中期以来的对口帮扶工作和三峡移民对口支援工作中无偿援助仍是主要形式之一。

【东西两地政府共同组织劳务输出】 劳务输出的组织工作被纳入对口帮扶和三峡移民对口支援的政府工作框架。同时，东部和中部地区一些人口密集地区的县市政府开始有计划地向地广人稀的西部地区输出农业劳动力。安徽省临泉县与新疆签定劳务输出和经济协作决定，并专门在乌鲁木齐市设立驻疆劳务输出办事处。

【帮助对口帮扶伙伴地区建设、基础公共设施和信息窗口】 沿海省市在西部帮扶对象地区建设希望小学、乡镇卫生院（卫生所）、培训基地等教育、基础卫生和水利设施。另外，近年来，沿海省市还积极支持和帮助对口帮扶地县在沿海地区设立办事处或产品销售窗口，改善对外信息交流条件。

【为西部地区提供多种形式的人才培训】 几十年来，在横向联合与协作的旗帜下，西部省份，特别是新疆、西藏等少数民族省份一直通过从兄弟省份调入人才、协作单位引进技术人才和委托代培人员等多种方式与东部地区进行广泛的人才合作。90年代以来，这一具有历史传统的合作方式仍在延续，但一些新的具体形式被采用，包括双方互派交流挂职干部、培训企业管理人员、代培经济管理等各类专业人员、在区外代培委培各类大中专学生和研究生、办民族班等异地教育。最近教育部提出在全国开展"对口扶贫文教工程"，要求其他地区支援西部中小学发展，在内地中学办西藏班、新疆班和高等学校少数民族预科班。重庆和西安多年来一直分别是西南和西北地区内部的异地教育和培训基地，近几年异地教育向沿海发达地区扩展趋势较明显，人事部计划在北京、上海各建立两个专业技术人员继续教育基地，以加强东西部地区人才智力对口支援工作。

【政府参与推动商务交流，互设政府办事处】 西部省区市各级政府部门开始大规模组织企业家直接到上海、江苏、浙江和广东等地招商。四川、云南、宁夏、甘肃、重庆等省区市政府先后组团去上海开拓市场、推介旅游资源和带项目招商。云南省政府有关部门结合举办昆明世博会等契机前后多次率团到沿海发达省份推介、促销云南的旅游资源。办事处具体负责同当地政府的联系和沟通,及时通报合作伙伴地区的有关信息,引导两地企业加强合作。温州市政府已设立了驻西安、成都办事处,并计划准备再在西部几个主要城市设立办事联络机构。

【建立和发展由东西部地区共同参与的区域合作组织】 西部地区省份重视发展区域合作,在80年代中后期建立和参与了数量较多的多种形式的区域合作组织,仅四川省各地组织和参与的省际毗邻地区、省内地区间的区域合作组织约有30个。为扩大开放、建立多元化的区域联系,西部省份也筹建和参加了一些有东部发达省份或城市参加的区域合作组织,而长江沿线是建立区域性东西合作的一个主要轴线。长江沿岸中心城市经济协调会是80年代中期由重庆发起的。重庆提出要通过长江黄金水道,加强与东部省市的合作。

2. 以企业为主体的合作形式

90年代中后期以来,企业成为我国经济发展的主体,相应地,也成为开展东西合作的主体。东部地区企业总体上已进入市场利益驱动为主的发展阶段,其行为逐步趋向于遵循最大利益原则,并直接导致地区之间企业合作战略方式的阶段性变革。

【东部企业在西部地区的小规模、低层次生产和技术扩散】 在加强横向经济技术联合的政策背景下,80年代至90年代初,东部地区企业向西部地区进行不同类型的小规模、低层次生产和技术扩散,涉及的主要合作形式是开展技术嫁接、挂靠名优产品和技术转让等。在1994年国家农业部倡导的乡镇企业东西合作示范工程中,东部沿海地区取得成功的乡镇企业在中西部地区的投资和联合开发也基本属于此种形式。

【东部企业在西部地区建立原材料生产基地】 80年代至90年代初,东西部地区之间大规模地开展了物质协作,以及由双方或多方政府出面协议建立原材料生产基地等,对保证我国由计划经济向市场经济的体制转型过程中的生产和生活资料供给发挥了重要作用,而且促进了西部地区的农牧业和矿产业等自然资源开发型产业的发展。在对口帮扶合作框架下,云南曾为上海提供了有色金属40多万吨,优质烤烟170多万担。但是,由于经政府之间协议建立原材料基地的合作项目中不成功的案例较多,近年来东部发达省份和西部资源地区都开始倾向于更多地由企业自主建立原材料生产基地。

【东部企业在西部地区建立生产基地】 在政府的积极推动下,自90年代中期开始,东部沿海发达地区的控股公司、大集团和一大批工业企业纷纷深入西部地区寻找合作伙伴,寻找发展新空间,越来越多的民营企业进入西部地区寻求低成本扩张机会,采取资金和市场相结合,或资金、技术和市场相结合的战略进入中西部市场。广东、上海、北京、天津、福建、山东等地区提出的参与西部地区国有企业资产重组的具体方式主要包括鼓励本地区名牌企业与西部地区当地同类企业合作,利用当地土地、部分设备和部分资金,建立生产基地;采用技术转让、产权置换、产品调整、市场转移等形式在西部兴办合作开发项目等。近年来,沿海发达省份对"政府搭台,企业唱戏"这种模式的操作也日趋成熟和完善,组织、引导优势企业用自己的产品品牌、生产线、资金,到中西部地区搞低成本扩张,将开拓西部市场的主导战略由卖产品转向通盘考虑行业和企业的近期利益和长远利益。

第三节　东西合作的进展及其对西部地区社会经济发展的作用

90年代中期以来,在国家加强东西合作的发展战略推动下,我国东部发达地区和西部地区开展合作的深度和广度都有很大提高,对西部地区的社会经济发展产生了重大影响。东西合作的具体进展和作用可简要概括为以下五方面。

1. 扩大投资规模,增强地区经济发展动力

近年来,东部地区向西部地区投资规模扩大、投资形式增加,是西部地区市场化和经济发展的重要推动力。

【跨地区民间投资明显增长,西部地区非国有经济成分增加】　东部发达地区直接用于对口帮扶的财政援助规模比较有限。随着新的东西企业合作规模和深度的扩展,企业资金已成为东部地区进入西部地区资金的主体,跨地区合办项目总投资中引进东部地区资金比例较高。广东、福建、浙江等少数东部发达省份民营企业进入中西部创业的规模有明显上升。在广东省参加2000年西安市东西部洽谈会的500多家企业中,私营企业占了近一半[4]。1998年,在四川省对内引进项目实际到位的61.7亿元资金中,从省外引资超过30亿元,略大于省内地区间的引资。90年代宁夏从外省引进资金大于利用外资规模,1999年达5亿元。

【东部地区优秀企业对西部地区投资兴趣上升,逐步把西部地区纳入跨地区一体化发展体系】　广东省目前在西部地区共有经济技术合作项目100多项,总投资30多亿元,主要分布在四川(约占60%)、甘肃(约占20%)、贵州和陕西。在四川省和重庆市注册的"广商"已逾600户。外省市在云南设立的近3000户独资和合资企业中,很大比例来自上海和广东,分布在云南16个地州市。包括海外福建籍人士在内的福建人已经在重庆兴办500多家企业,总投资达10亿多元人民币[5]。目前在西部的60多万温州人中约有20%的人投资办企业,累计注入200多亿元资金[6]。著名的万向集团1994年开始投资1亿元的"西进计划",陕西、四川和重庆是其首选目标[7]。东部地区企业出席2000年西安东西贸易洽谈会的情况,表明了当前一批东部地区生产名牌产品和高新技术产品的企业进入西部寻找建设生产基地的可能性,参会的200多家来自北京的企业中包括兆维集团、首钢总公司、北京同仁堂股份有限公司、北京牡丹电子集团、北京燕京啤酒集团公司、北京高技术创业服务中心、清华同方软件孵化中心和北京旅游集团等;江苏省参会的750多家企业中有300多家是重点企业;广东省参会的500多家企业中,产品技术含量较高的信息、家电企业的比例高达43%,参展的产品90%以上为全省或国家认定的名优新特产品,著名的品牌包括康佳、TCL、科龙、美的、万家乐、格兰仕、健力宝、广州本田和珠江钢琴等。

【增加了在西部地区内部比较落后地区的投资项目】　90年代中期以来,在进行对口帮扶和三峡移民对口支援的过程中,各级政府一直强调和支持基于互利互惠原则进行项目投资的发展模式。在"把库区丰富的自然资源和劳动力以及广阔市场与对口支援省市的资金、名牌产品和技术"相结合的目标下,西部地区的一些边远落后地区得到一些较好的投资项目,形成了一批比较有活力的企业,成为带动当地经济发展的重要力量。近年来,福建企业和福建籍外商在重庆的10亿多元的总投资中,对三峡库区的建设投资达到1.5亿元。上海白猫(集团)有限公司在重庆万州市先后投资4120万元,组建扩建白猫(重庆)有限公司,带动了当地为"白猫"配套的包装等相关产业的发展,新增劳动就业岗位800多个。四川广元的娃哈哈纯净水厂,是浙江省在该地建立的40多个帮扶项目之一。1999年青岛市在对口支援的贵州、西藏、新疆、内蒙古等省区注入资金近1.3亿元。

2. 促进西部地区经济结构调整和升级

自80年代到90年代中期,通过与东部省份开展横向经济联合和技术协作,西部省份引进了许多工业项目,这些项目的建设总体上加强了西部地区的传统产业结构。近年来,东部地区企业向西部地区的投资呈现产业多元化趋势,对西部地区经济结构调整发挥着积极作用。

【进一步发挥资源深加工产业的比较优势】 以资源深加工为主的产业正成为西部投资开发的热点,也是外资和来自国内东部沿海地区资金的主要竞争领域。促进西部地区变资源优势为市场优势,但可能同时加大资源开发的生态代价。把西部优势资源与东部资金、技术、管理、信息和市场成功结合的企业有三大类:一是采用高新技术,对当地优势资源进行深加工,以基于生物工程高科技的制药行业为代表;二是以当地独特自然、人文和生态资源为基础的产业,以旅游、特色农业和畜产品加工为代表,其中特色农业和农产品精深加工主要资源是棉花、烟草、甜菜、特色瓜果、蔬菜、花卉和中药材等;三是来自其他地区的企业为对西部地区优质资源进行低成本开发,采集当地资源、享受当地优惠政策,然后在发达地区进行深加工的布局模式。当然,其中一些属于高耗能和污染转移项目,或者生态环境代价较高的项目,例如中药材和羊绒的采集和初级加工项目。宁夏有100多家企业与上海同行业厂家建立对口协作关系,其中大部分项目属于自然资源加工和利用领域。

【推动机电工业的技术改造和产品更新换代】 机电工业是西部省份的支柱产业之一,技术基础和市场基础较好,陕西、四川和贵州的航空航天和陕西的电子机械等在全国有较大影响,机电工业也是西部地区上市公司比较集中的领域(四川长虹、中国嘉陵等)。到西部寻找发展机会的东部地区企业把机电工业作为参与西部地区国有资产重组的重点。广东家电行业以品牌和技术入股或兼并收购等途径在四川、陕西、甘肃等地的机电工业企业中开拓新的生长空间。天津市机电总公司组织所属18家企业为扩大行业、企业和品牌知名度、提高市场占有率联合制定西进战略,提出拓展新疆市场、巩固西宁市场、扩大甘肃市场、发展西安市场的目标[8]。

【对轻工、建材和化学工业等传统行业改造有所贡献】 西部地区轻工、建材和化学工业等传统行业也有一些国有企业通过外来资金参与资产重组走出逆境,但不能否认这方面有接受发达地区污染转移的成分。

【加快基础设施建设步伐】 水电、现代通信设施和城市基础设施也成为东部地区企业在西部的投资重点,民间资本对这些领域的投资兴趣有较大提高。这加大了对西部地区基础设施建设的资金、技术和管理支持。广东电力集团计划投资2.65亿元,参与云南曲靖电厂合作项目。天津市经委已经筛选了广西龙滩水电站、重庆鱼剑口水电站、四川龚嘴山水电站、西安至合肥铁路、重庆至台川高速公路、陕西榆林至靖边一级公路、新疆引额济乌水利工程等12个重点项目,组织机械、冶金、仪表等总公司及有关企业前往竞标。北京市政府把参与建设重庆市信息高速公路和城市基础设施作为进一步加强京渝两市经济技术合作与交流的重点[9]。

【推动旅游业和新兴第三产业发展】 随着西部第三产业开放程度的提高,东部地区在信息、环保和金融等领域有优势的一些企业对西部地区的投资兴趣上升。广东、江苏等省参加东西合作经贸洽谈会的主要内容扩展到产品贸易以外,多家大专院校、科研单位参会进行科技成果交流转让,旅游企业推介本地旅游资源项目和旅游工艺品。一些较有实力的东部地区企业利用西部国有企业厂房和"退二进三"政策,在西部地区扩展发展空间。上海老凤祥有限公司首次进入西南地区,将在重庆投资1500万元,组建"上海老凤祥银楼重庆有限公司"。天津有名的民营企业"中纬集团"1998年投资1.8亿元开始在西安建设规模宏大的丰采国际商务中心。几年来,以电子、旅游、信息产业和文化传媒产业为重点投资领域的深圳华侨城集团在西部地区经历了逐步多元化发展的过程。

3. 对西部地区的社会发展提供重要支持

以人力资源开发为核心的社会发展是一项需要长期投入的艰巨事业。经过多年的努力,我国政府推动的东西合作战略在这方面的贡献已初现端倪[10]。

【帮助群众脱贫致富】 西部地区的四川、贵州、云南等省份是我国跨省劳务输出的主要源地之一,劳务输出对西部地区社会经济发展具有重大意义,汇回本地的劳务收入成为当地GNP和农民人均收入增长的重要因素,为当地农村脱贫致富发挥了重大作用;同时,在东部发达地区的就业和生活经历有助于西部地区劳动力素质的提高。经由政府组织的劳务输出在近年来持续上升,并在西部省份外出打工的总人数中占一定比例。到1998年底,重庆向对口帮扶地区输出劳务1.5万人;贵州向对口帮扶4城市输出5270人;1999年甘肃组织输出700人到天津市对口区县务工;宁夏1988年以来向上海组织输出约8000人次;1997～1998江苏接纳陕西剩余劳动力1880人。

【加强西部地区人力资源开发】 多年来全国20个省市及国家有关部委不仅给接受帮扶和对口支援的地区带来了资金、技术和产品,更带来了大量的新的信息和观念,为西部地区的教育发展和人才培养作出了积极贡献。10余年来上海帮助云南建立224所希望小学、111所卫生所和3个培训中心;14省市为西藏培训专业管理干部、专业技术人员2000余人,内地西藏班遍及全国24个省市,重庆西藏中学和西南少数民族培训中心为西藏培训人才1500多人。东部地区为西部地区无偿提供的各种人才培训不但保证了西部地区,特别是少数民族地区的干部和师资力量,而且对缓解西部地区管理人才和专业技术人才的紧缺局面发挥了重要作用。为支持西部大开发,北京和上海先后设立了西部人才信息服务网。与此同时,在扩大和加强跨地区合作的大趋势下,西部地区正在尝试一些通过东西合作发展教育和科技的新模式,主要包括异地合办科技园、与异地大学签署合作协议、发展远程高等教育等。

4. 有助于解决关系西部地区可持续发展的重大问题

区域性基础设施建设、水资源合理开发利用与生态和环境治理工程建设是关系西部地区可持续发展的重大问题，而这些问题都需要区域性的解决方案。一些横跨东部地区和西部地区的区域合作组织开始在这些方面作出实质性贡献。

【开展区域性水资源开发、利用和管理】 跨流域跨行政辖区的水资源供给、合理开发、利用和管理问题被提上西部地区区域合作的重要议事议程。西北干旱区水资源开发利用的当务之急是管好用好流域内的水资源，建立有权威的流域水资源统一管理机构，从流域的全局利益、长远利益和可持续发展的要求出发，统筹规划，制定和实施流域水资源合理分配利用和保护方案。沿黄9省11方经济协作区针对黄河断流、污染、水土流失严重等问题，于1999年年会上提出制定黄河法的提案并上报到黄委会。为加强黄河水资源管理，宁夏、陕西、山西、山东等相关省份开始尝试进行统一分配方案和利益协调。

【区域性环境治理工程建设受到重视】 沱江、岷江、嘉陵江流域工业污染源治理等区域性环境治理工程受到重视。1998年，长江上游脆弱的生态保障系统导致中下游地区特大洪灾后，中国政府决定实施长江上游生态重建工程。2000年4月，四川、云南、贵州、重庆和青海等五省市政府联合行文，向国务院作关于《西部五省市联合治理长江上游生态环境科技行动方案》。

5. 对西部地区内部社会经济发展的空间格局演变产生较大影响

推动东西合作的战略导向从整体上加强了西部地区的外部联系，而日益加强的外部联系正在重新塑造西部地区社会经济发展的空间格局。突出动态特征是：

【在各自积极争取加强与东部合作的过程中，西部地区10省份之间差距增大、相互竞争加强】 由于西部地区10省区市产业结构不同，其利用外部资源开展资产重组取得的成绩以及发展潜力有差别。进入西部地区的外来资金主要集中在人口多、工业基础较好的陕西、四川、重庆和云南等地。外资的进入进一步加强了这一不平衡发展趋势。同时，在争相进行扩大对外开放的发展过程中，西部省份内部毗邻分布的中心城市之间，如西安和咸阳、重庆和成都等，彼此间的竞争正在加强。

【西安、重庆、成都、昆明、兰州等中心城市在区域发展中的核心地位明显上升】 西安、重庆、成都、昆明、兰州等城市是东部企业抢占西部市场的核心据点。西安、重庆的区域性商贸中心地位明显增强，其中自1997年起连续4年召开的中国东西贸易洽谈会提高了西安的整体形象，而重庆作为全国第四大直辖市服务西南、联系长江，被东部地区作为认识西部地区的重要窗口；在西部大开发热潮中正在被加强的教育、交通、通讯等基础设施建设与管理改革集中在大城市，其中以重庆尤为突出；政府和民间设立创办的各类新兴中介服务机构和组织也集中在省会及以上城市。同时，西安、兰州、成都、重庆等少数几个大城市吸引流动人口的规模也在上升。在西部地区的国际化进程中，中心城市也走在前面。目前已有数十家世界500强企业在成都、重庆、西安投资或建立办事机构，更多的跨国公司开始把他们新产品研发和实验机构直接建在中国西部的中心城市西安和成都[11]。重庆逐步确立了作为西南地区区域合作和长江流域合作协调中心的地位;西南地区和西北地区的联系在逐步加强,西安是两大区重要的联结点。

第四节　扩大对外开放与西部地区发展面临的挑战

随着对外开放的深入,西部地区的区内和区外社会经济联系强度不断提高。在东西合作取得上述进展的同时,西部地区还面临着以下挑战。

1. 西部地区资金和人才继续外流

【西部地区民间资金流向发达地区】　近年来,西部地区的一些成功的民营企业和企业集团开始到东部沿海发达地区投资办厂。陕西步长制药集团计划投资2~3亿元在上海松江区建设年产值20~30亿元的药厂。西安海星集团计划在天津经济开发区投资3亿元开发饮料和高技术产品直接出口。云南红塔集团在广东珠海市投资9亿多元建立红塔仁恒纸业集团。宁夏广夏集团股份有限公司在深圳、天津、北京、武汉等地创办发展高新技术企业。

【西部地区人才继续外流】　西安、兰州、重庆、成都等地是我国高层次科技人才培养的重要基地,也是"孔雀东南飞"的主要发源地。近10年,甘肃省跨省区调出专业技术人员约1.3万人,其中相当一部分是高级管理人才和科研教学骨干。西部地区在新一轮市场机制下的全国范围的人才争夺中处于劣势,同时,跨国公司近期已开始通过占有西部地区的人才资源抢占中国西部经济发展的制高点。

2. 西部地区本地企业市场竞争力下降

【东部地区企业正快速抢占西部市场,西部地区产品当地市场占有率下降】　经过多年努力,广东和华东商品在西部地区市场占有率逐渐提高,近几年中部地区省份也开始重视开拓西部市场,海外公司也开始加紧争夺西部市场。其中,东部发达地区在开拓西部市场方面占据领先位置。浙江人在兰州建起义乌商城、温州商城,并承包兰州市区市场搞批发,每年营业额近30亿元。温州人在西部地区投资兴办的各类市场已达100多个,经销的产品60%以上为温州生产的鞋革、服装等轻纺产品。据统计,1999年仅通过托运渠道直接销往西部地区的温州产品就有数百亿元,在西部的温州籍经营户销售额达6000多亿元。广东货现在约占兰州市场份额的1/3左右,包括小家电、化妆品、玩具、家具、衣服、食品等,其中各种装修装饰材料中广东产品市场份额在50%以上;甘肃家电市场上有七八成是广东产品。1999年广东省组织1500多家企业赴成都举办商品博览会,会间成交总额达到198亿元。广东省南海市在重庆举办的1999商品博览会成交额高达63.3亿元。

3. 对改善西部地区社会经济发展的宏观管理提出新的要求

【工业经济体系外部依赖性加大,风险性提高】　从80年代到90年代初,横向经济技术合作项目曾经救活了西部地区一批困难企业,但由于合作不规范,合同纠纷较多,一些取得成功的合作企业又跨了,北京八达岭皮鞋、五星啤酒厂在宁夏有此类经历。失败的合作项目对西部地区造成企业债务和失业等新的负担。90年代中期乡镇企业东西示范工程建设中的企业合作的成功率也较低。据农业部统计,1994~1996年全国范围内乡镇企业合作项目有3万多个,但其中延续下来发展壮大的不多。另外,东部地区企业投资战略占主导的工业发展很难避免区域经济梯度推进中的污染物的超标转移。

【需要加快社会保障体系建设进度】 为加快区域经济发展,西部地区积极吸引更多的外来人口和其他生产要素,但这一开放战略同时也带来就业安置和当地社会治安管理等方面的政府工作压力。据预测,2000年将有近100万农民涌进重庆找工作,其中能如愿以偿在重庆城里找到工作的民工不到一半,主要是餐馆小工等一般性服务业工作。流动人口管理需要东西部地区之间加强治安管理合作,落实双向管理措施。最近,浙江、安徽、福建、江西、河南、湖北、湖南、广西、重庆、四川、贵州、云南与广东等共同建立起流动人口治安管理省际协作关系。

【宏观区域管理机制和水平方面的制约更加突出】 在开展生态建设、基础设施建设、能源开发和供给、产业结构调整、科学和教育发展等方面的东西合作过程中,涉及许多重大区域性问题。我国市场机制发育尚不成熟,现行行政管理体制导致的条块分割局面仍然存在。因此,作为全国性的重大战略,扩大开放和加强东西合作面临着诸多挑战与困难,需要从总体上加强战略规划和统一协调。

第五节 有关政策建议

为了完成西部大开发的伟大事业,需要继续鼓励对外开放和加强东西合作,同时要更新对这一战略的认识,逐步改善和加强实施这一战略的政策措施和配套管理办法。

要进一步明确在实施东西合作战略中政府和企业的角色和作用,强调各自的职能不能相互替代。政府是推动落后地区社会发展、解决关系西部地区可持续发展重大问题的中坚力量,企业是促进西部地区市场化和东西一体化经济发展的最活跃的因素。企业和个人的跨地区发展,需要政府的大力支持和协调。

扩大对外开放也加大了西部地区的发展压力,东部地区企业在西部地区的投资扩展和市场竞争,正在加大西部地区社会经济系统的外部依赖性;另外,东西合作难以根本改变生产要素市场化流动对欠发达地区的不利影响。同时,东部地区和西部地区社会经济发展的一体化对加强和改善宏观区域管理提出了新的、更高的要求。政府应努力为企业和个人创造公平竞争环境,调动非政府组织、企业、个人各方面力量来共同促进我国东部发达地区与西部欠发达地区之间的协调发展。

西部大开发战略的实施需要东西合作,产业结构调整、基础设施和生态环境建设以及人力资源开发等方面都要着眼于制定区域性的规划和解决方案。要重点发展高效完整快速的运输体系和网络技术,建立区域性科研和教育支持网络。东西通道建设中要重视加强与主要国际联系通道的连接以及与中部地区关系。要促进有条件的西部省区通过与东部联合,或采用自我发展的方式加强区域性信息网络基础建设。

有必要加强对我国区域社会经济联系特征的有关数据的统计和信息管理。目前对国内地区间合作、企业横向联合部分不再列入统计,省工商管理局有此数据资料,但未做统计工作,而跟踪掌握这方面的信息对国家和地区深化对东西合作的认识、实现我国区域发展的科学决策和管理是十分必要的。

参考文献

[1] 陆大道等:《1997中国区域发展报告》,商务印书馆,1997年。
[2] "西部开发——十年建八条国道",《中国经济时报》,2000年3月9日。
[3] "杭州市长探路成都",《成都商报》,2000年3月3日。
[4] "广东在西部投资逾30亿",《南方都市报》,2000年3月25日。
[5] "万余福建人西进重庆",中新社网站,2000年4月7日。
[6] "温州民间累计向西部注入资金200亿元",《光明日报》,2000年8月4日。
[7] 陈育宁:《路在何方——迈向21世纪的西北民族地区》,第309~311页,宁夏人民出版社,1999年。
[8] "西部大开发天津做什么",《天津日报》,2000年3月14日。
[9] "西进战略——商机无限意在双赢",北京晚报,2000年3月11日。
[10] 刘江:《中国地区发展回顾与展望》(西部省份各卷),中国物价出版社,1999年。
[11] "跨国公司看中国西部什么",《厦门日报》,2000年6月19日。

第十二章 生态退化与生态环境建设

提 要

- 1998年长江中游大水,90年代日趋严重的黄河断流,以及2000年春季北方地区多次发生的沙尘暴与扬沙天气等,均说明西部地区是全国的生态保护屏障,西部大开发必须以保护与改善西部的生态环境为前提。
- 西部地区主要的生态环境问题有:长江与黄河上中游地区的水土流失、西北干旱区的荒漠化与草地退化、西南区与青藏高原的生物多样性减少以及部分地区的环境污染问题等。
- 西部地区生态环境问题产生的原因既有难以克服的生态环境脆弱等自然因素,也有草地与坡耕地开垦、超载过牧、森林砍伐与资源不当开发等人为因素。
- 西部地区生态环境建设必须遵循科学规律,并通过研究、开发、示范与推广等科技扩散手段,加强生态环境建设的科技支撑。
- 西部地区生态环境建设必须与区域发展密切结合,按照生态要求发展经济,运用经济手段进行生态建设。

由于经济高速增长,人口数量增加,再加上不合理的资源开发,西部地区的生态退化问题越来越突出,不仅影响西部地区本身的可持续发展,而且还危及到中部与东部地区的可持续发展。1998年长江中游大水,90年代越来越严重的黄河断流,以及2000年春季北方地区多次发生的沙尘暴与扬沙天气等,均说明西部地区是全国的生态保护屏障,西部大开发必须以保护与改善西部的生态环境为前提。

西部地区的生态退化问题主要是水土流失、荒漠化与草地退化以及生物多样性减少等。全国80%的水土流失面积、81.43%的沙化面积和93.27%的草原"三化"面积分布在西部地区(含内蒙古)。加强西部地区生态环境建设,是实施西部大开发战略的根本和切入点,是西部大开发战略极其重要的组成部分。1996年以来,我国粮食生产出现了阶段性、区域性与结构性过剩,为西部地区实施生态环境建设提供了重要条件和历史机遇。

1999年夏天朱镕基总理提出"退耕还林(草)、荒山绿化、以粮代赈、个体承包"十六字措施,2000年3月国家正式启动"退耕还林还草示范工程",西部生态环境建设进入实质性实施阶段。

第一节 西部地区主要的生态环境问题

根据《全国生态环境建设规划》,我国生态环境建设的重点地区共有8个,其中,西部地区5个,即黄河上中游地区、长江上中游地区、"三北"风沙综合防治区、青藏高原冻融区和草原区(表12—1)。

表12—1 《全国生态环境建设规划》所列的西部重点地区
Table 12-1 Key Areas in the West Referred by the *National Eco-environmental Construction Plan*

地 区	面积(万 km²)	范 围	主要的生态环境问题
黄河上中游地区	64	晋、陕、蒙、甘、宁、青、疆	水土流失面积44.8万 km²。
长江上中游地区	175	川、黔、滇、鄂、湘、赣、青、甘、陕、豫	水土流失面积55万 km²,中游洪涝灾害。
"三北"风沙综合防治区	169*	东北西部、华北北部、西北大部干旱地区	适宜治理的荒漠化面积31万 km²。
青藏高原冻融区	176	青、藏、川、滇	水力风力侵蚀面积22万 km²,冻融面积104万 km²。
草原区	400	蒙、新、青、川、甘、藏	草原"三化"面积135万 km²*。

资料来源:《全国生态环境建设规划》,《人民日报》,1999年1月7日。
注:*为根据其他资料的估计数。

一、长江与黄河中上游的水土流失问题

【长江上游与黄土高原是严重的水土流失区】 根据1990年国务院公布的遥感调查结果,长江流域水土流失面积56万平方公里,年土壤侵蚀量24亿吨,其中上游水土流失面积35.2万平方公里,年土壤流失量15.6亿吨。黄河中上游的黄土高原地区总面积64万平方公里,水土流失面积44.8万平方公里,年土壤流失量16亿吨[①]。长江上游与黄土高原水土流失面积共计为80万平方公里,占全国水土流失总面积的21.80%,年土壤流失量为31.6亿吨,占全国土壤流失量的63.2%。可见,长江上游与黄土高原是西部地区,乃至全国水土流失最为严重的地区。

【喀斯特山区与泥石流多发区治理难度大】 西南地区三省一市水土流失面积48.44万平方公里,占其总面积的42.83%,年土壤流失量达到16.2亿吨。其中,四川省的水土流失面积与土壤流失量最大,分别为22万平方公里和6.0亿吨,重庆市水土流失面积占其总面积的比例最高,达52.8%(表12—2)。

表12—2 西南地区水土流失情况
Table 12-2 Soil Erosion in Southwestern China

项 目	云南	贵州	四川	重庆	合计
水土流失面积(万平方公里)	14.69	7.4	22.0	4.35	48.44
占所在省区市总面积的比例(%)	38.3	42.0	45.0	52.8	42.8
土壤流失量(亿吨/年)	5.5	2.7	6.0	2.0	16.2

---

① 水利部:《全国水土保持生态环境建设规划(1998—2050)》,1999年3月修订。

在西南地区,喀斯特山区与泥石流多发地区水土流失治理难度大。喀斯特山区山高、坡陡、谷深、河流比降大;岩溶地貌发育,地表径流易转化为地下径流;地表土层薄(一般10~30厘米),而且分布零星。坡耕地是本区粮食生产的主要用地,坡度大部分在20-30度,由于暴雨集中,水土流失严重,土壤一旦流失很难恢复。许多地方土壤冲蚀殆尽,岩石裸露,山峰林立,石漠化面积发展很快,直接威胁农民生存。例如贵州省石漠化面积1.4万平方公里,占总面积7.8%,并且以每年933平方公里的速度增加,相当于每年失去一个县的耕地面积。土地石漠化使当地农民失去了基本的生存环境和耕作条件(专栏12—1)。

专栏12—1

贵州思南县的石漠化[①]

思南县位于贵州省东北部,土地面积2230.5平方公里,人口59.09万人,人均粮食443公斤(1999年)。

思南县的石漠化主要包括裸露岩石地、白云质砂石山和石旮旯土。现有石漠化土地35480公顷,占全县总面积的16%,占全县喀斯特面积的29%。造成石漠化的原因主要有滥垦、滥伐和雨水冲击等。

滥垦:由于人口压力大,每平方公里264人,经济发展落后和短期利益驱动,许多地方无节制开垦耕地,盲目提高复种指数,导致部分土地石漠化。

滥伐:以石灰岩为基岩的土地上生长的林木,长势缓慢,一经破坏就很难恢复。

雨水冲击:较大面积的耕地,特别是旱地受到1154.3mm年降雨的冲击,加快了土地石漠化的速度。

西南地区泥石流多发区大多山高坡陡,一般海拔300~1500米,相对高差200~300米,地面坡度多在30度以上,岩石裸露,土层瘠薄。泥石流在金沙江下游和陇南、川西山地分布密集,爆发频繁,危害严重。其中金沙江流域水土流失面积占流域总面积的42.8%。四川境内金沙江下游攀枝花至宜宾段长782公里,两岸有泥石流沟258条,每平方公里年侵蚀模数可高达到5~10万吨[②]。

【**黄土高原严重水土流失区集中在陕北、晋西北和晋陕蒙接壤地区**】 黄河下游河床淤积主要是由大于0.05mm的粗颗粒泥沙所造成,此种泥沙有2/3来自黄河中游的多沙粗沙区。该区位于内蒙古的河口镇至陕西、山西的龙门之间的陕北、晋西北和晋陕蒙接壤地区,面积11万平方公里,仅占黄河流域的15%,占黄土高原的17%,土壤侵蚀模数年平均5000~10000吨/km²,少数地区高达20000~30000吨/km²[③]。

[①] 贵州省思南县生态环境建设领导小组办公室,2000年7月。
[②] 水利部:《全国水土保持生态环境建设规划(1998—2050)》,1999年3月修订。
[③] 中国科学院:《科学规划,退耕还林(草),改善生态,富民增收——中国科学院关于黄土高原生态建设的建议》,1999年9月。

【急救三江源】[1][2][3] 长江、黄河、澜沧江都发源于素有"中华水塔"之称的青海省。长江总水量的25%、黄河总水量的49%、澜沧江总水量的15%都来自这里。三江源区平均海拔4000米以上,是世界上高寒地带生物多样性最为集中的地区。近年来,由于气候暖干化趋势、过度放牧以及人类活动,使源区自然生态环境日趋恶化。2000年6月20日至7月20日,国家林业局、青海省和中国科学院举办了三江源科学考察活动。所见所闻,令人震惊。

- 通天河河滩地上的苔藓大片干死,河水已浊如黄河。
- 长江源头5条干流已有2条干涸,在河流交汇处是一片沙漠。
- 治多县由于挖虫草和淘沙金,原来的草场已生长着使羊致死的"狼毒"草。
- 曲麻莱县靠着江河没水喝。80年代每年有11万人疯狂淘金,淘完的河沙淹没了草场,由于缺水缺电,不得不废弃城址。
- 杂多县鼠害猖獗,产生的黑土滩已占全县总面积的30～40%。
- 可可西里和可可东里不再是无人区,经常发现人类活动的痕迹,偷猎者猎杀的藏羚羊白骨嶙峋,淘金的翻头车废弃路旁,牧羊人已赶进羊群,草场被挖得千疮百孔。
- 澜沧江源头虽较长江和黄河要好,但是沿江施工也使植被受到破坏,原本可直接饮用的水也已变酸。

总之,三江源大片土地逐渐沦为沙漠,科考归来的科学家们呼吁:急救三江源!

2000年8月19日,国家正式成立全国最大的自然保护区"三江源自然保护区",面积31.6万平方公里。这将有利于改善三江流域生态环境,保障相关地区经济的可持续发展。

二、西北干旱区的草地退化与荒漠化问题

1. 西北干旱区的生态退化问题

【主要是草地退化、荒漠化与水土流失问题】 水土流失以黄河中上游的黄土高原最为严重,陕西与宁夏的水土流失面积占总面积的比重均在60%以上;草地退化以宁夏最为严重,退化草地比例为86.26%;荒漠化以新疆最为严重,荒漠化比例为86.07%(表12—3)。

表12—3 西北干旱区部分生态指标
Table 12－3 Selected Ecological Indicators in Northwestern China

项　目	陕西	甘肃	青海	宁夏	新疆	全国
水土流失率(%)	66.87	37.95	3.61	69.94	0.07	16.98
草地退化率(%)	35.54	47.87	29.97	86.26	46.42	33.94
荒漠化率(%)	15.9	50.62	33.06	75.98	86.07	34.55
森林覆盖率(%)	24.15	4.33	0.35	1.54	0.99	13.92

资料来源:参考文献[1];草地退化率数字摘自农业部:《全国草地生态环境建设规划》,1999年4月。

---

[1] 曾鹏宇:"长江源生态陷危境",《北京青年报》,2000年7月21日。
[2] 李彦春:"急救三江源长江源生态陷危境",《北京青年报》,2000年7月28日。
[3] 梁娟:"三江源自然保护区成立",《光明日报》,2000年8月19日。

西北地区草地退化以荒漠类草原最为严重,荒漠化以甘肃与新疆的绿洲边缘等地最为严重,草地退化是导致荒漠化的重要因素。由于草地退化、荒漠化与水土流失在很多情况下互为因果,在空间上存在着很多重叠的部分,因此,西北地区的生态退化并不是单一要素的退化,而是一个生态系统的总体性退化。由于受生物地带性因素的影响,西北干旱区除陕西外,森林覆盖率普遍很低,因而期望森林生态系统提供强有力的生态屏障作用是不现实的,草地生态系统的恢复在西北生态建设中的重要地位就更为明显了。

2. 西部地区的草地退化

【退化草地面积超过5000万公顷】 西部地区共有退化草地面积7844万公顷,其中西北地区5050万公顷。在西部省区中,新疆、西藏、青海等三省区退化草地面积在1000万公顷以上(表12—4)。

表12—4 西部地区草地资源与草地退化情况(万公顷)
Table 12 - 4 Grassland Resources and Its Degradation in the West(10 000 ha)

省区市	土地总面积	草地总面积	"三化"草地面积	草地占土地总面积的百分比(%)	"三化"草地占草地总面积的百分比(%)
重 庆	823.4	154.4	10	18.75	6.48
四 川	4883	2099.5	612	43.00	29.15
贵 州	1761.3	428.7	20	24.34	4.67
云 南	3820.4	1530.8	52	40.07	3.40
西 藏	12284	8205.2	2100	66.80	25.59
陕 西	2069	520.6	185	25.16	35.54
甘 肃	4538.9	1790.4	857	39.45	47.87
青 海	7212	3637	1090	50.43	29.97
宁 夏	518	301.4	260	58.19	86.26
新 疆	16470	5725.9	2658	34.77	46.42
西北地区小计	30807.9	11975.3	5050	38.87	42.17
西部地区合计	54380	24393.9	7844	44.86	32.16
西部地区占全国的比重(%)	56.63	62.10	58.83	—	—

资料来源:农业部:《全国草地生态环境建设规划》,1999年4月,第42页。
注:①资料截至到1996年底。
②草地"三化"是指草地退化、沙化与盐碱化,也就是广义上的草地退化。

3. 西北干旱区的荒漠化

【新疆与甘肃等地的绿洲边缘地区荒漠化问题严重】 我国沙化危害尤以新疆、青海、甘肃、西藏等省区为重(表12—5),其中最为严重的是北方农牧交错带、新疆与甘肃等地的绿洲边缘地区。农牧交错带由于历史上的战乱、农牧民族交替、人畜超载、广种薄收的旱作农业与水土侵蚀循环等,近20年来沙漠化面积比例一直在70%左右波动。由于水资源利用不当和人工绿洲的盲目扩大,许多天然绿洲正在消失。

表 12—5　西部各省区沙化土地基本情况(万公顷)

Table 12－5　Selected Indicators of Sanded Land in the West(10 000ha)

省区市	沙化土地总面积	流动沙地	半固定沙地	固定沙地	其他
四　川	95	2	4	19	70
贵　州	1				1
云　南	8	1	4	1	2
西　藏	2134	34	97	29	1974
陕　西	146	14	31	101	0
甘　肃	1166	197	103	146	720
青　海	1163	183	124	95	761
宁　夏	124	21	23	53	27
新　疆	7692	3212	842	253	3385
西北地区小计	10290	3636	1122	647	4895
西部地区合计	12528	3663	1227	696	6942
西部地区占全国的比重(%)	74.21	79.72	77.56	31.56	81.65

资料来源：国家林业局：《重点地区防沙治沙工程建设规划》(送审稿)，2000年4月。

注：①"其他"项包括非生物工程、闰田、沙改田、风蚀残丘、戈壁、露沙田；②重庆包括在四川省内。

【"沙进人退"的局面没有得到遏制】 70年代以来，内蒙古阿拉善、新疆塔里木河下游、青海柴达木盆地东南部，沙化土地的年均扩展速度达4%以上，北方农牧交错带的毛乌素沙地、乌盟后山地区、河北坝上地区，沙化土地的年均扩展速度达8%以上①，风沙逼近北京城又被旧话重提(专栏12—2)。

专栏 12—2

旧话重提：风沙逼近北京城

80年代，我国学术界曾经出现过"风沙逼近北京城"的讨论。2000年春天，我国北方地区和北京市多次受到沙尘暴和扬沙天气的影响，"风沙逼近北京城"之说便旧话重提。

目前河北省荒漠化土地面积占其总面积的14.5%，其中流动沙丘有9万公顷。距北京最近的南马场沙丘与天安门广场的直线距离只有72公里，而且每年以4~5米的速度向东移动。

河北张家口洋河中段沙漠密布，每年向北京输沙近百万吨，目前沙漠已侵入燕山腹地的潮白河上游，距北京怀柔县仅18公里②。依此下去，北京变成沙漠，恐将成为北京人最大的梦魇。

---

① "科技部防沙治沙技术方案"编制专家组：《我国风沙灾害加剧的成因分析及防沙治沙科技对策》，2000年5月。
② 高以诺："建设秀美山川刻不容缓"，《经济日报》，2000年4月29日。

4. 新疆绿洲及其演变[2]

【半个世纪以来,新疆绿洲面积增长了3倍多】 绿洲是干旱地区人类活动的基地与人类文明的载体。绿洲基本上是干燥度≥3.5,年降水量≤250毫米,光热资源丰富,以中性植物为主的地方,绿洲内的生产力明显高于四周荒漠区。

新疆现有绿洲面积14.76万平方公里,占新疆土地总面积的8.89%。其中,天然绿洲面积7.94万平方公里,包括河谷林、灌木林、草甸与河流湖泊;人工绿洲面积6.82万平方公里,包括耕地、园地、人工林地、人工草地与居民点工矿地等(图12—1)。半个世纪以来,新疆绿洲面积增长了3倍多。

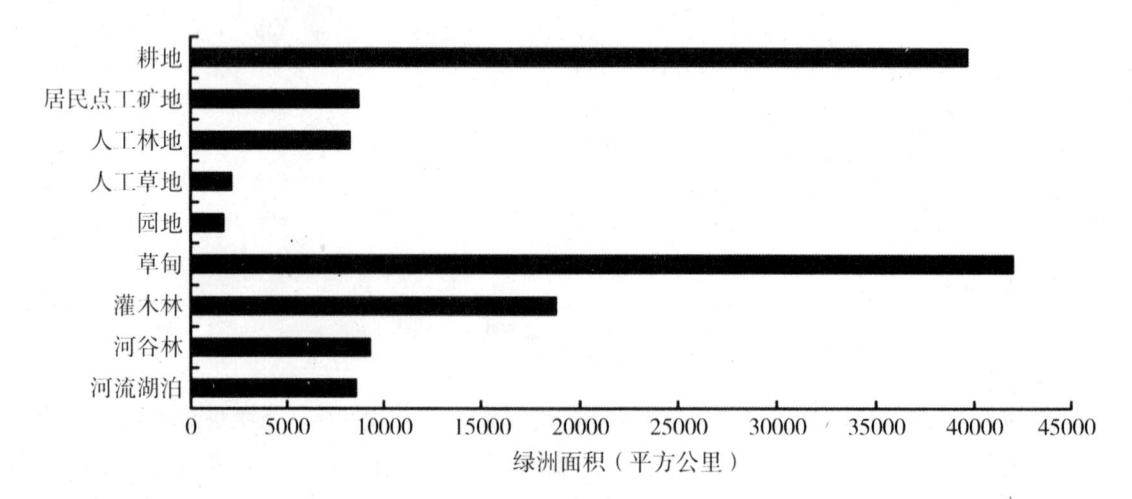

图12—1 新疆绿洲面积结构图
Figure 12-1 Shares of Oases in Xinjiang
资料来源:参考文献[2],第42页。

【人为活动不当将导致绿洲荒漠化】 绿洲与荒漠的演替是双向的,荒漠变绿洲非常艰难,绿洲变荒漠却非常容易。塔里木盆地南缘古丝绸之路上的一些历史上曾经显赫一时的楼兰、精绝、古且末等绿洲王国,如今都湮没在大漠腹地。准格尔盆地一些原来生机盎然的滨湖绿洲,随着湖泊的萎缩和干涸,也随之消亡。塔克拉玛干沙漠南部诸内陆河的古绿洲,基本上遵循着不断从下游向中上游发展的模式,下游古城多建于两汉及晋代,中游古城多建于隋唐,现代绿洲的外围古城多为宋元以来设置的。随着绿洲不断从河流下游向上游节节退缩,城镇随之节节迁移,而荒漠化则节节进逼。迄今一部塔里木的历史,就是绿洲退缩,沙漠扩张的历史[3]。在绿洲与荒漠的演替过程中,人类活动的正面与负面作用是主导性的。人为开发稍有不慎,绿洲就可能变为荒漠。水资源是绿洲系统最为重要的限制因素,水资源的有无、多少、优劣决定着绿洲的存亡、长消、兴衰。

三、西南地区与青藏高寒区的生物多样性减少问题

西南地区是我国生物多样性最为丰富的地区之一,设立自然保护区是进行生物多样性保护的重要措施。到1997年底,云南共有108个自然保护区,占全国自然保护区的11.66%。青藏高寒区是世界上自然条件极为独特的自然区,具有许多珍贵物种,西藏自然保护区面积占其总面积的

27.2%,居全国各省区之首。西南地区与西藏高寒区均被世界自然基金会(WWF)列入"全球200生态区"(Global Eco200)之列。

【云南省生物多样性受到很大威胁】 云南省具有"动物王国"与"植物王国"之称,拥有全国50%以上的植物种类、70%以上的动物种类、80%以上的植被类型。由于森林等野生动植物栖息地的消失,生物多样性受到很大威胁。全省生物物种受威胁的已达15%,数十种珍稀物种已灭绝,2500种植物处于严重威胁之中[4]。

【贵州省自然保护区管理仍亟待加强】 贵州被誉为"天然公园省",全省有51个省级自然保护区(其中5个为国家级自然保护区),31个没有管理机构。由于只顾眼前利益,盲目发展经济,对天然林和自然保护区的生态环境造成严重威胁。如在雷公山保护区开采锑矿,在梵净山保护区开采金矿。剧烈的人为活动,也使草海国家级自然保护区面临着自然保护与社区发展的严峻挑战(专栏12—3)。草海保护区被认为是自然保护与社区发展较为成功的典型,尚且如此,西部其他保护区的管理与所面临的问题也就可想而知了。

专栏12—3

草海自然保护区面临着严峻的挑战①[5]

草海是喀斯特地区的一个高原湖泊,面积96平方公里,历史上多次经历生成、消亡、复苏的变化,生态环境十分脆弱。草海自然保护区位于贵州省威宁县,1992年被国务院批准为国家级自然保护区。1993~1997年间,贵州省环保局与贵州省威宁草海国家自然保护区管理处、国际鹤类基金会(ICF)、国际渐进组织(TUP)共同在草海自然保护区开展了"自然保护与社区扶贫相结合"的合作项目。这一项目的实施,促进了自然保护事业的发展。但是,由于人为活动的影响,使草海保护区至今仍面临着严峻的挑战。

1. 人口多,贫困面大。保护区内生活着2万多人,人均年收入仅300元,这对草海的自然资源和环境构成了巨大压力。

2. 植被破坏,水土流失严重。草海周围森林覆盖率从50年代的35.8%下降到90年代的6.9%。特别是西部和北部,荒山秃岭,水土流失面积已占保护区面积的15%。草海流域内每年流失的土壤达50万吨,加快湖盆淤积,加速草海消亡。

3. 污染严重。城市垃圾、旅游垃圾和土法炼锌是主要污染源。威宁县城排放的生产、生活污水总量的1/3流入草海,造成水体富营养化,且日趋严重。草海周围上百个小铅锌炉产生的SO_2、CO和烟尘等废气,严重污染大气环境,所产生的镉、铅、砷等有毒物质给草海水质带来严重威胁。

此外,蔬菜种植面积的扩大,化肥和农药施用量的增加,也导致草海水质下降。

---

① 贵州省环境保护局:"贵州省自然保护工作的主要情况汇报",1999年8月。

【野生动物保护与盗猎的斗争依然尖锐】 青藏高原是高寒带生物多样性集中的地区,动植物种类丰富、珍稀频危物种多。除了高寒天然草场退化、珍贵药材被乱挖滥采外,高原珍稀动物如藏羚羊、藏野驴、野牦牛等也受到盗猎捕杀的威胁(专栏12—4)。中国特有的新疆虎、白臀叶猴均在这个世纪消失了。一个世纪前西藏草甸上随处可见的野生动物已所剩无几[①]。

> 专栏12—4
>
> **藏羚羊的命运——走向灭绝的边缘**[②][6]
>
> 被称为"高原精灵"的藏羚羊是青藏高原动物区系的典型代表,其种群是构成青藏高原自然生态系统的重要组成部分,具有难以估量的科学意义和生态价值,已被列入《濒危野生动植物国际贸易公约》附录Ⅰ。1988年《中华人民共和国野生动物保护法》颁布后,国务院随即批准发布的《国家重点保护野生动物名录》,将藏羚羊确定为国家一级保护野生动物,严禁非法猎捕。80年代末以来,由于部分国家与地区藏羚羊羊绒的加工及贸易不断扩大,巨额利润刺激了严重的盗猎和走私活动,致使藏羚羊种群急剧下降。虽然我国实施了一系列严厉的打击行动,但年损失藏羚羊仍在10万只以上,并且盗猎活动还在继续。国家林业局于1999年4月10日至5月1日发动了严厉打击盗猎藏羚羊专项活动(可可西里一号行动),共打掉盗猎团伙17个,抓获盗猎分子66人,收缴藏羚羊皮1658张、藏羚羊头545只、野牦牛头28只、野牦牛皮4张,各种汽车18辆,各种枪支14支,子弹1.2万余发。如今,在许多藏羚羊集聚的地方,只能看到零星的藏羚羊,这个古老的物种正在走向灭绝的边缘。

四、西部地区的环境污染问题

西部地区是我国长江与黄河等大江大河的发源地,是我国中部与东部地区的重要生态屏障,西部地区的环境优劣直接影响大江大河下游与中东部地区的环境质量,进而影响全国的总体环境状况。长期以来,在公众的印象中,西部地区地广人稀,环境容量大,只存在生态破坏问题,不存在环境污染问题。但实际上,西部某些地区的环境问题已经十分突出,而且一旦产生环境污染,对西部地区的社会经济影响比东部地区更大。

【西部地区的环境污染问题不容忽视】 1998年全国大气污染最严重的十大城市中,西部有4个,即乌鲁木齐、兰州、重庆和贵阳。一些中心城市区域如兰州、西安等地的城市工业污染,大型工矿区的工业污染,以及西南地区的酸雨污染等问题还相当严重。

虽然目前西部地区工业"三废"排放总量不大,但其万元产值的排污量却大大高于东部地区和全国平均水平(表12—6)。

[①] 郝克明:《1999年世界自然基金会北京办事处年报》,2000年。
[②] 马福:"为了藏羚羊的命运",《1999中国西宁藏羚羊保护及贸易控制国际研讨会文集》,2000年1月。

表 12—6 1998 年西部地区环境污染指标

Table 12 - 6 Selected Environmental Pollution Indicators in the West in 1998

省区市	工业固体废弃物产生量 （万吨/亿元）	工业废水排放量 （万吨/亿元）	工业废气排放量 （立方米/元）
重 庆	0.96	35.17	2.04
四 川	2.35	79.58	3.56
贵 州	1.50	34.09	2.89
云 南	1.29	24.05	1.14
西 藏	0.13	31.02	0.13
陕 西	1.64	20.97	1.92
甘 肃	1.96	43.34	3.37
青 海	1.35	22.49	2.50
宁 夏	2.00	39.33	5.17
新 疆	0.60	16.55	1.61
西部地区平均	1.48	35.97	2.31
全国平均	0.90	25.64	1.54
西部地区/全国(%)	164.91	140.29	149.56

资料来源：《中国环境统计年鉴》(1998)，《中国统计年鉴》(1998)。

【云南省滇池流域富营养化问题依然严重】[7~8] 由于人口增加、经济发展以及资源不合理开发，滇池流域生态环境问题日益突出，早已被国家列为重点整治的"三湖"之一。现在，滇池流域的富营养化依然严重。

滇池水面面积 370 平方公里，流域面积 2920 平方公里，流域内人口近 200 万（1998 年）。滇池水源区森林覆盖率已由 50 年代的 60% 锐减到 35%，因此造成水土流失、水量调节功能减弱。大量施用化肥，不合理使用农药，环境污染严重；流域内 7000 多家企业，以面源形式污染周围环境；磷矿等资源的开发，不但造成滑坡、塌陷灾害，还严重污染水体和土壤。滇池水体正经受着大量城市污水（37 万吨/天）、工业废水（14 万吨/天）和农田径流的污染，滇池流域水体的富营养化过程正在加剧。

尽管 '99 昆明世博会"前夕，按期实现了工业污染源达标排放，建成了 4 座污水处理厂，并采取多项应急措施，保证了世博会期间滇池水质和旅游景点的环境有所改善。但是，目前富营养化依然严重。13 个水质检测点均属劣 V 类，氮、磷污染十分突出。从高锰酸盐指数和生化需氧量两项指标看，其水质分别为 IV 类和 V 类。

第二节 生态环境问题产生的原因分析

1．生态环境脆弱

西部地区位于中国地势的第一与第二阶梯，远离海洋。西北地区有土缺水，西南地区有水缺土,部分地区水土皆缺,适于动植物生长的水、土、热等条件恶劣。上述生态环境的脆弱性可以从以下几个地区反映出来。

长江中上游地区:山高谷深,地形破碎,降雨丰沛,平原零星分布,山大坡陡,土壤保土保水能力差,侵蚀切割强烈,水土流失严重,"缺地、缺水、缺肥"问题尤为突出。

黄土高原区:植被稀疏,保水保肥能力差,水土流失严重,绝大部分地区降水稀少。

西北干旱区:气候干旱,降水稀少,自然植被退化,土地荒漠化,土壤盐渍化,沙尘暴灾害性天气等生态环境退化恶化现象不断加剧。

青藏高寒区:平均海拔4000米以上,气候高寒,植被和土壤形成发育过程缓慢,草地严重退化、沙化和盐碱化[1]。

2. 森林砍伐

【云南省森林砍伐严重,森林覆盖率大幅度降低】 云南省森林资源蓄积量13.5亿立方米,居全国第3位。在过度利用和开发的情况下,天然林面积减少,森林覆盖率降低(表12—7)。解放初期,全省森林覆盖率为50%,目前只有41个县森林覆盖率在10~12%,19个县小于10%。1980~1989年间,全省林业用地面积减少了76.56万公顷[9]。

表12—7 云南省森林减少情况

Table 12－7 Forest Decrease in Yunnan Province

项　　目	80年代以前	80年代以后
全省天然林面积(万公顷)	912(1975年)	814(1985年)
全省森林覆盖率(%)	50(解放前)	24(1983年)
西双版纳森林面积(万公顷)	133.3(1949年)	53.6(1980年)
西双版纳森林覆盖率(%)	69.4(1949年)	26(1980年)
红河州森林覆盖率(%)	50(建国前)	19(目前)
昭通地区森林覆盖率(%)	20(建国前)	6.4(目前)

资料来源:根源有关资料汇总。

【四川省森林砍伐导致水土流失】 长期以来,四川省森林生态系统遭到严重破坏。元朝时,四川全省森林覆盖率为50%,解放初尚有20%,到80年代初有13%,现在只有10~11%,四川盆地内仅有4%[2]。特别是川西天然林已被大量砍伐(专栏12—5)。毁林开荒和大面积坡耕地种植,导致了严重的水土流失。截至1998年,四川省水土流失面积达22万平方公里,占全省总面积的45%,至今还有90%未得到治理。每年土壤侵蚀总量约6亿吨进入长江,长江的泥沙有70%来自四川境内[10],给正在建设的三峡工程带来很大危害。由于水土流失加剧,造成长江洪灾和山地灾害并发,对四川已造成了严重的经济损失[11]。

---

[1] 中国科学院地学部:《关于西部开发的几个问题》,2000年4月。
[2] 房俊民、刘雪梅、程宇红:"长江上游洪灾与上游流域的可持续发展",《中国科学报》,1998年11月25日。

专栏12—5

川西国有天然林的砍伐与禁伐[①][②][③]

四川西部国有林区是四川省森林分布最集中的地区,是长江流域的主要水源涵养区,也是我国多种生物资源聚集的宝库。

川西林区经营面积463万公顷,是我国第三大林区。建国以来,国家先后建立了22个国有林业局、77个国有森工林场以及一批地方国有采伐企业,形成了采、集、运、销为一体的木材生产体系,为国家提供商品材1.2亿立方米,上缴税利近20亿元。长期以来,由于采伐过量,导致水土流失加剧,水土流失面积由50年代的6万平方公里扩大到现在的11万平方公里。每年进入长江库区的泥沙超过6亿吨。水土流失带来土地沙漠化,每年受害耕地1.1万公顷,受害草场14.5万公顷,直接经济损失2.2亿元。

1996年10月,朱镕基同志在四川林区考察工作时,发现当地森工部门对森林的长期大量采伐加速了长江中上游地区的水土流失,当即指出:要把"森老虎"请下山。1997年7月,考察云南、四川时,他又作批示:森工企业转向营林事业方向不可动摇、势在必行。1998年2~3月份,原国家林业部制定了《重点国有林区天然林资源保护工程实施方案》,上报国务院审批。在此以后,在天然林保护工程实施之前这段时间里,林区一些地方森工企业突击轮伐,形成了又一轮森林砍伐高峰。1998年夏季特大洪灾之后,一系列举措相继出台。8月中旬,国务院发出紧急通知,冻结各项建设工程征用、占用林地一年,要求大力植树造林。8月20日,四川省政府规定,从9月1日开始,川西林区全部停止天然林采伐并关闭木材交易市场。继而又宣布,自10月1日起全省禁伐天然林。

3.坡耕地开垦

坡耕地是造成水土流失的重要因素,全国仅25度以上的坡耕地就达9100万亩,其中70%以上集中在西部地区。每年流入长江、黄河的泥沙量高达20多亿吨,其中2/3来自坡耕地,特别是长江上游、黄河中上游坡耕地。

【坡耕地种植是水土流失的重要原因之一】 长期以来,人们把对粮食的需求寄托在毁林毁草开垦坡耕地上,坡耕地开垦与种植造成严重的水土流失,例如,重庆市坡耕地占水土流失面积的1/3,年水土流失量占流失总量的一半多[12]。从黄土高原坡耕地的利用方式与侵蚀强度来看,坡耕地种植确实是水土流失加重的重要原因,耕地与垦荒地的径流系数与侵蚀强度大大高于林地(表12—8)。

---

① 朱会伦:"天然林资源保护工程启动",《科技日报》,1998年8月26日。
② 严俊:"投入195个亿能否保住天然林",《北京青年报》,1998年7月14日。
③ 刘思扬、储学军:"坚定不移贯彻可持续发展战略 坚持不懈推进天然林保护工程",《人民日报》,1999年9月14日。

表 12—8 黄土高原坡耕地的利用方式与侵蚀强度
Table 12-8 Soil Erosion of Slope Land Under Different Land Use Pattern in the Loess Plateau

土地利用方式	监测时段	样地面积（m²）	坡度（°）	径流系数（m³/km²·年）	侵蚀强度（t/km²·年）	样地（个）
林　地	1989~1991	965.8	32	215.26	1.29	5
耕　地	1990~1991	1144.3	34	32335.16	9703.70	7
垦荒地	1990~1991	995.2	32	27479.50	10324.50	6

资料来源：参考文献[13]。

【西部地区坡耕地数量大，退耕任务重】 据国土资源部的资料，目前全国15~25度坡耕地面积1.9亿亩，25度以上的9100万亩，其中西部地区占70%以上，陕西、贵州、云南与四川25度以上坡耕地面积占耕地面积的比重大。从表12—9中西部各省区市耕地的坡度构成可以看出，西部地区坡耕地数量大，退耕任务重，全部退耕的可能性小。

表 12—9 1996年西部省区耕地的坡度构成（%）
Table 12-9 Composition of Slope Land in the West in 1996

省　区	<2°	2~6°	6~15° 坡地	6~15° 梯田	15~25° 坡地	15~25° 梯田	>25° 坡地	>25° 梯田
四　川	13.2	16	19.6	13.6	20	6.2	9.4	2.1
贵　州	5.8	13.2	20.9	10.2	24.8	5.5	17.3	2.2
云　南	11.7	13	23.2	5.4	29.3	4.4	11.8	1.1
西　藏	48.4	19.2	6.4	11.1	5.7	5.5	1.7	1.9
陕　西	29.4	9.7	13.8	4.2	16.8	3.1	21.5	1.7
甘　肃	24.6	13	24.9	5.9	22.3	3.5	5.5	0.4
宁　夏	44.8	14.2	27.8	0.5	12	0.1	0.7	0
新　疆	95.2	2.8	2	0	0	0	0	0
青　海	34	15.4	29.6	1	18.4	0.8	0.8	0

资料来源：郑振源："中国西部的土地利用方式"，国土资源部，2000年7月。
注：重庆市包括在四川省之内。

4．滥垦与过牧

【滥垦与过牧是草地退化的主要原因】 60年代我国草地生产力与国外相差不大。但由于草地资源管理落后，滥垦、过牧、樵采、挖甘草与搂发菜现象普遍，造成草地退化。据有关资料，自50年代以来，我国约有670万公顷草地被开垦为耕地[14]。耕地开垦不仅使大量优质草地资源流失，而且所开垦的草地由于生态环境条件的制约，一半以上发生沙化。"一年开草场，二年打点粮，三年五年变沙梁"是我国北方草地开垦的真实写照。

建国以来，我国西部地区牲畜数量不断增加，1998年内蒙古牲畜数量是1952年的3.9倍，新疆是1952年的3.3倍（表12—10）。

表 12—10　西部部分省区牲畜数量变化(百万只(头))
Table 12-10　Changes in the Amount of Livestock in Selected Western Provinces(million heads)

省　区	1952	1965	1988	1998	1998年是1952年的百分比(%)
甘　肃	8.6	12.2	16.7	22.3	259
青　海	15.7	26.4	35.9	22.0	140
宁　夏	2.4	3.9	4.7	5.7	237
新　疆	12.7	26.5	32.6	42.2	332
全　国	138.3	223.2	326.9	839.6	607

资料来源:《中国统计年鉴》(相关年份),中国统计出版社。

尽管缺少全国及各省区草地载畜量的系列数据,但从以下一些基本事实中,仍能推断西部地区草地超载过牧的严重性。

• 从全国来看,1990年底我国草地实际放养量为52107万个绵羊单位,而草地全年合理载畜量为44892万个绵羊单位,超载16%。

• 从季节草地平衡来看,北方牧区冬季草地已超载50%,少数地区超载100～150%[14]。

• 从典型地区来看,荒漠化地区草场超载率达50～120%,有些地区甚至高达300%[①]。例如,宁夏天然草场的合理载畜量为288.55万个绵羊单位,而目前仅羊饲养量已达430万只,超载近150万只[②]。宁夏盐池县按20亩养1只羊计算,合理载畜量为34万只,而目前是90多万只,超载严重。

超载过牧导致草地产草量下降、牧草盖度与高度降低、可食牧草比例下降以及鼠害、虫害面积扩大等。例如甘肃天祝县1997年与50年代相比,牧草产量下降30%,牧草盖度下降11%,高度下降41%[③]。

【滥垦与过牧也是土地沙化的主要原因】　我国长期的科学研究证明,导致沙区植被破坏,以致形成沙漠化土地的人为成因大体有五个方面,即过度放牧、过度农垦、过度樵采、水资源利用不当、工矿建设未进行环境保护论证或虽论证,但结论不对,采取预防保护措施不力。这五个方面造成沙漠化土地的比例大体分别占30.1%、26.9%、32.7%、9.6%和0.7%[④]。

【樵采、挖甘草、搂发菜等也是生态退化的原因】　目前,樵采、挖甘草、搂发菜等草地破坏活动并没有得到有效控制。例如,柴达木盆地原有固沙植被200多万公顷,到80年代中期,因樵采已毁掉1/3以上。宁夏盐池县因乱挖甘草,被直接破坏的草原达20多万公顷。甘肃省1994年一年因挖甘草破坏草场6万公顷以上。内蒙古1993～1996年因搂发菜破坏草原1200多万公顷,其中400多万公顷严重沙化,失去了利用价值[①]。由于上述原因,宁夏已经将甘草与发菜从"五宝"剔除,由原来的"五宝"调整变为"三宝"[⑤]。

---

① 赵永新:"人为破坏　荒漠化扩展的主因",《人民日报》,1998年7月24日。
② 宁夏畜牧局:"治理草原生态环境刻不容缓",内部资料,2000年4月。
③ 王树青:"甘肃天祝县草地资源及其开发利用",《中国草地》,1999年第6期。
④ 国家林业局:"《中华人民共和国防沙治沙法(建议稿)》的有关说明",2000年5月。
⑤ 马启智:"在宁夏盐池县防沙治沙座谈会上的讲话",2000年5月。

5. 资源的不合理开发利用

【水资源管理不力导致黄河断流问题日趋严重】 自1972年黄河第一次断流以来，到1998年底，黄河累计断流85次1050天。90年代以前，年断流累计天数均在40天以下，而1991年以后，年累计断流天数均在60天以上，1997年还达到断流226天的历史最高记录。90年代以来，断流呈现出日趋严重的趋势（图12—2）。虽然黄河断流的原因是多方面的、复杂的，但上中游地区经济用水挤占生态用水则是直接原因，这反映了西部地区在流域水资源管理方面还有诸多不尽如人意的地方。类似的情况还有新疆塔里木河流域断流、甘肃居延海的干涸以及额济纳绿洲的消失等。

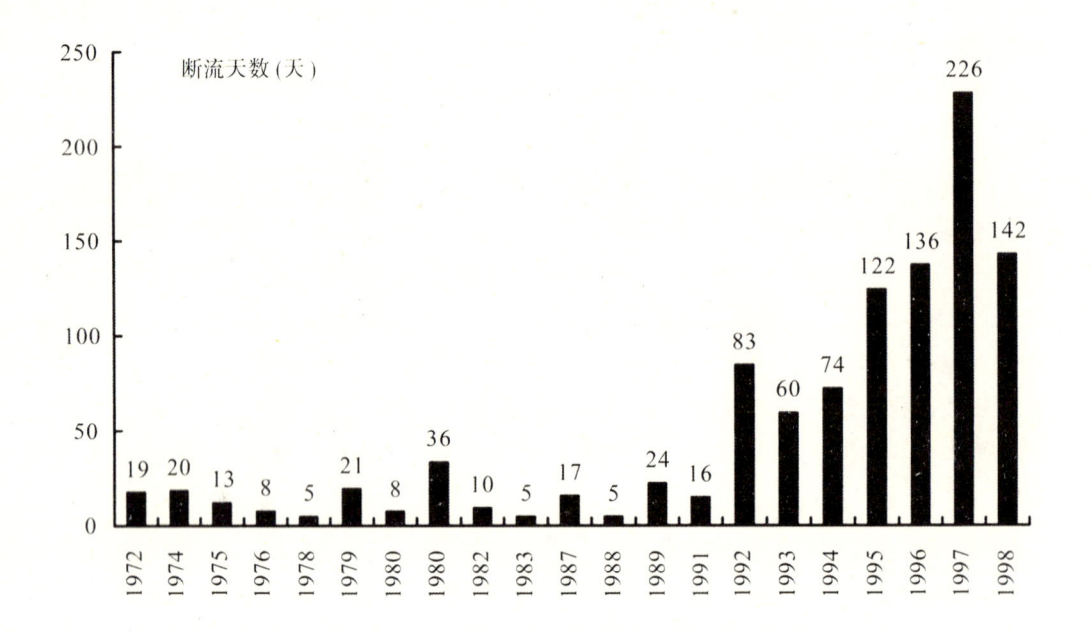

图12—2 黄河下游断流天数（以利津站为代表）

Figure 12-2 Drying-out Days of the Lower Reaches of the Yellow River
（recorded by the Lijin Hydrological Station in Shandong）

资料来源：陈霁巍："黄土高原水土保持与黄河断流关系研究"（博士论文），
中国科学院水利部水土保持研究所，1999年11月，82~83页。经简化。

【矿产资源开发导致草地退化与荒漠化】 矿产资源开发是西部开发的重要组成部分。矿产资源开发不当与工矿建设不妥是草地退化与土地沙化的原因之一，虽然其影响比不上滥垦与超载过牧，但对局部地区的生态影响却不可忽视。例如神府、东胜、灵武和准格尔的1.8万平方公里煤田开发区中沙漠化土地面积占79%，而且呈增长趋势。

【矿产资源开发引起环境污染】 由于资源开发不当或忽视环境保护，已经产生了一些严重的生态破坏与环境污染问题（专栏12—6）。

专栏 12—6

中国汞都——万山特区汞矿生态破坏和环境污染[①]

万山特区地处贵州东部边缘,面积 338 平方公里,人口 6 万多。因盛产朱砂、水银(汞)而著名,已有 630 多年开采历史。解放后的 45 年间共创产值 6.5 亿元,上缴税利 2.4 亿元,在三年困难时期为我国偿还外债作出了重要贡献。但是,汞矿的开采和冶炼给境内造成的环境污染、生态破坏以及对人民身体健康的危害却也是难以估量的。

1. 汞矿开采、冶炼排出的主要是含汞"三废"污染物,废气浓度超标 5449 倍、废水 236 倍、废渣 214.5 倍。排放出的汞总量至少 350 吨。主要农作物不同程度地受到了汞污染,其中小白菜含汞量最高,超标 98 倍。

2. 破坏森林植被,导致水土流失。由于大量砍伐森林用于炼汞及其他生产活动,森林覆盖率由 50 年代初的 45% 降到 80 年代中期的 16.7%,其中万山镇只有 3.7%。80 年代中期至 90 年代中期的 10 年间,全区水土流失总量达 8500 万吨以上,且有逐年加剧趋势。

3. 破坏地下水、流域水系。长期开采使地下水下降 10 米以上,大部分井水干涸,人畜饮水困难。境内水域受汞污染的面积达 50%,河水中鱼虾绝迹。自然堆放矿石、废渣占用并污染土地,许多耕地被毁。

4. 危害人体健康。1954~1988 年间,冶炼工人汞中毒患病率为 18.6%。居民汞中毒率 4.2%,尿汞超标 3.5 倍,发汞超标 2.6 倍。全区万人各种结石症发病率高达 250 人,居全国最高水平。各种癌症发病率也居全国较高水平。1990~1995 年间,人均寿命只有 58.4 岁,远低于 72.5 岁的全国平均水平。

第三节 生态环境建设的行动与措施

我国一直重视西部地区的生态环境治理工作。从 1952 年起开始重点建设东北西部防护林带,1978 年开始全面实施"三北"防护林体系建设工程[②]。在 80 年代末 90 年代初,国家又陆续启动了"长防"、"长治"、"防沙治沙"等工程,1998 年以后,我国生态环境治理的力度进一步加大,分别于 1998 年启动了天然林保护、全国生态环境建设重点县示范工程与长江中游退田还湖工程(不在西部范围内,本报告不讨论),2000 年启动了长江上游、黄河中上游退耕还林还草示范工程,并部分启动了重点地区防沙治沙工程。目前,我国在西部地区正在实施的生态保

---

① 据贵州省有关资料整理。
② 李昌鉴:"面向 21 世纪的中国荒漠化防治事业",《荒漠化防治、黄河断流和北方缺水问题》,中国高等科学技术中心,1998 年 11 月。

护与建设工程情况如表12—11。本报告重点讨论天然林保护工程、退耕还林还草工程、防沙治沙工程与生态环境建设重点县工程。

表 12—11 国家正在西部实施的生态保护与建设计划（不完全统计）
Table 12‐11 Selected National Ecological Conservation and Construction Plans Implemented in the West

计划名称	主管部门	开始时间	实施范围	备注
"三北"防护林	国家林业局	1978	13个省区市551个县旗市	总面积406.9平方公里
长江中上游防护林	国家林业局	1989	—	
长江水土流失治理	水利部	1989	—	
全国防沙治沙工程	国家林业局	1992	—	
黄河中游防护林	国家林业局	—		
生态环境建设重点县	国家计委	1998	105县、5示范区(1998)	1999与2000年资料缺
重点地区防沙治沙	国家林业局	2000	14个省区339县旗35团(场)	率先启动53县旗
生态示范区	国家环保总局	1996	154个	2省、16地市、129县,其他7个
天然林保护区	国家林业局	1998	17个省区市	
退耕还林(草)示范工程	国家林业局	2000	14个省区市174县	含新疆生产建设兵团
"八七"扶贫计划	国务院扶贫办	1994	592县	
生态农业示范县	农业部	90年代初	150县2000个乡、村	
草地牧业综合示范区	农业部	1978	40个	

资料来源：据有关资料汇总。
注："—"表示资料不详。

一、生态环境建设重点县

《全国生态环境建设规划》是我国生态环境建设的总体规划，它不仅给出了未来50年我国生态环境建设的总体目标与重点地区，而且还通过生态环境建设重点县的渠道直接参与生态环境的治理。

【全国生态环境建设重点县工程已顺利实施】 该项目由国家发展计划委员会负责实施与管理。从1998年第一批项目实施以来，已经实施了五批项目，1998年我国生态环境建设重点县的分布如图12—3。

西部地区治理措施主要包括：植树种草、封山育林；工程治理（水利、水保）；基本农田建设与坡耕地治理；生态农业建设与农村能源建设。生态环境建设重点县的资金额度在800万元左右，采用中央投资、省与地县投资的拼盘式投资结构。例如，1998年以来，云南省的生态环境建设投资总额为6.473亿元，其中，中央投资4.215亿元，占65.12%，地方配套投资2.258亿元，占34.88%（表12—12）。

表 12—12 2000 年 6 月以前云南省生态环境建设重点县情况
Table 12-12 Key Counties under Eco-environmental Construction in Yunnan before June 2000

年份	在建县数（个）	总投资（万元）	国家投资（万元）	地方配套投资（万元）	规划治理面积（平方公里）	已治理面积（平方公里）
合计	33*	64730	42150	22580	2221.9	1370.4
1998	12	15600	8900	6700	535.5	637.4
1999	33	39675	25250	14425	1310.2	733.0
2000	21	9455	8000	1455	376.2	—

资料来源：据云南省计委有关资料整理。

*：云南省生态环境建设试点县共有 33 个，其中 1998 年分两批实施，1999 年除继续执行 1998 年的项目以外，又新启动了两批项目，2000 年继续支持 1999 年启动的项目。

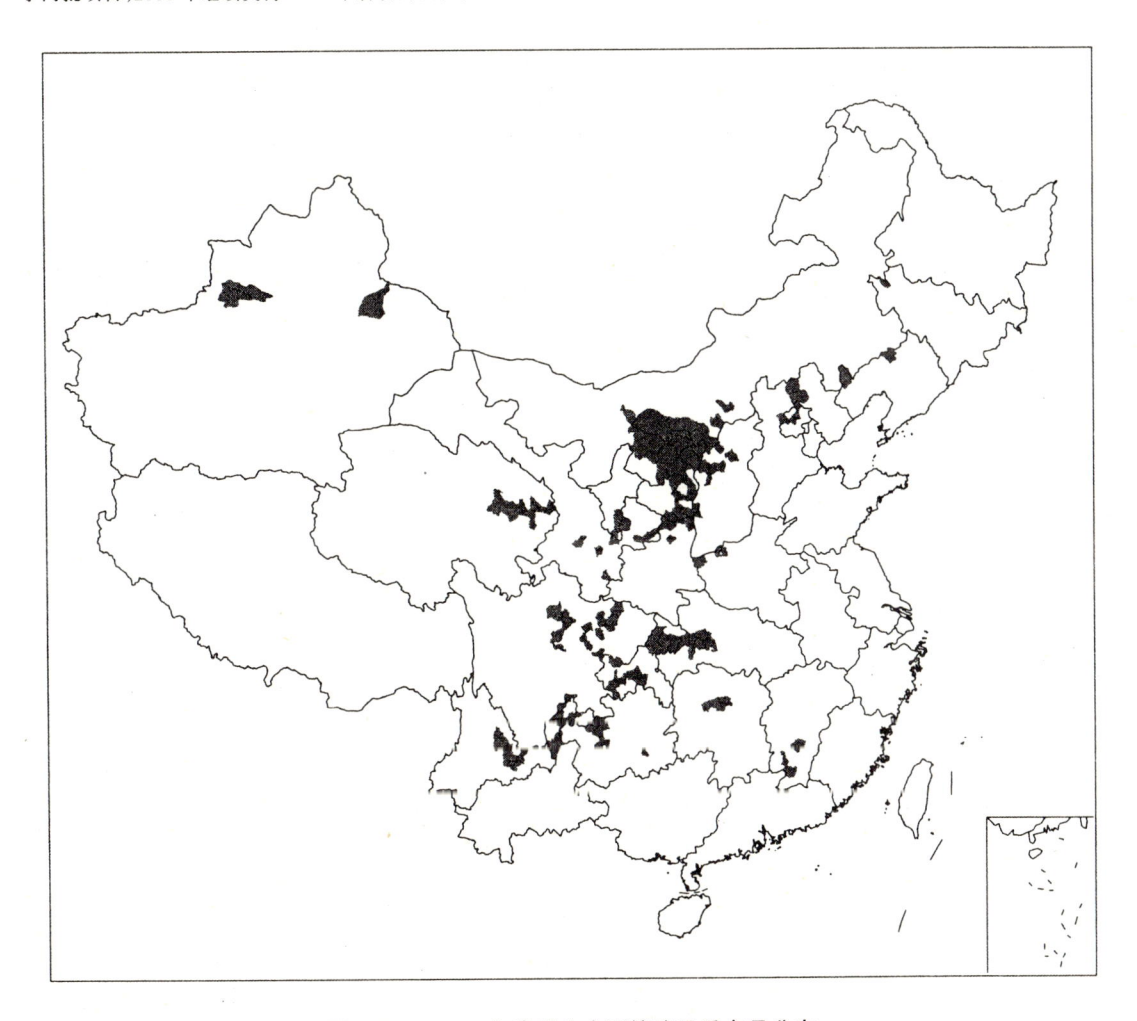

图 12—3 1998 年我国生态环境建设重点县分布

Figure 12-3 Spatial Distribution of Major Counties under Eco-environmental Construction in China in 1998

二、天然林保护

鉴于《1999中国区域发展报告》已经对生态环境建设有过分析,目前暂缺1999与2000年的资料,暂不展开讨论西部地区生态环境建设重点县方面的问题。近年来国营森工企业的资源危机和经济危困,特别是1998年大水,是促进天然林保护工程的重要背景因素。天然林是我国森林的主体,其面积和蓄积量分别占总量的65%和82%。1998年9月1日中国政府开始启动天然林保护工程,计划到2010年投资1700亿元,100万人转岗,每年减少1000万立方米采伐量。天然林保护工程的实质是政府购买环境服务,支付方式就是通过财政转移支付、优先信贷和粮食补贴等财政投资。在市场经济和政企分开的大环境中,林业是行政手段得到强化的唯一部门[1]。

【长江上游和黄河中上游地区是重点地区】 长江上游的四川、云南、重庆、贵州、湖北、西藏等省区市,黄河上中游的青海、宁夏、甘肃、内蒙古、陕西、山西、河南等省区,以及天然资源分布相对集中的吉林、黑龙江(含大兴安岭)和内蒙古国有林区、海南热带林区及新疆的天山、阿尔泰山林区等17个省(市区)1998年12个省,1999年13个省,现共有17个省。显然,长江上游与黄河中上游是天然林保护的重点地区。

【1998～1999年中央累计投入超过100亿元】 中央政府购买力的增长和购买环境服务意愿的增强是中国实施天然林保护工程的重要驱动力。1998年中央累计投入42.5亿元,其中中央债券资金31.2亿元,中央财政专项补贴11.3亿元。1999年中央累计投入59.2亿元,其中中央债券资金33.3亿元,中央财政专项补贴25.9亿元。两年中央累计投入101.7亿元[2]。据孙昌津测算,我国天然林保护的成本是每立米650元[3],也就是说,每减少1立方米采伐量需要投入650元。

【西部地区天然林保护的主要措施是禁伐与造林种草】 禁伐主要在四川、青海、云南、陕西、重庆和甘肃实行,减伐主要在内蒙古、新疆和东北实行。对长江上游、黄河中上游地区的3038万公顷的天然林全面禁伐,并加强管护。对现有的3038万公顷森林、灌木林地和未成林造林地,采取封山设卡、个体承包等形式进行全面有效管护,对工程区内的宜林荒山荒地采取造林种草,加快植被恢复。初步规划造林种草1273万公顷,其中封山育林370万公顷,飞播造林710万公顷,人工造林193万公顷。

【正面的环境影响与负面的经济社会影响】 天然林保护工程迫使主要森林砍伐者——国营森工企业停止森林砍伐,将环境服务作为公共物品,具有正面的环境影响。同时,由于森林采伐量下降,天然林保护工程在经济方面则主要是负面影响,这包括林业工人失业、国有森工企业经营困难、地方税收减少。对非国有企业来说,林区生活来源深受影响,社区和地方经济困难,并带来木材短缺。

---

[1] 孙昌津:在世界银行与国家环保总局"环境经济与政策"高级研讨班上的讲话,1999年6月。
[2] 国家林业局:《中国天然林保护》,2000年7月。
[3] 孙昌津:在CCICED林草课题组上的发言,2000年7月。

三、退耕还林还草

退耕还林还草,恢复林草植被是加强西部地区生态环境建设的主体和根本性措施。在西部地区实施退耕还林还草具有重大的现实意义和深远的历史意义[①]。2000年国家率先在长江上游、黄河中上游的174个县启动退耕还林还草试点示范工程,通过陡坡地退耕还林还草,增加植被盖度,减少水土流失,并按照"退一还二还三"的要求,加快宜林荒山、荒地的造林绿化。2000年首期规划退耕514.9万亩,还林还草1162.4万亩。退耕还林还草工程的总目标是使长江流域5年初见成效,10年大见成效;黄河流域10年初见成效,20年大见成效。

【长江上游和黄河中上游地区是重点地区】 鉴于长江上游与黄河中上游在我国生态安全中的重要地位,示范工程率先在这两个地区先行试点示范。试点示范的范围包括长江上游的重庆、四川、贵州、云南与湖北等5省的77个示范县,黄河中上游的陕西、甘肃、青海、宁夏、内蒙古、山西、河南等7省区的84个示范县,另外,还有新疆自治区与新疆生产建设兵团的13个示范县(表12—13,图12—4)。

表12—13 2000年退耕还林还草试点示范项目概况

Table 12 – 13 An Overview of Demonstration Projects of Forest and Grassland Restoration from Cropland in 2000

地 区	示范县(个)	退耕面积(万亩)	还林(草)面积(万亩)	中央总投资(万元)	其中:基本建设投资(万元)	粮食补贴(万公斤)
云 南	9	20	79	11759	7159	3000
贵 州	9	20	27	45986	18386	3000
四 川	50	120	236	7469	2869	18000
重 庆	5	20	68	9132	4532	3000
湖 北	4	20	27	6820	2220	3000
陕 西	33	80	111	24182	11382	8000
甘 肃	18	80	120	22225	9425	8000
青 海	6	25	83	9119	5119	2500
宁 夏	4	20	46	6223	3023	2000
内蒙古	10	50	177	20515	12515	5000
山 西	10	25	125	12987	8987	2500
河 南	3	20	45	6470	3270	2000
新 疆	7	10.8	12.2	2665	937	1080
新疆生产建设兵团	6	4.1	6.2	1130	474	410
长江流域	77	200	437	81166	35166	30000
黄河流域	84	300	707	101721	53721	30000
新疆全境	13	14.9	18.4	3795	1411	1490
全 国	174	514.9	1162.4	186682	90298	61490

资料来源:国家林业局等:《长江上游黄河中上游地区2000年退耕还林(草)试点示范实施方案》,2000年3月。

---

① 张鸿文:在CCICED林草课题组上的讲话,2000年7月。

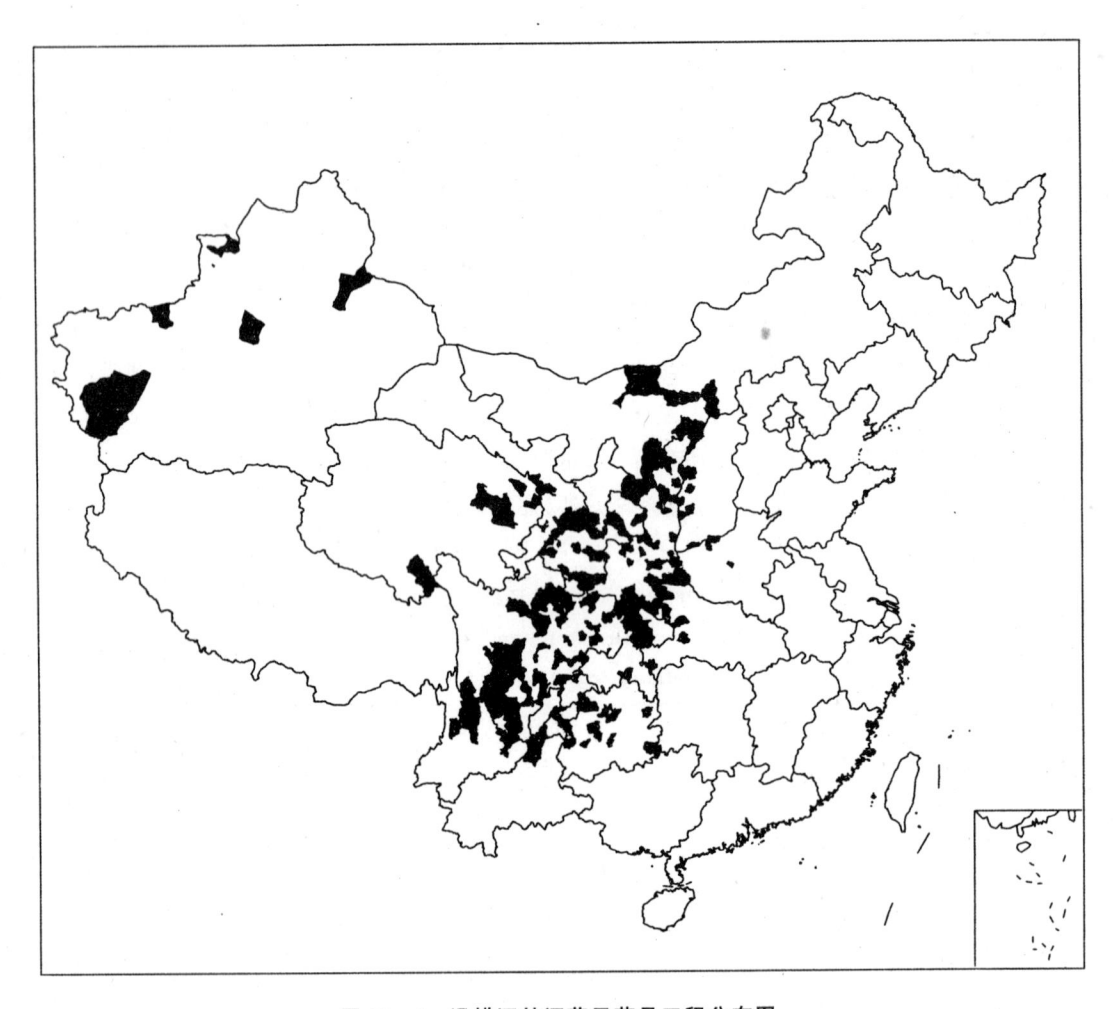

图 12—4 退耕还林还草示范县工程分布图
Figure 12 - 4 Distribution of Demonstration Counties of Forest and Grassland Restoration from Slope Croplands

根据试点示范区的自然区域特征,试点示范工程主要在五个重点地区开展,其中鄂、渝、川山地区 54 个县,黄土丘陵沟壑区 45 个县,云贵高原区 30 个县,西南高山峡谷区 16 个县,蒙、宁、陕半干旱区 13 个县,长江黄河源头高寒草原草甸区 3 个县。

【政府拿钱,农民得利,粮食与林业受益】 2000 年全国退耕还林还草共需中央投资 18.67 亿元。其中,中央基建投资 9.03 亿元,中央财政补助资金 9.64 亿元。在中央投入中,资金补助为 10.06 亿元,粮食补助 6.15 亿公斤(折合资金 8.61 亿元)。投资结构如图 12—5。

根据规划,国家规定的退耕还林还草补贴标准为:长江流域退耕 1 亩补贴粮食 300 斤、黄河流域 200 斤,每亩均补贴 20 元,造林每亩补贴 50 元苗木费。在各种补贴中,农民能直接得到的利益是粮食补贴、现金补助和无偿种苗,即总投资的 51.63% 以粮食与现金补贴的方式使农民得到实惠。粮食部门则通过该工程从政府拿到了 6.15 亿公斤的粮食定单,折合资金 8.61 亿元,由于补贴的粮食原则上从当地粮食部门采购,这无疑会使示范县所在的粮食部

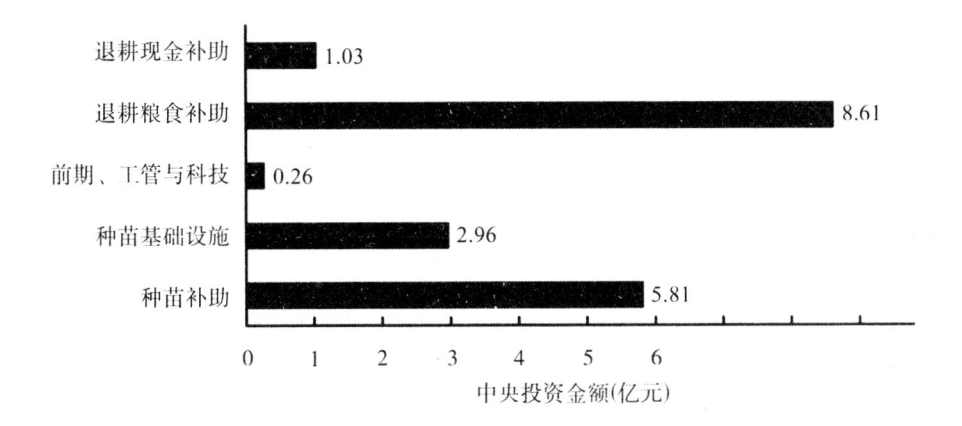

退耕现金补助	1.03
退耕粮食补助	8.61
前期、工管与科技	0.26
种苗基础设施	2.96
种苗补助	5.81

中央投资金额(亿元)

图 12—5 2000 年退耕还林还草试点示范工程投资

Figure 12－5　The Investment of the Central Government in Demonstration Project of Forest and Grassland Restoration in China in 2000

门受益。试点示范工程由林业部门主管,林业部门(特别是育苗和苗圃企业)也通过该工程从政府拿到了 5.81 亿元的种苗定单,2.96 亿元的种苗基础设施建设费和 0.26 亿元的前期规划、工程管理和科技支撑费用。虽然在工程投资规划中有科技支撑费用,但科研部门所能拿到的经费恐怕寥寥无几。值得注意的是,虽然种草种树要因地制宜,而且在江河源头高寒草原草甸区、蒙宁陕半干旱区和黄土丘陵沟壑区北部应以种草与草地植被恢复为主,但从工程规划中却看不到农业部草原部门有什么具体的责任、权利与义务。

【退耕补贴 5 年的平均成本是每亩 1111.4 元,补贴 10 年是每亩 2047.4 元】　按照现行的退耕还林还草实施方案,退耕补贴 5 年的平均成本长江流域为 1325.8 元/亩,黄河流域为 979.1 元/亩,项目区总平均为 1111.4 元/亩。退耕补贴 10 年的平均成本长江流域为 2475.8 元/亩,黄河流域为 1779.1 元,项目区总平均为 2047.4 元/亩(表 12—14)。

表 12—14 2000 年退耕还林还草实施方案的退耕平均成本*

Table 12－14　The Average Cost of Forest and Grassland Restoration from Cropland in 2000

项　目	长江流域	黄河流域	总平均
基建投资(元/亩)	175.8	179.1	175.4**
粮食补贴(元/亩·年)	210	140	167.2
现金补贴(元/亩·年)	20	20	20
补贴 5 年的总成本(元/亩)	1325.8	979.1	1111.4
补贴 10 年的总成本(元/亩)	2475.8	1779.1	2047.4

*:在计算中未考虑通货膨胀因素,表中的成本为名义成本。
**:由于新疆自治区与新疆生产建设兵团的基建投资强度较低,所以加权平均后的投资强度均低于长江与黄河流域。

四、防沙治沙工程

【国家重点地区防沙治沙工程在 14 个省区展开】　规划期内防沙治沙的主要建设内容为:一是全面保护好工程区内的现有林草植被,防止产生新的沙化土地;二是在沙漠、戈壁的边缘地区,建设必要的防风阻沙林带,阻止沙漠对绿洲的侵袭;三是对现有的沙地和已沙化地区进行综合治理,通过大力封沙育林育草、植树种草、扩大林草植被①。

重点防沙治沙工程实施的范围确定为:八大沙漠周边,四大沙地以及黄河故道沙地涉及的共14个省区的339个县和35个团(场)②。工程区沙化土地总面积124.05万平方公里,占全国沙化土地面积的73.4%,其中近期适宜治理的沙化土地38.92万平方公里,占工程区沙化土地总面积的31.4%。重点防沙治沙工程区的分布如图12—6。

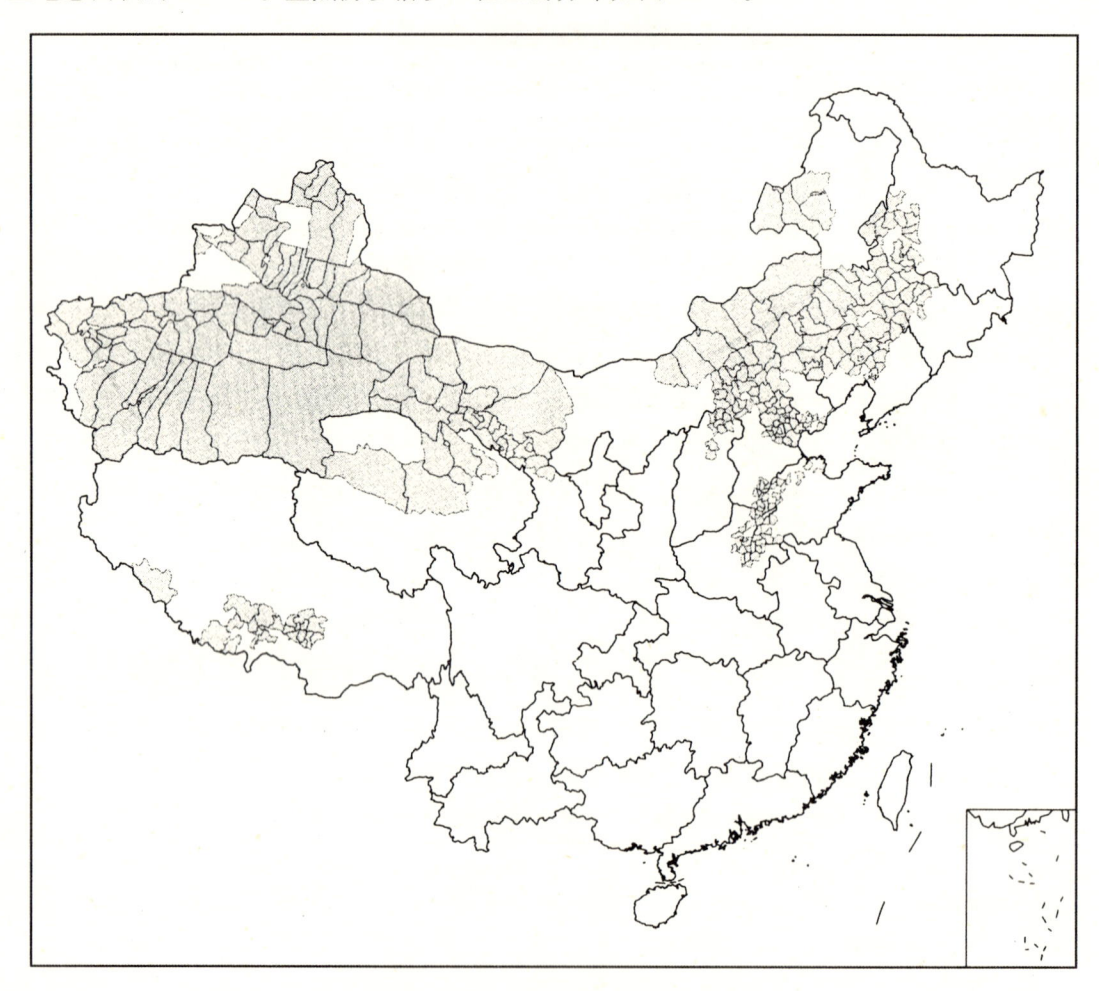

图 12—6 重点防沙治沙工程区分布

Figure 12 - 6　Spatial Distribution of Key Sanded Land Combating Projects

【工程规划总投资235.3亿元,中央投资占70%】　工程总投资235.3亿元,其中,植被保

---

① 国家林业局:《重点地区防沙治沙工程建设规划》(送审稿),2000年4月。
② 考虑到乌兰布和沙漠、库布齐沙漠、毛乌素沙地及周边地区、青海江河源头沙地纳入长江、黄河中上游生态建设工程范围,故未列入本工程范围。

护15.6亿元、造林204.5亿元(其中人工造林106.32亿元、飞播13.32亿元、封育84.84亿元)、种草建设8.8亿元、科技支撑等其它费用6.4亿元(包括项目前期工作费、工程管理费及科技支撑费等费用,按基建投资的3%提取)[①]。

资金来源以中央投资为主,地方为辅,中央投资与地方投资配套比例确定为7:3,为此,共需中央投资164.7亿元,地方投资70.6亿元。在中央投资中,中央基建投资153.8亿元,年均14亿元,中央财政专项资金10.9亿元,年均1亿元,两项合计每年共需中央投资15亿元。

工程效益:通过防沙治沙工程建设,沙区将新增有林地面积1.85亿亩,林草植被覆盖率从目前的6.90%提高到11.38%,森林等植被覆盖率新增4.48个百分点。

【内蒙古紧急启动"京津周边沙源治理工程"】 2000年5月,内蒙古自治区紧急启动"京津周边沙源治理工程",工程覆盖53个旗县,首批治理面积300万亩。其中,阴山北麓沙地共21个旗县,浑山达克沙地12个旗县,科尔沁沙地20个旗县[②]。各地的生态保护意识增强,保护性措施纷纷出台。阿拉善左旗宣布对贺兰山封山禁牧,把祖祖辈辈生活在贺兰山里的2000多牧民和15万只山羊迁出了山林。十几个黄河沿岸的旗县,对15度以上的坡地全部实行了禁牧或退耕。清水河县5月1日下达封山禁牧令,全县2000多羊倌一夜之间改了行。"羊绒之乡"鄂托克旗的牧民们主动对山羊进行舍饲,保护草原植被[③]。

五、存在的问题

西部生态环境建设决定着西部大开发的成败,但西部生态环境建设本身也存在着失败的风险,所存在的问题主要有以下一些方面。

1. 天然林保护工程存在的问题

【启动仓促、实施困难】 天然林保护,尤其禁伐政策的出台具有突然性,地方政府、林产品加工企业和社区的农户都缺乏必要的准备。政策的突然性导致了地方政府、企业和农户的一系列现实困难。而且,在国家天然林禁伐令出台以前,全国重要林区存在的突击砍树的情况,这说明天然林保护工程在地方政府与森工企业层次的实施还有困难。

【如何解决森工企业工人转岗是核心问题】 天然林保护工程到目前只是停止了天然林采伐,退耕和造林计划还在制订中。据云南省的资料,该省已经在国家林业局指导下做了10余次规划,仍未有最终方案。解决森工企业职工转岗是天然林保护工程具体实施中的主要问题之一。云南省采取的办法之一是通过劳动部门解除农民合同工的劳动合同,一次性补偿3万元/人(平均值,根据工龄长短有所不同)。目前,已经解除了6000多农民工的劳动合同,占重点森工企业职工的1/4左右。部分职工以现有林地管护为主,国家拨付管护费。就全国而言,天然林禁伐使70万人失业,天然林保护工程仅使10.6万人再就业,也就是说,仍有近60万森工企业工人存在着转岗问题。

---

① 国家林业局:《重点地区防沙治沙工程建设规划》(送审稿),2000年4月。
② 根据内蒙古自治区计委的介绍,2000年5月。
③ 新华社呼和浩特6月25日电。

2. 退耕还林还草工程存在的问题

【示范工程实施规模偏小】 从试点示范县的坡耕地来看,试点示范县共有坡耕地8851.1万亩,其中,坡度大于25度的2055.6万亩、16～25度的2917.4万亩、6～15度的3878.1万亩。试点示范工程退耕的514.9万亩仅占试点示范县坡耕地的5.82%。

【体制与投资结构"重树轻草"】 试点示范工程的投资结构普遍存在着"重树轻草"的问题。这个问题必然在植被恢复中体现出来,那就是不顾当地条件,在不适宜发展林木的地方植树造林,结果不但不能增加植被,反而使生态环境进一步恶化。

【苗木供应脱节】 由于林业部门负责向农民无偿提供种苗,种苗的结构、品种与农民的选择性都可能面临一些问题,尤其是经济林比重过大和品种单一。世界自然基金会目前正在四川和陕西进行退耕还林还草政策方面的研究,结果发现几乎所有退耕还的林都是经济林,而且官方统计的数据也显示,经济林约占70%。显然,在退耕的陡坡上发展经济林并不符合生态目标[①]。从生态保护的角度看,生态林的比重不应低于60%,在江河源头和山区应禁止种植经济林果。从社会发展来看,应给农民更多的品种选择,避免所有农户都种植相同品种,出现类似南方柑橘等所面临的市场问题。

【粮食与生活费补贴不能解决农民生活出路】 虽然农民在退耕还林还草工程中得到了粮食与少量生活补贴,但也只能解决温饱问题,并不能解决农民真正的生活出路问题,更谈不上致富奔小康。要切实坚持"谁治理、谁监护、谁受益"的政策,不断完善个体承包措施,使农民通过劳动受益。

3. 目前科技支撑可能存在的问题

过去在西部曾组织实施了一些重大工程,但由于缺乏科学论证和合理规划,导致工程难以达到预期效益,并且带来了一些难以克服的副作用,其教训是深刻的。如陕甘宁黄土高原区,曾开展过植树种草活动,但由于对当地气候、生态问题研究不够深入,树虽成活,但都成了多年不长的老头树。有些地方草长了几年全都枯死了,反而加重了荒漠化的程度[②]。目前,"三北"防护林项目的效益在下降,有些已不成林了。因此,生态恢复一定要遵循科学规律,增强科技支撑是至关重要的。但目前,生态建设的科技支撑还很弱,主要表现在以下四个方面。

【专家正确的意见并不能被接受】 东北与内蒙古东部草地的开垦问题,竺可桢先生早在1964年就指出:"我们利用东北和内蒙古草原地区不能再蹈此复辙(即美国与前苏联草地开垦造成生态退化的教训)。必须开发草地使之成为牛、羊、马、骡的乐园,而不能大面积开垦,任风吹荡,使肥沃的土壤从空中飘浮进入大海"。[15]然而,当"回头看"的时候,人们不得不承认,科学家的建议成了准确的预言。

【科研成果的缺陷与误导难以避免】 我国在西部进行了多年的研究,具有丰厚的科研积累,但由于数据与分析的不完整性,我们尚不能说所有的科学问题都解决了。目前的科学研究

---

① 朱春泉:在CCICED林草课题组上的讲话,2000年7月。
② 刘敬:"西部大开发中的三大科技问题",《光明日报》,2000年4月25日。

还存在着一些空挡,如目前的监测只能反映植被变化,而不能反映地下水和土壤结构变化。在草地承载量方面,由于过高估计造成的技术误导,使草地超载过牧问题更为严重[①]。我们对生态系统退化、恢复与演替还缺少最基础的监测数据,目前尚没有足够的数据来说明目前的生态恢复计划是切实可行的。

【科学没有偏见,但不能说科学家没有偏见】 由于科学研究缺乏足够的独立性,科学家会跟着政治家走,出于服务于"国家大局"的考虑,一些科学家的研究成果成为政府决策的脚注。科学家也会跟着项目走,在市场经济的大潮中,许多科学家也不得不"自谋生路"、"自找项目",拿了人家的钱,自然要替人家说话,于是乎,承担项目的科学家大多都会给资助单位一个"满意的"说法,比较典型的莫过于"环境影响评价"和各式各样项目的评审意见。

【科技支撑的"经费问题"】 在1998年实施的生态环境建设重点县项目中,虽然重视科技支撑问题,但当时的科技支撑是"免费的",因为在项目投资方案中,并没有"科技支撑"细目。在科学家一再呼吁下,在退耕还林还草计划中,人们高兴地看到了在投资预算中出现了"科技支撑"的字样。然而稍加分析便不难看出,这种科技支撑仍然是"弱支撑"。这是因为,在投资结构中,前期规划、工程管理与科技支撑三者共占基础设施建设投资的3%,2000年的总经费为2600万元,所占份额少;同时,科技支撑又是与前期规划、工程管理捆绑在一起的,没有多少人会相信,各地的林业主管部门会压缩自己的前期规划与工程管理份额,来保障"强有力的"科技支撑。

4. 生态建设的经济保障问题

从理论上讲,生态恢复与经济发展是一致的。这种一致性主要表现在两个方面,一是在生态严重退化地区,没有生态效益就没有经济效益,二是没有经济效益,生态效益也没有保障。由于生态恢复计划需要经济实力作为保障,但目前这种经济保障并不理想。

【食物安全问题仍然是生态恢复所面临的首要问题】 虽然全国粮食等主要农产品实现了"总量大体平衡、丰年有余",但西部地区的食物安全问题并没有根本解决。1998年西部十省区只有四川、宁夏和新疆超过了人均粮食400公斤的食物安全标准。青海、贵州等省区人均粮食还只有255公斤和301公斤,许多农民还没有解决温饱问题,食物安全仍然是生态恢复所面临的首要问题(表12—15)。

表12—15 西部地区人均粮食生产情况
Table 12-15 Grain Production Per Capita in the West in Selected Years

年份	四川	贵州	云南	西藏	陕西	甘肃	宁夏	新疆	青海
1953	275	249	276	151*	298	237	283**	295	202
1984	403	258	298	251	345	268	378	368	251
1998	402	301	318	337	362	346	548	479	255

注:①四川包括重庆市;② * 为1959年数字;③ ** 为1957年数字。

---

① 于秀波:"中国可持续食物安全研究",中国科学院地理与湖泊研究所(博士论文),1999年3月。

【贫困问题增加了生态恢复的难度】 目前实施生态恢复计划的荒漠化地区、严重水土流失区与草地退化区等,都是我国贫困地区与贫困人口比较集中的地区。全国5800万贫困人口,绝大部分分布在水土流失严重的地区[①]。全国超过1/6的国家级贫困县和1/4的农村贫困人口集中在荒漠化地区。草地退化的北方农牧交错带共有205个县(旗),其中,少数民族县占25%,贫困县占65%[②]。"八七"扶贫计划中的西部地区贫困县分布如图12—7。

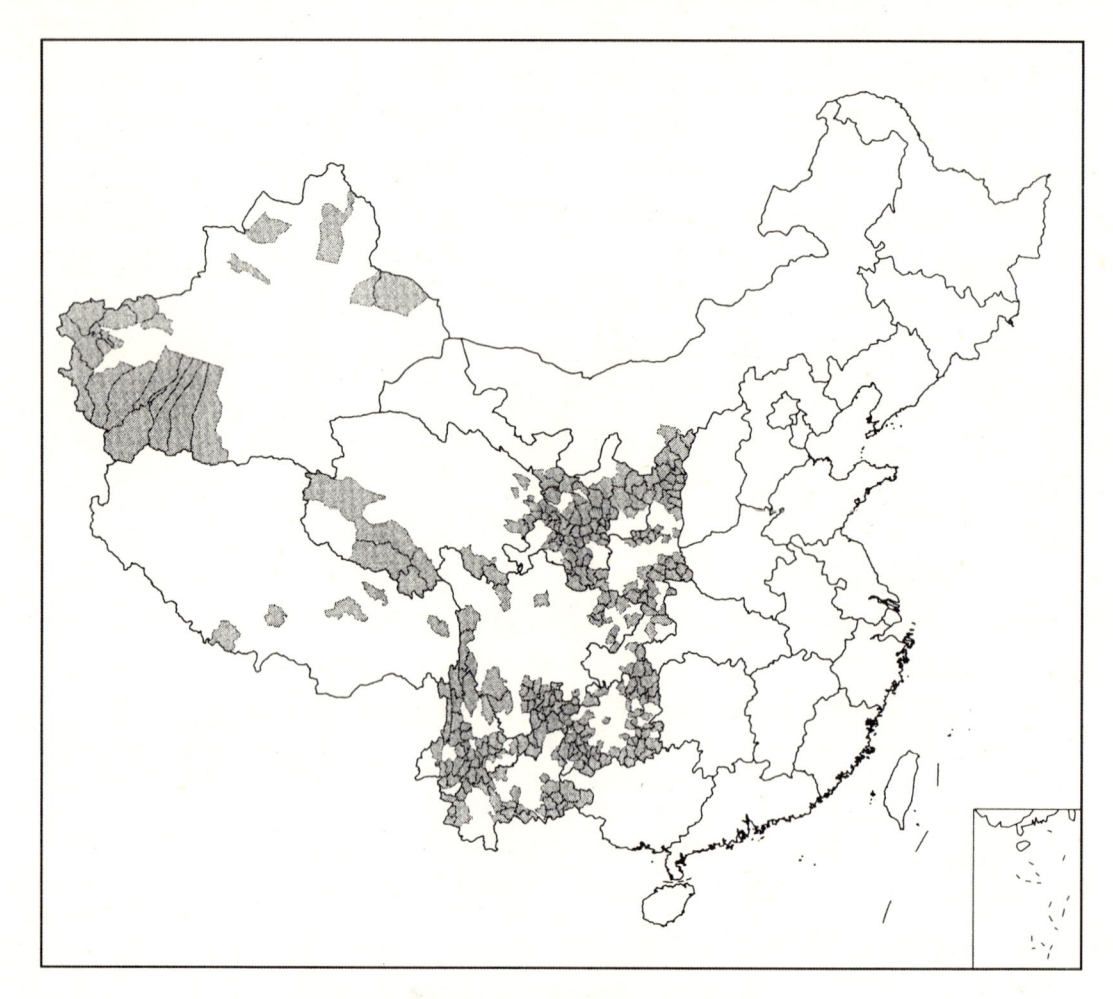

图12—7 "八七"扶贫计划中的贫困县分布(1994)
Figure 12 – 7 Spatial Distribution of Counties Referred by
National Poverty Relief Plan in 1994

当这些人们(指贫困、文盲与失业)在为生存而苦苦挣扎时,他们除了继续那些可能破坏环境与资源的活动以外,没有别的选择,而这些恰是他们生活依赖的基础和维系他们生存的基本

---

① 水利部:《全国水土保持生态环境建设规划(1998—2050)》,1999年3月,第3页。
② "科技部防沙治沙技术方案"编制专家组:《我国风沙灾害加剧的成因分析及防沙治沙科技对策》,2000年5月。

条件[16]。如果一个地区的生态安全与居住在该地区的民众的生活保障不可协调,环境退化终将继续。贫困显然增大了生态恢复的难度。

【生态恢复产生了新的社会经济问题】 在短期内,生态恢复计划对地区经济与农民生计会产生负面影响。例如,天然林保护工程已经给林区经济与林区人们生活造成了很大困难。又如,2000年实施的退耕还林还草工程,也由于耕地的减少而使地方减少了农业税等税费收入,而林草等农林特产税的税源还没有培育出来,地方经济会出现一定的滑坡。农民虽然得到了每亩20元的现金补贴,但相对于家庭支出,尤其是教育与医疗等方面的支出,无疑是杯水车薪,如果不能尽快地发展其他非农产业,农民生活水平的下降是可以预见的。地区经济发展受阻与农民生活水平下降,必然也会对生态恢复造成影响。

5. 西部地区生态环境建设的风险问题

西部地区生态恢复存在着失败的风险,这些风险概况起来有以下五个方面。

【西部开发可能加大生态保护的压力】 西部地区特别是西北地区生态环境十分脆弱,是一个生态危机区。如果再大规模开发自然资源,就可能对西部地区形成新的生态破坏,使本已经十分脆弱的生态环境雪上加霜。同时,西部地区资源开发可能造成的生态破坏不仅影响西部地区,而且对中东部地区的生态环境也将产生巨大的影响。西部大开发不能以牺牲生态环境为代价,换取一时的经济发展。

【生态建设规划水平低】 首先,生态建设是一项比较复杂的工程,目前正在实施的生态建设计划有生态环境建设重点县、"长治"工程、"长防"工程、天然林保护工程、退耕还林、小流域治理、防沙治沙工程等,由国家计委、水利部、国家林业局、国家环保总局、农业部等多个部门负责,部门分隔问题突出。其次,由于生态建设主要由中央财政投资,许多地区与部门希望在中央投资这块"大蛋糕"上多切一块,因此,在制定计划时,片面强调项目的规模,而忽略了规划的科学性与可行性。由于不同地区与部门之间缺乏相互协调,造成一些地区资金投入很多,而另一些地区却没有任何资金投入,造成人为的不公平和不合理现象。再次,很多生态建设重点地区也是贫困地区,国家和地方的生态建设投入没能很好地与扶贫工作结合起来。而且,生态建设计划的制定与出台往往比较仓促,缺少强有力的数据支撑与科学论证,还没有实现规划过程的科学化。所有这些都说明,我国生态规划的水平亟待提高。

【难以达到预期目标】 由于在项目规划、管理、科技支撑与经济政策方面的失误或偏差,或者人类无法抗拒的自然灾害等,使原定目标难以实现。由于生态环境建设的综合性,难免出现注重问题的一个方面而忽视其他方面,有些可能还是非常重要的方面。例如,关于"种树"与"种草"的问题,许多地方片面强调"种树"而忽视"种草",在水分不足的干旱区也种上了树,很可能再次出现"多年种树不见树"的情况。另外,也有一些地区在生态恢复中片面强调经济效益而忽视了生态效益,生态林变成了经济林,并没有起到所期望的保持水土、防风固沙的生态屏障作用。

由于生态恢复可能使地方经济受阻与农民生活下降,地方政府与农民参与的主动性并不乐观,如果没有广泛的参与,任何生态恢复计划都是难以实施的。例如,1983年胡耀邦在榆林提出"反弹琵琶",退耕还草。1983~1986年的"三西建设",新增200万亩草地,草种起来,畜没有跟上去,农民并没有从中得到实惠,"反弹琵琶"战略并没有达到预期目标。

【巩固生态环境建设成果的难度大】 实施生态恢复计划的地区一般都是生态脆弱区和贫困区,在生态建设中,必须强调生态效益与经济效益的统一。但生态建设的经济效益绝不能仅仅体现为政府的补贴。在实地调查中,已经出现了退耕的农民过于依赖政府补贴的情况,当问道"当政府不补贴粮食与钱时,怎么办?"许多农民会毫不犹豫地回答:"上山砍树种粮呗,那还怎么办?"可见,生态恢复与食物安全的矛盾是十分明显的。

退耕还林还草等生态恢复活动使耕地减少,林地与草地增加,耕地的减少自然会减少粮食生产,影响农民生活。虽然目前是实施生态恢复计划的良好时机,但我国粮食生产,特别是西部地区抗御旱涝等自然灾害的能力还不强,粮食生产的综合能力并不稳定,一旦粮食又出现了紧张的情况,自然会减少粮食补贴,由于农民对粮食的需求是刚性的,难免会使农民重新开垦已退耕的坡耕地。由此可见,巩固生态建设成果的难度还很大。

【生态环境建设的速度赶不上退化速度】 几十年来形成的大面积搞生产,小面积搞生态的模式,正是"局部治理、整体恶化"的根本原因。到目前为止,西部地区生态治理的速度仍赶不上生态退化的速度。受传统土地利用方式与产业结构的影响,西部地区资源利用结构难以做出"革命性"的调整,特别是在生态资源利用方面(如草地等),人们对资源的利用是自私而且缺乏理智的,这就是公共牧场的悲剧,即每一个放牧人拼命使用公共资源以追求个人利益的最大化,其结果导致公共资源的过度掠夺和消耗,使所有人的利益受损。因此,如果现行的资源利用方式不改变,公共牧场的悲剧还将一再发生,生态环境仍将呈现为"局部改善、总体恶化"的格局。

第四节 结论与建议

1. 充分认识西部地区生态环境建设的长期性

西部地区生态退化是长期自然演化与人类活动共同作用的结果。退化生态系统的恢复需要一个过程,其规模和速度受到水资源与国家财力的制约,所有这些都决定了西部地区生态恢复是一个长期过程,期望三年五年解决问题是不现实的。

【生态系统结构与功能的恢复需要一个过程】 生态恢复不能一蹴而就,并不是简单地退耕、种草、种树就万事大吉了,生态系统结构与功能的恢复需要一个过程,在生态脆弱地带,这个过程更长。例如,西南喀斯特地区植被一旦破坏,土壤就很快流失,几厘米厚的土壤很可能在一个雨季流失殆尽,而形成这样的1毫米厚的土壤则需要400多年。

【现有退化生态系统的恢复需要很长时间】 西部地区生态退化面积很大,而且目前我国生态环境恢复的速度尚赶不上退化速度,生态环境呈现出加速退化的态势。假定生态环境不再退化,现有退化生态系统的恢复也需要很长时间。以退化草地恢复为例,按照1986~1996年间草地治理的速度,全国现有退化草地要采用人工种草与草地改良的方式治理一遍,需要

144年。其中,草地退化较为严重的新疆、宁夏与青海分别需要223年、215和134年,西藏则需要2414年,甘肃更是遥遥无期①。这种状况说明,退化草地的恢复是长期的。同样,现有的荒漠化与水土流失治理也是不能在短期能完成的。

【生态恢复受到水资源不足的制约】 西北地区年均降水总量为7493亿立方米,约占全国的12.1%,年平均水资源总量为2254亿立方米,约占全国水资源总量的7.8%,人均2558立方米,亩均933立方米②。

叶笃正院士指出,西北开发,在资源方面,水是第一位的。有水就有西北的大开发,没水就没有西北的大开发③。曲格平教授也指出,应按照"以水定地,以水定人口,以水定发展规模"的原则[17]。水资源严重不足是西部地区,特别是西北地区生态恢复、经济发展、城市建设和提高人民生活矛盾的焦点④。

【生态环境建设的规模受国家财力的制约】 生态恢复是要花钱的,而目前生态恢复的投资主要由中央财政支付,因此,生态恢复的规模与速度与中央财力有很大关系。以退耕还林还草为例,退耕补贴5年的平均成本为1111.4元/亩,补贴10年的平均成本为2047.4元/亩。按照国土资源部的资料,全国15～25度坡耕地面积1.9亿亩、25度以上的9100万亩⑤,按照25度以上坡耕地退耕并补贴5年计算,需要中央静态投资1011.37亿元,按照15度以上坡耕地全部退耕并补贴10年计算,需要中央静态投资3890.06亿元。除了退耕还林还草以外,国家还启动了天然林保护工程、防沙治沙工程、生态建设重点县工程以及退田还湖工程等生态恢复项目,所需要的投资规模也与退耕还林还草不相上下。如此巨额的资金要在短期内由中央财政承担是困难的,因此,由于受到国家财力的制约,生态恢复必然是一个长期的过程。

2. 加强生态环境建设的科技支撑

【我国在西部生态环境恢复的科学积累】 自50年代起我国就在黄土高原开展了长期水土流失治理的研究与示范。特别是"六五"至"九五"期间,国家加大了对该地区研究、开发与示范的投入力度,形成了以小流域综合治理为特色的水土流失治理模式⑥。

50年代末期,我国在宁夏沙坡头、内蒙古磴口、陕西榆林、甘肃民勤、青海沙珠玉和新疆莫索湾建立了六个治沙综合实验站⑦。积累了一些治沙的有效技术和治理模式,如引水拉沙造田(在黄河沿岸应当停止)、干旱地区营造林技术、半干旱地区固沙技术、窄林带小网格防护林营造技术、沙障加生物固沙技术、沙地衬膜水稻技术、草场改良技术、沙区铁路公路防沙技术等。

---

① 于秀波、李维薇:"更新中国环境战略报告:草地退化",世界银行与国家环保总局,2000年3月。
② 国家科委"九五"攻关项目96—912课题研究成果资料。
③ 叶笃正提供给中国科学院地学部的书面材料。
④ 中国科学院地学部:"西部开发中值得注意的几个问题",2000年4月。
⑤ 郑振源:"中国西部的土地利用方式",国土资源部,2000年7月。
⑥ 孙鸿烈等:"黄土高原的可持续农业与农村发展:面向未来的规划",CCICED可持续农业课题组年度工作报告,1999年10月。
⑦ "科技部防沙治沙技术方案"编制专家组:《我国风沙灾害加剧的成因分析及防沙治沙科技对策》,2000年5月。

【正确理解"山川秀美",按照科学规律进行生态环境建设】 生态恢复的目标是"山川秀美",但对"山川秀美"也要科学理解。"山川秀美"并不是要将所有的沙漠变绿洲,所有的高山与戈壁披绿装,因为这明显违反我国水热土状况的地区性差异所决定的荒漠、草原和森林植被的地带性分布规律。"山川秀美"工程的基本目标是恢复由水土热状况所决定的自然植被的地带性分布。其基本要求是按照自然地带的基本规律进行植被重建,提高植被覆盖率,减少水土流失,抑制草原退化和土地沙化。"退耕还林还草"是现阶段实施"山川秀美"工程的主要任务,充分考虑水分条件是科学地进行生态环境建设的基本前提[①]。

【完善研究、开发、示范与推广体系】 研究、开发、示范与推广是指立足于科技创新,对生态恢复重建过程中区域性重大问题进行研究,开发生态建设的关键技术,建立试验示范基地和培训推广网络,为西部地区生态环境建设提供科学依据与技术支撑。

3. 强化西部地区生态环境建设的政策保障

【确保一定数量的基本农田依然是必要的】 为了确保人民的生活和基本食物需求,确保退耕还林还草的土地不反弹,长江流域每人至少要有1亩耕地,黄河流域每人至少要有2亩耕地。保持一定的农业生产综合能力是完全必要的。

【土地利用调整与替代产业发展是核心】 在基本农田保障的基础上,要积极主动地调整土地利用结构,发展替代产业。在传统土地利用方式之下,陡坡和其他边际土地的垦殖造成了天然植被的破坏,带来了严重的生态环境问题。因此,森林和草原等植被的恢复必须改革传统的坡耕地种植方式,代之以可持续的土地利用方式,改变传统的农业生产,发展替代产业。

【用经济手段进行生态环境建设】 目前西部地区正在实施"退耕还林(草)、荒山绿化、以粮代赈、个体承包"的生态恢复计划。其中"以粮代赈"体现了政府运用经济手段,而不单纯是行政手段进行生态恢复的政策转变,这种财政补贴在一定程度上是政府对农民生态补偿的一种反映。由于土地利用结构调整与替代产业发展需要一个过程,在这个过程中,政府财政补贴可以保障农民的基本生活,确保生态恢复沿着政府希望的方向发展。类似的政策也将在防沙治沙等相关生态恢复计划中实施。除了财政补贴这一经济手段外,今后还应在税收、信贷、财政转移支付等方面,进一步发展与完善生态环境建设的经济手段,逐步实现用经济手段来管理与建设生态环境。

【完善西部地区生态环境建设的政策体系】 生态环境建设是一项长期而复杂的系统工程,它面对着生态脆弱区的千家万户的农民以及经济欠发达的地方政府,仅有政府公共投资与财政补贴政策还是不够的,迫切需要建立并完善一套完整并能延续的政策体系,来确保西部地区生态环境建设顺利进行。除了经济手段以外,还应改善政府的行政管理,使政府跳出"项目管理"范畴。如果政府通过行政命令来直接参与千家万户的生态恢复活动,其效率将难以提高,也难以减少公共投资中的腐败行为。政府可以制定一些法律法规、行政命令(如禁止搂发菜、挖甘草等)、产业政策等手段,完善生态环境建设中的行政管理。信息披露与公众参与是生

---

① 中国科学院地学部:"关于西部开发的几个问题",2000年4月。

态环境建设必不可少的管理手段,通过教育、宣传、培训等手段,提高生态环境建设中的信息公开程度,通过参与式规划等手段,提高公众(特别是农民)的参与程度。

参考文献

[1] 中国科学院可持续发展研究组:《1999 中国可持续发展报告》,科学出版社,1999 年。
[2] 钱云等:《新疆绿洲》,新疆人民出版社,2000 年。
[3] 沈孝辉:"历史上的西部开发———一条警示之路",《地理知识》,2000 年第 5 期。
[4] 李俊梅、费宇、王宏镔等:"云南森林生态破坏的经济分析",《云南环境科学》,1999 年第 4 期。
[5] 贵州省环境保护局:《自然保护与社区发展》,贵州民族出版社,1999 年。
[6] 国家环境保护总局:"1999 年中国环境保护工作若干进展",《环境保护》,2000 年第 7 期。
[7] 邓晴:"滇池流域生态环境现状及保护措施",《云南环境科学》,1998 年第 3 期。
[8] 国家环境保护总局:"1999 年中国环境状况公报",《环境保护》,2000 年第 7 期。
[9] 段昌群、王焕校、高圣义:"云南可持续发展的若干生态约束及优先研究领域",《云南环境科学》,1999 年第 3 期。
[10] 朱天开:"加强环境保护,坚持走可持续发展道路",《四川环境》,2000 年第 2 期。
[11] 陈国阶:"从可持续发展战略论四川的生态环境建设",《四川环境》,2000 年第 2 期。
[12] 雷享顺:"积极保护长江上游生态环境",《中国·人口资源与环境》,2000 年第 1 期。
[13] Sun Honglie, Berniard Sonntag: Sustainable Agricultural and Rural Development of Loess Plateau: Planning for the Future. in: *Land use and Sustainable Development in Loess Plateau*, *Northwest China*, China Environmental Science Press, 2000.
[14] 李守德:"我国草业发展的成就、任务与对策",《中国草地》,1997 年第 4 期。
[15] 竺可桢:"论我国气候的几个特点及其与粮食作物生产的关系",《地理学报》,1964 年第 1 期。
[16] G.H.布伦特兰:"全球变化与我们共同的未来",《一个地球 共同的未来》(西尔弗等著),中国环境科学出版社,1999 年。
[17] 曲格平:"西部大开发与可持续发展",《中国科技月报》,2000 年第 6 期。

附件一

近年来全国区域发展状态分析评价与类型划分

90年代是我国建国以来经济发展最为辉煌的时期;国家综合国力大幅度提升,成为世界瞩目的、快速成长的经济大国。其突出表现为以下几个方面。

【经济增长是历史上最快的时期】 1990~1999年全国GDP年均增长速度高达10.5%(按国家统计局公布的全国GDP总量计算,若按地区汇总数计算则高达12.2%),比80年代高出1.2个百分点。9年间GDP总量增加了近1.5倍(国家统计局数),人均GDP也增加了1.2倍,人民生活水平迅速提升。

【产业结构升级迅速】 第一产业占GDP的比重由1990年的27.1%快速下降到1999年的17.3%左右,平均每年降低1.1个百分点;第二产业比重则由41.6%上升为49.7%。工业经济的发展也由80年代以轻纺工业为主导,进入了以机电工业为主导的阶段(即工业化中后期)。

【对外贸易发展迅猛,贸易赢余不断增加,外汇储备有巨大改观】 1990年我国进出口总额只有1154亿美元,1999年上升到3607亿美元,成为世界第十贸易大国。而且,出口结构升级快,1999年机械及运输设备类产品已经占外贸出口的41.9%,成为远超过其他产品的第一大出口商品群(表1)。另外,贸易顺差逐年上升(除1993年为逆差外),使国家外汇储备超过了1540亿美元,彻底改变了80年代外汇极为紧张的局面,是国家实力增加的重要标志。

表1 我国主要出口商品群(%)
Table 1 Structure of Export in China

年份	初级产品	#食物类	矿燃料	工业产品	#化学类	机械类	纺织及其制品
1980	50.3	16.4	23.6	49.7	6.2	4.6	NA
1985	50.5	13.9	26.1	49.5	5.0	2.8	19.4
1990	25.6	10.6	8.4	74.4	6.0	9.0	22.3
1999	16.2	2.2	5.4	83.8	14.5	41.9	20.7

资料来源:《中国统计年鉴》(相应年份)。
NA:数据不详。

【经济增长的所有制结构变化十分明显】 以工业为例,1999年国有及国有控股企业占工业总产值的比重只有27.3%,而1990年这一比例为54.6%。表明非国有经济是90年代我国经济高速增长的主要贡献力量。

【生产活动正在迅速融入全球生产体系中】 这一方面表现为上述外贸的增长,另一方面体现在跨国公司在我国的投资迅速增加。1991～1999年外商在我国的实际投资额达到2869亿美元,使我国在90年代一直是发展中国家接受外资的第一大国。此外,近年来我国对外投资也迅速上升(特别是家电行业)。

当然,伴随这些辉煌的经济增长的成就,也出现了一系列问题。其中,地区间发展不平衡和地区差距不断扩大是比较突出的问题之一。以下将简要回顾90年代我国区域发展与区域差异的过程,根据1998年数据对区域发展进行类型区划分。需要说明的是,由于近几年国家统计局公布的主要经济总量指标与地区汇总数有较大出入(低于汇总数),为了使地区间在名义上具有可比性,本报告采用的GDP总量及其增长速度除了特别标明外均为地区汇总值。另外,考虑到历史数据的可比性,在过程分析中将重庆并入四川。

一、90年代以来我国区域发展与区域差异的过程

80年代的农村改革和城市经济体制初步改革释放了多数地区经济发展的潜在能量,特别是广东、浙江、福建、江苏、山东、海南等沿海省份,带动了全国的高速经济增长。但到80年代末,改革积累的各种矛盾与问题及其爆发造成的外部环境变化,使全国经济发展进入了一个低谷期。1989～1990年全国GDP增长速度只有3.95%。1992年邓小平同志"南方"讲话,特别是鼓励一部分地区先富裕起来和继续推进改革开放的战略思想再次调动了地区发展经济的积极性。1992年和1993年形成了我国经济超高速增长的特殊时期,GDP增长速度分别达到14.2%和13.5%(国家统计局数)。上述几个沿海省份经济增长势头更强,速度都在18%以上。虽然1993年下半年开始实施宏观调控,但主要措施均依靠经济体制的深入改革和市场机制的建立,经济增长没有出现突然性"硬"回落。1994年和1995年全国GDP增长速度仍分别达到12.6%和10.5%。这与中央确立建设社会主义市场经济的战略目标和国家领导人的战略智慧是分不开的。

整体上看,"八五"是我国经济增长最快的时期之一,GDP年均增长速度高达12%(国家统计局数),为原计划的一倍。但是,在这一轮经济超高速增长过程中,突显了老工业基地和部分偏远省区经济增长活力差的问题,包括辽宁、黑龙江、青海、甘肃、宁夏、贵州等。这些省份"八五"期间GDP增长速度基本都低于全国平均水平20%以上,是增长最快的省份速度的一半左右。这一轮增长还结束了我国的"短缺经济"时代,到"九五"期间绝大部分产品均由"卖方市场"变为"买方市场",一般工业品生产能力过剩问题十分普遍。无论是上述经济增长的"明星"省份,还是老工业基地都同样面临着结构调整;启动消费、刺激经济增长成为全国及各地区经济发展中的新问题。同时,受亚洲金融危机的影响,1997～1998年沿海出口依赖度较高的省份(如广东)经济增长受到较大影响。

因此,"九五"期间地区经济增长的基本特点是,"八五"经济增长"明星"省份相对速度有较大幅度回落,经济增长最慢的"问题"省份(如黑龙江、青海、甘肃、陕西)相对速度比"八五"有较大提高。到1999年,绝大多数省份经济增长速度差别缩小到2个百分点(表2);增长最快的

表2 各省区市不同时期经济增长速度排序

Table 2 Economic Growth Rate by Provinces in Different Periods in China

指标 时期	NI年均 增长速度 1952~1978	相对 速度		GDP年均 增长速度 1978~1990	相对 速度		GDP年均 增长速度 1990~1999	相对 速度	GDP 增长速度 1999	相对 速度
上升型										
(1) 北京	12.54	1.99	(1) 浙江	11.94	1.42	(1) 福建	16.1	1.32	10.0	1.14
(2) 上海	8.66	1.37	(2) 西藏	11.81	1.41	(2) 浙江	15.4	1.26	10.0	1.14
(3) 青海	7.74	1.23	(3) 广东	11.29	1.35	(3) 广东	15.1	1.24	9.4	1.07
(4) 天津	7.36	1.17	(4) 江苏	11.06	1.32	(4) 江苏	14.4	1.18	10.1	1.15
(5) 辽宁	7.29	1.15	(5) 福建	10.49	1.25	(5) 山东	14.2	1.16	10.1	1.15
(6) 陕西	6.98	1.11	(6) 山东	9.91	1.18	(6) 河北	13.2	1.08	9.1	1.03
			(7) 新疆	9.88	1.18	(7) 海南	12.9	1.06	8.6	0.98
			(8) 云南	9.33	1.11					
			(9) 河南	8.99	1.07					
			(10) 安徽	8.89	1.06					
			(11) 湖北	8.89	1.06					
基本稳定型:										
(7) 黑龙江	6.33	1.00	(12) 贵州	8.31	0.99	(8) 安徽	12.6	1.03	8.1	0.92
(8) 宁夏	6.20	0.98	(13) 宁夏	8.21	0.98	(12) 上海	12.3	1.01	10.2	1.16
(9) 云南	5.96	0.94	(14) 北京	8.16	0.97	(9) 江西	12.2	1.00	7.8	0.89
(10) 新疆	5.78	0.91	(15) 吉林	8.14	0.97	(10) 湖北	12.1	0.99	8.3	0.94
(11) 甘肃	5.77	0.91	(16) 内蒙古	8.11	0.97	(11) 广西	12.1	0.99	8.3	0.94
(12) 山东	5.73	0.91	(17) 山西	8.09	0.97	(13) 河南	11.7	0.96	8.1	0.92
(13) 浙江	5.72	0.91	(18) 江西	7.96	0.95	(14) 天津	11.6	0.95	10.0	1.14
(14) 内蒙古	5.69	0.90	(19) 四川	7.87	0.94	(16) 北京	10.8	0.89	10.0	1.14
			(20) 河北	7.87	0.94					
			(21) 陕西	7.76	0.93					
下降型:										
(15) 江苏	5.56	0.88	(22) 甘肃	7.45	0.89	(15) 湖南	10.7	0.88	8.3	0.94
(16) 吉林	5.52	0.87	(23) 湖南	7.23	0.86	(17) 吉林	10.5	0.86	8.1	0.92
(17) 福建	5.42	0.86	(24) 上海	7.16	0.85	(18) 四川	10.2	0.84	5.6	0.64
(18) 河南	5.36	0.85	(25) 广西	7.16	0.85	#重庆	NA	NA	7.6	0.86
(19) 河北	5.33	0.84	(26) 辽宁	6.89	0.82	(19) 西藏	10.1	0.83	8.5	0.96
(20) 广东	5.32	0.84	(27) 天津	6.86	0.82	(20) 新疆	9.9	0.81	7.1	0.81
(21) 湖南	5.19	0.82	(28) 黑龙江	6.23	0.74	(21) 山西	9.7	0.80	6.1	0.69
(22) 山西	5.17	0.82	(29) 青海	5.90	0.70	(22) 内蒙古	9.8	0.80	7.7	0.88
(23) 湖北	5.12	0.81				(23) 云南	9.5	0.79	7.1	0.81
(24) 四川	5.01	0.79				(24) 甘肃	9.5	0.79	8.3	0.94
(25) 广西	4.99	0.79				(25) 辽宁	9.5	0.79	8.1	0.92
(26) 贵州	4.61	0.73				(26) 陕西	9.0	0.74	8.0	0.91
(27) 江西	4.60	0.73				(27) 贵州	8.7	0.71	8.3	0.94
(28) 安徽	3.56	0.56				(28) 黑龙江	8.4	0.69	7.5	0.85
						(29) 宁夏	8.4	0.77	8.7	0.99
						(30) 青海	8.1	0.66	8.2	0.93
全国合计	6.32	1	全国合计	8.38	1	全国合计	12.2	1	8.8	1

注:西藏无1952~1978年数据;NA——不适用;1997年后全国GDP按省区市数据汇总计算。

上海、江苏、浙江、山东、北京、天津和福建速度为10.2~10%,最慢的四川(不含重庆)和山西速度分别为5.6%和6.1%,其余省份速度基本在7~9%之间。陕西、甘肃、贵州、宁夏和青海的增长速度超过了8%。值得提出的是,80年代一直处于相对衰落状态的上海和天津,在90年代(特别是"九五"以来)经济增长表现出色,速度高于全国平均水平。1999年,上海GDP增长速度高达10.2%,天津也达到10%,均属全国增长最快的组群。应该说,到90年代末,上海、北京和天津在经济结构调整上都取得了较大成效。而沿海其他发达省份经济增长速度回落与其结构性问题尚未解决密切相关。海南与广西增长速度大幅度滑落则是房地产热造成的泡沫经济破灭引发的。1998年海南经济增长开始有所恢复,达到8.3%;1999年上升为8.6%,是近5年来的最高值。

如果说90年代上半期的超高速增长主要表现为改革开放政策释放或刺激了部分地区潜在的增长能量的话,那么90年代后期地区经济增长的差别主要体现为地区自增长能力(投资能力、技术创新能力和市场能力)的强弱和结构性调整成效的差异。经过十几年的快速增长,沿海多数发达省份已经具有了自增长能力,其发展的差异来自结构调整的效果;而中西部不少欠发达省份仍没有建立自增长能力,还主要依赖于外部力量。

总的来看,90年代我国区域差异发展过程的基本特点主要有以下几方面。

【省际经济发展水平绝对差异上升速度是建国以来最快时期】 1990~1998年,按可比价格计算,省际人均GDP标准差增加了1.3倍,年均增加速度达10.9%(80年代只有1.5%)。不计京津沪三个直辖市,绝对差异增加速度更快,同期增加了2.1倍,年均增加速度高达15.3%(80年代为7%)。其中,1991~1993年绝对差异扩大最快,原因在于"起跑效应"[①]。1990年人均GDP最高的广东与最低的贵州相差1727元(当年价),1998年最高的浙江与最低的贵州相差8929元(当年价),即使扣除物价上涨因素,省际人均GDP绝对差距的扩大速度也是十分惊人的(图1)。

【省际经济发展水平的相对差异总水平呈反弹状态】 这是改革开放以来的首次(图2),表明绝对差距的扩大速度快于全国人均GDP的增长速度。1990~98年省际人均GDP变异系数由0.64上升到0.82,相对差异状态回升到80年代中期的水平,反映出"高者快、低者慢"的地区经济发展总体状态。另外,省际人均GDP的极差也呈回升趋势。1990年为3.12,1998年上升到4.85(不计京津沪),处于建国以来的高位值(图3)。

【东中西地带间经济发展水平的差异迅速扩大】 1990年中西部GDP合计占全国的46%,而1999年下降到41.3%(表3)。1990~1999年东部地区GDP实际年均增长速度高于中部2.5个百分点,更高于西部4个百分点。由此形成的人均GDP的差异就更突出了。1990年,东部地区人均GDP是中部的1.57倍,西部的1.84倍,而1999年分别上升到1.86倍和2.38倍。造成差距迅速扩大的原因,我们认为主要在于区位因素与全球化趋势的结合。这一点可以从外商直接投资(FDI)的地区分布得到一定程度的验证:中西部地区FDI的份额一直未超过15%。

---

① 陆大道等:《1997中国区域发展报告》,第23页,商务印书馆,1997年。

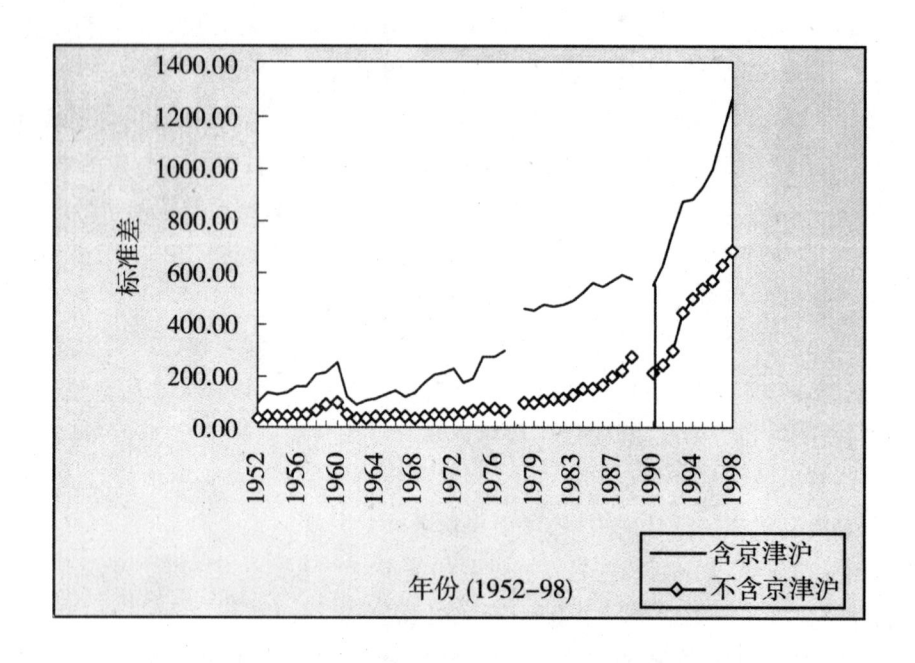

图1 省际人均 NI(1952~1977)/GDP(1978~1998)绝对差异变化过程
Figure 1 Disparity of NI (1952—1977)/GDP(1978—1998) Per Capita Among Provinces

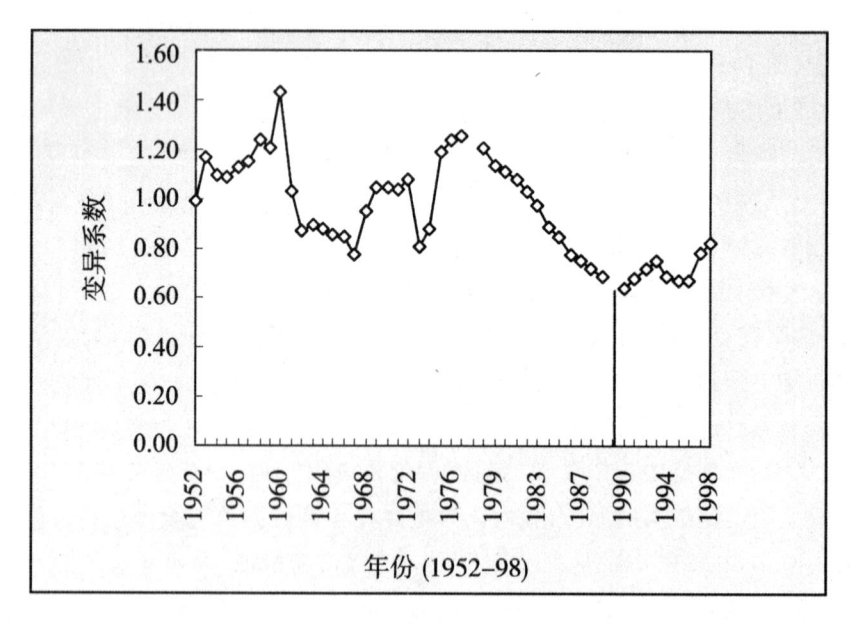

图2 省际人均 NI(1952~1977)/GDP(1978~1998)相对差异变化过程
Figure 2 Relative Disparity of NI (1952—1977)/GDP(1978—1998) Per Capita Among Provinces

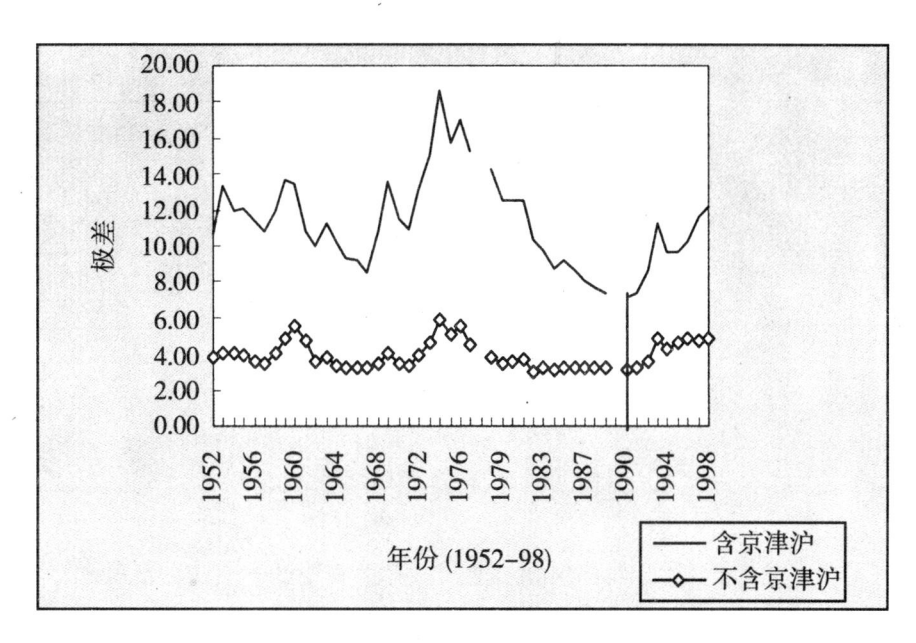

图3 省际人均 NI(1952~1977)/GDP(1978~1998)极差变化过程
Figure 3 Extreme Gap of NI (1952—1977)/GDP(1978—1998) Per Capita Among Provinces

表3 我国东中西三大地带经济发展水平比较
Table 3 A Comparison of Economic Development between the East, Middle and West Regions

指标	GDP 份额(%)		GDP 相对速度(%)	人均 GDP(元、现价)	
年份	1990	1999	1990~1999	1990	1999
东部地区	54	58.7	1.11	2099	10212
中部地区	30	27.5	0.90	1341	5478
西部地区	16	13.8	0.78	1143	4288

资料来源:《中国统计年鉴》(相应年份)。
注:相对速度为与全国平均值的比值。

【南北地带间经济发展水平的差异也越来越明显】 这里北方地区指东北、华北和西北以及河南、山东两省。80年代之前北方地区一直是国家建设的重点地区,人均GDP长期较大幅度高于南方地区。这种状况在80年代随着南方沿海地区率先实施改革开放政策有所缓和。1990年北方地区人均GDP仍高于南方9%左右。但1990年以来,北方地区经济增长一直落后于南方。其中,大部分受结构性问题困扰的老工业基地都分布在北方地区,使北方在全国GDP中的份额不断下降,由1990年的44.5%降到1999年的41%,人均GDP已变为南方地区高于北方5%左右。在沿海地区内部,南北之间也存在类似的情况(表4)。如果说90年代以前南北差异主要是结构差异,那么90年代以来南北差异主要表现为发展水平的不同。

表4 我国南北地带间经济发展水平比较

Table 4 A Comparison of Economic Development between the North and South Regions

	指标	人均GDP(现价)		GDP增速(%)	GDP份额(%)		人口份额(%)	
	年份	1990	1999	1990~1999	1990	1999	1990	1999
全国	北方	1688	6927	11.3	44.5	41.0	42.3	41.6
	南方	1551	7257	13.0	55.5	59.0	57.7	58.4
沿海	北方	2080	9176	12.4	43.3	38.7	43.7	42.9
	南方	2113	10907	14.5	56.7	61.3	56.3	57.1

资料来源:《中国统计年鉴》(相应年份)。

注:北方包括东北、华北和西北以及山东、河南两省;增长速度为地区汇总数。

二、近年区域发展状态评价

从上述分析可见,90年代是我国区域发展状态与差异变动十分剧烈的时期。在《1997中国区域发展报告》中,我们曾经利用一系列指标对90年代中期我国区域发展状态进行了类型区划分。下面将采用1998年数据从经济发展水平、经济发展活力、社会发展水平、生活质量和基础设施水平等5个方面对近年区域发展状态进行评价,并进行区域发展类型区的划分。需要强调的是,以下使用的指标主要是相对值(以R为代表,是地区与全国的比值),不代表绝对水平。

【省际经济发展水平评价】 1998年各省区市人均GDP水平可聚类为6组:京津沪三个直辖市为最高组,人均GDP的R值在2.2以上;浙江、广东、福建、江苏和辽宁为高收入组,人均GDP的R值在1.42~1.7之间;山东和黑龙江为上中等收入组,人均GDP的R值分别为1.23和1.14;河北、海南、新疆、湖北和吉林为下中等收入组,人均GDP的R值在0.89~0.98之间;山西、内蒙古、安徽、江西、河南、湖南、四川、云南、青海和宁夏为低收入组,人均GDP的R值在0.64~0.76之间;广西、贵州、陕西、西藏和甘肃为最低收入组,人均GDP的R值在0.61~0.35之间。总的来看,西部省份除新疆外人均GDP都低于全国平均水平的1/3以上;中部地区内部差异较大,既有较好的黑龙江、吉林和湖北等省份,也有较差的安徽和江西;沿海地区除广西外基本都是人均GDP较高的省份。

除京津沪三个直辖市和西藏、广西、贵州和海南外,其余省份非农产业比重相差不多,基本上都在全国平均水平上下10%以内,但第三产业发展水平相差较大。与1990年相比第三产业比重上升幅度较大的省份可分为4种类型:(A)城市型地区(即京津沪),产业发展逐步进入到以第三产业为主导的阶段,目前京津沪三市的第三产业比重都超过了45%;(B)工业发展相对缓慢、传统第三产业成为经济增长和就业支撑点的地区,如吉林、黑龙江、宁夏、江西、贵州等;(C)旅游业成为重要经济增长点的地区,如海南、云南等;(D)原工业高速发展、第三产业相对落后的地区,如江苏、浙江和山东,近年来出现第三产业"补课式"大发展。第三产业比重有所下降的只有河南、甘肃和青海3省。其中,河南是由于近年来工业发展迅速造成的,而甘肃、青海第三产业比重下降反映出其经济的相对萧条。

经济外向度表现出十分明显的地区差异。广东是全国吸收外资最多和经济国际化程度最高的省份。1996年高峰时期,其经济外向度高达153%,是典型的"两头在外"型经济。受亚洲金融危机的影响,1998年广东经济外向度下降到137%,但仍是全国最高的省份。另外,京津沪三个直辖市经济外向度在90年代有较大提高,1998年都超过了65%。特别是北京,1990年外向度只有16.8%,1998年上升到65%。江苏和浙江两个过去一直以国内市场为导向的省份的经济国际化程度提升也很快,1998年经济外向度分别达到32.4%和27.7%,都比1990年增加1倍以上。山东和福建经济外向度也有一定程度的增加。而海南经济外向度大幅度下降,由1990年的43.8%降到1998年的29.7%。其他省份近年来经济外向度变化不大。经济外向度在一定程度上反映出各地区适应我国加入世界贸易组织和经济全球化的经验和能力的积累。

综合上述三项指标,1998年省区市经济发展水平可聚类为6组(图4),由高到低分别是:

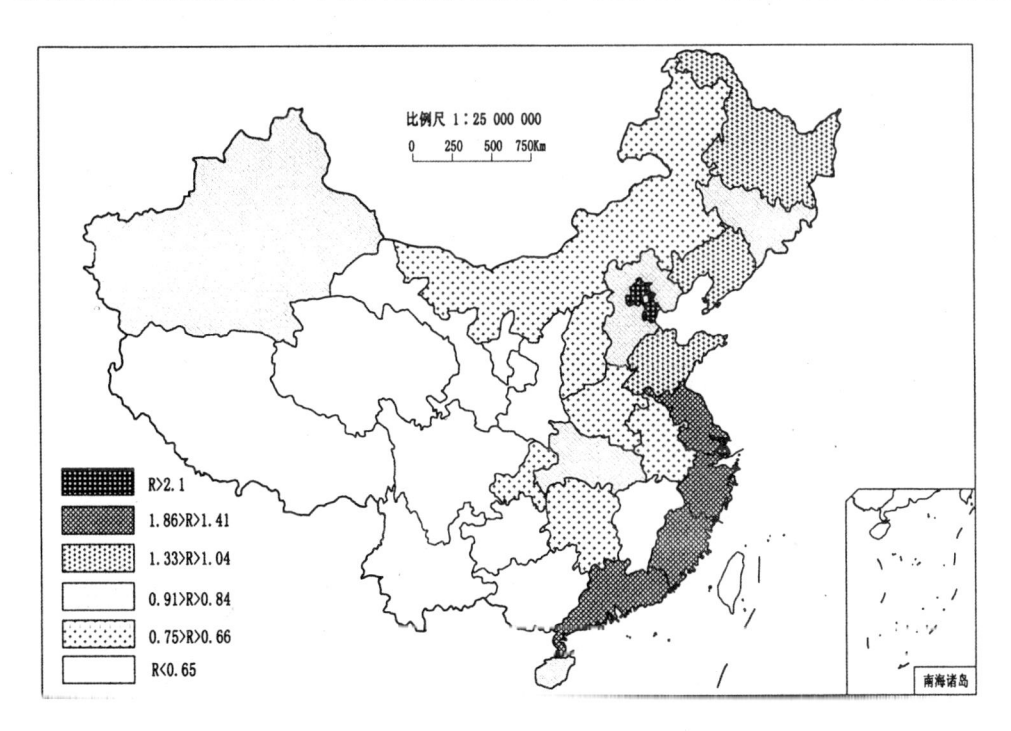

图4　1998年各省区市经济发展水平

Figure 4　Spatial Distribution of Economic Development Level by Provinces in 1998

上海、北京和天津,R≥2.1;

广东、浙江、福建和江苏,1.41≤R≤1.86;

辽宁、山东和黑龙江,1.04≤R≤1.33;

河北、吉林、新疆、海南和湖北,0.84≤R≤0.91;

山西、内蒙古、湖南、河南、重庆和安徽,0.66≤R≤0.75;

广西、江西、四川、贵州、云南、西藏、陕西、甘肃、青海和宁夏,R≤0.65。

与1990年相对经济发展水平（R值）比较，西部省份除四川和云南外均呈下降状态；中部除山西、内蒙古和吉林外都有所上升，但幅度不大；沿海内部差异较大，辽宁和海南有较大幅度下降，广西基本稳定，其余省份都有较大上升。北京在1990～1996年经济发展水平相对下降，但近两年发展很快，R值迅速上升。这与北京着力发展高新技术产业密切相关。

【省际经济发展活力评价】 1997～1999年GDP增长最快的省份仍然主要集中在沿海地区，包括福建、上海、江苏、河北、山东、广东、浙江和天津，年平均增速都在10%以上（全国为9.5%，地区汇总数），其中上海、河北超过山东、广东和浙江，位居增长最快的5个省份之首。另外，中部的湖北GDP增长速度也达到了10.5%，成为增长最快的省份之一。增长速度最低的5个省份是海南、辽宁、四川、宁夏和云南，GDP年均增速在8.4%以下。增长速度在8.5～8.8%之间的有9个省份，包括广西、吉林、新疆、山西、甘肃、陕西、贵州、黑龙江和青海。也即有近一半的省份GDP增长速度集中在7.9～8.8%，其中，青海、陕西、宁夏、贵州和黑龙江属于实际增长速度逐渐上升类型。另外，北京近年来经济增长逐年升温，1997～1999年平均速度达到9.8%，接近最快的8个省市。曾经在1995～1996年增长速度非常高的河南和江西，近3年速度已低于全国平均水平。

单从1999年GDP增长情况来看，保持两位数增长速度的只有京、津、沪3市和福建、浙江、江苏和山东4省。其中，上海取代福建成为增长最快的省份，是改革开放以来的首次。广东受亚洲金融风暴的影响较为严重，GDP增长速度降到9.4%，是该省90年代以来首次增长速度低于两位数。增长速度最低的是四川（5.6%）、山西（6.1%）、新疆（7.1%）、云南（7.1%）和黑龙江（7.5%）。重庆、江西和内蒙古经济增长表现也不佳，速度低于8%。海南增长速度恢复到8.6%，接近全国平均值（8.8%，地区汇总数）。宁夏、贵州和甘肃相对速度有较大提高，R值超过0.9。

1996～1998年固定资产投资率最高的是京津沪三市和青海、宁夏、新疆、西藏和海南。其中，上海和北京最高，分别为59.3%和54.7%，与其大规模的城市基础设施建设投资和外来投资有关。西部省份整体上投资率都很高（基本接近或超过全国平均水平），则是由国家加大在西部地区的基础设施建设带动的。投资率较低的省份包括黑龙江、安徽、江西和湖南，低于26.2%。投资效果（以1996～1998年GDP增量比1995～1997年固定资产投资额来衡量）的地区差异较大。上海和北京由于城市建设投资比重较高，按此方法计算的投资效果最低，只有全国平均值的一半左右。其他投资效果较差的省份还有海南、青海、宁夏和新疆，为全国平均水平的1/2～2/3。投资效果较好的省份包括福建、湖南、浙江、安徽和山东，超过全国平均值的30%以上。其他省份间相差较小。需要说明的是，受指标计算方法的影响，投资效果的好坏不但与投资结构（投资方向选择）有关，而且也与建设周期密切相关。并不能简单地直接判定投资效果差的地区的投资方向存在问题。

工业经济效益指数基本上代表了地区经济运行的质量。这里我们以增加值率、资金利税率、成本利润率、流动资金周转次数和全员劳动生产率5项指标综合衡量工业经济效益状况。

1996～1998年工业经济效益最好的省份有云南、黑龙江、上海、山东、浙江、河北、福建和广东。其中,云南是烟草工业的高利润率带动的,不计烟草工业该省工业经济效益低于全国平均水平;黑龙江则是石油工业牵动的。不计这两个特殊省份,上海是全国工业经济效益最好的,超过全国平均水平1/3;效益最差的包括青海、陕西、甘肃、宁夏、新疆、辽宁、广西、海南、重庆和贵州,都低于全国平均水平1/3以上。1997年,工业经济效益最差的青海的资金利税率只有0.21%(全国平均为6.9%),成本利润率为负8.5%。整体上,工业经济效益表现出东、中、西地带性差异,但沿海地区内部差异较大。

外资是生产技术和管理经验扩散以及市场渠道拓展的载体,在一定程度上可以反映地区经济增长的活力。同外资主要分布在沿海少数省份一样,外资占固定资产投资的份额的地区差异表现出非常强的东、中、西地带性差异。1996～1998年,外资比重最高的省份有广东、福建、海南、江苏和天津,实际值都超过20%(全国平均值为14.3%)。其中,广东和福建外资比重分别高达38.7%和35.8%。辽宁和上海的外资比重也很高,分别为16.9%和17.9%。而西部各省份外资比重基本上都低于2%。中部各省份外资比重在5～10%。

综合评价,近年省际经济增长活力仍表现为一定程度的东中西地带性差异(图5),但差异的程度大幅度缩小。1996～1998年,经济增长活力最佳的是福建、广东和天津(R≥1.2);其次是上海、江苏、山东、河北、云南、湖北、浙江和安徽(1.0≤R≤1.16);活力最差的是贵州、甘肃、青海、宁夏和新疆(R≤0.79);其余省份主要在0.85～0.98之间。从动态角度而言,浙江增长活力有所下降,90年代中期增长活力较佳的河南、江西和广西也有较大幅度下滑;而京津沪三

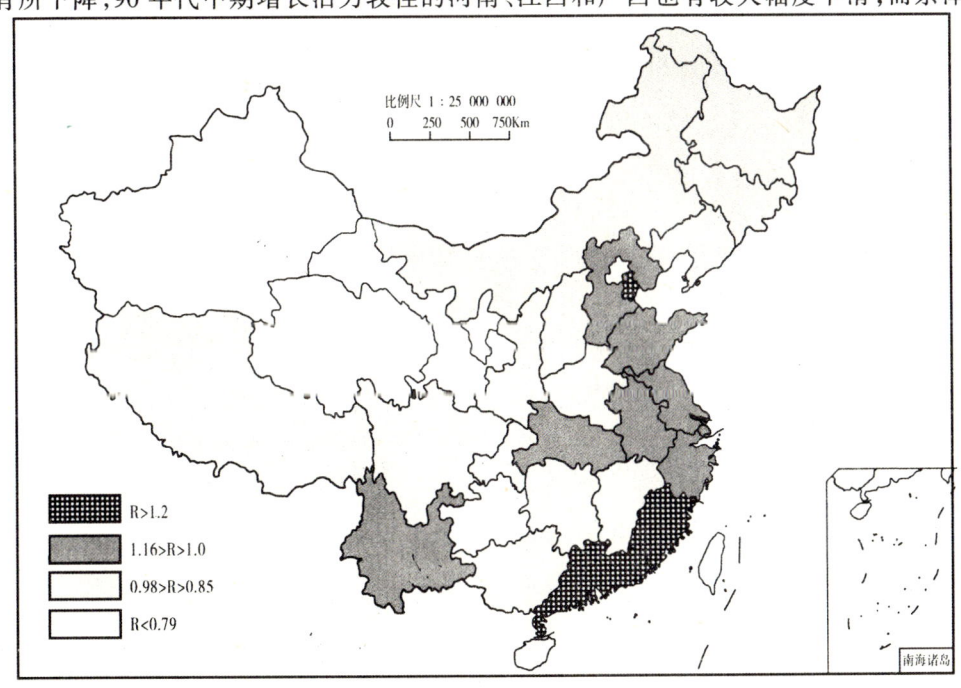

图5 1998年各省区市经济增长活力

Figure 5 Spatial Distribution of Economic Vitality by Provinces in 1998

市活力有较大幅度提升。此外,新疆经济增长活力下滑到最差组也是值得注意的现象。

【省际社会发展水平评价】 我国在科学意义上的城乡划分缺少统一口径,城镇化的量化指标空间可比性较差。作为体现社会发展水平的指标,城镇化率需要反映可以使用城镇基础设施的人口比重。这里我们采用中国科学院地理研究所为世界银行提供的咨询项目"中国城市化政策研究"中计算的各省区市城镇化率(城镇人口包括了在建成区内有固定非农职业和居所,并连续居住3年以上的户籍农业人口)。1998年省际城镇化水平差异总体上表现为东、中、西之间的地带性差异,但各地带内部差异比较悬殊。不计京津沪三市,城镇化率最高的省份是辽宁、吉林、黑龙江和广东($R \geqslant 1.4$);较高的省份是山东、浙江、江苏、海南和内蒙古($1.12 \leqslant R \leqslant 1.26$)。高于全国平均水平的还有山西、湖北和新疆。其他省份城镇化率都低于全国平均值(30.4%)。其中,最低的西藏和云南只有全国平均值的1/2左右。另外,广西和河南城镇化率也很低,为全国平均值的2/3左右。经济发展水平较高的沿海省份福建和河北的城镇化率也比较低。

各省区市的教育条件(万人拥有各类学校数和教师数)和基本医疗条件(万人拥有病床数和卫生技术人员数)的分布特征十分相似,即省际差异程度较小而且表现为一定程度的南北差异。较大幅度高于全国平均水平的省份除了京津沪三市外还有辽宁、吉林、黑龙江、山西、内蒙古、新疆、青海、陕西及宁夏。经济发展水平很高的浙江、广东、江苏、山东和福建的教育和基本医疗条件仍然低于全国平均水平(R值在0.8~0.99之间)。教育和医疗条件最差的省份是贵州、广西和安徽。总的来看,改革开放前重点建设的大部分北方省份依靠旧有基础,以人均水平衡量的教育和基本医疗条件仍相对优于其他省份。

以大专以上学历人口占15岁以上人口的比重衡量的人口素质地区差异很大,而且东西差异和南北差异并存。人口素质最高的是北京和上海($R \geqslant 3.0$);其次是新疆、天津、辽宁、吉林、黑龙江、广东、宁夏和内蒙古($1.31 \leqslant R \leqslant 2.17$);最低的是西藏、贵州、云南、广西、山东、江西和安徽($R \leqslant 0.66$)。其他省份之间相差不多。经济发达的江苏、浙江、山东、福建等省的人口素质以学历衡量仍然不高,但近年来提高速度很快。

社会保障与社会服务在我国尚缺乏系统的统计数据。这里只能以社会保障网络中的社会保障基金的资金额来代表农村社会保障情况,以城镇社区服务设施的万人拥有量(以城镇人口计)来代表城市社会服务情况。1998年各省区市在社会保障和社会服务上差异较大。农村人均社会保障基金额相对较高的省份有湖南、广东、贵州、西藏和河南。其他省份除江西和安徽外都较大幅度低于全国平均水平。城市社区服务的区域差异也很大。最好的省份是上海、吉林、浙江和陕西,万人拥有的社区服务设施数超过全国平均值1倍以上;其次是河北、安徽、宁夏、贵州、内蒙古和湖北($1.2 \leqslant R \leqslant 1.75$);最差的是西藏、云南、广西、河南、山西、青海、江西和广东($R \leqslant 0.43$);其他省份一般。

综合上述几项指标,可以将1998年各省区市社会发展水平划分为5组(图6):

北京和上海,$R \geqslant 2.36$;

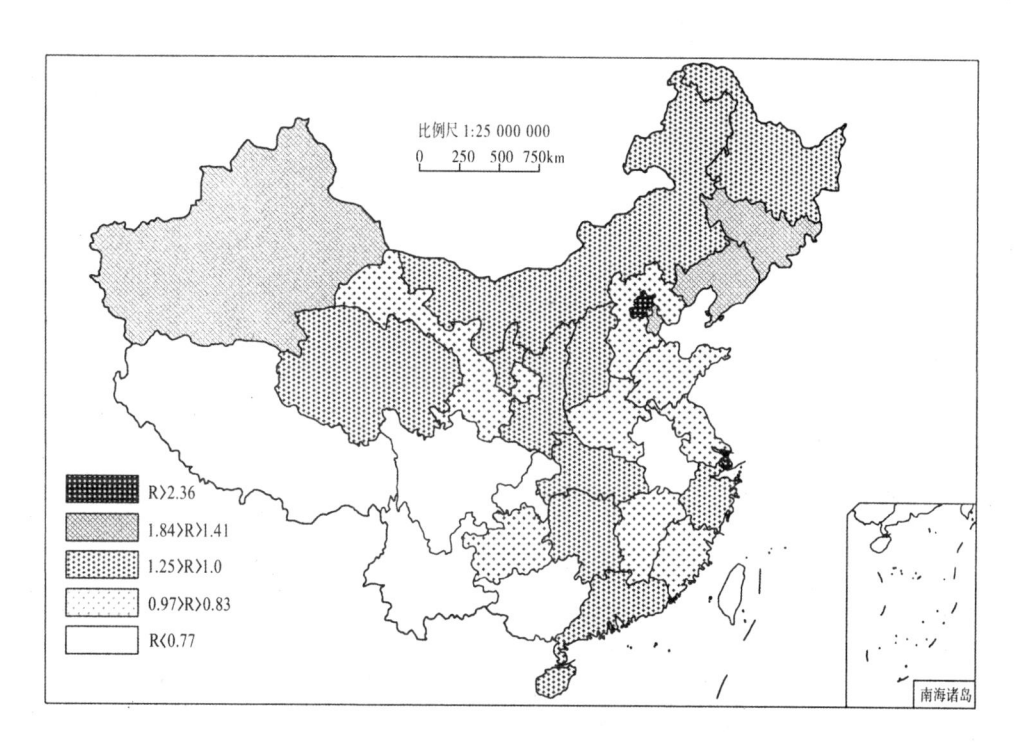

图6 1998年各省区市社会发展水平

Figure 6 Spatial Distribution of Social Development Level by Provinces in 1998

天津、辽宁、吉林和新疆,1.41≤R≤1.84;

黑龙江、广东、湖南、内蒙古、山西、浙江、湖北、海南、宁夏、青海和陕西,1.0≤R≤1.25;

江苏、河北、福建、江西、山东、河南、贵州和甘肃,0.83≤R≤0.97;

安徽、广西、四川、重庆、云南和西藏,R≤0.77。

总体上看,省际社会发展水平的差异远小于经济发展水平的差异,而且差异的格局并不体现为东西差异,社会发展水平较高的省份主要在北方地区。90年代以来高速增长的沿海省份除京津沪三市外,社会发展水平都不是很高,大幅度低于其经济发展水平,说明社会发展水平作为区域财富存量的一种体现,其提高是长期积累的过程。

【省际生活水平评价】 单纯以居民消费水平衡量,1998年省际生活质量相差较大。最高的省份是上海,为全国平均水平的3.1倍;其次是北京、天津和广东(1.58≤R≤1.74);消费水平较高的省份还有辽宁、浙江、江苏、福建(1.18≤R≤1.32)。接近全国平均水平的省份是黑龙江、吉林、山东、湖北和新疆(0.91≤R≤1.1)。居民消费水平最低的省份是贵州、西藏、甘肃、陕西和山西(R≤0.62);其余省份在全国平均值的70～90%之间。差异的格局基本体现为东西差异,但沿海的广西和河北较低,西部的新疆较高。消费水平最高的上海和最低的贵州相差6倍以上。

根据居民实际消费支出、恩格尔系数和消费剩余(实际收入减支出)综合衡量生活消费水平,城镇生活水平地区差距较小,而农村生活水平地区差距较大。城镇生活水平最高的省份是京津沪三市和广东、浙江两省(R≥1.26);最低的是青海、宁夏、甘肃、陕西、吉林、山西、江西和河南(0.73≤R≤0.84);其他省份差别不大(0.86≤R≤1.07)。最高的广东与最低的青海相差1倍。农村生活水平最高的省份是上海、北京、天津、广东、浙江和江苏(1.43≤R≤2.06);其次是福建、山东、河北、辽宁、吉林、海南和黑龙江(1.07≤R≤1.28);最低的省份有贵州、西藏、陕西和青海(0.6≤R≤0.68);其余省份大部分接近全国平均水平。最高的上海与最低的贵州相差3.4倍。考虑到除京津沪三市外各省区市农村人口仍是主体,可以认为省际生活消费水平的差距主要是农村之间的巨大差异造成的。

居住条件是生活质量的基本要素之一,但不能被居民消费水平直接反映。这里以人均居住面积代表居住条件,虽有一定的局限性(如不能反映居所的质量),但可以在相当程度上反映居住水平的差异。无论是城镇还是农村,人均居住面积的省际差异都不是很大。城镇居住面积较高的省份有浙江、西藏、安徽、福建、江西、山东、广东、广西、海南、河北、山西、甘肃、青海、宁夏和新疆,高于全国平均水平(9.3平方米)25%以上。这些省份不完全是经济发展水平较高的省份,也有经济发展水平最低的省份。城镇人均居住面积较低的省份包括辽宁、天津、吉林、黑龙江和陕西,低于全国平均值10%以上。其中,东北三省与其近10年来经济发展受结构性问题困扰速度较慢有关。农村人均居住面积较高的省份有上海、江苏、浙江、湖北和湖南,高于全国平均水平(23.7平方米)20%以上;高于全国平均值的还有北京、福建、江西、山东、广东和四川;较低的省份包括贵州、甘肃、青海、宁夏、新疆、内蒙古和吉林,低于全国平均值25%以上。农村居住条件的差异与经济发展水平有一定的相关性。

居民储蓄余额的地区差距十分悬殊,表现为明显的东西差异,与经济发展水平的地区差异比较一致。人均储蓄余额最高的是京津沪三市和广东省(R≥2.19),其中北京是全国平均水平的4.9倍;高于全国平均水平的省份还有辽宁、江苏、福建、河北、海南、吉林、黑龙江、新疆和山西;最低的省份是贵州、湖南、安徽和浙江,低于全国平均值50%以上,其中,浙江人均储蓄余额较低可能与其居民理财传统有关(倾向于投资,而不是储蓄)。

根据上述几项指标,可以把各省区市生活水平划分为5组(图7):

北京、上海、天津和广东,R≥1.5;

江苏、浙江和福建,1.22≤R≤1.35;

辽宁、山东、海南和河北,1.01≤R≤1.14;

湖北、黑龙江、吉林、新疆、湖南、山西、内蒙古、安徽、江西、河南、广西、重庆、四川和宁夏,0.8≤R≤0.99;

贵州、云南、西藏、陕西、甘肃和青海,0.59≤R≤0.75。

综合来看,省际生活水平差异表现为明显的东、中、西地带性差异,但差异程度远小于经济发展水平的差异。生活水平最高(上海)与最低省份(贵州)相差3.5倍,而两者的经济发展水平相差近10倍。

【省际基础设施水平评价】 本报告以铁路正线延展里程和公路有路面里程的区域密度和

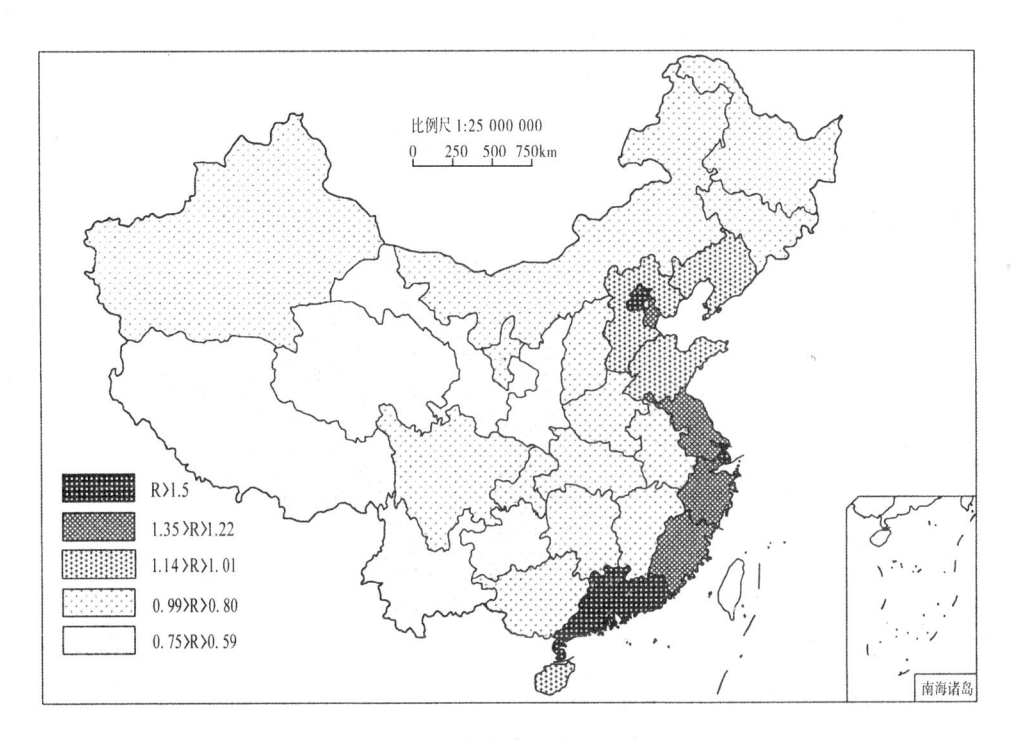

图7　1998年各省区市生活水平
Figure 7　Spatial Distribution of Living Standard by Provinces in 1998

人均密度综合评价交通条件。其中,公路的评价考虑了高速公路和一级公路的重要性(给予较高的权重)。从评价结果看,交通条件的地区差异表现为明显的东、中、西地带性差异。京津沪三市交通设施最佳($R \geq 2.93$);其次是广东、山东、江苏和辽宁($1.2 \leq R \leq 1.93$);海南和河北也高于全国平均水平($1.11 \leq R \leq 1.15$)。而西部10省区市除宁夏外,都是交通条件在全国最差的省份,低于全国平均水平50%以上。中部地区的湖南、江西和内蒙古以及沿海地区的广西交通条件也很差($0.52 \leq R \leq 0.58$)。另外,沿海经济发达省份福建和浙江的交通设施水平也低于全国平均值,与其经济发展水平不相适应。

通信条件的优劣不仅仅由本地设施的容量来决定,而且还受在全国甚至全球通信网络中的级别影响。受数据条件的限制,这里以长途交换机容量、本地交换机容量、长话电路以及电话机数(含手机)等4项指标来衡量地区通信条件。1998年省际通信设施水平差异体现为一定程度的东西差异。通信条件最佳的仍是京津沪三市($R \geq 2.11$);其次是辽宁、广东、江苏、浙江和福建($1.27 \leq R \leq 1.76$);接近全国平均水平的省份有吉林、海南、青海、宁夏和新疆($0.99 \leq R \leq 1.09$);最差的省份是贵州、四川、云南、甘肃、广西、安徽和河南($0.3 \leq R \leq 0.53$);另外,河北、山西、江西和陕西也很差($0.61 \leq R \leq 0.64$)。总体上,西部10省区市除了青海、宁夏和新疆外,通信设施水平都很差;经济相对比较发达的山东和河北的通信条件却也较差。

能源供应包括煤炭、油气、电力等。从基础设施角度看,电力供应最重要。下面以人均电力生产量和工业万元产值电力生产量(经过重工业比重修正)综合评价各地区供电保障程度。

由于我国的省级独立电网已经很少了,各省区市自身发电量并不准确代表其供电能力。以下的评价从严格意义上来讲只能说明各地区相对于社会经济规模的发电量与全国平均水平的差异程度,即某种程度上的比较优势。另外,由于近年来我国基础工业增长放缓,大多数省份的电力供应实际上出现了一定程度的供过于求现象。总的来看,1998年电力供应条件的地区差异表现为西部与东中部之间的差异,即西部优于东部和中部。最好的省份是贵州、云南、青海、宁夏、内蒙古和海南($R \geq 1.4$);其次是山西、上海、陕西、甘肃和新疆($1.09 \leq R \leq 1.26$);最差的省份包括西藏、北京、江苏、浙江、安徽、湖北和湖南($0.37 \leq R \leq 0.59$);另外,山东、辽宁、江西和天津也相对较差($0.65 \leq R \leq 0.68$)。

供水条件以水利部公布的各省区市水利工程供水量为基础,经过干燥指数和水利部对缺水城市的统计数据修正后的人均供水量为指标进行衡量。由于缺少最新数据,本报告仍采用根据1994年数据的评价结果。供水条件同时表现出东西差异和南北差异。条件最好的是海南、广东、江苏、湖北、湖南、江西、浙江、上海、江苏和广西($R \geq 1.56$);其次是福建和宁夏($1.31 \leq R \leq 1.39$);最差的是山西、陕西、西藏、山东、天津和甘肃($0.19 \leq R \leq 0.44$);云贵川三省以及北方地区的北京、辽宁、吉林、青海、河北和河南等省份供水条件也较差($0.5 \leq R \leq 0.63$)。与水资源条件对比可知,辽宁、河北(含京津)、山东、甘肃、河南和山西受水资源缺乏的制约,供水条件较差;而西藏、云南、贵州、四川、青海、吉林和黑龙江则是因为水利工程较少或水资源开发难度大造成的。江苏和宁夏虽然人均水资源量很少,但分别受益于引(长)江和引黄(河)工程,供水能力较高。

以上述几项指标综合衡量,各省区市的基础设施水平可划分为6组(图8):

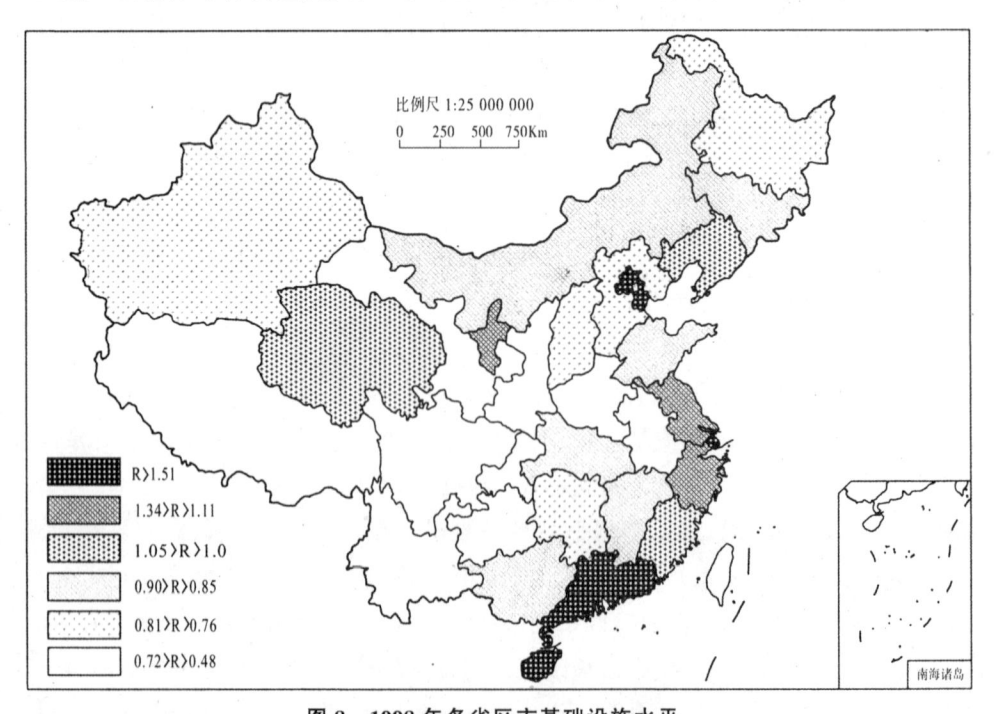

图8　1998年各省区市基础设施水平
Figure 8　Spatial Distribution of Infrastructure Standard by Provinces in 1998

上海、北京、天津、广东和海南,R≥1.51;

江苏、浙江和宁夏,1.11≤R≤1.34;

辽宁、福建和青海,1.0≤R≤1.05;

内蒙古、吉林、江西、山东、湖北和广西,0.85≤R≤0.9;

河北、山西、黑龙江、湖南和新疆,0.76≤R≤0.81;

贵州、安徽、河南、重庆、四川、云南、西藏、陕西和甘肃,0.48≤R≤0.72。

受供水条件的影响,基础设施总体水平的地区差异不完全体现为东西差异。西部的青海和宁夏基础设施条件相对较好(主要是由能源供应条件带动的);东部的山东和河北受供水条件较差的影响,基础设施整体评价结果不高,远低于其经济发展水平。但整体上,基础设施条件最差的省份仍集中在西部地区,特别是西南地区。

三、区域发展类型区划分

区域发展类型区是指在发展状态上具有相同或相近特征的地区的集合。它不反映地区间的经济联系,只反映区域在发展特征上的差异。而且,它不一定是空间上连续的区域。根据前述对各省区市经济发展水平、社会发展水平、居民生活水平和基础设施水平的综合评价,近年我国各省区市发展状态可聚类为6组(表5,图9):

表5 1998年各省区市区域发展状态综合评价
Table 5 A Comprehensive Evaluation of Provincial Socio-economic Development in 1998

指标 指标值	区域发展 综合评价 R	经济发展 水平评价 R	社会发展 水平评价 R	生活水平 综合评价 R	基础设施 水平评价 R	经济发展 活力评价 R
权　重	NA	0.25	0.25	0.25	0.25	NA
北　京	2.32	2.54	2.90	1.79	2.04	0.97
天　津	1.83	2.10	1.84	1.50	1.88	1.21
河　北	0.90	0.91	0.88	1.01	0.79	1.09
山　西	0.86	0.75	1.07	0.85	0.76	0.91
内蒙古	0.89	0.71	1.18	0.80	0.88	0.87
辽　宁	1.24	1.33	1.47	1.14	1.02	0.87
吉　林	1.03	0.84	1.47	0.95	0.87	0.86
黑龙江	1.02	1.04	1.25	0.99	0.79	0.98
上　海	2.71	3.74	2.36	2.07	2.66	1.16
江　苏	1.25	1.41	0.97	1.27	1.34	1.15
浙　江	1.26	1.55	1.04	1.35	1.11	1.01
安　徽	0.74	0.66	0.77	0.87	0.64	1.00
福　建	1.13	1.47	0.84	1.22	1.00	1.38
江　西	0.80	0.65	0.83	0.87	0.86	0.92
山　东	0.99	1.15	0.90	1.06	0.85	1.10
河　南	0.74	0.67	0.85	0.81	0.62	0.93
湖　北	0.96	0.88	1.05	0.99	0.90	1.04

续 表

湖 南	0.91	0.71	1.21	0.91	0.80	0.95
广 东	1.56	1.86	1.21	1.52	1.66	1.20
广 西	0.74	0.60	0.60	0.86	0.90	0.85
海 南	1.11	0.89	1.03	1.02	1.51	0.90
重 庆	0.70	0.68	0.77	0.85	0.50	0.86
四 川	0.69	0.63	0.76	0.83	0.52	0.88
贵 州	0.63	0.38	0.84	0.59	0.72	0.79
云 南	0.67	0.64	0.65	0.73	0.66	1.05
西 藏	0.61	0.55	0.74	0.66	0.48	0.94
陕 西	0.74	0.60	0.99	0.75	0.63	0.82
甘 肃	0.66	0.53	0.85	0.70	0.57	0.78
青 海	0.85	0.65	1.00	0.71	1.05	0.69
宁 夏	0.93	0.64	1.06	0.80	1.22	0.73
新 疆	1.01	0.88	1.41	0.93	0.81	0.78

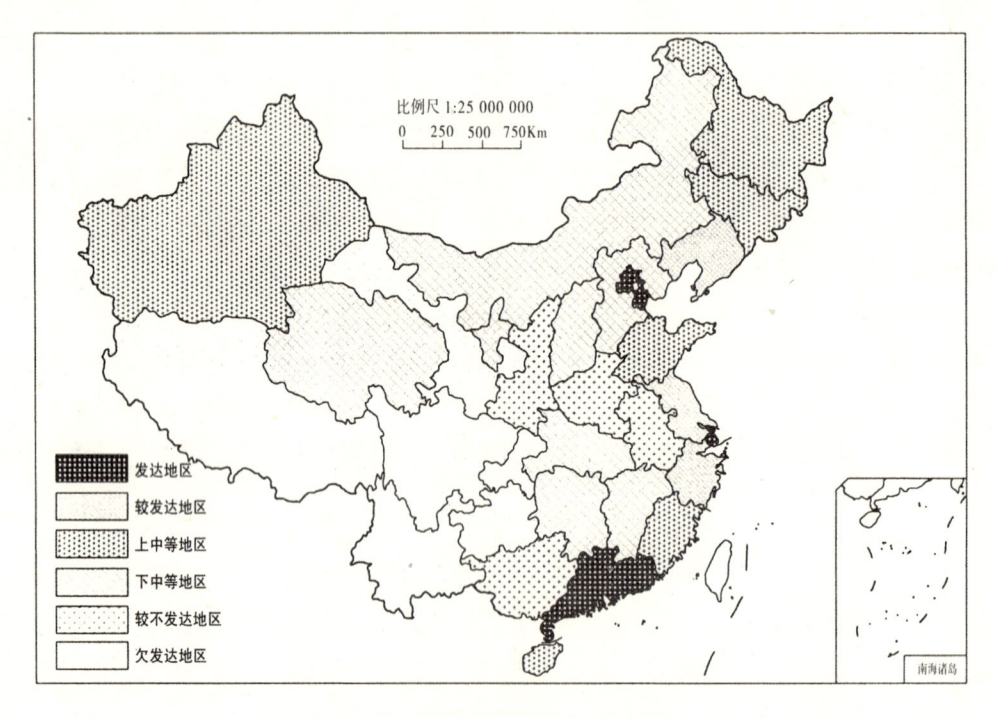

图 9　1998 年各省区市区域发展状态

Figure 9　Spatial Distribution of Regional Development Status by Provinces in 1998

发达地区：上海、北京、天津和广东，$1.56 \leqslant R \leqslant 2.71$；

较发达地区：江苏、浙江和辽宁，$1.24 \leqslant R \leqslant 1.26$；

上中等地区：新疆、海南、山东、福建、黑龙江和吉林，$0.99 \leqslant R \leqslant 1.11$；

下中等地区：青海、宁夏、湖北、湖南、江西、河北、山西和内蒙古，$0.8 \leqslant R \leqslant 0.93$；

较不发达地区：重庆、陕西、广西、安徽和河南，$0.70 \leqslant R \leqslant 0.79$；

欠发达地区：四川、贵州、云南、西藏和甘肃，$0.63 \leqslant R \leqslant 0.69$。

从上述聚类结果可见，区域发展状态的地区差异与单纯的经济发展水平的地区差异总体上是相关的,但一些省份两者的差别较大。江苏和浙江受社会发展水平较低的影响,综合评价值较大幅度低于其经济发展水平;福建和山东受社会发展和基础设施水平较低的共同影响,存在同样的情况。山东一向以基础设施良好闻名,但这主要体现在交通设施上,基础设施的其他方面不很突出,甚至较大幅度低于全国平均水平。福建则是由于交通条件较差。海南经济发展水平并不很高,但社会发展、生活质量和基础设施都好于全国平均水平,因而综合评价值比较高。湖南、吉林、山西、内蒙古、贵州和陕西都因为社会发展水平相对较好使综合评价值较大幅度高于其经济发展水平。宁夏和青海的基础设施条件较好,综合评价值也比较高。江西与安徽经济发展水平基本一样,但受基础设施评价中供水条件评价值较高的影响,江西的综合评价值略高于安徽。另外,受数据条件限制并考虑到与过程分析的衔接,上述评价未包括重庆。不过从已有数据的评价结果来看,重庆虽为直辖市,但其区域发展的综合水平基本上属于欠发达地区。

根据对各省区市发展状态的分类,并考虑经济增长活力与竞争力因素,我国1998年区域发展类型区划分如下：

【上升型】

• 上升型发达地区:上海、天津、广东和江苏。这四个省份社会经济发展水平和居民生活水平都很高,基础设施好,近年来经济经济增长活力很强,是发展比较成熟、自增长能力最强的地区。其中,上海和天津近几年上升势头非常强,1999年更进入全国增长最快的行列,反映出其经济结构性调整的成效。广东虽然受亚洲金融危机的影响经济增长活力有所下降,但1998年仍是活力最佳的省份之一。

• 上升型比较发达地区:福建和山东。这两个省份自80年代中期以来一直属于全国经济增长活力很强的地区,经济发展水平和居民生活水平大幅度提高,但社会发展和基础设施发展相对滞后,是接近于发展比较成熟的地区,具有较强的自增长能力。1998年,福建是全国经济活力评价值最高的省份,山东也较大幅度高于全国平均水平。如果不发生较大波动,预计"十五"期间这两省能够跨入比较成熟的发展阶段。

• 上升型中等发达地区:湖北和河北。这两个省份是90年代迅速成长起来的地区,发展状态的各项指标比较均衡,都接近或略超过全国平均水平。"九五"以来两省一直处于全国增长最快的行列,1998年增长活力也比较好。但还缺乏较强的自增长能力,受全国经济增长形势的影响比较大,短期内还不能成为全国经济增长的"领头羊",进入比较成熟的发展阶段也还需要相当长的时间。

【稳定型】

• 稳定型发达地区:北京和浙江。这两个省份也是社会经济发展水平和居民生活水平高、基础设施好的发展比较成熟的地区。其中,浙江"九五"之前是全国经济增长最快的省份,近年来人均GDP一直保持除京津沪三市外的全国第一位,社会发展水平也有较大幅度提高,但基础设施仍属一般水平。1998年经济活力评价值比90年代中期有大幅度下降,只相当于全国平均水平。北京在改革开放以来增长速度一直略低于全国平均值,但近两年在高新技术产业高速发展的带动下有一定上升势头,有可能在近年内成为上升型地区(1999年已经成为全国增长最快的省份之一)。

• 基本稳定型下中等发达地区:湖南、山西和内蒙古。这三个省份曾在1995~1996年出现了一定的上升势头,但这一势头没有持续下去。1997年以来经济增长出现基本稳定的状态;湖南经济增长活力略高于全国平均水平,山西和内蒙古则略低于全国平均水平。1996~1998年,三省的经济发展相对水平基本未变。从90年代整体来看,湖南属于缓慢上升型,山西和内蒙古则是缓慢下降型。

• 低水平稳定型不发达地区:安徽、江西、云南和西藏。这四个省份1998年经济增长活力保持全国一般水平。其中,安徽和江西在90年代上半期呈现出较强的上升势头,但近年来受全国经济增长形势的影响增长活力下降(反映出不具备自增长能力)。云南近年GDP增长速度低于全国平均值,但综合指标反映出的经济活力仍维持在全国平均水平,其原因在于烟草工业的经济效益指数较高。事实上,云南的烟草工业的确为其进行产业结构调整提供了相当的资金后盾,产业调整已初见成效(特别是旅游业和生物资源产业)。西藏近年来接受其他省份的援助和中央政府的投入较多,经济增长实现了较高速度。

【振兴型】

• 振兴型问题区域:辽宁、吉林、海南和黑龙江。这四个省份都是前几年的问题区域,经济增长活力不佳,目前表现出一定的振兴趋势。其中,老工业基地辽宁、吉林和黑龙江自80年代中期以来一直受结构性问题和国有企业活力欠佳的困扰,处于相对衰退状态,构成所谓的"东北现象",但1997~1998年这三个省都出现了一定程度的复苏(特别是吉林和黑龙江),经济增长速度虽仍低于全国平均值,但差距已缩小。这三个省能否真正振兴有赖于国有企业"脱困"和结构性调整的成效。海南曾是全国经济增长的"明星"省份,1995年房地产过热引发的"泡沫经济"导致经济增长迅速滑落到全国最低。经过4~5年的结构性调整,该省将旅游和高效生态农业培育为经济增长点,已初见成效,1998年GDP增长速度恢复到8.3%,1999年达到8.6%,接近全国平均值。

【问题型】

• 下降型中等发达地区:新疆、青海和宁夏。这三个省份是1998年经济增长活力最差的地区。在80年代,新疆是全国经济增长较快的省份,平均速度高于全国10%以上;但在90年代经济增长逐渐下滑,1998年GDP增长速度已较大幅度低于全国平均值(1999年更成为增长最慢的省份之一)。青海和宁夏在90年代一直属于经济增长活力最差的省份,经济发展水平也由下中等组滑落到低收入组。但这三个省份的社会发展和基础设施还保持相对较高的水平。

• 持续下降型欠发达地区:重庆、四川、贵州、甘肃和陕西。90年代,四个省市基本上都属于社会经济发展水平最差之列。近年来经济增长活力不佳,经济发展水平与全国的差距越来越大。1999年四川GDP增长速度更滑落到全国最低(5.6%)。如何使这些省市摆脱低水平的徘徊状态、加快社会经济发展是今后一个时期内我国区域发展与政策的一个难点问题。

【波动型】

- 波动型欠发达地区:广西和河南。这两个属于社会经济发展水平最低之列的省份,在90年代上半期曾处于上升状态,GDP增长速度高于全国平均值,经济发展水平有较快的提高。但1997年以来经济增长活力都不同程度地低于全国平均水平,1998年各自经济发展的相对水平都比1996年有所下降。

从以上区域发展类型区的划分可见,1997～1998年我国区域发展差异的格局是"高者快、低者慢",即发达地区持续上升而不发达地区持续下降。东部沿海省份以上升型和稳定型为主,中部省份以稳定型为主,西部省份以下降型为主。西部地区除了云南和西藏这两个特殊省份外都属于问题型区域。这种格局正是这两年区域发展相对差异反弹的根本原因,也是制定今后区域政策应该考虑的主要因素之一。

附件二

美国西部开发中的政府行为

1. 西部开发概况及开发初期的行为主体

通常意义上讲的美国西部泛指从阿巴拉契亚山地到太平洋沿岸之间广阔的地区。美国开发西部的过程在美国历史上称作"西进运动",始于19世纪80年代,止于20世纪80年代,历时100年左右。无论从区域经济学角度还是就政治意义而言,美国西部开发都堪称成功的典范,而这一成就的取得与美国联邦和地方政府所发挥的重要作用是分不开的。分析美国西部开发中的政府行为,对我国目前的西部大开发具有一定的借鉴意义。

美国开发西部的过程中,有两个大规模集中开发的时期。第一个时期是1860~1890年,这一时期开发西部的主要动力来源于皮货贸易、土地投机以及奴隶主庄园的扩张;第二个时期是1930~1970年,这一时期美国政府陆续出台相关法规,加大对西部财政补贴和资金投入,实行各种优惠政策,进行流域综合治理,大力发展军工企业、高新技术产业,极大地改变了西部的经济结构,使得美国经济重心逐步西移,东西部经济发展趋于平衡。

因此说,美国西部大开发的初期阶段,投资商和奴隶主等起到了更大的作用。在美国西部开发的初期,由于这种开发完全是一种自发的人类求生存、求发展的活动,因此开发者是根据自身所处的自然地理条件和自身所具备的生产素质及能力,因地制宜,自行选择开发产业的。无论是早期五大湖地区的农业、大湖平原地区的采矿、冶金和钢铁工业及汽车工业基地的建设,还是远西部地区贵重金属采掘、西部大草原的牧牛业及相应的建筑、冶金、食品加工业等,都是开发者自主投资经营的结果。从美国西部这几个地区的开发产业选择情况看,根据自然条件、资源条件和市场条件,西部移民因地制宜地选择开发产业是其成功的重要因素之一。

美国政府大规模地介入西部开发,并通过政策、投资和法规等形式促进西部发展,主要是大开发的第二个阶段。

2. 联邦政府促进西部开发的举措

【运用法律法规规范和引导开发行为】 在美国的西部开发中,政府陆续出台了许多相关法规,用于规范和引导开发行为。土地广袤、人口稀少是美国西部的特征,为吸引人们前来开发,1862年林肯总统颁布著名的《宅地法》,鼓励向西部移民。该法规定了民众获取公共土地的三大原则:成人皆有(21岁以上),小块占有(160英亩),免费所有(仅交10美元的登记费)。并且还规定,只要在该土地上定居和开垦一定年限,土地就可永远归其所有。该法律一出,吸引大批人移民西部。为改善西部的环境,1873年政府出台了《鼓励西部植树法》。规定只要在自己的土地上种植一定面积的树木,到一定时间后就可以免费或低价获得一定面积的土地。

1877年出台《沙漠土地法》，规定对参加在干旱土地上修筑灌渠的人，完成一定量后，可以低价出售给他一定量的土地。在当时的西部开发中为培养人才，美国国会还通过《西北土地法令》、《莫里尔法》等法律，确定采取"赠地"措施，支持教育的发展。

1866年，联邦政府将土地出售政策扩大到了矿产地，推动了采矿业的资本主义开发。另外，从1823年起，联邦政府为公路、运河及铁路的修建，拨赠了大量的土地，推动了西部交通运输业的发展。

【重视对资金、技术和人才的引入】其一，创造优惠条件，吸引资金、技术和人才。在西部开发期间，美国联邦政府及地方政府，都先后采取了一些措施，鼓励进行投资，吸引技术和人才，支持教育、科技等方面的发展。如为了扶持中小企业的发展，有些州属银行为新建企业支付创业费用，最高达到60％的比例。为了鼓励企业多安排就业，爱达荷州对雇佣新职工的企业，按年给予减征公司所得税的优惠。为了鼓励教育和科技发展，向教育和科技部门赠送土地等等。

其二，通过在西部地区布局一些高新技术产业，加强对当地的技术带动和扩散。如30年代发端于斯坦福大学及其周围地区的科技研究与开发活动，于60年代在美国掀起了高技术革命，使得加州圣何塞市的圣克拉拉县变成了举世闻名的硅谷。在高技术产业的带动下，该地区形成了完备的高科技工业综合体，并成为美国第九大工业生产中心。整个加州的经济从60年代起也进入了腾飞阶段，到1994年加州的国民生产总值就达到8757亿美元，在美国50个州中跃居第一位。40年代初，美国政府开始在新墨西哥州的洛斯阿拉莫斯投资建立了国家原子能基地，此后，位于拉斯克鲁塞斯附近的新墨西哥州立大学的科学研究也开始活跃，从而形成了以上述两地为端点的"格兰德河学术研究走廊"。在两次世界大战期间，美国发展了一批具有相当技术水平和规模实力的军工企业，这些军工企业大都分布在西部地区。进入冷战时期以后，大量的军工企业转为民用，利用原有的军事高科技基础，再加上西部地区丰富的资源以及廉价的土地和劳动力，西部地区以宇航、原子能、电子、生物等为代表的高科技产业迅速发展，极大地推动了美国西部产业结构升级换代的步伐。

其三，重视科技的推广，特别将农业开发的科技引导作用作为重点来抓。在西部大平原这个美国最重要的大农业基地的开发中，农业机械化和科学化以及科学种田方法的推广是提高农业生产力水平的最主要手段。1862年是联邦援助农业的开端。这一年通过的《莫里尔法》规定由国会给忠诚州的每一位参议员和众议员拨赠联邦公共土地3万英亩，变卖这些土地的资金作为基金，以其利息去支持、捐赠和或维持至少1所学院。这些学院除讲授其他知识外，必须按各州法律规定，讲授农学和农业机械知识。学院总共建了69所，被称作"土地赠与学院"或"赠地学院"，其中包括麻省理工学院、康奈尔大学的一部分，以及伊利诺伊大学、威斯康星大学、俄亥俄州立大学等美国著名学府。这些院校开办后，大都设立了农业附属服务机构，负责在本州各县传授农业和农机技术，改进农业生产。这项措施对农业科学化的推进起了很大作用。

1887年，国会立法为州立高校中农业实验站的建立和发展提供资金。1889年，联邦政府正式设立了农业部,开始了对农业教育和农业科研的系统规划和指导。1914年,国会通过了《斯密—利弗法》,拨款建立了联邦、州、县3级农业推广系统,使科学种田的方法、病虫害的防治和良种的选用直接推广到了农场和农户。据估计,从1900年至1935年,美国应用于农场的各种动力增加了8倍,农业生产率提高了4倍。事实上,从1873年以来的大部分时间里,美国基本上是处在农产品生产过剩的状况中。

【联邦政府对铁路的援助和管制对西部开发起到了巨大的推动作用】 交通革命是加速美国西部开发的重要动力之一。19世纪上半期美国的交通革命主要表现在公路、运河和铁路。为解决建设资金不足,收费公路成为最早优先发展的事业。随着蒸汽机的发明和应用,运河时代开始取代公路时代主导交通发展潮流,到1840年美国已建造了13条大运河。美国的铁路在1830年还几乎是空白,1840年达到2818英里,1860年已经达到3万英里。

铁路之所以发展如此之快,与联邦政府采取"多铺铁路多得益"的政策及各种援助有关。政府规定,铁路公司每修筑一英里铁路,可以得到铁路沿线一定面积的土地。这些土地既可以被铁路公司用来支持其发行债券,又可以作为获得私人贷款的抵押担保,还可以由铁路公司出售。同时规定铁路公司可以根据修筑铁路长度和地形的不同,从政府那里获得数额不等的贷款。在上述措施的刺激下,美国成功地修建了横贯东西的5条铁路。

除了这些形式的土地和财政优惠政策以外,联邦政府还在铁路建设之初提供了大量技术援助。如在铁路建设初期,联邦政府提供了大量的技术援助。巴尔的摩—俄亥俄铁路的建设就是联邦政府根据《综合勘测法》,授权陆军部派出3支勘测队协助勘查、设计线路而最终建成的。到1838年《综合勘测法》废除时,军事工程人员已经帮助修建了1879英里长的铁路,而1840年时,全美也仅有2818英里铁路。

此外,州和地方政府比联邦政府更积极地参与了铁路的建设,采取了从直接投资到为铁路债券提供担保等多种形式来援助铁路建设。据统计,在美国全国的铁路建设总投资中,州和地方政府的投资占了25~30%。一些美国经济学家认为:"铁路根本就是政府的创造物"。

针对铁路建设中的舞弊现象和铁路运营中的肆意操纵行为,美国国会于1887年2月通过了《州际贸易法》,对铁路的经营和收费进行管制。这是联邦政府管制中针对除银行业之外的经济部门的第一个法律,从而开创了美国联邦政府干预经济的先例。

【采取一系列措施强化政府的作用】 美国中西部地区自然条件较差,过去以农牧矿业为主。历史上,美国政府和国会实施了一些大规模的扶贫计划。如1865年约翰逊总统"伟大的社会"计划。1877年,美国国会又通过了《社区再投资法》;1785年土地法为市镇学校的发展专门保留了土地,1862年制定的《莫里尔法》成为西部发展高等实业教育的重要基础,随着1887年资助农业实验站的《海琪法案》的通过,西部农业的发展走上了广泛应用实验科学的道路;针对西部开发过程中的水土流失和环境破坏情况,西奥多·罗斯福总统20世纪初在世界上首创了自然保护思想和有关政策。

3.忽视环境保护的教训

环境保护问题是美国西部开发中遇到的一个大问题。在这方面,美国也走过一段弯路。

美国西部开发之初,由于人们对环境保护问题认识不足,开发又是在一种自发的状态下进行的,因此大规模的开发造成了自然环境的破坏。

最初越过阿拉巴契亚山的移民定居于田纳西河流域的田纳西河和肯塔基地区,他们伐树拓荒、垦殖耕种。150年的拓殖特别是内战后过度的森林砍伐,使流域内的植被遭到毁灭性破坏;当地年均1320.8毫米的降水量造成了不断出现的洪灾和严重的土壤侵蚀;残存的灌木和树木又遭到经常发生的山火袭击。人为灾害与自然灾害使得田纳西河流域内7个州的人均收入到20世纪30年代初时还不足全国平均数的一半,成千上万的家庭年收入不到100美元。在30年代经济大危机中,流域内高原各县半数以上家庭靠领取政府和私人机构的救济生活;其中的一个县里,靠救济生活的家庭达全县家庭总数的87%。1933年5月,美国国会通过了《田纳西河流域管理局法》,设立了一个既有政府权力,又有私人企业灵活性的公司——田纳西河流域管理局,统一指挥流域内的水电、工程以及多种小工业的建造等事宜。经过十多年的努力,才使这里的环境有了较大改观。

在西部大平原的开发中,也遇到了同样的问题。由于过度的垦殖耕种加之气候异常,1934年春季引发了毁灭性尘暴,摧毁了中西部大平原上20多个州的庄稼,使全国小麦减产达3亿蒲式耳(1933年美国小麦总产8.6亿蒲式耳)。联邦政府建立了国民资源保护队(尽管原因之一是以工代赈),先后雇用了250多万青年,沿100度经线种植了一条宽100英里、几乎纵贯美国的防护林带,改善了这一地区的自然环境。据统计,美国现有的人造林中,有半数以上是出自国民资源保护队之手。

二战后特别是进入60年代,工业污染问题日益严重。美国国会修改或通过了《清洁空气法》(1963)、《水质法》(1965)、《国家环境政策法》(1969)、《国家环境改进法》(1970)、《水质改进法》(1970)、《噪声控制法》(1972)、《安全饮水法》(1974)等数十个有关控制污染的法律,建立了环境质量委员会和联邦环保局,政府和私人企业每年花费数百亿美元用于减少和控制污染。

4.两点重要启示

【政府对经济的适度干预是完全必要的】 政府必须对经济进行干预。但这种干预应当适度;干预过度,可能抑制经济的发展。一般说来,政府在经济中的主要作用在于建立法律体系来规范市场,而不在于直接生产和经营(除国防工业和大型基础设施等企业无力或无兴趣投资、而对整个国家来说又是必不可少的产业部门外)。在产品的生产和经营层次上,主要应该发挥企业的积极性。政府干预经济的准则,应该是寻求公平与效益之间的适度平衡。只有这样,经济才能够健康、持续地发展。

【要充分调动地方、企业和个人的积极性】 在美国西部开发中,由于是自发性的开发为主,企业和个人的积极性和创造性得到了充分发挥。虽然存在资源浪费和环境破坏的现象,但资本和人力资源不足的问题的解决没有遇到大的困难,这一点值得我们注意。我国西部开发中,可能通过政策规划来避免资源浪费和环境破坏,同时也应该允许地方政府在中央政策下,制定和实施自己的发展战略、对内对外开放措施和吸引资金和人才的措施,积极主动地塑造好自己的市场和投资环境,快速、稳步、持续地发展本地区经济,以呼应中央的西部大开发规划。

附件三

前苏联大规模垦荒及其效果[①]

1954~1960年间,前苏联为了提高粮食自给率,特别是满足畜牧业发展对粮食的需求,在其东部地区的北哈萨克斯坦、西西伯利亚南部、乌拉尔和伏尔加河流域地区进行了大规模的垦荒,7年间共开垦荒地4183.6万公顷(折合6.28亿亩)。总的来看,前苏联大规模垦荒对解决其粮食不足、建立新的商品粮基地和促进畜牧业发展具有重要作用,但由于开荒不当也导致了严重的土壤风蚀。1963年和1965年的4~5月间,在上述垦荒区多次出现黑风暴,其影响范围波及前苏联欧洲部分的南部和亚洲部分的西南部,东西长约3000多公里,南北宽达500~600公里,损失十分惨重。在总结上述经验教训的基础上,前苏联研制出了一整套综合防治土壤风蚀的对策措施,大大减轻了垦荒区的土壤风蚀危害。70年代以来,垦荒区虽土壤风蚀依然存在,但没有再出现过大范围的黑风暴,这一地区粮食生产的不稳定局面亦有所改善。

一、前苏联大规模垦荒的背景

1. 社会经济背景

第二次世界大战后至50年代初,前苏联的农业虽然得到了一定的恢复和发展,但与工业相比仍较落后,畜牧业停滞不前,农业已成为制约国民经济迅速发展的薄弱环节。1953年全国粮食总产量为8248.7万吨,人均仅435公斤,比十月革命前的1913年还低105公斤;肉类产量为580万吨,虽较1913年增加了80万吨,但人均占有量也只相当于1913年的31公斤的水平;奶类产量为3650万吨,人均占有量为192公斤,略高于1913年水平。50年代初期以前,前苏联粮食生产远不能满足国内需要,每年都要消耗一定的国家储备粮。例如,1949~1953年,全国粮食收购量年均为3280万吨,比第二次世界大战前的1940年还少360万吨,其中1953年全国粮食收购量为3110万吨,而当年供应量达3240万吨,需动用储备粮130万吨。由于粮食入不敷出,饲料供应困难,严重制约了畜牧业的发展。

在当时国际上尚处于两大集团对峙和冷战的背景下,粮食作为重要的战略物资,控制在以美国为首的西方国家手中,为了尽快摆脱上述被动局面,前苏联于1954年通过了大规模垦荒的决议。苏共中央在决议中指出,垦荒对于增加粮食生产是一个重要的、现实的来源。垦荒的

[①] 本文主要参考毛汉英等编著的《苏联农业地理》(系世界农业地理丛书,商务印书馆1984年出版)。有关资料截止到1983年。

重点地区为哈萨克斯坦、西伯利亚、乌拉尔、伏尔加河流域及北高加索的部分地区。决议还规定,1954~1955年至少要开垦1300万公顷的生荒地和熟荒地,并在1955年从这些土地上收获11~12亿普特(折合1800~2000万吨)粮食,其中商品粮达8~9亿普特(折合1300~1470万吨)。

2. 自然背景

前苏联50年代垦荒地区主要分布在俄罗斯平原的南部,以及哈萨克斯坦北部的图尔盖高地(高平原)和波状浅丘区,海拔100~200米,地势较平坦。在自然地带上,属于草原带向半荒漠带过渡的干草原带,年降水量为200~350毫米,自然植被主要属于干草原的禾本科草类,以棱狐茅—羽茅草原和艾蒿—棱狐茅草原为典型,地带性土壤为暗栗钙土和栗钙土,自西向东土壤的碱化和盐渍化现象越来越明显。

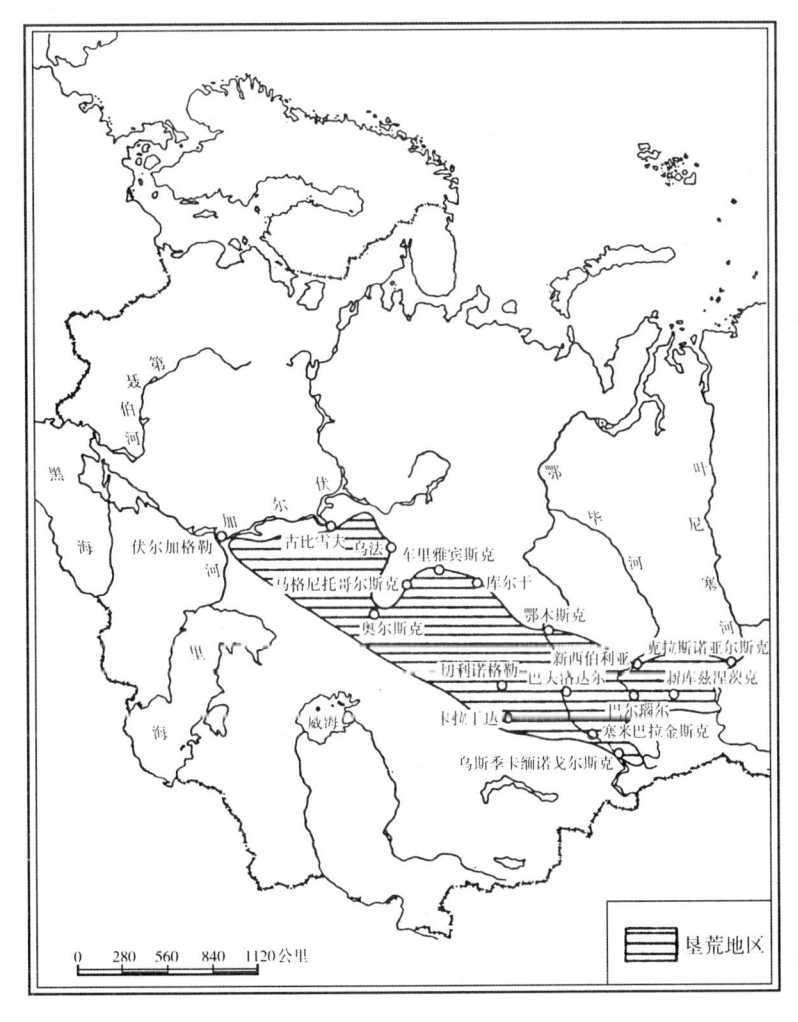

图 1 前苏联 50 年代垦荒地区分布
Figure 1 Spatial Distribution of Reclaimed Wasteland in the Soviet Union in the 1950s

263

这一地区是前苏联热量条件较好的地区,年生长期为 180~230 天,活动积温达 2800~3400℃。但水热匹配关系较差,湿润指数为 0.33~0.55,有效水热系数为 0.50~0.65。同时,自西向东,随着大陆度的增加,降水量和降水变率逐渐增大,干燥和干旱年份出现的频率高达 80%,加上冬春季多 6~8 级大风,如开发利用不当,极易造成严重的土壤风蚀,并引起沙尘暴等生态环境灾害。

二、大规模垦荒的经济效果

根据垦荒的决议,前苏联立即抽调了近百万人来到垦荒地区,其中派往哈萨克斯坦垦荒的有 50~60 万人,同时还向垦区调拨了一大批拖拉机、联合收割机和其他农业机械。在短短的 3 年(1954~1956 年)间,就开垦出了 3200 万公顷的熟荒地和生荒地。截止 1960 年共开垦荒地近 4200 万公顷(表 1)

表 1　1954~1960 年前苏联开垦荒地的地区及开垦的面积(万公顷)
Table 1　Areas of Reclaimed Wasteland by Regions in 1954—1960(10 000 ha)

年份	主要垦区的开垦面积	俄罗斯联邦	其中 西伯利亚和远东	其中 乌拉尔	其中 伏尔加河流域	哈萨克斯坦
1954	1719.8	866.7	563.7	182.7	120.3	853.1
1955	1255.5	311.9	174.3	68.1	69.5	943.6
1956	257.1	66.3	56.8	4.7	4.8	190.8
1957	270.3	163.9	125.2	23.1	15.6	106.4
1958	268.9	81.2	68.9	7.7	4.6	187.7
1959	176.4	74.4	64.3	3.3	6.8	102.0
1960	235.6	70.8	56.6	2.9	11.3	164.8
合计	4183.6	1635.2	1109.8	292.5	232.9	2548.4

前苏联大规模垦荒的经济效果,可归结为以下几点。

1. 增加了粮食产量

垦荒是前苏联粮食生产发展史上一个重要转折点。垦荒前的 1949~1953 年,年平均粮食产量为 8094.8 万吨,粮食产量最高的 1940 年也只有 9560 万吨。垦荒后,自 1955 年以来,粮食产量最低的年份也在 1 亿吨以上。从垦荒地区的粮食产量情况看,1954~1973 年间每 5 年的平均产量也是不断增加的(表 2)。1974~1978 年间,前苏联主要垦荒区的年均粮食总产量,虽然由于 1975 年和 1977 年的严重干旱比 1969~1973 年间有所下降(约减少 5%),但仍比垦荒前 1949~1953 年的年均粮食产量增长两倍。垦荒以来,哈萨克斯坦的粮食产量增长更为明显,1974~1978 年粮食总产量几乎为垦荒前(1949~1953 年间)的 7 倍。

表 2 1949～1978 年垦荒区粮食的年平均产量及在全苏所占的比重
Table 2 Average Annual Grain Production in the Wasteland Reclamation Regions
and Its Share in Total Grain Production of the Soviet Union in 1949—1978

年 份	主要垦荒地区 五年平均产量（万吨）	占全苏的 %	其中:哈萨克斯坦 五年平均产量（万吨）	占全苏的 %
1949～1953	2269.7	28.0	394.2	4.9
1954～1958	4517.6	41.0	1374.0	12.5
1959～1963	5160.1	41.4	1576.7	12.6
1964～1968	6109.8	40.1	1860.2	11.9
1969～1973	7168.6	38.9	2432.6	13.2
1974～1978	6789.1	34.2	2717.9	13.7

资料来源:根据 1973～1978 年间前苏联国民经济统计年鉴等资料整理。

垦荒地区已成为前苏联最大的粮食(主要是春小麦)生产基地和商品粮基地。1954～1978年间,哈萨克斯坦、西伯利亚、远东、乌拉尔及伏尔加河流域等主要垦荒地区共生产粮食近 15亿吨,约占全国粮食总产量的 40%(1949～1953 年只占 28%);向国家交售的商品粮达 72150万吨,约占全国粮食收购量的 48%(1949～1953 年仅占 30.2%)。垦荒地区粮食的商品率约为 50% 左右,而其他地区的商品率只有 30% 强。垦荒地区还是前苏联优质小麦——强粒和硬粒小麦的主要产地。70 年代末,仅哈萨克斯坦的强粒和硬粒小麦的收购量就占全国的 60～70%。

2. 改变了前苏联的粮食生产布局

大规模垦荒前,前苏联的粮食生产主要分布在俄罗斯联邦的中央黑土区、北高加索、伏尔加河流域、南乌拉尔以及乌克兰等地。哈萨克斯坦、西伯利亚和远东等东部地区在前苏联粮食生产中所占的比重不大,如 1949～1953 年间,哈萨克斯坦平均每年产粮 394.2 万吨,占全国的4.9%;向国家交售的商品粮为 191.9 万吨,仅占全国粮食收购量的 5.6%。自大规模垦荒以来,哈萨克斯坦在 1954～1980 年的 27 年中共生产粮食约 5.6 亿吨,向国家交售的商品粮合计达 3 亿吨(平均每年有 1100 多万吨)。进入 70 年代以来,哈萨克斯坦平均每年向国家交售的商品粮约占全国的 17～18%。哈萨克斯坦与西西伯利亚和南乌拉尔已成为前苏联东部地区重要的商品粮基地。特别是在受灾的 1979 年,由于前苏联欧洲地区的乌克兰、北高加索以及伏尔加河流域等主要产粮区严重减产,而东部地区的哈萨克斯坦却获得了大丰收(粮食总产量达到 3450 万吨,向国家交售了 2070 万吨商品粮),这虽然不能从根本上改变全国粮食歉收的局面,但毕竟在其粮食的供需平衡中起了很大的作用。因此,大规模垦荒对充分利用东部地区的自然条件,促进这一地区农业的发展和改变前苏联粮食生产的布局,起了重要的作用。

3. 促进了畜牧业的发展

大规模的垦荒虽然开垦了一些天然割草地和牧场,但由于垦荒大大增加了粮食产量,提高了饲料的保证率,因而仍促进了畜牧业的发展。据统计,1954～1978 年间,垦荒区牛的数量增长了91%,其中奶牛增长了65%;猪增长了1.33倍;羊增长了60%;肉类(屠宰重)总产量达6566.8万吨,占全国的24%;奶类为41572.2万吨,占23%;蛋为1968.16亿个,占22%;羊毛为381.21万吨,占40%。1975年与1953年相比,北哈萨克斯坦垦荒区(包括库斯坦奈州、科克切塔夫州、切利诺格勒州、北哈萨克州、巴甫洛达尔州和图尔盖州)共开垦荒地1800万公顷,向国家交售的牲畜和禽类增加了4.7倍,羊毛增加2倍多,奶增加4.6倍,蛋增加33倍。70年代末期,北哈萨克斯坦垦荒区的粮食产量约占该加盟共和国的2/3,奶占50%,肉类占40%。

4. 为国家积累了资金

前苏联为建立和发展垦荒地区的国营农场和集体农庄所投放的资金,不仅已从增产的粮食、蔬菜、马铃薯、畜产品上收回,而且在1954~1961年间,还从哈萨克斯坦和俄罗斯联邦两个加盟共和国新开垦土地所获得的商品粮中得到33亿卢布的纯收入。1954~1977年间,用于哈萨克斯坦整个农业部门的总费用为211亿卢布,同期仅靠粮食周转税就收回272亿卢布,净得利润61亿卢布。这不仅为国家积累了资金,而且使得集体农庄和国营农场的基金大幅度增长。1978年,哈萨克斯坦集体农庄和国营农场的固定基金和周转基金总额已超过150亿卢布。

三、大规模垦荒引发的生态环境问题

50年代前苏联大规模的垦荒,虽然是迫于当时国内外形势的需要,但在垦荒的具体步骤和做法上,却没有充分考虑垦荒区的气候和土壤等自然条件特点,因地制宜制定合理的开发方案,并采取相应保护措施,而是采用了快速连片的开荒方式,有的学者称之为"剃光头"式的大规模开垦,结果导致生态平衡失调,土壤风蚀以及由此引发的黑风暴一度十分严重。

气候干旱和冬春两季多大风是垦荒区的最主要的两大自然灾害。由于这一地区地势较平坦,没有任何天然屏障阻挡来自极地和西伯利亚寒风的侵袭,因此风害严重,全年6~8级大风日数达30~40天。冬季的强风常常将农田的积雪全部吹掉,春末夏初飞沙卷土的疾风常发展成为大范围的沙尘暴。

尽管在大规模开荒的初期,由于风调雨顺,垦荒区曾一度获得好收成,取得了显著的增产效果,但是,由于事先没有进行深入的调查研究及科学论证,对大规模开垦干草原带的沙质和沙壤土的负面效应估计不足,加之在垦荒中没有贯彻因地制宜的原则,全盘否定草田轮作制,强行压缩休闲地面积,忽视营造农田防护林,并将欧洲部分地区的耕作方法(如使用有壁犁翻耕土地,将作物残茬埋入土中及多次耕耙等)照搬到东部风蚀严重的地区,而没有根据当地特点采取防止干旱和保护土壤的农业耕作制度,因而当遇到1961~1963年的3年连续干旱时,垦荒区的旱灾和风灾肆虐,并给农业生产和周围地区的生态环境带来严重灾难。1963年春末夏初,黑风暴多次席卷整个垦荒区,仅哈萨克斯坦加盟共和国的新垦区受灾的农田面积就达2000万公顷,占其垦荒总面积的80%。1965年黑风暴再次对垦荒区造成重大灾害。在连续两年强风的吹刮下,垦区肥沃的表土大量流失。据哈萨克斯坦垦荒区观测,当地的地带性土壤——暗栗钙沙壤土,在0~10厘米土层内,损失腐殖质20~42%、氮9~43%、磷11~13%、钾20~40%。60年代初起,垦荒区的粮食单产及总产均明显下降。如1963年和1965年,主要垦荒区的粮食总产比上年分别减产32%和48%。1965年,前苏联垦荒区的粮食总产下降到3475.9万吨,为1956年以来的最低点。

四、防治土壤风蚀的对策与措施

60年代中期以来,前苏联在总结大规模垦荒经验教训的基础上,批判了不考虑各地土壤、气候条件和实践经验的错误做法,并采取了以下一些综合防治措施,收到了显著效果。

1. 大面积推广土壤保护耕作制度

前苏联农业科学院谷物研究所针对垦荒区的气候、土壤条件,制定了一整套适合于垦荒区特点的耕作制度,旨在保护土壤、抗旱和防御风蚀。其主要内容包括:收获后田间留残茬(小麦残茬约20厘米高);采用土壤保护耕作机械,如用无壁犁平铲耕作,以针形耙和留茬播种机代替钉齿耙;推广带状种植;实行作物合理轮作和休闲制;在休闲地和秋耕地上种植护田作物等。

上述土壤保护耕作制度最主要的特点是不进行深翻土地,因为深翻后,在以沙质和沙壤质土壤占优势的干草原地带,表土变得干燥松散,导致风蚀加剧。其他措施是针对减少风的侵蚀力量和增加土壤水分。1968年,前苏联开始批量生产土壤保护耕作机械,并迅速在垦荒区广泛推广。到1978年,垦荒区推广无壁犁和作物留残茬的耕地达3400万公顷,推广留茬播种机的耕地面积达3500万公顷(1975年为2900万公顷),推广带状种植农作物面积490万公顷,播种护田作物240万公顷,有效地减轻了风蚀危害。为表彰该项技术所取得的巨大成果,项目的学术主持人A.G·巴巴耶夫荣获前苏联科学院院士及列宁勋章。

2. 推广农作物的休闲轮作制

休闲是农田在一定时间内不种作物,借以休养地力的一项措施。它不仅能保存土壤水分,而且能增加土壤肥力,消除杂草和防治病虫害。据前苏联农科院谷物研究所1968~1978年11年的田间试验结果,在哈萨克斯坦和西伯利亚干草原地区,推广有科学根据的作物休闲轮作制具有重要的意义。在播种春小麦时,以采用四区轮作制(休闲—春小麦—春小麦—春小麦)和五区轮作制(休闲—春小麦—春小麦—大麦—春小麦)的效果较好,前者平均每公顷耕地(包括休闲地在内)的春小麦单产为11.8公担,后者可达13.2公担。

根据前苏联有关部门的建议,全国绝对休闲地的面积应达到1900~2000万公顷(1980年实际为1380万公顷),其中哈萨克斯坦为500万公顷,俄罗斯联邦的干草原地区(西西伯利亚和伏尔加河流域)为1100万公顷。

3. 营造农田防护林带

在垦荒地区营造农田防护林带,可降低风速,增加空气湿度,增加春季土壤含水量,改善农田小气候,从而有利于提高作物产量。例如,1968~1976年间,前苏联在哈萨克斯坦的切利诺格勒州阿克莫林斯克国营农场的试验表明,与开阔农田相比,有四行林带保护的农田,每公顷小麦平均增产3公担。

4.积雪保墒

充分利用天然降水,积雪保墒,对于前苏联垦荒地区的粮食生产具有重要意义。1973~1977年间,前苏联有关农业科研机构在垦荒地区所作的田间试验表明,采用平铲耕作法(保留作物残茬)与积雪保墒措施相结合可取得较好的效果,有利于增加冬季积雪的厚度和春季播种前的土壤含水量,使每公顷的春小麦产量提高5公担。

后 记

1.《1999中国区域发展报告》是2000年3月25日向社会公布的。在当天召开的"1999中国区域发展报告内容介绍和中国区域发展问题讨论会"上,许多院士和专家建议我们利用长期的积累,编制西部地区发展报告,以配合国家西部地区开发规划的制定和实施。于是,我们便开始了非常紧张的工作。这项"计划外"任务的完成,只用了半年多的时间。

我们再次说明:我们工作的目标定位是跟踪国家和地方政府的区域发展方针和政策及其实施的效果,并进行有褒有贬的评价。同时,也以适当的方式提出我们的建议。当然,我们还要强调的是,《中国区域发展报告》是呈送给政府和社会的一份报告,不是专著、论文,也不是规划。

2. 西部地区开发问题是中央制定的战略之一,受到党和政府的高度重视,研究西部地区发展问题的学者愈来愈多。但是,我国西部地区的自然、社会、经济、生态环境等方面的情况是异常复杂的。今日的自然环境面貌和社会经济特点,有着极其深刻的地学基础和历史原因。而未来西部地区的发展,受到人和自然支配下的自然环境演变、全国经济发展走势乃至全球经济发展的影响,也取决于一个科学的西部开发规划和相关的政策。区域发展问题和区域发展战略确实是一个涉及面很广、内涵很深的问题。近年来,"西部大开发"战略成为政府领导和专家学者的中心论述的问题之一,大量的讲话和论文,极其深刻地阐述了西部地区开发的重要意义、思路及关于方针、政策的建议,许多研究成果对我国西部地区的特点和现状提供了科学的分析资料。这些对本报告的迅速编制起到了很重要的作用。但同时,西部大开发已经是如此地家喻户晓,以至谁都可以作报告和撰写论文。其中,对西部地区不了解而论西部的文章、讲话很多,不说实话、不鼓实劲的文章、讲话也有的是。说服这些舆论也是我们要编制这本"计划外"报告的原因之一。当然,我们课题组在本报告中提出的一系列观点和分析依据希望引起大家共同讨论,更希望得到各方面的指止和批评。

3. 我们在长期研究和合作的基础上,形成了这支以青年学者为主的研究中国区域发展问题的队伍。他们是我们研究队伍的主体。正因为如此,困难也就形成了。他们的时间是太少了,进入创新基地的研究员和副研究员们,每个人同时承担了三个、四个乃至六个、七个课题任务;同时,他们还是研究所和研究室的领导,在我们长期研究的领域里是专家,非常勤奋和卓有成效。但是,他们一方面要一个个"交账",又要不断为争取新的任务(课题)而奔波,一次又一次地编写项目申请书和进行必要的"公关"努力。同时,又要求他们创新,在SCI检索对象上发表多少文章等。为了完成这本"计划外"报告,我将时间表安排得很紧,时常催他们交稿,使他们牺牲了许多宝贵的休息时间。也许因为如此,在报告交付出版之时有一种遗憾之感。

4. 编制《中国区域发展报告》的总体构思,包括目标、主要内容和编制要求等,以及《2000中国区域发展报告——西部开发的基础、政策与态势分析》的总体设计和组织由陆大道承担。金凤君、樊杰进行了部分组织工作。陆大道、樊杰、金凤君、刘卫东对书稿进行了审定。在对稿件进行计算机编辑、制图及在联系出版和修改的过程中,金凤君作了大量的工作。课题组成员,国家发展计划委员会杨朝光副司长提供了许多的观点、资料,参与了报告工作提纲和初稿的讨论。在《中国区域发展报告》的初期立项过程中,赵令勋做了卓有成效的工作。王志辉协助作了部分计算和分析以及制图工作。

本报告各章的分工如下:

第一章 绪论	陆大道 刘卫东
第二章 历史上的西部地区开发	陆大道 李宝田
第三章 自然环境基础与综合区域格局	吴绍洪 刘卫东
第四章 能源及矿产资源的比较优势和开发利用	刘 毅
第五章 产业结构调整与区域经济发展	樊 杰
第六章 特色农业发展的背景、基础与方向	谷树忠
第七章 旅游资源开发与旅游业发展	牛亚菲
第八章 交通通信基础设施建设	金凤君
第九章 城市化与城市发展	陈 田
第十章 社会发展与消除贫困	刘 慧
第十一章 东西合作与区域发展	庞效民
第十二章 生态退化与生态环境建设	于秀波 李雅琴
附件一 近年来全国区域发展状态分析评价与类型划分	刘卫东
附件二 美国西部开发中的政府行为	樊 杰
附件三 前苏联大规模垦荒及其效果	毛汉英
前言、后记	陆大道

陆 大 道
2000 年 10 月 9 日